南京水利科学研究院专著出版基金
长江保护与绿色发展研究创新团队 | 资助

长江径潮流河段深水航道协调治理和清淤技术研究与应用

曹民雄　闻云呈　李寿千　顾峰峰　江 帅◎编著

河海大学出版社
·南京·

内容提要

本书为径潮流河段深水航道协调治理与清淤技术成果，全面系统介绍了潮汐河段边滩的演变机理、影响因素定量分析和协同治理技术，径潮流河段深水抛石成堤技术及浅堤的稳定性监测与评价，径潮流河段的航道减淤技术和耙吸挖泥船高效节能技术等内容。

本书可供从事航道整治工程前期研究、设计、施工的技术人员使用，也可供高等院校相关专业师生参考。

图书在版编目(CIP)数据

长江径潮流河段深水航道协调治理和清淤技术研究与应用 / 曹民雄等编著. -- 南京：河海大学出版社，2021.12
 ISBN 978-7-5630-7371-9

Ⅰ.①长… Ⅱ.①曹… Ⅲ.①长江－深水航道－航道整治－研究②长江－深水航道－清淤－研究 Ⅳ.①U617

中国版本图书馆 CIP 数据核字(2021)第 276428 号

书　　名	长江径潮流河段深水航道协调治理和清淤技术研究与应用
书　　号	ISBN 978-7-5630-7371-9
责任编辑	彭志诚
特约编辑	董　瑞
特约校对	李　萍
装帧设计	徐娟娟
出版发行	河海大学出版社
地　　址	南京市西康路1号(邮编：210098)
电　　话	(025)83737852(总编室)　(025)83722833(营销部)
经　　销	江苏省新华发行集团有限公司
排　　版	南京布克文化发展有限公司
印　　刷	南京迅驰彩色印刷有限公司
开　　本	787毫米×960毫米　1/16
印　　张	18.25
字　　数	365千字
版　　次	2021年12月第1版
印　　次	2021年12月第1次印刷
定　　价	98.00元

前言

长江下游感潮河段受径流和潮流的共同作用，河道宽阔处存在多处边滩，边滩的稳定直接影响到在建和已建深水航道的稳定与港口岸线的开发，因此在保障深水航道稳定、畅通以及港口岸线开发利用保护的条件下，亟需开展深水航道建设与港口岸线利用协调下边滩治理关键技术的研究。长江南京以下河道呈弯曲多分汊型，上游以双分汊为主，向下呈多级分汊。航道整治首先要稳定河势与航槽，航道整治必须与河势控制相协调，河势控导要与航道治理相协调。

长江下游河口段水沙、动力条件复杂，新建航槽水域易发生泥沙回淤现象，在航道清淤过程中，减淤工程布置、清淤抛泥方式、清淤时间及频次管理往往会影响航道的维护量。因此需要结合航道减淤工程措施和疏浚组织管理，提出一套可行、有效的成套清淤技术。在航道回淤不可避免的条件下，目前仍需采用机械清淤的措施来维护航槽的水深，因此也亟需研发核心的疏浚技术和工艺，并由此研发出适合径潮流河段深水航道的高效节能的疏浚装备。

抛石潜堤作为深水航道工程的主要整治建筑物，为提高施工效率与质量，需要找到合适的抛投时间、抛投作业位置以及抛投方式，这样才能提高成堤后的稳定性。

为提高长江黄金航道的通过能力和水资源综合利用水平，2016年科技部设立了国家重点研发计划——《长江"黄金航道"整治技术研究与示范》项目，下设8个课题，本次成果为课题七《径潮流河段深水航道协调治理与清淤技术及示范》。

本书正文共7章，由参与研究的课题组成员共同撰写完成，撰写分工如下。

第1章绪论，由曹民雄执笔。简要介绍了长江南京以下12.5 m深水航道二期工程建设中的主要技术问题。

第2章国内外研究进展及存在问题，由曹民雄、闻云呈、顾峰峰、江帅、李寿千、周彬瑞、张帆一、邓涯执笔。分析评述了航道协调治理技术、航道减淤技术和疏浚装备、深水抛石成堤技术等国内外研究进展状况，提出有待进一步研究的问题。

第3章长江南京以下径潮流河段特征及工程概况，由曹民雄、闻云呈、金君良、应瀚海、王秀红、张帆一、邓涯执笔。主要交代了长江南京以下深水航道二期工程河段的水沙特征及工程概况。

第4章径潮流河段深水航道协调治理关键技术，由闻云呈、胡颖、徐华、罗小峰、吴道文、王晓俊、杜德军、邓涯、张帆一执笔。主要介绍后续研究的二、三维数模，航道建设与港口岸线利用协调下边滩治理以及潮汐分汊河段深水航道建设与河势控导协调综合治理的关键技术。

第5章径潮流河段航道减淤和耙吸挖泥船高效节能技术，由江帅、顾峰峰、刘功勋、沈淇、吴华林、张晴波、王柳艳、张红升、万远扬、李炜、王费新、梁鑫等执笔。主要介绍福姜沙水道深水航道减淤技术研究，以及径潮流河段耙吸挖泥船高效节能技术。

第6章径潮流河段深水抛石成堤技术及稳定性评价，由李寿千、古浩、张铭、周彦章、左利钦、刘菁、朱明成、莫思平、申霞等执笔。主要介绍深水抛石成堤技术、深水潜堤软基变形监测技术和深水潜堤稳定性评价。

第7章主要结论，由曹民雄、邓涯、张帆一执笔。

本书编写过程中，得到了长江航道局科技处刘怀汉教高、万平教高、邓良爱教高的鼎力支持，课题成果评审专家提出了许多建设性建议和指导意见，在此一并谨致以衷心的谢忱。

限于编写者的学识及写作水平，书中难免存在不足、遗漏甚至错误之处，敬请批评指正。

曹民雄
2021.9

目录

1 绪论 ·· 001

2 国内外研究进展及存在问题 ·· 004
  2.1 径潮流河段航道工程技术研究现状 ································· 004
    2.1.1 航道协调治理技术 ··· 004
    2.1.2 航道减淤技术和疏浚装备 ···································· 008
    2.1.3 深水抛石成堤技术 ··· 013
  2.2 有待进一步研究的问题 ··· 015

3 长江南京以下径潮流河段特征及工程概况 ······························· 017
  3.1 河道水沙特征 ··· 017
    3.1.1 上游径流、泥沙条件 ·· 017
    3.1.2 潮汐及潮流特性 ·· 020
  3.2 深水航道二期工程概况 ··· 020

4 径潮流河段深水航道协调治理关键技术 ·································· 027
  4.1 研究平台的建立 ·· 027
    4.1.1 大通—长江口外长河段二维数学模型 ······················ 028
    4.1.2 局部河段二维数学模型 ······································· 031
    4.1.3 口岸直水道局部三维数学模型 ······························ 033
  4.2 航道建设与港口岸线利用协调下边滩治理关键技术 ··········· 035
    4.2.1 边滩特点及与深水航道、港口利用的关系 ················ 035
    4.2.2 靖江边滩演变规律及成因分析 ······························ 041
    4.2.3 靖江边滩协调治理技术 ······································· 070
    4.2.4 高港边滩演变规律及成因分析 ······························ 081
    4.2.5 高港边滩协调治理技术 ······································· 087

    4.2.6 边滩协调治理关键技术……089
  4.3 潮汐分汊河段深水航道建设与河势控导协调综合治理技术……090
    4.3.1 潮汐对汊道分流及稳定的影响机制……090
    4.3.2 航道建设与河势控制协调性分析……099
    4.3.3 航道建设与河势控导协调治理关键技术……100
    4.3.4 典型河段航道建设与河势控制协调治理对策……101
  4.4 本章小结……113

5 径潮流河段航道减淤和耙吸挖泥船高效节能技术……115

  5.1 福姜沙水道深水航道减淤技术研究……115
    5.1.1 航道回淤影响因子分析……116
    5.1.2 航道减淤工程方案研究……129
    5.1.3 减少航道维护量的施工组织方案及应用……136
  5.2 径潮流河段耙吸挖泥船高效节能技术……143
    5.2.1 高效低阻挖掘系统……144
    5.2.2 疏浚作业优化系统……158
    5.2.3 动态监管与远程支持技术……165
    5.2.4 耙吸挖泥船高效节能技术应用……171
  5.3 本章小结……175

6 径潮流河段深水抛石成堤技术及稳定性评价……176

  6.1 深水抛石成堤技术……177
    6.1.1 群体抛石落距确定……177
    6.1.2 精细化施工作业窗口……196
    6.1.3 精准抛石成堤施工技术……213
  6.2 深水潜堤软基变形监测技术……215
    6.2.1 坝基变形新型监测系统……215
    6.2.2 坝基变形监测系统安装埋放技术……224
    6.2.3 坝基施工及运行期变形稳定性分析……234
  6.3 深水潜堤稳定性评价……251
    6.3.1 潜堤失稳力学模式……251
    6.3.2 深水潜堤失稳概率计算……255
    6.3.3 稳定性指标体系建立及应用……264
  6.4 本章小结……272

7 主要结论……274

8 参考文献……277

1 绪 论

长江航道作为沟通我国东、中、西部地区的运输大动脉,是构建长江经济带综合立体交通走廊的主骨架,具有独特优势和巨大发展潜力,在流域经济社会发展中的地位极其重要。随着加快长江等内河水运发展和长江经济带发展等国家战略的深入推进,加强长江航道治理已成为长江水运的发展重点。面对长江三峡枢纽和上游水库群联合运行带来的水沙条件新变化,以及防洪、航运、发电、供水、生态等水资源综合利用的新需求,亟待解决新水沙条件下航道演变机理及发展趋势认识不成熟、航道承载力及提升潜力不明晰、水资源综合高效利用目标下的航道整治方法与技术不适应、与生态环境协调融合的航道建设技术体系尚未建立等难题。为了实现长江航道整治理论、方法、技术的突破,同时提高生态航道建设水平,促进航道整治与生态环境协调发展,由长江航道局牵头承担的国家重点研发计划——《长江"黄金航道"整治技术研究与示范》于 2016 年 7 月立项。项目共设置 8 个课题,本次成果为课题七《径潮流河段深水航道协调治理与清淤技术及示范》。

基于长江下游河口段的特点,本研究主要针对深水航道治理开发中面临的新变化、新问题开展研究。长江下游感潮河段受径流和潮流的共同作用,平面形态多为弯曲分汊河型,存在多处边滩,而边滩的稳定直接影响到深水航道的稳定。随着沿江经济的发展,岸线开发利用程度日益增加,边滩的治理与港口岸线的开发紧密相关。为此,在保障深水航道稳定、畅通以及港口岸线开发利用保护的条件下,亟须开展深水航道建设与港口岸线利用协调下边滩治理关键技术研究。长江南京以下河道呈弯曲多分汊型,受潮汐影响,河道向下游逐渐展宽,河道分汊也越来越复杂——上游以双分汊为主,向下呈多级分汊。航道整治首先要稳定河势与航槽,这样才能进一步提高航道水深,航道整治必须与河势控制相协调。因此，需结合南京以下潮汐分汊河段航道整治工程布置，综合分析潮汐分汊河段航道整治建设工程与河势控导工程的协调性，提出河势与航道协调综合治理技术。

一方面，长江南京以下河段为典型的感潮河段，潮汐动力条件复杂，另一方面抛石潜堤是深水航道工程的主要整治建筑物，因此复杂潮汐动力条件下的深水抛石成堤技术成为了工程实施的关键技术难题。复杂潮汐动力条件下的深水抛石成堤技术的关键在于作业窗口的预报，它关系着工程施工的安全和效益，在水利、水运等工程水下施工中尤为重要。抛石施工作业窗口是指在正常抛石的环境条件下，找到合适抛投时间、抛投作业位置以及抛投方式。抛石施工作业窗口的精确预报是块石抛投能否在河底准确定位的关键之一。深水抛石堤的稳定性关键在于抛石成堤初期大量抛石载压带来的滩体沉降变形，及成堤后水流冲刷带来的直接破坏及周边河床调整带来的间接破坏。深入研究复杂条件下的深水抛石筑堤技术及其稳定性，对工程的建设和效益的发挥具有重要意义。

长江下游河口段水沙、动力条件复杂，受径流、潮流及人类活动干预的共同作用，新建航槽水域易发生泥沙回淤现象，大量落淤泥沙易使航道局部形成碍航浅段，需采用大量人力、物力来清淤、减淤。在航道清淤过程中，减淤工程布置、清淤抛泥方式、清淤时间及频次管理往往又会影响航道的维护量。因此，需要研究河口段不同径潮流水沙条件下航槽回淤影响因素，结合航道减淤工程措施和疏浚组织管理，提出一套可行、有效的成套清淤技术。在航道回淤不可避免的条件下，仍需采用机械清淤的措施来维护航槽的水深。航道疏浚的点多线长面散，对疏浚船舶的施工效率、快速调遣和应急反应能力提出了较高要求。同时，长江下游航道底质以细颗粒为主，表现为难挖掘、进舱浓度低、难沉淀、易扰动的特点，使得单船装舱时间延长，降低了耙吸挖泥船的施工效率，因此，亟须研发核心的疏浚技术和工艺，并由此研发出适合径潮流河段深水航道的高效节能的疏浚装备。

综上所述，针对以上河段特点与存在的技术问题，本书将从以下三个方面开展研究：

（1）径潮流河段深水航道协调治理技术。针对长江径潮河段，开展深水航道建设与港口岸线利用协调下活动边滩治理关键技术研究，分析径潮河段活动边滩特性及其对航道条件的影响，研究活动边滩治理关键技术；开展潮汐分汊河段深水航道建设与河势控导协调综合治理技术研究，研究潮汐分汊河段河势受控特点及影响因素、潮汐分汊河段河势控导与航道条件响应，提出以滩槽格局、航槽与河势稳定等为目标的整治措施及工程布置原则、布置形式等。

（2）径潮流复杂河段深水航道清淤技术与疏浚装备及示范。研究了径潮流作用下复杂河段深水航道回淤影响因子，及深水航道减淤工程方案，研发了基于疏浚施工组织管理的径潮流河段深水航道清淤技术,并进行示范应用;开展了径潮流河段深水航道高效节能疏浚装备研发,研究了耙吸挖泥船疏浚作业智能优化与经济油耗控制技术。

(3)复杂动力环境深水抛石成堤施工技术。开展复杂动力环境深水抛石成堤技术研究,研究复杂动力环境深水抛石落点预测和成堤形态控制方法,研发径潮流作用下深水抛石施工作业窗口预报技术。

针对深水航道治理与岸线利用和河势控导的协调性、深水大流速条件下航道整治工程堤坝施工、径潮流共同作用下航道清淤技术和疏浚设备三个方面的问题,通过实测资料分析、室内外试验、数模计算、设备改造相结合的研究手段,开展径潮流河段深水航道协调治理技术、径潮流河段深水抛石成堤技术、径潮流复杂河段深水航道清淤技术及疏浚装备三项技术的研究及设备研发,并在长江南京以下12.5 m深水航道建设工程中应用。其中径潮流河段深水航道协调治理技术主要从深水航道建设与港口岸线利用协调下活动边滩治理关键技术,以及深水航道建设与河势控导协调综合治理技术着手;径潮流河段深水抛石成堤技术主要从深水精准抛石成堤技术、软基变形监测技术和潜堤稳定性评价着手;径潮流复杂河段深水航道清淤技术及疏浚装备主要从深水航道清淤技术与高效节能疏浚装备研究着手进行了研究。

2 国内外研究进展及存在问题

2.1 径潮流河段航道工程技术研究现状

2.1.1 航道协调治理技术

1. 深水航道建设与岸滩治理的协调技术

近年来,国外研究学者通过对地形、地貌以及地层的历史与监测数据,结合泥沙输运及底床切应力的分析认为洪水涨落引起的冲淤变化是不同类型河段边滩形成的主要原因,而低水位对边滩的形成也有着重要的影响。如 Moody[1] 通过多年实测数据和对边滩沉积物进行采样的数据,研究了寒冷的半干旱地区河道边滩的形成,揭示了边滩平台是在短暂的洪水期的冲淤随机过程中形成的,侵蚀是其形成中的重要过程。Kasvi[2] 采用地面激光扫描仪和 ADCP 分别对 2 处沙质浅滩在洪水前后的地形以及水流结构进行监测,研究不同流量条件下水动力结构对弯曲河道边滩的动力地貌变化的影响,认为低水位时河道水动力仍对边滩的形成有着重要的影响。Wu 等[3] 从边滩地貌形态、泥沙输运以及底床切应力方面研究边滩的形成和发展过程,推断犹他州中南部的复合边滩形成于洪水涨落过程。Brivio 等[4] 通过对意大利北威尼斯潟湖内的一个废弃的潮间带河床应用高分辨率调查,研究了潮汐边滩的沉积和侧向迁移,发现从泥沙粒径的分布规律可以表明海向和陆向浅滩的变化与受涨落潮的交替变化而导致的底床切应力变化相类似。Durkin[5] 通过对地层记录的研究,认为边滩沉积物是横向积累的产物,在沿其长度方向经历了复杂的侵蚀和沉积的相互作用。陈立等[6] 则通过定床模型试验和原观资料,分析了武桥水道河段水流运动特性,汉阳边滩形成的必然性、年内年际的演变规律以及汉阳边滩冲淤变化与水动力条件之间的关系,认为武汉河段平面形态特征、汉江入汇以及武昌深槽是汉阳边滩形成的根本原因,而枯水期不同的水流条件决定了汉阳边滩淤积外展的程度及其碍航程度。

边滩的形成和发展受到各种外在以及内在的因素的影响,包括水沙条件、边界条件、滩槽分布等等,但究其根本原因,仍在于输沙不平衡。因此,对边滩演变发展的研究就转为对滩槽水沙特性的研究。一般认为,流速的横向分布不均匀导致了滩槽泥沙横向分布以及输沙的不均匀,且边滩各部位的沉积体粒径也有着明显的区别,从而进一步导致边滩演化变形的多样性与不确定性。

《河床演变及整治》[7]中对顺直型河段的水沙特性的描述指出,水流动力轴线随流量的增减发生急剧变化,枯水流量时,受边滩挤压作用很强,水流动力轴线弯曲,中洪水时边滩影响较小,水流动力轴线偏靠滩唇而取直。边滩的推移质输沙率远大于深槽的,边滩中部输沙率大于滩头和滩尾的,而深槽中部输沙率则小于深槽头部和尾部的输沙率。刘忠保等[8]研究了不同粒径条件下定床曲流河的边滩分布特征,结果表明曲流河边滩的分布、规模、形态及水动力特征均与河流弯曲系数关系密切;边滩的淤积过程与水流动力轴线顶冲点的迁移过程相互影响,共同导致边滩迁移的多期性;对同一边滩,滩头粒径比滩尾粗,横向上往主槽方向粒径增大,整个边滩表面粒径最粗的是边滩淤积的外前缘;对不同边滩,粒径分布与曲率有关,曲率越小,边滩表面粒径越小。周宜林[9]研究了滩槽水流流速横向分布,对滩槽掺混区的横向涡黏性系数进行了计算,得到滩槽水流流速横向分布公式并加以验证。同时,周宜林等[10]也对挟沙水流流速分布进行了研究,认为悬沙对流速横向分布的影响表现在使流速横向梯度增大,但增大不多。

水沙特性的变化会导致浅滩乃至边滩形态和发展趋势也发生变化,诸多研究学者在此基础上对边滩的发展展开了研究。吴岩[11]研究了弯曲河道水流的结构特性及泥沙输移过程,并采用自然模型试验的方法,通过控制流量和来沙量,再现顺直河流、分汊河流、弯曲河流,并在试验过程中出现了浅滩、边滩、江心洲、裁弯取直等典型的试验现象,基于此得出江心洲形成过程、弯曲河流形成过程以及流量对于河型的影响等基本结论。熊小元[12]采用演变分析结合数学模型的手段对2011年度汉江秋汛所导致的汉口边滩超常规淤积现象产生的原因进行分析,认为汉江入汇让汉口水道武汉关附近形成一定的缓流区域,使得汉口边滩大幅度淤长,在汉口边滩发生较大幅度的淤积后,一般在秋汛后次年长江汛期会迅速冲刷,因而不会对河道形势及长期演变规律产生影响。火苗等[13]根据多年海图资料分析发现长江口南汇边滩存在近百年尺度的强烈冲刷—淤积旋回,并认为长江主泓走南港或北港是造成冲刷期"北滩、东滩淤积,南滩、过渡带冲刷"或淤积期冲淤态势反向的主要原因。付中敏等[14]以窑监河段为依托进行概化水槽试验,对有和无边滩条件下,弯曲分汊河段河床演变规律进行研究。结果表明,边滩对江心洲的演变存在一定影响,有边滩时的江心洲体积比无边滩时要小。田雨等[15]针对散粒体边滩,通过概化水槽试验重点研究散粒体边滩河床演变规律,得出散粒体边滩演变具有顺水流方向延长的规律,易受扰动发生垮塌现象,并在其下游侧易发生回旋淤积。

2. 深水航道建设与其他涉水工程的协调技术

随着水利枢纽的建设,航道整治工程的实施,大型引水工程、公路铁路桥梁的建设等各种人类涉水活动的增多,以及屡禁不止的无序采砂活动等,河道受到强烈的扰动,水沙条件发生明显变化,从而引起滩槽格局的重分布以及边滩的演化。诸多学者对各类人类活动的影响也做了专门的研究分析。

世界上规模最大的水电站——三峡水电站的建成后,下游航道以及滩槽冲淤等方面的研究成果非常丰富。枢纽的建设拦截了大量来沙,导致了三峡下游河道含沙量的减少,甚至改变了长江中下游河段的水沙条件,从而影响着沿程边滩的发展。阮成堂[16]研究了三峡水库蓄水后坝下沙质弯曲河段的演变规律,结果表明横向过渡区及弯顶区河势变化相对剧烈,突出表现为凸岸边滩冲刷,滩体根部窜沟发展,凹岸潜洲持续发育,深泓向凸岸侧摆动,断面向枯水双槽发展,导致弯道滩槽稳定性变差。张卫军等[17]采用三峡工程运用以来实测水沙和地形资料,分析荆江河道分汊、弯曲、顺直等河型调整的规律,总结得出三峡蓄水以后,分汊型河道变化主要表现为凸岸支汊发展;弯曲型河道演变特点为凹岸深槽淤积,凸岸边滩冲刷,断面形态由偏"V"单槽向"W"形双槽转化;顺直型河道变化特点是两岸交错边滩冲刷,深槽淤积,河道断面向宽平方向发展,深泓年内变化频繁。三峡工程运用后荆江特别是下荆江河段水流输沙所需要的弯曲度明显较建库前小,因此弯曲河段凸岸边滩冲刷以减小水流弯曲度,是响应上游水沙变化的重要方式。韩飞[18]以牯牛沙水道为研究对象,探讨三峡工程以及航道整治工程作用下滩槽演变对水沙条件的响应关系,认为三峡水库蓄水初期牯牛沙边滩表现洪冲枯淤的演变规律,滩体面积、宽度与汛后退水期天数为正相关关系;伴随汛后退水期缩短和输沙量的减少,牯牛沙边滩冲刷速率加快,在航道整治工程实施后,边滩面积淤涨,但尾部窜沟仍有发育态势,需进一步增强滩体完整性和稳定性。陈吉余等[19]讨论了三峡水库修建后长江口入海径流年内分配及含沙量变化及其对河口三角洲岸滩侵蚀等的影响。冯卫兵等[20]分析发现上游来沙量与南汇边滩的冲淤变化存在良好线性关系,从而预测了三峡工程对长江口内外岸滩的影响。刘曙光等[21]通过建立长江口二维水沙长期冲淤数学模型,计算分析三峡工程蓄水后上游来水来沙的变化对近期南汇边滩的演变趋势的影响,结果表明三峡工程实施之后的5~20年,南汇边滩发育基本稳定,上游来沙量的减少不会造成大幅度冲刷,边滩整体继续向东南方向演变。

相比较水利枢纽对下游河段的水沙条件的影响之大,建桥、采砂等引起的主要为局部河段的水沙条件,因此影响范围也主要集中在工程附近。黄荣敏等[22]依据相关桥梁的河工模型试验结果及实测资料,分析了建桥后建桥河段的水流、泥沙的冲淤变化,探讨了建桥对洲边滩的影响。结果表明,建桥后桥址附近河段的水位、流速流向、单宽流量均会发生变化,且距桥址愈近变化愈大;不同桥型对洲边滩的影响不同,对目前多采用的主跨大、边跨墩数多的桥型,建桥后易形成边滩或使原有边滩淤大淤高。牛万芬等[23]认为江河中无序的采砂活动对航道条件造成了不同程度的破坏,并以曼厅大沙坝某采区为例,采用平均水深有限元水流运动二维数学模型,对河道中采砂方案进行优化研究。通过计算和比较,提出采取对原边滩进行加固保护、控制采挖高程以及调整采区平面尺度等优化工程措施。刘卡[24]结合引江济汉工程年内引水过程的主要特征,以及对荆江河段流量和水位的影响,认为引水工程具有高水期引水量大低水期引水量小的特点,因此对滩体冲淤变形以及浅滩退水期的冲刷水动力影响均较小。

3. 分汊河段水沙运动规律及汊道演变

分汊河段是冲积平原河流中常见的一种河型,在我国各流域内都存在这种河型,以长江中下游最多。在城陵矶至江阴 1 120 km 河段内,存在分汊河段 41 处,总长 817 km,占区间河长的 73%。长期以来,分汊河道存在主流摆动、主支汊易位、江岸冲淤、洲滩变化频繁等问题,影响防洪、通航安全并制约沿江经济的发展,国内外学者对分汊河段的特性、演变规律和治理开展了大量研究工作。

国内外学者对分汊河道中分汊口、汊道内和交汇口的水流泥沙运动规律进行了深入研究,研究多以单向径流为主。1944 年 Taylor 首先利用分汊水槽进行分流试验,得出了直角分汊槽的水深与分流比的图解关系。1958 年 Grace 等考虑不同主支汊宽度比和不同分汊角度的工况来研究分流比的变化规律,此外 Law 等、Ramamurthy 等通过分汊水槽从能量角度对分流分沙比进行了研究。

国内学者利用原型观测、水槽试验、数值模拟等手段对分汊河道水沙输移特性、分流分沙比确定、水流流态、床面阻力、紊动特性等进行了探讨。对分汊河道水沙动力、分汊河道形成条件以及分流分沙模式等进行了研究;研究了径流变化对长江澄通河段汊道分流比的影响;对感潮分汊河道平均分流、分沙比的确定方法进行了探讨;以长江口为例,通过引入分流不均匀系数,对潮汐汊道在周期性潮波运动下的分流过程进行了初步研究,研究表明分流状态与潮汐动力强弱有关,在潮汐动力较强时分流状态相对均匀,而在潮汐动力相对较弱时,分流状态有不均程度扩大的趋势[25-30]。

4. 分汊河段协调治理

国外方面,美国密西西比河属于蜿蜒性河流,河口采用双导堤整治工程与疏浚相结合工程措施(图 2.1-1)。荷兰三角洲整治工程,从防洪等角度出发在多条入海水道之间建立一系列具有防潮抗洪、通航、水生态保护等功能的挡潮闸。德国易北河口治理,采用疏浚与整治工程相结合的方法,增强河道冲刷能力,满足航运要求[31-36]。

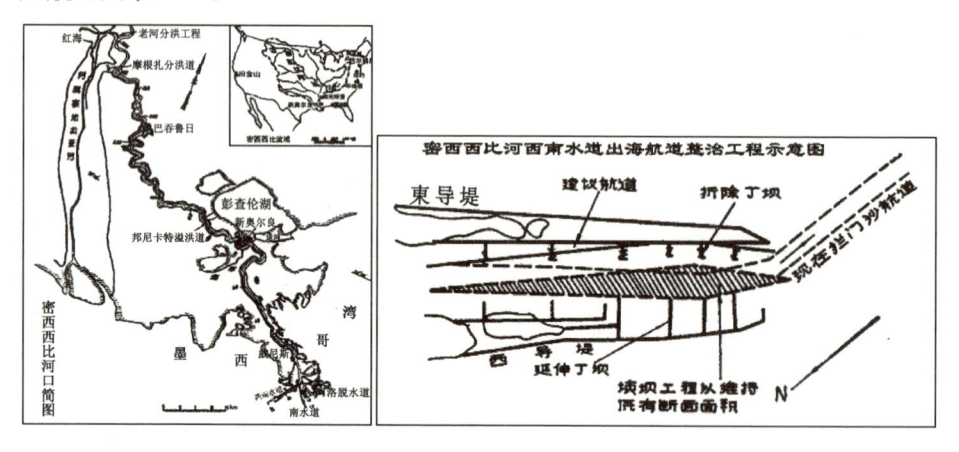

图 2.1-1 密西西比河出海航道整治工程示意图

国内对长江中下游分汊河道的治理,主要是在较大范围内实施护岸工程,抑制崩岸;分汊河道的综合性整治主要是重点河段的整治以及实施江心洲并岸并洲的堵汊工程。治理上主要考虑河势稳定和防洪要求的河势控导工程:如长江梅子洲汊道采用进口节点河势控制工程;南京八卦洲采用头部守护和出口节点河势控制,稳定两汊分流;和畅洲右汊限流潜坝工程阻止了其左汊分流比的增加;嘶马弯道、通州沙头部潜堤等从河势控制出发采取了相应的控导工程[37-40]。

对分汊河道的航道整治方面,主要是针对通航条件良好的汊道采用固定或稳定汊道的整治工程(如图 2.1-2 所示),以维持现有的良好条件;对通航汊道出现碍航浅滩时,主要采用改善通航汊道的整治工程,消除碍航浅滩;对通航汊道需要增加分流比才能满足通航要求时,主要采用堵汊工程。

2.1.2　航道减淤技术和疏浚装备

1. 深水航道清淤技术

航道减淤的研究发展离不开对航道回淤过程、回淤机理的深化认识。由于径潮流河段水动力条件复杂,受径流、潮流、波浪及人类活动等因素影响,航道回淤过程、回淤机理也是泥沙研究及航道建设领域研究的重点及难点。其中,河口水域因其丰富资源及重要航运地位已成为国内外港口航道建设的重点区域,如在法国的塞纳河口、美国的密西西比河口、荷兰的莱茵河口、我国长江口(图 2.1-3)及珠江口等均建有大型航道整治工程[51-55]。相应的,近年来河口水域航道泥沙回淤原因的研究成果也较多。

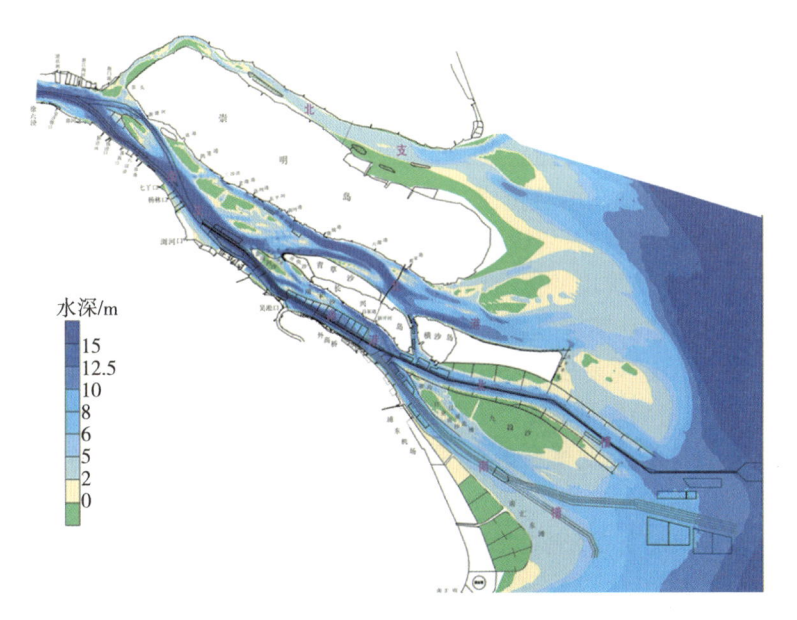

图 2.1-2　长江口航道整治示意图

图 2.1-3　八卦洲洲头守护工程示意图

以长江口北槽 12.5 m 深水航道为例,为弄清北槽航道高回淤的形成原因,不少研究学者分别从上游来水来沙条件[56,57]、周边河势发展[59]、局部动力条件[62]、波浪影响[63]及泥沙制紊[64]、泥沙沉速[61]等角度分析北槽航道泥沙回淤原因及潜在影响因子。综合来看,可将不少研究成果归结于北槽航道回淤泥沙来源的研究范畴:如金镠等人[56]综合分析大通输沙量资料与北槽测点含沙量资料,发现上游来水来沙条件对北槽含沙量影响较小,北槽泥沙活动总量远大于流域来沙量,在一定时期内,流域来沙减少不会显著改善航道的维护条件,其间接揭示了北槽含沙量变化主要受周边泥沙再悬浮的影响。赵捷等[57]在研究北槽航道回淤泥沙来源问题中指出，在河流来沙锐减情况下，流域来沙的直接落淤已经不再是北槽航道泥沙回淤的主要来源。刘杰等[58]在综合分析了2010—2012年的航道回淤资料和水文测验资料的基础上，进一步提出了长江口拦门沙水域泥沙的再悬浮可能是北槽航道淤积最主要的泥沙来源。刘杰等[59]通过分析九段沙近期冲淤演变过程及机理，发现近10年来九段沙总体呈现"长高不长大"的变化特点，其使得南导堤的挡沙功能减弱，一定的风浪条件下九段沙滩面相对较高浓度的含沙水体涨潮越堤进入北槽中段，增加了近期北槽航道回淤的泥沙来源。刘猛等人[60]研究发现，北槽南坝田高滩犹如一个"仓库"，枯季蓄存泥沙，洪季释放泥沙，与南导堤越堤输沙一样，南坝田淤积变化也是长江口拦门沙河段滩槽泥沙交换的过程，是北槽航道泥沙回淤的来源之一。此外，还有部分研究学者聚焦北槽泥沙回淤的动力机理，分析了细颗粒泥沙沉降、分层制紊、局部水动力条件变化及波浪的潜在影响。沈淇等[61]利用北槽多次洪枯季测点水沙数据，利用Rouse公式估算了北槽沿程悬沙等效沉速，发现洪季细颗粒泥沙絮凝沉降应是造成洪季北槽高回淤的主要影响因素之一。金镠等[62]就深水航道回淤问题讨论了北槽涨落潮主流与北槽航道交角的影响。刘猛等[63]在分析洪枯季长江口实测波浪数据及其与航道回淤量、浮泥量等相关关系中发现，长江口枯季波浪主要由短周期波组成，洪季则由低能量短周期波与高能量长周期波共同组成，长周期波浪作用是北槽航道回淤量发生显著变化的主导性因素。在北槽内，近底的高含沙量[64]导致垂向水体层化加强进而抑制水流的紊动，近底紊动强度的减弱抑制泥沙扩散悬扬并促进泥沙沉降，又导致层化加强，这种泥沙集聚的"雪球效应"也是造成北槽航道高回淤的重要物理过程。以上研究成果均为加深航道回淤的认识提供了不同见解。

基于对航道回淤的研究认识，不同的航道清淤技术也相应提出。如根据已有北槽航道回淤认识，上海河口海岸科学研究中心提出的北槽南导堤加高减淤工程[65]。结合抛泥扩散影响认识，林强提出的北槽航道疏浚管理程序、长江下游天生港至浏河口抛泥区的选择[68]。根据唐山港京唐港区20年的现场观测资料，在对港区附近的泥沙运动和港口航道泥沙淤积机理进行分析研究后，吴今权等提出了粉沙质海岸港区航道挡沙和固沙的工程减淤措施[66]。在长江南京以下深水航道工程一期疏浚工程施工中，因通州沙航道受裤子港沙尾部右缘淤涨南压影响，水深逐步变差，直接影响了航道疏浚施工，马海松等通过分析河势变化及回淤特点，提出了采取航槽外预设截沙槽，减缓航槽边缘泥沙进入航槽的减淤措施[67]。此外，张新琴等[69]从现场疏浚管理角度分析了长江口宝山港池经济减淤的可行方案（如延长疏浚间隔、设置集淤池等）。综上可见，对于径潮流河段航道的减淤措施可分为工程措施及非工程措施：非工程措施主要是针对现场疏浚管理及抛泥区选择提出优化的航道减淤方案,而工程措施一般根据各航道泥沙回淤主要原因,采用建造拦沙坝、截沙槽、长短顺堤及机械疏浚等方式减淤。

在这一系列航道减淤方案研究过程中(如研究确定拦沙坝高程、长度,抛泥区位置,预测方案实施后地形冲淤调整效果等),国内外普遍采用数学或物理模型进行定量分析[70-73]。其中,数学模型分析法是利用数学语言描述水沙运动的物理规律,通过建立数学模型来模拟分析航道建设影响下河口动力沉积和动力地貌的变化,这种分析法一直以来也受到了研究学者的青睐。随着计算机软硬件条件的飞速发展,数学模型模拟技术也从二维向三维,串行计算向并行计算、GPU 计算发展。目前,国际上,较为知名的水沙模型包括 ECOMSED[74]、EFDC3D[75]、MIKE3[76]、DELFT3D[77]、TELEMAC-3D[78]等。国内,诸多高校及科研院所也自主开发了各具特色的水沙数学模型并成功应用于实际工程研究。

2. 深水航道疏浚装备

国外对高效疏浚装备的研究起步较早,对耙头、绞刀、泥泵及管道输送进行了大量的科学研究[79-87],制造厂商、疏浚公司和高等院所联合设计开发,引领了设计研究技术的发展。荷兰 IHC 公司、美国 GIW 公司,荷德合营 VOSTA LMG 公司等,这些大型公司的产品处于世界领先地位,技术水平先进,产品已经标准化、系列化,针对不同的工况需求,有一套相应的疏浚系统解决方案,有不同型号的疏浚装备与之对应,如由 IHC 公司研发的高效泥泵,效率已达到 85% 以上。国内工业发展整体起步较晚,疏浚装备的研制大约起步于 20 世纪 90 年代。在此之前,国内大型疏浚设备均与挖泥船一起配套进口,生产过程中易磨损的叶轮、耙齿、绞刀齿等备件则主要以仿制为主。2000 年以后,随着国内各大疏浚企业开始自主设计建造大型耙、绞吸挖泥船,疏浚设备的国产化需求也越来越高,国内也逐步开展了研究、设计、制造工作[88-107]。

对于粉细砂、粉土细颗粒土的疏浚挖掘研究,荷兰 IHC 公司曾为上海航道局"新海龙"号耙吸挖泥船特别研制了"威龙"耙头,用于挖掘长江口的密实细沙。朱时茂等[108]基于对长江内河细粉砂等复杂工况条件的分析,改进了耙头和耙齿,优化挖泥施工工艺参数和艏吹方案,使施工效率有了一定程度的提高。吴永斌等[109]在天津港航道挖掘密实粉土时,通过筛选施工区、确定最佳装舱时间、选择适宜的施工方法、改进耙齿型式等措施有效提高了作业效率。黄骅港港区存在大范围的密实粉细砂,俗称"铁板砂",挖掘难度极高,对此,中国交建疏浚技术重点实验室研制了新型耙头和耙齿[110],使泥浆密度由 1.10 t/m³ 提高至 1.19 t/m³。

在装舱工艺方面,国外对于装舱溢流的研究较多,Paris 等提出了计算装舱效率的理论计算方法,用于决定装舱过程的控制参数;Ooijen 在 Camp 模型中加入了动力学计算,并通过大比尺模型试验测量了装舱过程中的流速和浓度等;

Vlasblom等做了关于泥沙沉降的理论研究;Cees van Rhee提出了装舱过程的简化二维CFD计算模型。在这些研究中,有的研究基于沉降理论估算溢流损失,有的是用计算流体力学方法对装舱溢流的流态过程进行模拟,从而得到模拟计算的产量。基于Camp模型的方法计算简单快捷,并且能够得到一个较为满意的产量和溢流损失估值,但是不能反映出泥舱结构对溢流的影响;Rhee的二维CFD计算模型虽然模拟了装舱的过程(包括溢流),反映出了泥舱的结构性,但是没有对不同粒径的泥沙沉积的特点及相互的影响进行分析。国内对耙吸船的溢流施工也做了不少研究,如郝宇驰等[111]利用CFD方法结合非黏性泥沙冲淤的经验公式,建立了TSHD超大型泥舱二维沉积数学模型,利用该模型对装舱溢流过程进行了模拟,对产量、溢流损失进行了预测;王培胜等[112]从耙吸挖泥船疏浚机理出发,通过对泥舱系统动态建模,预估了泥舱溢流量与溢流密度,对溢流损失做出了定量分析,并利用实船实测数据进行验证;郭飞燕等[113]基于装舱溢流施工工艺特点及固体颗粒在液体中的沉降运动规律研究,以工程实例为依据,分析了溢流施工工艺在航道疏浚工程中的适用性;中国交建疏浚技术重点实验室建有大比尺装舱溢流模型,并对舱内泥沙的沉降规律、分层流态以及各种装舱消能形式、溢流结构等进行了大量的物理模型测试,同时采用二维流体动力学理论对装舱溢流过程进行了数值模拟计算,通过物模和数模相互验证的手段来提高试的精准度。

在疏浚智能化方面,国外如荷兰IHC公司作为世界知名的疏浚船舶供应商,其在绞吸船自动化、智能化方面开发了一些实用的产品:① DTPS(Hydrographic Presentation System),用于跟踪和定位绞吸船及绞刀头位置;② DPM(Dredge Profile Monitor),可提供绞吸挖泥船的全面施工信息;③ ACC(Automatic Cutter Controller),运用了人工智能、基于模式的控制等先进算法,还可以实现自动泥泵控制、输送控制、接力泵输送控制、产量控制的功能。

在计算机辅助工程(CAE)方面,CAE技术是将工程的各个环节有机地组织起来,应用计算机技术、现代管理技术、信息科学技术等科学技术的成功结合,实现全过程的科学化、信息化管理,以取得良好的经济效益和优良的工程质量。美国于1998年成立了工程计算机模拟和仿真学会(Computer Modeling and Simulation in Engineering),其他国家也成立了类似的学术组织。各国都在投入大量的人力和物力,加快人才的培养。正是各行业中大批掌握CAE技术的科技队伍推动了CAE技术的研究和工业化应用,CAE技术在国外已经广泛应用于不同领域的科学研究,并普遍应用于实际工程问题,在解决许多复杂的工程分析方面发挥了重要作用。随着我国科学技术现代化水平的提高,计算机辅助工程技术也在我国蓬勃发展起来。科技界和政府的主管部门已经认识到计算机辅助工程技术对提高我国科技水平,增强我国企业的市场竞争能力乃至整个国家的经济建设都具有重要意义。近年来,我国的 CAE 技术研究开发和推广应用在许多行业和领域已取得了一定的成绩。但从总体来看,研究和应用的水平还不高,某些方面与发达国家相比仍存在不小的差距。从行业和地区分布方面来看,发展还很不平衡。

2.1.3 深水抛石成堤技术

1. 抛石落距及施工作业窗口

在抛石成堤施工过程中,如何确定抛石在水流作用下漂移距离是施工成败的关键点[45-46,48]。特别是针对水流条件循环变化的感潮河段,如何精确确定抛石漂移距离并预测施工窗口,对提高工程效果及施工效率具有重要意义。

块石从起抛至下落河底可分为块石入水前沉降、块石入水时固液相互作用、块石入水后沉降漂移三个阶段。第一阶段,块石从空中一定高度抛落后,在重力作用下做自由加速运动,流速不断增加,直至以一定的沉降速度落至水面;第二阶段,块石落至水面时,以一定速度冲击水面,与水面相互作用,部分动量和冲量相互转化,同时块石部分能量损失,块石沉速重新调整后落入水体;第三阶段,块石在水体内开始以新的初速度从水面向河底沉降,同时受到水流的拖带作用不断前行,直至落至床面成堤。按照此认识,相关学者开展了抛石落距的试验和理论研究,可总结分为三种。

第一种考虑块石在垂直方向受重力及水流阻力作用下的匀速下沉,在水平方向受到水流的拖曳力迅速达到水流速度,与水流保持相同速度匀速前进[41,47,49]。块石沉速考虑采用张瑞瑾阻力平方区泥沙沉速公式,水流的垂向流速分布考虑指数分布,则可得块石在水体中的漂移距表达式。

$$S = 0.67 \frac{V_0 H}{M^{1/6}} \quad (2-1)$$

式中,V_0 为表面流速,H 为水深,M 为块石质量。考虑现抛石形状不规则性、现场水流条件复杂性及下沉过程中的随机性,漂移距公式可表达为:

$$S = k \frac{V_0 H}{M^{1/6}} \quad (2-2)$$

式中,系数 k 将由现场抛石试验资料进行率定。

第二种考虑到块石在水平方向受到水流推移作用力做变加速运动,而在垂直方向做匀速下沉[42,50]。进一步考虑块石在水体中沉速及水流垂向流速分布,推导出落距公式:

$$X = \frac{HV}{\omega} + \frac{1}{C} \ln \frac{1-A}{1-A\exp\left(-B\frac{h}{\omega}\right)} \quad (2-3)$$

式中，$A = \dfrac{Cu_{\max}}{B + Cu_{\max}}$，$B = \dfrac{3Mv}{4\left(\dfrac{\rho_s}{\rho} + \dfrac{1}{2}\right)d^2}$，$C = \dfrac{3N}{4\left(\dfrac{\rho_s}{\rho} + \dfrac{1}{2}\right)d^2}$，$\rho_s$、$\rho$ 分别为块石、水体密度，M、N 为与绕流阻力系数有关的待定系数，V 为垂线平均流速，ω 为块石在水体中的沉速。

第三种考虑抛石在垂直方向上做变加速过程，在水平方向上与水流保持相同流速前进[43]。综合考虑块石入水过程、在水体中垂向变加速沉降过程及匀速沉降过程，从而得到抛体下落时间：

$$t = \frac{H}{\omega} + \frac{1}{PK}\ln\frac{1+a}{1+ae^{-2PKt}} \qquad (2-4)$$

式中，$P = \sqrt{\dfrac{\rho_s - \rho}{\rho}g}$，$K = \sqrt{\dfrac{C_{D_1}\rho A_1}{2\rho_s V}}$，$a = \dfrac{\omega - \omega_0}{\omega + \omega_0}$，$C_{D_1}$ 为石子纵向绕流阻力系数，A_1 为石子下沉时阻水的投影面积，ω_0 为石子落水的初速度。同时假定水体垂向符合分布均匀，可得漂移距公式：

$$S = Ut - \frac{1}{N}\ln(1+NVt) \qquad (2-5)$$

式中，$N = \dfrac{1}{2}\dfrac{C_{D_2}\rho A_2}{\rho_s V}$，$C_{D_2}$ 为修正系数，A_2 为块石水平方向上的投影面积。

以往的研究要么假设块石在水中垂直方向及水平方向均为匀速运动，要么假设垂直方向为匀速运动，要么考虑水平方向为匀速运动，因此块石漂移过程中，垂直及水平方向块石运动的物理图式尚不清楚，使得以往研究对块石抛落运动过程的假设条件各不相同，从而造成了研究结论的差异。同时，上述抛石漂移距的预测仅是针对单块石的情形，对群体块石漂移距的研究较少。

目前实际施工方法来看，单向流河段，比如长江中上游，水流在较长时间内比较稳定，施工前预开展现场抛投试验，获得漂移距与水深、流速的关系，或者依据已有的抛石漂移距经验公式，结合施工时的实测水深及流速，预测抛石漂移距，从而确定块石水面的抛投位置。然而感潮河段，受到径流和潮流的双重作用，水流条件实时变化，只能在每次抛投施工前开展一次现场抛石试验，才能获得瞬时漂移距，作为抛投定位依据；或者依据已有的抛石漂移距经验公式，结合施工时实时测量的水深及流速，预测抛石漂移距，从而确定块石水面的抛投位置。由于现有的漂移距公式是否适用于涨落潮情形尚不清楚，特别是在抛石精抛阶段，施工通常只能选择水流流速较小的转潮时刻进行，极大地限制了工作效率。

2. 水下护滩堤软土地基变形监测

深水坝基稳定性保障技术方面主要包括深水坝基的变形监测及稳定性分析

等内容。常规软土地基分层沉降测量方法大多通过钻孔埋设分层沉降管配以沉降磁环,再采用电磁式沉降仪读数的方式实现。传统监测技术适用于最终位于水面以上的建筑物,需在建筑物出水后钻孔或水上钻孔埋设仪器设备,但对于护滩堤工程这类水下建筑物软土地基的分层沉降监测则存在难以解决的技术问题,前者无法监测水下建筑物施工加载期的土体压缩量,后者对施工干扰过大、仪器设备保护异常困难,因此,对于航道护滩堤等水下建筑物软土地基分层沉降监测技术方法的研究和应用极为少见。在路基沉降远程自动监测系统曾提出采用一种电测位移传感器进行测量的分层沉降仪,该分层沉降仪使用了电测位移传感器进行测试,精度较高,但由于这种沉降仪结构复杂,价格昂贵,提高了测量的成本,不利于广泛的推广应用。杨金喜等提出了一种装配式分层沉降观测装置,促进了沉降观测技术的提高,其主要特点有装配式分层沉降板在地基和路基中的布置位置可灵活掌握,可观测地基和路基从填土加荷开始后的总沉降,观测方法是千分尺量测和水准仪抄平,精度可达到 0.02 mm 等。装配式沉降观测装置主要由沉降板、弹性支脚(深层沉降板用)、钢丝绳、PVC 管、箍圈、连接管和测量夹头等部件组成。张斌等研发了基于激光测量、先进传感和无线网络等技术的路基沉降远程自动监测系统,监测系统包括表面沉降激光自动测量、路基分层沉降与横向位移通知测量、路基横向剖面沉降自动测量和数据采集与无线传输 4 个子系统。

可以看出,传统或常规软土地基变形监测技术通常适用于水面以上的建筑物,或在建筑物填筑出水后钻孔埋设相关设备,难以解决护滩堤这类水下建筑物软土地基的变形监测问题。护滩堤工程始终处于大水深的江底,在堤轴线等关键位置搭设观测平台对施工干扰过大,仪器设备保护极为困难。因此,对于水下建筑物软土地基变形监测技术方法的研究和应用也不多见,尤其是施工、运行全过程始终位于水下的建筑物,难以准确测得加载全过程软土地基的土体分层沉降和深层水平位移等变形过程。

2.2　有待进一步研究的问题

(1) 现阶段国内学者研究较多涉及径流或潮汐影响的区域,而对径潮流共同作用、底沙造床为主的潮流变动河段边滩治理研究相对较少。针对单纯径流条件下分汊河道的水沙运动、河床演变规律,国内学者已经开展了大量研究工作,对径潮流共同作用下分汊河道分流、分沙和滩槽演变等方面研究较为薄弱,对航道治理与河势控导协调性的研究涉及较少,对潮汐分汊河段的河势总体控导还没有形成系统的研究成果。随着 12.5 m 深水航道的上延,沿江港口岸线利用速度将加快;活动性边滩影响深水航道的稳定,而活动性边滩的治理又可能影响港口岸线的利用,为此深水航道建设与港口岸线协调下的活动边滩治理问题亟待解决,航道治理与河势控导协调关键技术需深入研究。

(2)抛石成堤技术中的块石漂移距研究多局限于单个块石的漂移过程,对于不同级配情形下群体块石漂移过程及散落形态研究较少。对于径潮流作用下深水潜堤的水毁机理复杂且软基稳定性监测困难,其抛石成堤后稳定动态变化的物理图式研究鲜有报道,亟须研究。

(3)关于航道回淤的研究成果较为丰富,但是航道回淤宏、微观过程仍有待在今后航道维护跟踪分析中加深理解。河流河口段上游水域水沙条件与河口海岸差异较大,已有的航道回淤过程认识并不完全适用于河流河口段航道减淤工程布置及航道维护疏浚管理。目前,不同的航道维护疏浚管理方案对航道泥沙回淤影响的定量、跟踪研究成果仍然较少,合理、科学化地维护疏浚管理有待进一步跟踪研究。

(4)目前国内对于高效节能疏浚装备的研究,以及疏浚系统内部设备之间相适性的研究仍然与国外研究水平有较大的差距。其中,由于粉细砂、粉土等细颗粒土质存在易板结、剪胀等现象,使其难以被挖掘。对疏浚智能控制系统的研究,我国也处于相对落后的状态。同样的船型和设备配置,由于缺少智能化的控制系统,以人工操作为主,产量不稳定,个体差异大,单船平均施工效率与国外先进的同类产品相比有较大差距。CAE技术中计算机辅助设计、计算机辅助计算、计算机辅助分析等技术得到了较多的应用,但计算机辅助CAE技术需要融合以上各项以及计算机实时监控技术,国内尚未有大规模的应用范例。此外,在疏浚装备自感知、自诊断方面,国内疏浚企业尚未展开系统的研究,只是针对个别机具做了局部的传感器冗余设计,多传感器、不同系统间传感器信息融合的研究报告还未见诸文献。

3

长江南京以下径潮流河段特征及工程概况

3.1 河道水沙特征

3.1.1 上游径流、泥沙条件

长江下游最后一个水文站大通站距南京河段进口猫子山约 167 km。大通站以下较大的入江支流有安徽的青弋江、水阳江、裕溪河,江苏的秦淮河、滁河、淮河入江水道、太湖流域等水系,入汇流量约占长江总流量的 3%～5%,故大通站的径流资料可以代表本河段的上游径流,根据大通水文站资料统计分析,其特征值见表 3.1-1。

表 3.1-1　大通站径流及沙量特征值统计表(1950—2018 年)

类别	最大	最小	平均		
			总平均	三峡蓄水前	三峡蓄水后
流量(m^3/s)	92 600(1954.8.1)	4 620(1979.1.31)	28 302	28 655	27 130
径流总量($\times 10^8$ m^3)	13 454(1954 年)	6 696(2011 年)	8 959	9 075	8 584
输沙量($\times 10^8$ t)	6.78(1964 年)	0.72(2011 年)	3.55	4.26	1.34
含沙量(kg/m^3)	3.24(1959.8.6)	0.016(1993.3.3)	0.40	0.47	0.16

一年当中,最大流量一般出现在 7、8 月份,最小流量一般在 1、2 月份。径流

在年内分配不均匀,5—10月为汛期,三峡水库蓄水前,其径流量占年径流总量71.0%、沙量占87.5%,三峡水库蓄水后,其径流量占年径流总量67.2%、沙量占78.5%,表明汛期水量、沙量比较集中,沙量集中程度大于水量。

长江水体含沙量与流量有关。三峡蓄水前,多年平均含沙量约为 0.47 kg/m³,而洪季为 0.61 kg/m³;三峡蓄水后,多年平均含沙量约为 0.16 kg/m³,而洪季约 0.18 kg/m³。径流、泥沙在年内分配情况详见表 3.1-2。

表 3.1-2 大通站多年月平均流量、沙量统计表

月份	流量 平均流量(m³/s) 蓄水前	流量 平均流量(m³/s) 蓄水后	流量 年内分配(%) 蓄水前	流量 年内分配(%) 蓄水后	多年平均输沙率 平均输沙率(kg/s) 蓄水前	多年平均输沙率 平均输沙率(kg/s) 蓄水后	多年平均输沙率 年内分配(%) 蓄水前	多年平均输沙率 年内分配(%) 蓄水后	多年平均含沙量(kg/m³) 蓄水前	多年平均含沙量(kg/m³) 蓄水后
1	10 900	14 010	3.2	4.3	1 130	1 050	0.7	2.1	0.104	0.077
2	11 600	14 440	3.4	4.4	1 170	950	0.7	1.9	0.102	0.067
3	15 900	19 930	4.6	6.1	2 450	2 280	1.5	4.5	0.154	0.118
4	24 100	23 960	7.0	7.3	5 950	3 120	3.7	6.2	0.247	0.131
5	33 700	31 880	9.8	9.7	12 000	4 630	7.4	9.1	0.357	0.146
6	40 400	40 530	11.7	12.4	17 200	6 650	10.6	13.1	0.426	0.166
7	51 000	47 510	14.8	14.5	37 400	10 100	23.1	19.9	0.733	0.216
8	44 300	40 770	12.9	12.5	31 000	8 270	19.2	16.3	0.699	0.204
9	40 800	33 770	11.9	10.3	27 010	6 760	16.7	13.3	0.663	0.197
10	33 900	25 380	9.9	7.8	16 910	3 380	10.5	6.7	0.499	0.131
11	23 000	19 670	6.7	6.0	6 910	2 160	4.3	4.3	0.300	0.109
12	14 200	15 140	4.1	4.6	2 520	1 330	1.6	2.6	0.178	0.087
5—10月	40 670	36 640	71.0	67.2	23 590	6 630	87.5	78.5	0.580	0.181
年平均	28 660	27 250			13 470	4 220			0.47	0.16

备注:流量根据1950—2019年资料统计;输沙率、含沙量根据1951、1953—2018年资料统计;三峡蓄水以2003年为准。

根据 1950—2019 年资料统计,大通站多年平均径流总量约为 8 963 亿 m³,年际间波动较大,但多年平均径流量无明显的趋势变化(图 3.1-1)。根据1950—2018 年资料统计,大通站年平均输沙量 3.55 亿 t,近年来,由于长江上游水土保持工程及水库工程建设等原因,长江流域来沙越来越少。输沙量以葛洲坝工程和三峡工程的蓄水为节点,呈现明显的三阶段变化特点,输沙量呈现逐渐减小的趋势。其中 1951—1985 年平均输沙量为 4.7 亿 t,1986—2002 年平均输沙量为 3.34 亿 t,2003—2017 年平均输沙量为 1.37 亿 t,2003—2018 年平均输沙量为 1.34 亿 t。

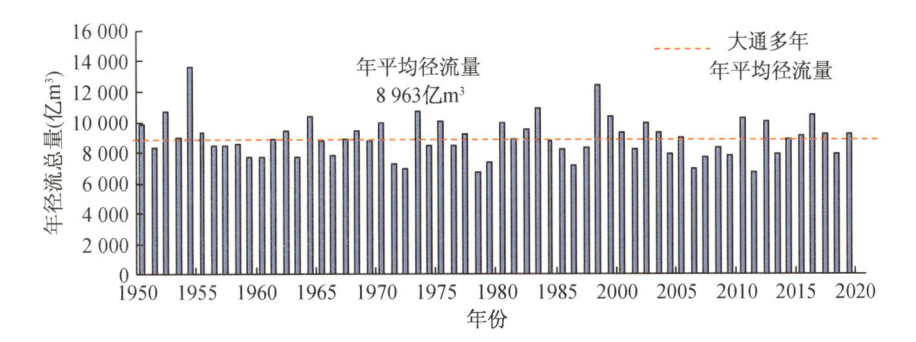

(a) 大通历年径流总量(1950—2019年)

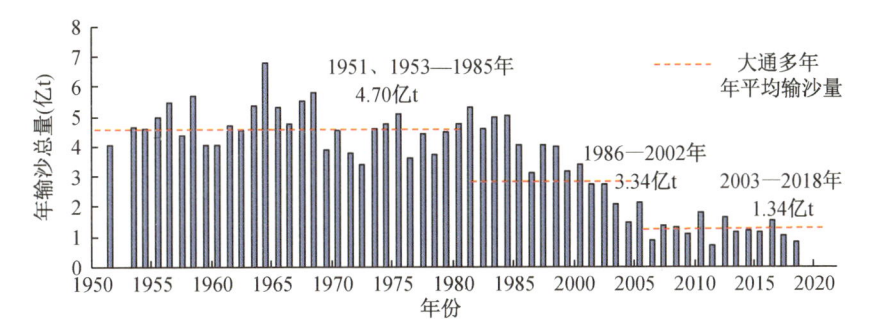

(b) 大通历年输沙总量(1951、1953—2018年)

图 3.1-1　1950 年以来大通站历年径流总量、历年输沙总量分布

图 3.1-2 为三峡蓄水前后大通站多年月均径流量、输沙量对比图，可见，三峡水库蓄水后，洪季流量减小有限，枯季时个别月份流量有所增加；洪季沙量减小程度明显，而枯季总体上输沙量较小，蓄水后输沙量有所减小但幅度不大。

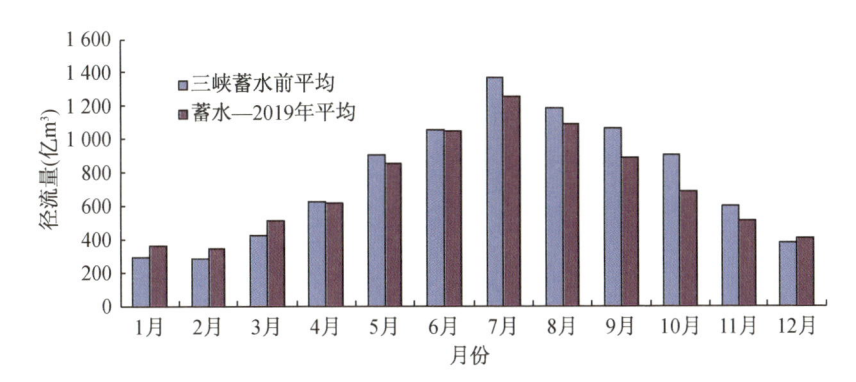

(a) 大通站三峡蓄水前后月均径流量比较

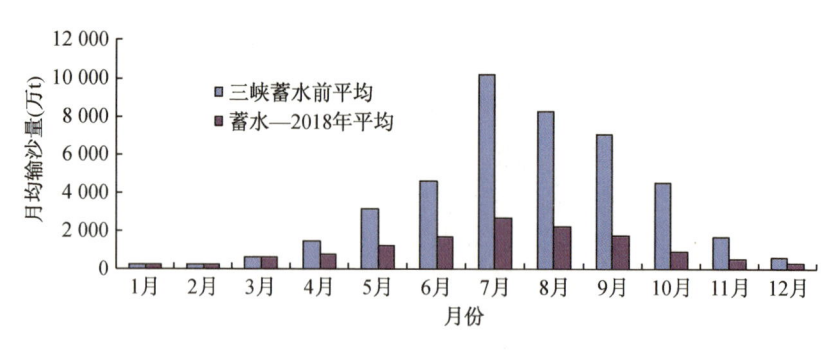

(b) 大通站三峡蓄水前后月均输沙量比较

图 3.1-2 大通站三峡水库蓄水前后月均径流量、输沙量对比

3.1.2 潮汐及潮流特性

长江口为中等强度潮汐河口,本河段潮汐为非正规半日浅海潮,每日两涨两落,且有日潮不等现象。在径流与河床边界条件阻滞下,潮波变形明显,涨落潮历时不对称,涨潮历时短,落潮历时长,潮差沿程递减,落潮历时沿程递增,涨潮历时沿程递减。其潮汐统计特征值如表 3.1-3。

表 3.1-3 大通以下沿程各站的潮汐统计特征(85 高程) 单位:m

站名特征值	大通	芜湖	南京	镇江	三江营	江阴	天生港	徐六泾	杨林
最高潮位	14.7	10.99	8.45	6.88	6.14	5.28	5.16	4.83	4.50
最低潮位	1.25	0.23	−0.37	−0.65	−1.10	−1.14	−1.50	−1.56	−1.47
平均潮位	6.72	4.64	3.33	2.63	1.95	1.27	0.97	0.77	0.23
平均潮差	—	0.28	0.51	0.96	1.19	1.69	1.82	2.01	2.19
最大潮差	—	1.11	1.56	2.32	2.92	3.39	4.01	4.01	4.90
最小潮差	0	0	0	0	0	0	0.0	0.02	0.01

长江口潮流界随径流强弱和潮差大小等因素的变化而变动,枯季潮流界可上溯到镇江附近,洪季潮流界可下移至西界港附近。据实测资料统计分析可知,当大通径流在 10 000 m³/s 左右时,潮流界在江阴以上;当大通径流在 40 000 m³/s 左右时,潮流界在如皋沙群一带;大通径流在 60 000 m³/s 左右时,潮流界将下移到芦泾港—西界港一线附近。

3.2 深水航道二期工程概况

长江南京以下 12.5 m 深水航道工程是"十二五"以来全国内河水运投资规

模最大、技术最复杂的国家重点水运工程。项目全长280 km,自苏州太仓溯流而上经沿江八市至南京新生圩,是落实国家"一带一路"倡议、打造长江综合立体交通走廊的重大举措,对提升长江干线通航能力、发展和壮大长江经济带具有重大经济和社会意义。

工程按照"整体规划、分期实施、自下而上、先通后畅"的建设思路,共分三期组织实施。一期工程建设范围为长江太仓至南通河段约56 km航道,主要对通州沙、白茆沙水道实施航道治理,结合疏浚措施,实现12.5 m深水航道从太仓荡茜闸上延至南通天生港港区的建设目标。一期工程于2012年8月28日开工建设,2014年6月底完工并通过交工验收投入试运行,2015年12月通过竣工验收并移交长江航道部门管理。二期工程建设范围为长江南通至南京227 km河段,重点实施仪征、和畅洲、口岸直和福姜沙4个碍航水道洲滩守护工程,并结合疏浚措施,初步实现12.5 m深水航道由南通天生港区上延至南京新生圩港区。二期工程于2015年6月29日开工建设,2018年5月交工试运行,2019年竣工。三期工程将根据一、二期工程的建设效果和局部河段河势变化等情况,相机实施后续工程,进一步改善航道条件,保障深水航道安全、稳定运行。

长江南京以下12.5 m深水航道建设工程从上游至下游各滩段航道整治工程情况如下。

(1) 仪征水道深水航道工程

仪征水道航道整治方案的总平面布置(图3.2-1)如下:① 世业洲洲头潜堤:潜堤长1 175 m,堤头高程在−8.5 m,坝根高程为+2 m,接岸处理。② 洲头潜堤北侧丁坝:丁坝坝体纵剖面采用变坡的型式,SL1#丁坝长191 m,根部与潜堤交接处堤身高程相同,靠近潜堤145 m范围内坝顶顶高程与坝根高程相同,丁坝坝头顶高程为−10 m;SL2#丁坝长320 m,根部与潜堤交接处堤身高程相同,靠近潜堤280 m范围内坝顶顶高程与坝根高程相同,丁坝坝头顶高程为−10 m。③ 洲头潜堤南侧丁坝:SR1#丁坝长365 m,坝身段抛石厚度为2 m,坝根与潜堤交接处平顺过渡;SR2#丁坝长560 m,丁坝头部顶高程为−8 m,坝头向内350 m范围内坝身纵坡为1∶200,从350 m处至世业洲头部岸线段抛石2 m厚。④ 左汊护底带:在洲头潜堤北侧丁坝轴线上布置2道护底带,长度分别为454 m、508 m,护底带宽度为300 m,抛石厚度为1.5 m。⑤ 世业洲右缘丁坝:丁坝长度分别为550 m、618 m、625 m,坝头顶高程为−8 m,坝体纵向坡度为1∶200。⑥ 仪征左岸十二圩附近护岸加固4 407 m,右岸大道河—家港护岸加固4 338 m,世业洲头部左右缘护岸加固5 015 m。头部潜堤、南北侧丁坝及右缘丁坝采用抛石斜坡堤及削角王字块混合堤两种结构型式;护滩、护底采用较成熟的砼联锁块软体排结合抛块石护底结构型式。

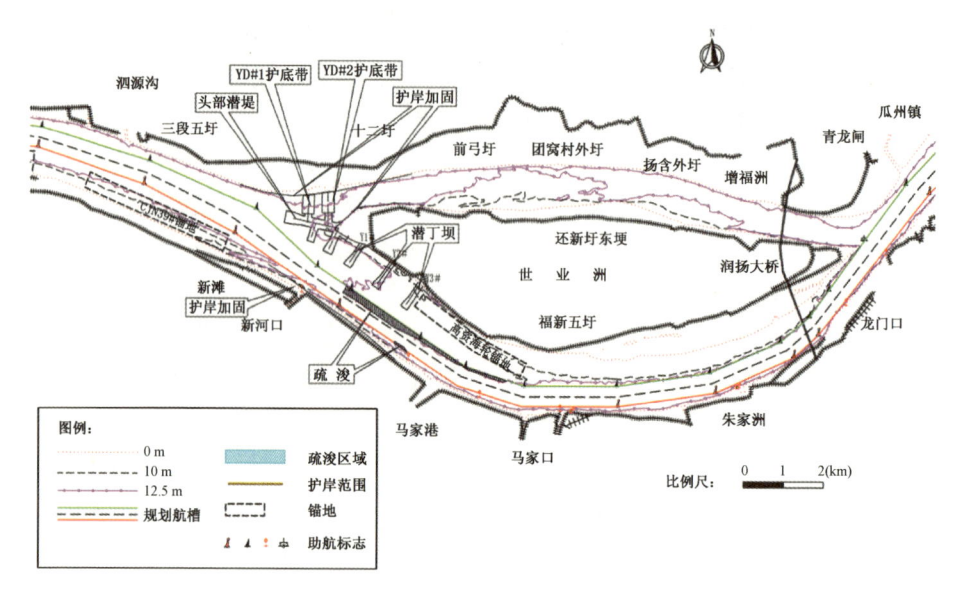

图 3.2-1　仪征水道深水航道工程布置

（2）和畅洲水道深水航道工程

和畅洲水道航道整治设计方案包含四个部分（图3.2-2），分别为左汊上中段两道变坡潜坝（含护底）工程、右汊进口切滩工程、右汊中下段碍航浅滩疏浚工程及护岸工程。其中：新建两道潜坝分别距离已建口门潜坝2 100 m和3 100 m，长1 817 m和1 919 m，上游潜坝河床最深点－35 m左右，坝高约17 m；切滩工程面积78 090 m²，底高程－13.35 m；右汊疏浚工程按250 m航宽基建，范围根据施工前测图调整，底高程－13.35 m；护岸工程全长10 458 m。

（3）口岸直水道深水航道工程

为稳定有利的滩槽格局，促使河床冲淤变化向有利方向发展，长江航道局于2010—2012年组织实施了落成洲守护工程和鳗鱼沙心滩头部守护工程，工程平面布置见图3.2-3，具体说明如下：落成洲守护工程由梭头和一纵三横四条护滩带组成，梭头长300 m，底宽400 m，纵向护滩带长1 300 m，宽200 m，三道横向护滩带分别长635 m、800 m、925 m，宽150 m，梭头及护滩带轴线上宽50 m抛石压载，厚度1 m；落成洲头部及其左、右缘进行护岸和左岸三江营附近进行护岸加固。鳗鱼沙心滩守护工程布置在心滩的中上段，守护工程由软体排加抛石组成，平面上为梭头加梭柄形，后段"梭柄"呈对称鱼骨状，由1道纵向"顺骨"和1道横向"鱼刺"组成，守护工程纵向总长2 250 m；守护工程两侧进行护岸加固。

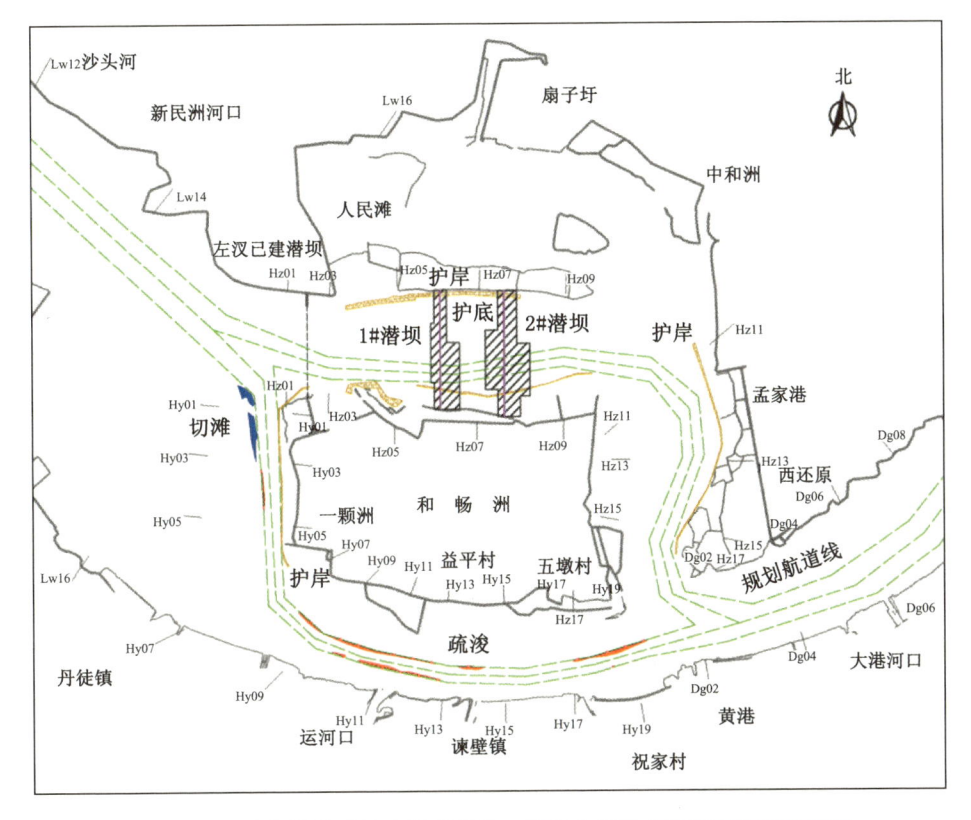

图 3.2-2　和畅洲水道深水航道整治工程初步设计方案平面布置示意图

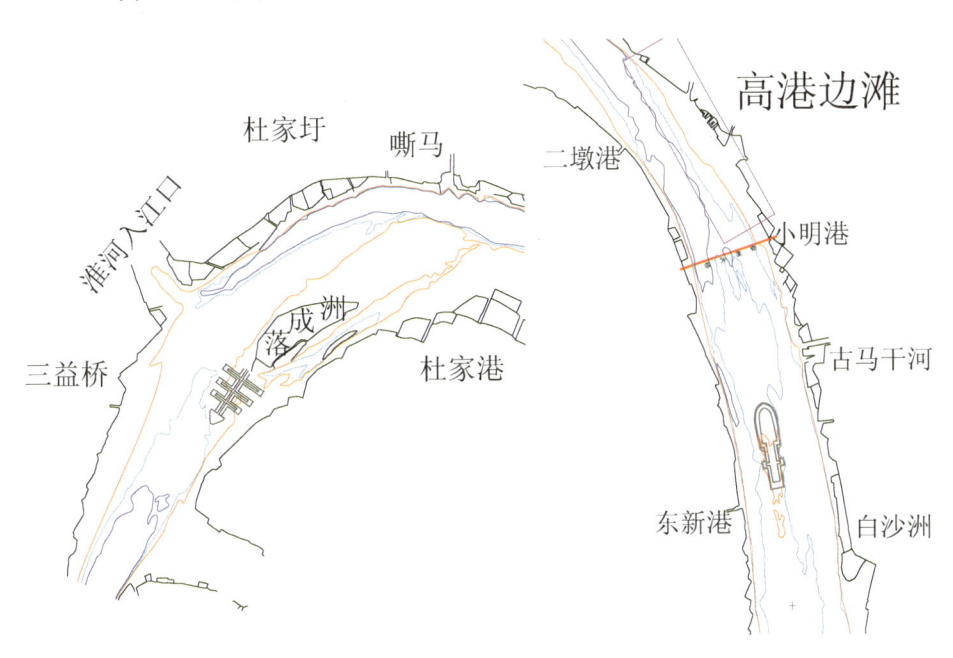

图 3.2-3　口岸直水道洲滩守护工程平面布置

深水航道二期工程中,口岸直水道在已实施的落成洲守护工程上加建整治潜堤,沿着落成洲头部布置纵向潜堤,纵向潜堤左侧布置5道丁坝,右侧布置2道丁坝,并且在落成洲右汊进口布置2道丁坝;在落成洲左汊左岸、右汊右岸新建护岸工程约4.85 km。鳗鱼沙段工程是在心滩头部守护工程基础上下延守护范围,整治工程有一道纵向潜堤,潜堤长10.6 km,潜堤两侧各布置11道护滩带,如图3.2-4所示。

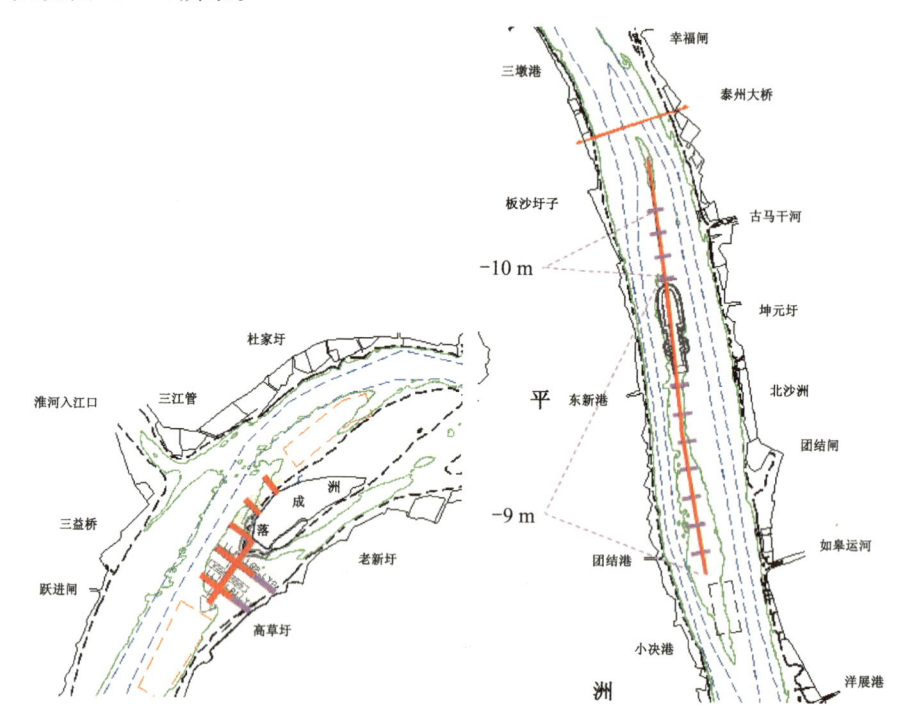

图3.2-4 口岸直水道深水航道治理工程平面布置

(4) 福姜沙水道深水航道工程

福姜沙河段双涧沙变化影响到福中、福北、如皋中汊汊道稳定及进口滩槽稳定,双涧沙守护工程于2010年底开工,2012年5月完工,工程布置如图3.2-5所示。双涧沙守护工程由三部分组成:头部潜堤、北顺堤和南顺堤。双涧沙护滩整治方案实施后,福北水道进口流速有所减小、福南水道流速有所增加、如皋中汊流速有所增加、浏海沙水道上段流速则有所减小,双涧沙滩地的越滩流得以控制,起到了封堵双涧沙窜沟、拦截双涧沙越滩流的目的。同时工程还起到稳定福中、福北分流口位置作用,为稳定福姜沙河势奠定了基础。

深水航道二期工程布置如图3.2-6所示。①双涧潜堤及两侧丁坝布置:双涧沙稳定是航道整治关键,控制双涧沙越滩流,是调整福中、福北汊道分流及碍航浅段水动力的关键,采用双涧潜堤及两侧丁坝布置,有利于改善福中、福北进

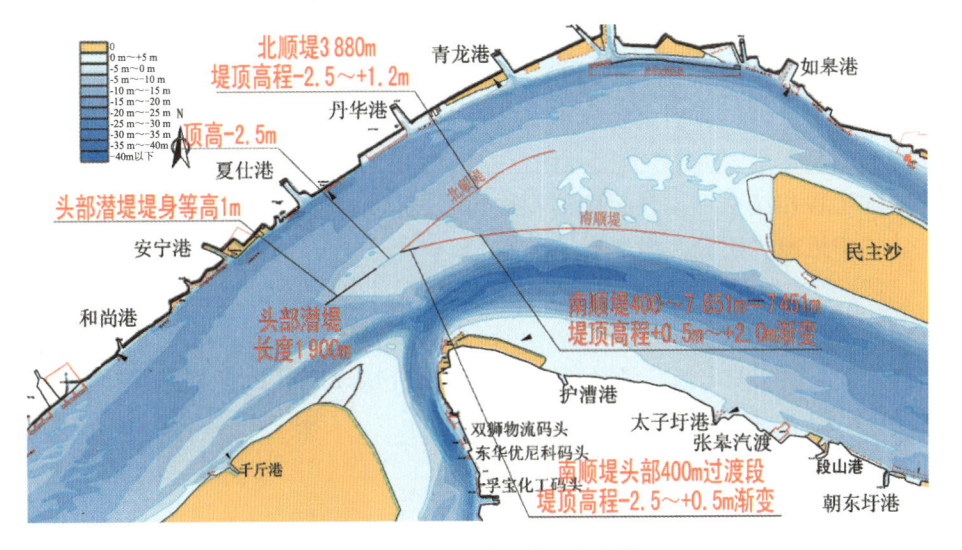

图 3.2-5　双涧沙守护工程布置

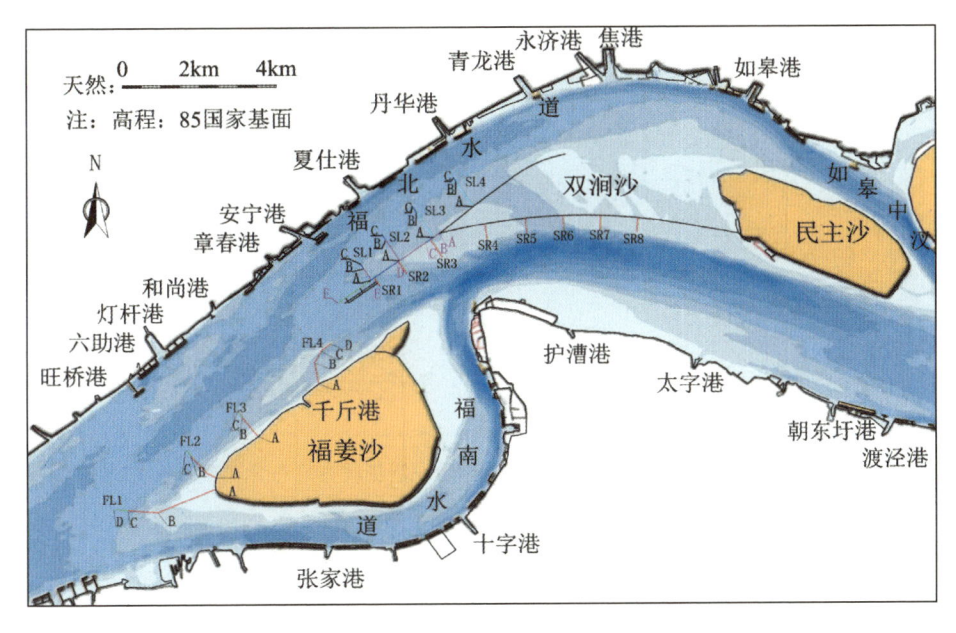

图 3.2-6　福姜沙水道深水航道二期工程布置图

口水动力和双涧沙越滩流分布的滩槽格局。双涧沙导堤头部位置确定了福中、福北两汊分流点,导堤高程渐变的目的是调整越滩流沿程分布,调整福中、福北进口水动力及两汊分流。福北丁坝主要作用为束窄碍航浅区河宽,增加浅区水动力。福中一侧丁坝起到稳定双涧沙潜堤,守护双涧沙右缘,潜堤南侧丁坝也具有一定导流增深目的。双涧沙导堤及两侧丁坝形成双涧沙稳定滩型,有利于福中、福北深槽发展,航槽稳定。②双涧沙右缘丁坝:双涧沙右缘位于水流顶冲地段,近年总体呈冲刷后退,采用短丁坝守护,防止岸坡崩退。③福姜沙左缘丁坝:福姜沙左缘丁坝一方面主要起到遏制福姜沙左缘的冲刷,防止水动力轴线进一步南偏的作用;另一方面则是缩窄左汊河宽,增加航道内水动力,并与双涧沙头部工程相结合形成较稳定的福中、福北进流条件,增加福中进口段流速,防止福中近南岸倒套深槽发展。

（5）通州沙和白茆沙水道深水航道工程

通州沙、白茆沙深水航道整治一期工程方案布置示意见图 3.2-7,该工程守护通州沙下段和狼山沙左缘以及白茆沙头部,并通过齿坝工程适当束窄河宽,实现"固滩、稳槽、导流、增深"的工程整治目标。

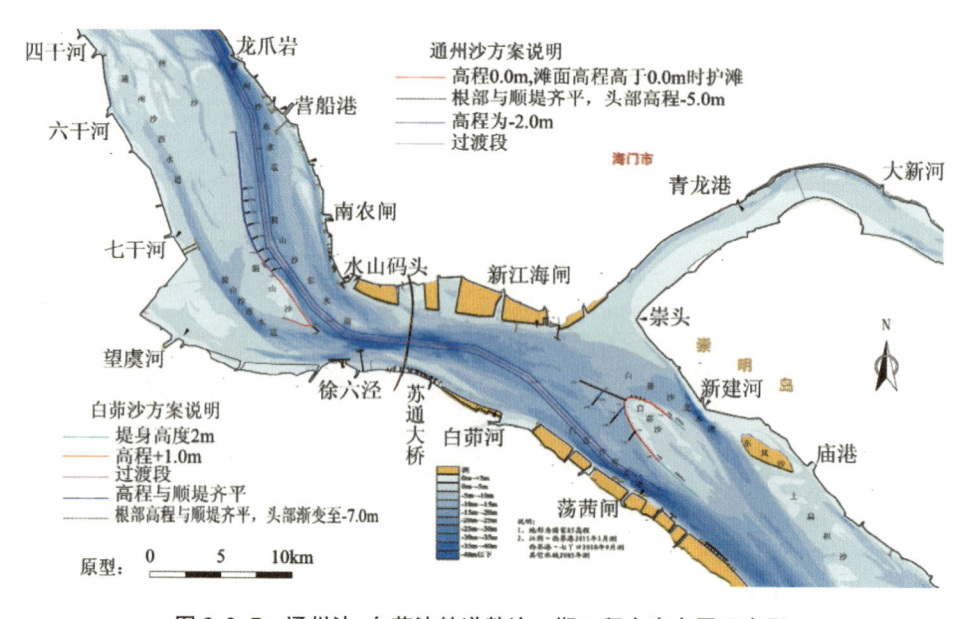

图 3.2-7　通州沙、白茆沙航道整治一期工程方案布置示意图

4

径潮流河段深水航道协调治理关键技术

协调，分别是"协"和"调"：协的意思是协助，调的意思是调解。协调治理就是协助调解各方的矛盾，最后达到一定层面的平衡。针对径潮流河段深水航道的协调治理，就是在调河势控导、港口利用以及航道建设等各方因素基础上，实现综合目标下的深水航道治理。长江南京以下河道呈现藕节分汊，河道治理存在的主要问题是汊道分流不稳定、洲滩不稳定以及局部岸段的崩岸等；河道治理稳定了河道平面形态，对航槽稳定起了重要的控制作用，是港口岸线利用和航道整治的基础。航道整治是在河势稳定的基础上，重点对碍航段进行集中整治，实现汊道稳定，提高河段的航道尺度，改善航行条件，保证船舶航行的安全畅通。港口岸线利用则是在稳定河势以及顺畅的航道条件下进行的治理，但同时又影响河势稳定及航道整治。以往的河势控导、航道治理及港口岸线利用从防洪、河势稳定以及航道效果等方面考虑了当时条件下相互间的协调性，满足了当时港口岸线利用需求、河势控导治理程度以及航道等级需求中间的协调性。但随着上游水库群的建设、沿江涉水工程的建设使得长江江苏段水情和工情发生了调整，同时沿江经济发展对港口岸线利用、河势稳定等提出了更高的要求，原有的协调机制难以满足现状发展需求，为此需深入开展径潮流河段深水航道整治、港口岸线利用以及河势控导的协调治理的研究，从防洪保安、滩槽格局稳定以及深水航道稳定畅通等角度出发，为新形势下径潮流河段深水航道治理提供支撑。

4.1 研究平台的建立

径潮流河段水沙条件复杂、河床冲淤多变，本次研究采用长河段二维数学模型、典型河段数学模型以及局部三维数学模型等手段,研究边滩的水沙特性及相应的治理对策。扬中河段高港边滩主要采用二维数模加局部三维数模的方法进行研究;福姜沙河段靖江边滩主要采用澄通河段二维数模进行研究。针对潮汐对分潮河段的影响效应,考虑不同径流与外海潮汐的组合,本次采用大通—长江口外的数学模型进行研究。

4.1.1　大通—长江口外长河段二维数学模型

1. 笛卡尔坐标系二维水深积分水流运动基本方程

连续方程:

$$\frac{\partial \zeta}{\partial t} + \frac{\partial [(h+\zeta)u]}{\partial x} + \frac{\partial [(h+\zeta)v]}{\partial y} = 0 \tag{4-1}$$

动量方程:

$$\frac{\partial u}{\partial t} + u\frac{\partial u}{\partial x} + v\frac{\partial u}{\partial y} = \frac{\partial}{\partial x}\left(v_e \frac{\partial u}{\partial x}\right) + \frac{\partial}{\partial y}\left(v_e \frac{\partial u}{\partial y}\right) - g\frac{\partial \zeta}{\partial x} + \frac{\tau_{sx}}{\rho H} - \frac{\tau_{bx}}{\rho H} + fv \tag{4-2}$$

$$\frac{\partial v}{\partial t} + u\frac{\partial v}{\partial x} + v\frac{\partial v}{\partial y} = \frac{\partial}{\partial y}\left(v_e \frac{\partial v}{\partial y}\right) + \frac{\partial}{\partial x}\left(v_e \frac{\partial v}{\partial x}\right) - g\frac{\partial \zeta}{\partial y} + \frac{\tau_{sy}}{\rho H} - \frac{\tau_{by}}{\rho H} - fu \tag{4-3}$$

2. 笛卡尔坐标系二维泥沙输运方程

(1) 悬沙不平衡输运方程

由 $\frac{\partial c}{\partial t} + \frac{\partial (cu_{m,i})}{\partial x_i} = \frac{\partial}{\partial x_i}(c\omega\delta_{i3}) + \frac{\partial}{\partial x_i}\left(\frac{v_m}{\sigma_c}\frac{\partial c}{\partial x_i}\right)$ 沿水深积分,并假定由流速和含沙量沿垂线分布不均匀在积分时产生的修正系数:

$\frac{1}{HuS}\int_{-h}^{\zeta} u_1 s\,\mathrm{d}z \approx 1.0$, $\frac{1}{HvS}\int_{-h}^{\zeta} u_2 s\,\mathrm{d}z \approx 1.0$,引入冲淤平衡时的挟沙能力 S^*,

得:

$$\frac{\partial HS_i}{\partial t} + \frac{\partial HuS_i}{\partial x} + \frac{\partial HvS_i}{\partial y} = \frac{\partial}{\partial x}\left(H\frac{v_t}{\sigma_S}\frac{\partial S_i}{\partial x}\right) + \frac{\partial}{\partial y}\left(H\frac{v_t}{\sigma_S}\frac{\partial S_i}{\partial y}\right) + \Phi_S \tag{4-4}$$

式中:S 为单位水体垂线平均含沙量,s 为单位水体含沙量,$S = \frac{1}{H}\int_{-h}^{\zeta} s\,\mathrm{d}z$, $s = \rho_s c$, c 为单位水体体积浓度;$v_t = v_m$;$\sigma_S = \sigma_c$,为 Schmidt 数。

(2) 推移质不平衡输移方程

根据推移质不平衡非均匀输沙原理,通过推移质水深折算推导出底沙不平衡。

输沙输移方程：

$$\frac{\partial (HN_b)}{\partial t} + \frac{\partial (uHN_b)}{\partial x} + \frac{\partial (vHN_b)}{\partial y} = \beta \omega_s (N_{b^*} - N_b) \qquad (4-5)$$

对于非均匀沙，推移质不平衡输移方程采用如下形式：

$$\frac{\partial HN_i}{\partial t} + \frac{\partial HuN_i}{\partial x} + \frac{\partial HvN_i}{\partial y} = \beta_i \omega_{s_i} (N_i^* - N_i) \qquad (4-6)$$

式中下标 i 表示第 i 组粒径泥沙对应的变量；ω_s 为泥沙沉速，下标 i 表示非均匀泥沙分组情况。

（3）河床变形方程

由悬移质冲淤引起的河床变形方程为：

$$\gamma_0 \frac{\partial \eta_{s_i}}{\partial t} = \alpha_i \omega_{si} (s_i - s_i^*) \qquad (4-7)$$

式中：η_{s_i} 为第 i 组粒径悬移质泥沙引起的冲淤厚度；γ_0 为床面泥沙干容重。

由推移质冲淤引起的河床变形方程为：

$$\gamma_0 \frac{\partial \eta_{bi}}{\partial t} = \beta_i \omega_{s_i} (N_i - N_i^*) \qquad (4-8)$$

式中：η_{b_i} 为第 i 组粒径推移质泥沙引起的冲淤厚度。

这样，河床总的冲淤厚度：

$$\eta = \sum_{i=1}^{n} \eta_{s_i} + \sum_{i=1}^{m} \eta_{b_i} \qquad (4-9)$$

3. 参数选取

二维水流泥沙数学模型计算物理量和参数包括糙率系数、计算时间步长、床沙级配、分组挟沙能力等。

（1）糙率系数：模型验证表明，本河段的糙率系数一般在 0.015~0.022。

（2）计算时间步长：采用全隐式计算，时间步长一般取为 10~30 s。

（3）床沙级配

淤积时段末床沙级配为

$$P_{b_i} = \Delta Z_i / \Delta Z \qquad (4-10)$$

式中：ΔZ 为本时段河床淤积总厚度；ΔZ_i 为粒径为 d_i 的泥沙淤积厚度。

冲刷时段末床沙级配为

$$P_{b_i} = [(E_m - \Delta Z) P_{ob_i} + \Delta Z_i] / E_m \qquad (4-11)$$

式中：P_{ob_i} 为时段初床沙级配；ΔZ、ΔZ_i 为本时段河床冲刷厚度，为负值；E_m 为河床可动层厚度，对于沙质河床，E_m 相当于沙波波高，一般取为 2.0～3.0 m。

（4）水流分组挟沙力

分组挟沙力 $S_i^* = P_* S_*$，它是由水流强度和床面级配控制的。P_* 为分组挟沙力级配，本次采用窦国仁、赵士清的计算模式。

4. 边界条件

给定初始条件时刻 $t=0$ 时，计算域内所有计算变量（U、V、ζ、K、ε、S_i、N_i）的初值，给出悬沙级配和分区床沙级配。

上游进口条件：由一维水沙数学模型提供上游来流过程线 $Q_{in}(t)$、沙量过程线 $S_{in}(t)$ 和进口推移质输沙率 q_b，进口各点流速 $\frac{\partial U_i}{\partial \xi}=0$，$V_i=0$。进口各控制点流速由下式迭代算出：

$$U_j = \frac{Q_{in}(t) * h_j^{2/3}}{\sum h_j^{5/3} dy_j} \sqrt{\alpha_j} \qquad (4-12)$$

式中：U_j、h_j 为进口计算网格点沿 y 方向流速和水深，dy_j 为离散网格间距。

下游出口条件：由一维水沙数学模型提供下游控制水位 $\zeta_{out}(t)$ 过程线、沙量过程线 $S_{in}(t)$ 和推移质输沙率 q_b。

本书将采用地形切削法处理动边界问题。

5. 数学模型的建立及验证

本次研究范围为大通—长江口外，上游以大通为进口边界，长江口外东到东经 123°，南起北纬 29°27′，北到北纬 32°15′，包括长江口和杭州湾模型在内的水域，其控制方程及求解等见 4.1.2 节。模型计算空间步长 $\Delta s=30\sim8\,000$ m，共有网格结点约 201 813 个，单元 198 024 个，并对工程区域进行网格加密，以便在进行工程方案计算时，能充分反映工程的影响。本次研究，数学模型分别采用 2014 年、2016 年实测水下地形进行概化，网格图及地形离散概化图见图 4.1-1。

图 4.1-1　模型格及地形概化图

4.1.2 局部河段二维数学模型

4.1.2.1 扬中河段二维数学模型

本项目采用贴体正交曲线网格系统来克服边界复杂及计算域尺度悬殊所引起的困难。贴体正交曲线网格系统控制方程组如下：

(1) 水流连续方程

$$\frac{\partial h}{\partial t} + \frac{1}{C_\xi C_\eta} \frac{\partial}{\partial \xi}(HuC_\eta) + \frac{1}{C_\xi C_\eta} \frac{\partial}{\partial \eta}(HvC_\xi) = 0 \qquad (4-13)$$

(2) 动量方程

ξ 方向动量方程

$$\frac{\partial Hu}{\partial t} + \frac{1}{C_\xi C_\eta}\left[\frac{\partial}{\partial \xi}(C_\eta Hu^2) + \frac{\partial}{\partial \eta}(C_\xi Hvu) + Hvu\frac{\partial C_\eta}{\partial \eta} - Hv^2\frac{\partial C_\eta}{\partial \xi}\right] = -g\frac{1}{C_\xi}\frac{\partial h}{\partial \xi}$$

$$-\frac{u\sqrt{u^2+v^2}\,n^2 g}{H^{4/3}} + \frac{1}{C_\xi C_\eta}\left[\frac{\partial}{\partial \xi}(C_\eta H\sigma_{\xi\xi}) + \frac{\partial}{\partial \eta}(C_\xi H\sigma_{\eta\xi}) + H\sigma_{\xi\eta}\frac{\partial C_\xi}{\partial \eta} - H\sigma_{\eta\eta}\frac{\partial C_\eta}{\partial \xi}\right]$$

$$(4-14)$$

η 方向动量方程

$$\frac{\partial Hv}{\partial t} + \frac{1}{C_\xi C_\eta}\left[\frac{\partial}{\partial \xi}(C_\eta Hvu) + \frac{\partial}{\partial \eta}(C_\xi Hv^2) + Huv\frac{\partial C_\eta}{\partial \xi} - Hu^2\frac{\partial C_\xi}{\partial \eta}\right] = -gH\frac{1}{C_\eta}\frac{\partial h}{\partial \eta}$$

$$-\frac{v\sqrt{u^2+v^2}\,n^2 g}{H^{4/3}} + \frac{1}{C_\xi C_\eta}\left[\frac{\partial}{\partial \xi}(C_\eta H\sigma_{\xi\eta}) + \frac{\partial}{\partial \eta}(C_\xi H\sigma_{\eta\eta}) + H\sigma_{\eta\xi}\frac{\partial C_\eta}{\partial \xi} - H\sigma_{\xi\xi}\frac{\partial C_\xi}{\partial \eta}\right]$$

$$(4-15)$$

式中：ξ、η 分别表示正交曲线坐标系中 2 个正交曲线坐标；u、v 分别表示沿 ξ、η 方向的流速；h 表示水位；H 表示水深；C_ξ、C_η 表示正交曲线坐标系中的拉梅系数；$\sigma_{\xi\xi}$、$\sigma_{\xi\eta}$、$\sigma_{\eta\xi}$、$\sigma_{\eta\eta}$ 表示紊动应力。

(3) 悬沙不平衡输移方程

$$\frac{\partial h S_L}{\partial t} + \frac{1}{C_\xi C_\eta}\left[\frac{\partial}{\partial \xi}(C_\eta hu S_L) + \frac{\partial}{\partial \eta}(C_\xi hv S_L)\right] =$$

$$\frac{1}{C_\xi C_\eta}\left[\frac{\partial}{\partial \xi}\left(\frac{\varepsilon_\xi}{\sigma_S}\frac{C_\eta}{C_\xi}\frac{\partial h S_L}{\partial \xi}\right) + \frac{\partial}{\partial \eta}\left(\frac{\varepsilon_\eta}{\sigma_S}\frac{C_\xi}{C_\eta}\frac{\partial h S_L}{\partial \eta}\right)\right] + \alpha_L \omega_L (S_L^* - S_L) \quad (4-16)$$

式中：S_L^* 表示第 L 组泥沙的挟沙能力，ω_L 为第 L 组泥沙的沉速；α_L 为第 L 组泥沙的含沙量恢复饱和系数。

(4) 推移质不平衡输移方程

$$\frac{\partial h S_{b_L}}{\partial t} + \frac{1}{C_\xi C_\eta}\left[\frac{\partial}{\partial \xi}(C_\eta h u S_{b_L}) + \frac{\partial}{\partial \eta}(C_\xi h v S_{b_L})\right] = \alpha_L \omega_L (S_{b_L}^* - S_{b_L}) \quad (4\text{-}17)$$

式中：$S_{b_L}^*$ 表示第 L 组推移质的挟沙能力，S_{b_L} 表示床面推移层的含沙浓度，α_{b_L} 为第 L 组推移质泥沙的恢复饱和系数，ω_{b_L} 为推移质的沉速，$\sigma_{b_L}=1$。

(5) 河床变形方程

$$\gamma_s \frac{\partial Z_L}{\partial t} = \alpha_L \omega_L (S_L - S_L^*) + \alpha_{b_L} \omega_{b_L} (S_{b_L} - S_{b_L}^*) \quad (4\text{-}18)$$

(6) 模型范围及验证

计算河段上游以五峰山作为进口边界，下游肖山作为出口边界，全长约 92 km。数学模型采用不等距网格，纵向（水流方向）网格间距约 5～190 m，横向（垂直水流方向）网格间距为 10～100 m，纵向布置 1 360 条网格线，横向布置 140 条网格线，网格线基本保持正交，模型采用最新实测的河床地形构建，网格图、地形离散概化图见图 4.1-2。

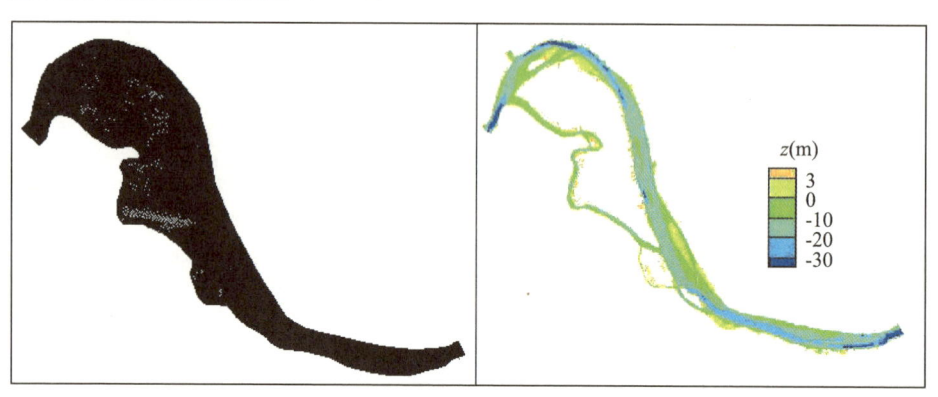

图 4.1-2 扬中河段模型网格及离散图

该模型自 2006 年以来先后进行了多次验证，水流运动模型验证内容包括潮位过程、潮流速过程和汊道分流比。水沙、地形资料验证结果符合《海岸与河口潮流泥沙模拟技术规程》规定的要求。

4.1.2.2 澄通河段二维潮流泥沙数学模型研究

考虑到计算范围进出口条件、水文资料和工程影响范围等因素，计算河段上游以利港作为进口边界，下游徐六泾作为出口边界，全长约 90 km。模型计算空间步长 $\Delta s = 10\sim260$ m，共有网格结点约 89 877 个，单元 88 623 个，并对工程区域进行网格加密，最小间距为 10 m，以便在进行工程方案计算时，充分反映工程的影响。数学模型采用最新实测水下地形进行概化，网格图、地形离散概化图见图 4.1-3；其具体求解方法见 4.1.1 节。

图 4.1-3　澄通河段模型格及地形概化图

该模型自 2005 年以来一直应用于长江南京以下深水航道的研究中，经过多次地形的更换，采用多次实测水沙、地形资料对模型进行验证，验证结果均满足相关规程规范要求。

4.1.3　口岸直水道局部三维数学模型

鉴于高港边滩局部边界条件复杂，且处于弯曲分汊河道下段，采用局部三维数学模型研究落成洲汊道分流分沙、弯道水流动力轴线、口岸直水道新建工程与高港边滩段水沙运动特征的响应关系，重点模拟高港边滩整治工程优化方案效果。

1. 三维水流方程

三维水流模型采用各向同性不可压缩流体雷诺方程组，用标准 k-ε 模型来计算紊动黏性系数。笛卡尔坐标下的水流基本方程组可写成如下统一形式：

$$\frac{\partial}{\partial t}(\phi)+\frac{\partial}{\partial x_i}(u_i\phi)=\frac{\partial}{\partial x_i}\left(\Gamma_e\frac{\partial \phi}{\partial x_i}\right)+S \tag{4-19}$$

式中对于不同方程的变量表达见表 4.1-1。

表 4.1-1　统一形式中各方程的变量

方程	ϕ	Γ_e	S
连续	1	0	0
x 动量	u	v_e	$-\dfrac{1}{\rho}\dfrac{\partial p}{\partial x}+\dfrac{\partial}{\partial x}\left(v_e\dfrac{\partial u}{\partial x}\right)+\dfrac{\partial}{\partial y}\left(v_e\dfrac{\partial v}{\partial x}\right)+\dfrac{\partial}{\partial z}\left(v_e\dfrac{\partial w}{\partial x}\right)$
y 动量	v	v_e	$-\dfrac{1}{\rho}\dfrac{\partial p}{\partial y}+\dfrac{\partial}{\partial x}\left(v_e\dfrac{\partial u}{\partial y}\right)+\dfrac{\partial}{\partial y}\left(v_e\dfrac{\partial v}{\partial y}\right)+\dfrac{\partial}{\partial z}\left(v_e\dfrac{\partial w}{\partial y}\right)$
z 动量	w	v_e	$-g-\dfrac{1}{\rho}\dfrac{\partial p}{\partial z}+\dfrac{\partial}{\partial x}\left(v_e\dfrac{\partial u}{\partial z}\right)+\dfrac{\partial}{\partial y}\left(v_e\dfrac{\partial v}{\partial z}\right)+\dfrac{\partial}{\partial z}\left(v_e\dfrac{\partial w}{\partial z}\right)$

(续表)

k 方程	k	$v+\dfrac{v_t}{\sigma_k}$	$G-\varepsilon$
ε 方程	ε	$v+\dfrac{v_t}{\sigma_\varepsilon}$	$\dfrac{\varepsilon}{k}(c_1G-c_2\varepsilon)$

表中：u、v、w 为沿 x、y、z 方向的流速；ρ 为水体密度；g 为重力加速度；p 为压强；v_e 为有效黏性系数：$v_e=v+v_t$；v 为水流黏性系数；v_t 为黏动黏性系数：$v_t=C_\mu k^2/\varepsilon$；$k$ 为湍流动能；ε 为湍流动能耗散率；G 为湍流动能产生项：$G=v_t\left\{2\left[\left(\dfrac{\partial u}{\partial x}\right)^2+\left(\dfrac{\partial v}{\partial y}\right)^2+\left(\dfrac{\partial w}{\partial z}\right)^2\right]+\left(\dfrac{\partial u}{\partial y}+\dfrac{\partial v}{\partial x}\right)^2+\left(\dfrac{\partial v}{\partial z}+\dfrac{\partial w}{\partial y}\right)^2+\left(\dfrac{\partial w}{\partial x}+\dfrac{\partial u}{\partial z}\right)^2\right\}$；湍流常数：$c_\mu=0.09,c_1=1.44,c_2=1.92,\sigma_k=1.0,\sigma_\varepsilon=1.3$。

2. 悬沙输移方程

三维非均匀悬移质输沙方程在笛卡尔坐标系下可表示为：

$$\frac{\partial S_k}{\partial t}+\frac{\partial}{\partial x}(uS_k)+\frac{\partial}{\partial y}(vS_k)+\frac{\partial}{\partial z}(wS_k)$$

$$=\frac{\partial}{\partial x}\left(\varepsilon_s\frac{\partial S_k}{\partial x}\right)+\frac{\partial}{\partial y}\left(\varepsilon_s\frac{\partial S_k}{\partial y}\right)+\frac{\partial}{\partial z}\left(\varepsilon_s\frac{\partial S_k}{\partial z}\right)+\frac{\partial}{\partial z}(\omega_{*k}S_k) \qquad (4-20)$$

式中：S_k 为第 k 组含沙量；ω_{*k} 为相应的泥沙沉速，根据阻力叠加原则，得到的统一公式进行计算；ε_s 为泥沙扩散系数，$\varepsilon_s=v+\dfrac{v_t}{\sigma_s}$，$\sigma_s$ 为 Schmidt 数，取 $\sigma_s=1.0$。

3. 推移质不平衡输沙方程

推移质不平衡输沙方程可表示为：

$$\frac{1}{L_s}(q_b-q_{b^*})+D_b-E_b-\frac{\partial q_{b_x}}{\partial x}+\frac{\partial q_{b_y}}{\partial y}=0 \qquad (4-21)$$

式中：q_b 及 q_{b^*} 分别为实际推移质输沙率和平衡推移质输沙率；D_b、E_b 分别表示悬移质与推移质运动交界面上的泥沙下沉通量及上浮通量；q_{b_x} 及 q_{b_y} 分别表示沿 x 和 y 方向的推移质输沙率；L_s 为推移质不平衡输沙距离。

4. 河床变形方程

河床变形方程根据网格内泥沙通量守恒来确定，即：

$$\gamma'_s\frac{\partial Z_b}{\partial t}+\frac{\partial(q_{b_x}+q_{s_x})}{\partial x}+\frac{\partial(q_{b_y}+q_{s_y})}{\partial y}=0 \qquad (4-22)$$

式中：γ'_s 为泥沙干容重；q_{s_x} 和 q_{s_y} 分别为通过沿水深积分得到的沿 x 和 y 方向的悬沙通量。

4.2 航道建设与港口岸线利用协调下边滩治理关键技术

边滩是依附于河岸的一种淤积体,是河道浅滩的一种表现形式,枯水时露出水面,中、洪水时又被淹没,是河道内中枯水流动的依托边界,决定着枯水河槽水动力轴线的走向。长江下游感潮河段受径流和潮流的共同作用,平面形态多为弯曲分汊河型,存在多处边滩。由于局部边界条件复杂,且受径潮流共同作用,因此河床演变及边滩演化存在不确定性,如扬中河段左汊口岸直水道北侧的高港边滩有所淤涨,而下游福姜沙水道进口左侧的靖江边滩则表现为周期性淤涨、切割的演化过程。深水航道建设与港口岸线利用协调下活动边滩治理技术的研究,基于前期有关成果资料,通过资料分析、河演分析、数模计算、物理模型试验等研究手段,对径潮流河段典型性活动边滩演变规律及趋势、演变成因进行研究。通过对江苏沿江港口岸线利用的调查分析,研究提出深水航道建设与港口岸线利用协调下活动边滩治理的关键技术。

4.2.1 边滩特点及与深水航道、港口利用的关系

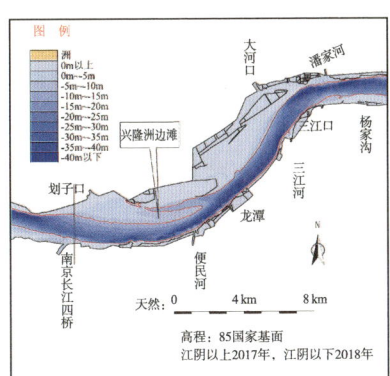

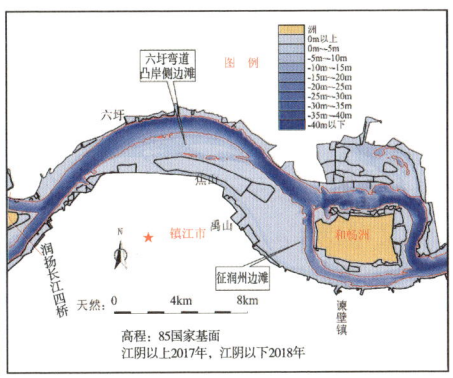

4.2.1.1 长江南京以下河段主要低边滩类型

长江南京以下河段受径流和潮汐共同作用,呈现弯曲分汊的河型。因弯曲分汊、河道展宽、上下游深槽过渡段引起局部水流流速减小等原因,泥沙输沙能力下降,形成水下低边滩。长江南京以下主要边滩有龙潭水道凸岸边滩,位于龙潭水道北岸兴隆洲一侧;六圩弯道凸岸侧边滩、征润州边滩;太平洲左汊进口左岸三益桥边滩、口岸直水道高港边滩;福姜沙水道靖江边滩、浏海沙水道太字圩边滩以及通州沙东水道营船港边滩。边滩形状及位置见图4.2-1。

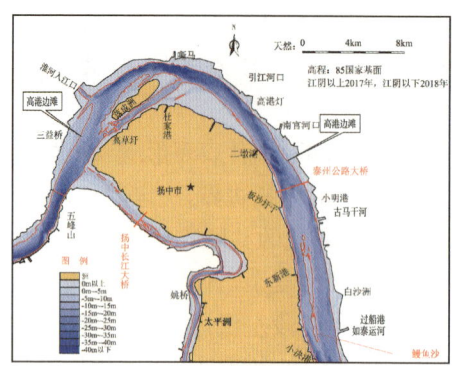

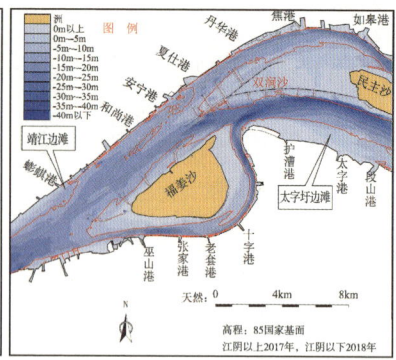

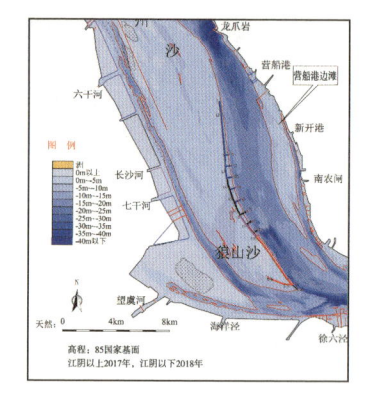

图 4.2-1　长江南京以下河段水下主要低边滩形状及位置示意图

从形成原因来分,长江将南京以下河段低边滩主要分为凸岸边滩、分汊展宽段边滩、上下深槽过渡段边滩等三大类。长江南京以下凸岸边滩主要包括龙潭水道的兴隆洲低边滩、六圩弯道低边滩、征润州低边滩以及太字圩凸岸边滩等;分汊展宽段边滩主要包括太平洲左汊进口左岸三益桥边滩、福姜沙水道进口左岸靖江边滩等;上下深槽过渡段边滩主要包括口岸直水道高港边滩以及通州沙水道营船港低边滩等。

4.2.1.2　低边滩与深水航道的关系

长江南京以下水下主要低边滩与 12.5 m 边线相对位置如图 4.2-2 所示。

龙潭水道兴隆洲边滩位于弯道凸岸侧,本河段现为单一河段,由于河道较宽,中间最宽处在 3 km 以上,边滩淤长到一定程度,有时受大洪水切割形成活动心滩。由于本河段水深条件较好,12.5 m 槽在 700 m 以上,其边滩、心滩变化对航道影响不大。

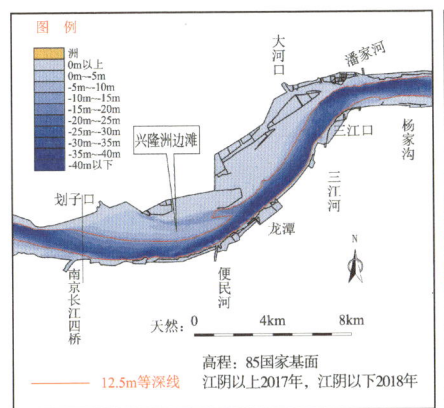

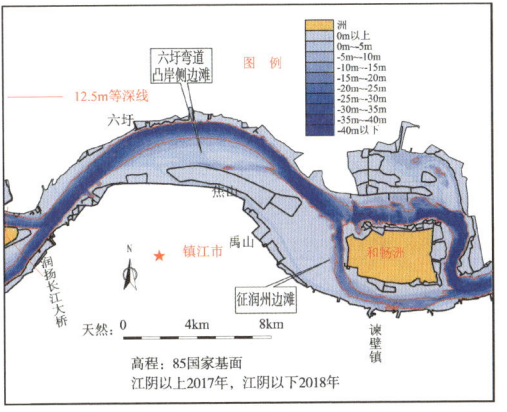

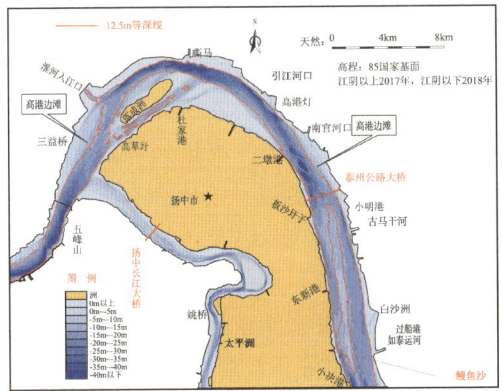

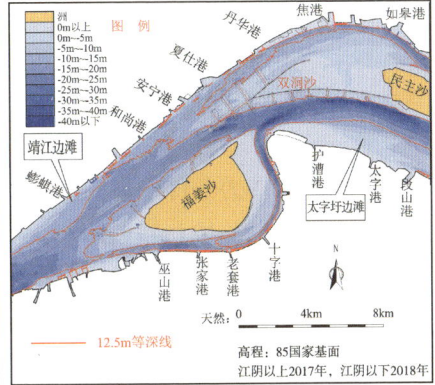

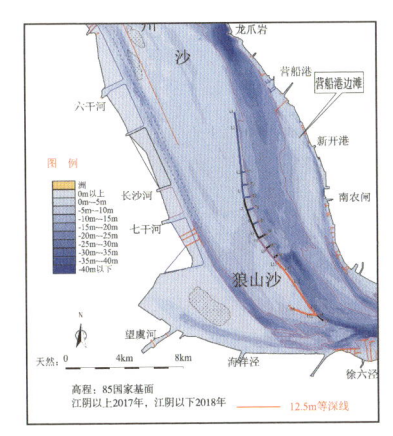

图 4.2-2　长江南京以下河段水下主要低边滩与 12.5 m 边线相对位置示意图

六圩弯道南岸凸岸边滩，本河段为单一河段，水深条件较好，但由于上游主流摆动，洪水期边滩有时受洪水冲刷切割形成江心滩。征润州边滩向东淤长，影响到世业洲右汊进口航道条件。目前六圩弯道段 12.5 m 槽宽度在 1 km 左右,凸岸边滩变化暂时对航道影响不大,而位于和畅洲右汊进口右岸的征润州边滩淤长对航道有一定影响,但 2015—2017 年已实施的航道整治工程,疏浚和畅洲右汊进口段增加了右汊分流比,改善了右汊进口水深条件。

嘶马弯道左岸扬湾弯道深泓向右岸二墩港深泓过渡,引起高港左侧流速减小,输沙能力下降,形成高港边滩。河道边界条件是高港边滩形成的重要影响因素。太平洲右汊三益桥浅区为左汊进口放宽段,河宽由左汊进口 1 km 多,放宽至 3 km 多。三益桥浅区下为嘶马弯道段,有落成洲分汊,位于左岸的三益桥边滩下又有淮河入江口,其多种原因造成进口出现碍航,边滩受进口洪枯季主流摆动影响,出现周期性冲淤消长的变化,另外落成洲右汊发展,使得左汊水动力减弱,导致边滩进一步淤长发育。而淮河入江口水流顶托,导致入江口上游近岸流速减小,边滩淤长。目前落成洲已实施航道整治工程,本河段航道条件有所改善,但三益桥边滩变化仍有可能对航道产生影响。

高港边滩位于扬中河段左汊口岸直水道北岸侧,上游为嘶马弯道段,弯道右侧有落成洲分汊,属潮汐河段弯曲分汊河道下边滩。高港边滩所处的扬中河段受上游径流和下游潮汐的影响,其间还存在淮河入江水流。高港边滩演变过程不仅受上游水动力条件的影响,同时还受边界条件变化,以及落成洲右汊冲刷发展影响。随着三益桥和鳗鱼沙两个浅滩治理工程的实施,以及该区域泰州公路大桥的建成,高港浅区段的水沙运动必将响应外部边界条件的变化,因此,高港边滩水沙运动、局部边界条件非常复杂,其河床演变存在不确定性。高港边滩碍航问题在泰州公路大桥建设后突显出来,泰州公路大桥建设前,航道可利用高港段右侧深槽布置,左侧高港边滩对航道的影响并不严重,泰州公路大桥建设后,采用双孔通航,航道在桥区上游高港段分为左右航槽,必须利用高港边滩前沿水域,因此高港边滩的碍航问题突显出来。

靖江边滩位于福姜沙水道左汊进口左侧,处于微弯河段凸岸、分汊前放宽段。福姜沙河段处于潮流变动区,受上游径流和外海潮汐的共同作用。总体而言,落潮流为本河段主要造床动力,但枯季大潮涨潮,近岸边滩有时流速较大,对河床冲淤造成一定影响。随着靖江边滩的淤长、切割、下移,江中形成心滩,心滩所到之处便形成大幅淤积,堵塞航道形成碍航;特别是 2012 年以来靖江边滩的切割下移对福北水道进口航道造成了大幅淤积,形成碍航,成为长江南京以下二期福姜沙水道 12.5 m 深水航道整治的重点和难点。

营船港边滩的形成一方面是上游龙爪岩挑流作用,使主流脱离左岸,右偏顶冲通州沙下段左缘及狼山沙左缘,龙爪岩以下近岸成为缓流区,导致边滩淤长;另一方面通州沙下段左缘冲刷后退,狼山沙冲刷后退,沙体西移,导致东水道展宽,河道宽浅,主流右偏,使营船港边滩淤长。本河段涨落潮流都较强,河道展宽涨落潮流路不一致,边滩发展到一定程度在涨落潮流的作用下,冲淤消长呈周期性变化,其冲刷泥沙下泄,在江中形成活动心滩,影响到航道水深。航道整治一期工程 2014 年 7 月完工,但仍需通过疏浚满足水深要求,东水道内边滩、洲滩、心滩变化对航槽稳定、航道水深仍有一定影响。

4.2.1.3 低边滩与港口岸线利用的关系

龙潭水道兴隆洲边滩位于弯道凸岸侧,本河段深水贴南岸,规划港区也基本在南侧(图 4.2-3),为此边滩、心滩变化对港区的影响不大。六圩弯道深水贴北侧,南岸为凸岸边滩;从规划来看,南岸是旅游岸线,且现有镇江港主要以高资港区、龙门港区、谏壁港区和大港港区为主(图 4.2-4);为此六圩弯道凸岸边滩对港区的影响较小。

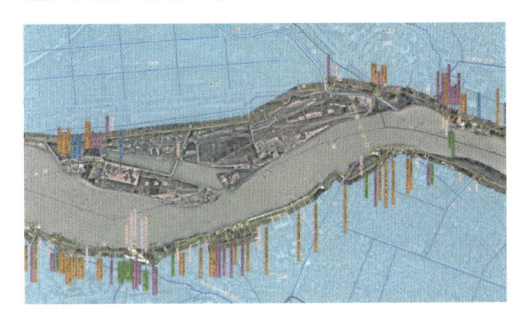

图 4.2-3 龙潭港区现状布置示意图　　图 4.2-4 镇江港区现状布置示意图

高港边滩位于扬中河段左汊口岸直水道北岸侧,泰州公路大桥建设后,采用双孔通航,航道在桥区上游高港段分为左右航槽,必须利用高港边滩前沿水域,使得高港边滩的碍航问题日益突显。因此高港边滩的变化对沿线码头有较大影响(图 4.2-5)。

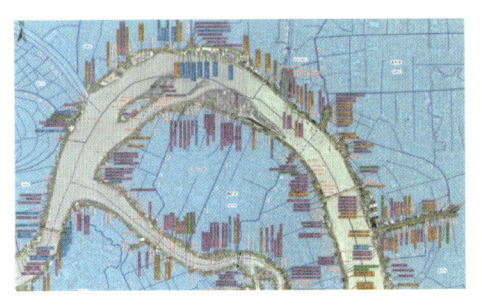

图 4.2-5 扬中港区现状布置示意图　　图 4.2-6 靖江新港港区现状布置示意图

靖江边滩位于福姜沙水道左汊进口左侧,处于微弯河段凸岸、分汊前放宽段。以往研究表明,靖江边滩的演变呈现周期性,边滩淤长到一定程度,在一定水流条件下切割,并随着水流下移,所到之处形成心滩,对港区前沿水深影响很大(图 4.2-6)。浏海沙水道太字圩边滩位于微弯河段的凸岸侧,边滩形成主流左偏,冲刷双涧沙;民主沙右缘边坡崩退,河道弯曲,主槽左摆,右岸侧边滩淤长。现状条件下护漕港一线为原始岸线,没有港口码头布置,低边滩变化对港口岸线影响很小,但将影响到明主沙右缘的弯道冲刷。营船港低边滩的变化主要受上游水流进入南通水道顶冲点位置的影响:顶冲点上提,则有所淤长;顶冲点下移,则有所冲刷。低边滩的下移,尾部侵入12.5 m航槽,对12.5 m深水航道的维护影响较大,但对新开沙夹槽内江海港区的影响较小。

4.2.1.4 典型性边滩的选择

(1) 从长江南京以下河段低边滩类型来看,主要分为凸岸边滩、分汊展宽段边滩和上下深槽过渡段边滩等三大类。长江南京以下凸岸边滩主要包括龙潭水道的兴隆洲低边滩、六圩弯道低边滩、征润州低边滩以及太字圩凸岸边滩等。分汊展宽段边滩主要包括太平洲左汊进口左岸三益桥边滩、福姜沙水道进口左岸靖江边滩等。上下深槽过渡段边滩主要包括口岸直水道高港边滩以及通州沙水道营船港低边滩等。

(2) 从低边滩与深水航道关系来看,征润州边滩、三益桥边滩、高港边滩、靖江边滩、营船港低边滩等对深水航道的维护有一定影响,特别是靖江边滩对福北水道的维护影响巨大。

(3) 从低边滩与港口岸线关系来看,兴隆洲边滩以及六圩弯道边滩等对港口岸线利用等影响很小;三益桥边滩、高港边滩、靖江边滩、营船港低边滩等对港口岸线利用有一定影响。

(4) 从低边滩与周边涉水工程协调性来看,高港边滩对深水航道的影响与泰州大桥桥墩的存在息息相关;同时边滩演变与上游落成洲右汊发展变化、嘶马弯道的变化也紧密相连。

综上所述:①从水动力特性来看,长江南京以下河段受径流和潮汐共同作用,边滩的演变机理与所在河段的水沙动力息息相关。②从不同边滩类型对深水航道及港口岸线影响以及与周边涉水工程协调性等角度来看,分汊展宽型以及上下深槽过渡型边滩对航道等影响较大。③从各边滩演变规律及对深水航道影响程度来看,靖江边滩、高港边滩等相对复杂,且靖江边滩对福北水道维护影响巨大。为此,本次研究从边滩类型出发,结合边滩对深水航道、港口岸线利用以及与周边涉水工程协调性等,选取靖江边滩(分汊展宽型)和高港边滩(深槽过渡型)作为两个代表低边滩从演变机理、趋势、航道影响以及治理措施等方面进行深入研究。

4.2.2 靖江边滩演变规律及成因分析

4.2.2.1 边滩演变规律

靖江边滩位于长江下游的福姜沙河段,距离长江口外约 230 km,如图 4.2-7 所示。福姜沙河段呈二级分汊格局,首先被福姜沙分为左、右汊道一级分汊,然后福姜沙左汊下段又被双涧沙分为福中、福北水道二级分汊。一级分汊前过渡段河宽由鹅鼻嘴的 1.5 km 放宽至分汊前的 4 km 以上。福姜沙左汊顺直宽浅,河宽在 3.2 km 左右,历史上左汊滩槽冲淤多变,主流不稳。靖江边滩位于福姜沙左汊一级分汊前过渡段北岸,长约 6 km。

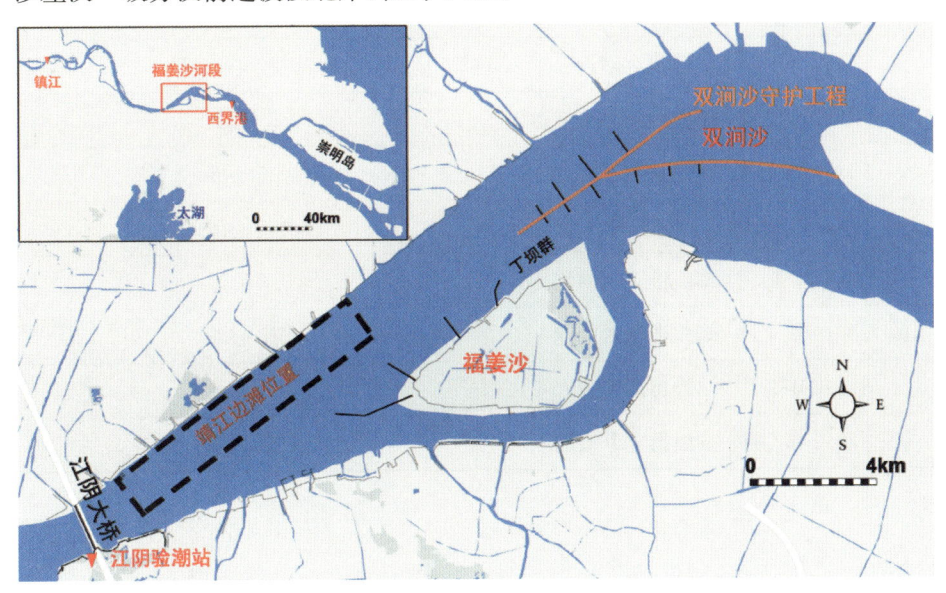

图 4.2-7 靖江边滩位置示意图

1. 边滩演变特征

（1）年际演变特征

由于受上游来流变化及下游潮汐的共同作用,靖江边滩呈冲淤消长的周期变化,如图 4.2-8 所示。

自 20 世纪 60 年代以来,靖江边滩已发生 10 次以上的切割过程,见表 4.2-1,特别是 2009 年以后发生较大规模的边滩切割过程,形成的 −10 m 心滩主要在距左岸约 1.5 km 范围水域内向下游运移,下移速率一般在 1.0～1.8 km/a,洪季下移速度大于枯季,心滩总体呈现形成、冲刷下移、进入福北水道和如皋中汊、部分归并双涧沙、再形成的周期性演变模式。综合分析靖江边滩多年自然演变周期性切割过程,研究认为其演变周期一般约为 4～8 年。靖江边滩淤长→冲刷→淤长的周期性变化受多因素的影响,主要有上下游河势变化(上游有江阴水道变化,下游有福中、福北、双涧沙如皋中汊等变化影响)、上游来水来沙变化、下游涨潮流等。近年来边滩发展切割形成心滩的规模有所减小。

表 4.2-1　1966 年以来靖江边滩切割统计

次数	时间	沙体切割部位	沙体切割规模(长×宽,km×km)
1	1966 年 11 月	蟛蜞港至旺桥港	约 5×0.6
2	1970 年 6 月	蟛蜞港至和尚港	多个心滩,最大约 3×0.5
3	1975 年 3 月	蟛蜞港、和尚港	5×0.6 心滩
4	1980 年 3 月	六助港、和尚港	3×0.4 心滩
5	1987 年 9 月	万福港附近	万福港至六助港出现多个心滩,最大 0.5×0.5
6	1989 年 8 月	蟛蜞港至万福港	4×0.6 心滩
7	1994 年 7 月	罗家桥至万福港	0.5×0.5 心滩
8	1998 年 10 月	六助港、灯杆港	1.5×0.5 心滩
9	2000 年 10 月	蟛蜞港至六助港	5.2×0.5 心滩
10	2010 年 4 月	蟛蜞港至六助港	2.5×0.5 心滩
11	2016 年 2 月	旺桥港附近	0.3×0.3 心滩
12	2018 年 5 月	蟛蜞港至万福港	0.7×0.15 心滩

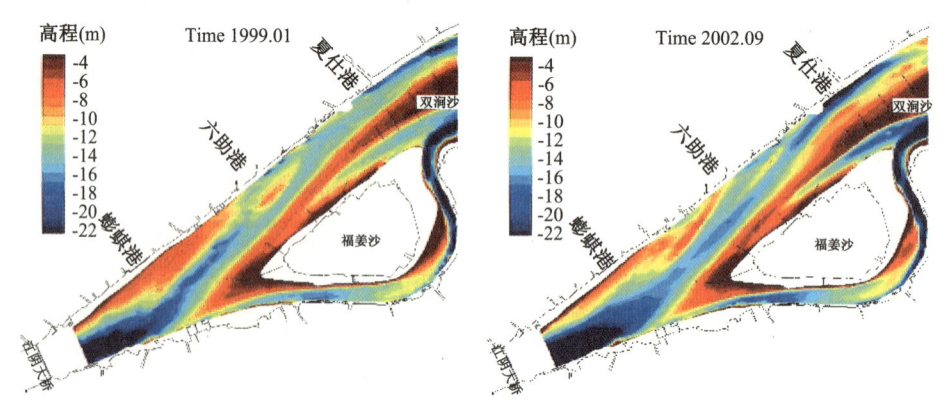

(a) 边滩淤长(上一周期心滩已形成并下移)　　　　　(b) 边滩切割

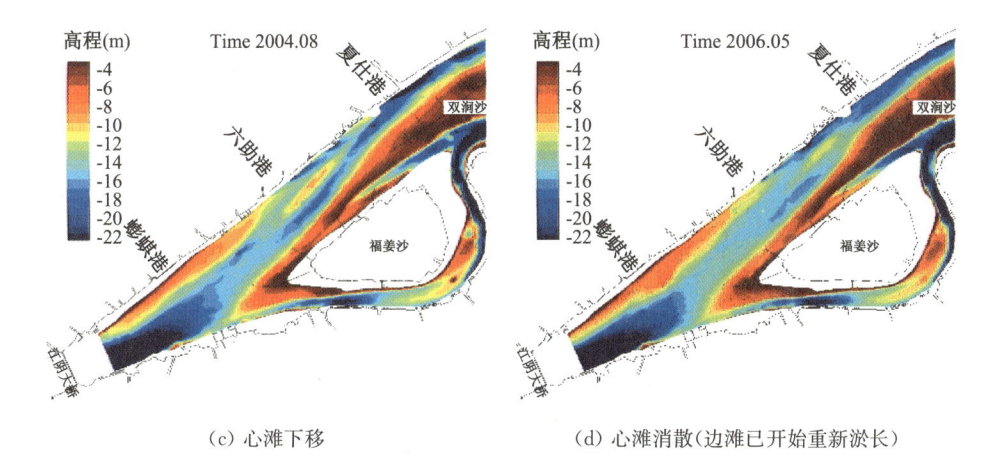

(c) 心滩下移　　　　　　　　(d) 心滩消散(边滩已开始重新淤长)

图 4.2-8　靖江边滩演变单周期过程形态变化

根据靖江边滩 1999 年至 2019 年地形场样本的标准差分布(图 4.2-9),靖江边滩所在福姜沙河道演变过程中,地形变化差异最大的区域主要集中在双涧沙南侧福中水道,结合已有研究[1],双涧沙守护工程(建设周期 2010—2012 年)加强了福中水道及浏海沙水道进口段的水动力,增大了福中水道的冲刷,自 2012 年以来该段表现出明显的冲刷侵蚀态。福姜沙水道入口深槽段以及进入福姜沙左汊的主槽地形标准差较小,说明该区域的河床形态变幅相对较小。另外,靖江边滩附近标准差最大的区域,也就是活动性最强的区域位于蟛蜞港和六助港之间,滩头上游水道(跃进港附近)也表现出较大的差异,而靖江边滩近岸高滩总体表现稳定。

从 1999 年至 2019 年的 25 次地形测量资料中对分离后的心滩进行追踪,共发现了 6 个独立的心滩,其迁移轨迹如图 4.2-10 所示,图中纵轴表示从心滩沙体顶点到靖江边滩上游江阴大桥桥轴线的距离;心滩的演变周期和尺寸列于表 4.2-1。切滩过程多发生在蟛蜞港与六助港之间,只有第二和第三次切滩产生的较大规模的心滩在消散前到达双涧沙浅滩,其他均在迁移过程中消失;另外,相邻周期之间的时间重叠比较普遍,即前一个周期的心滩尚未消散,新的切滩过程已在发生。除此之外,在 2012 年以后,靖江边滩的演化特征发生了一些变化,首先靖江边滩滩体未能充分发育即可能发生小规模切滩,其次是边滩切割后的边滩本体规模明显萎缩,最后是切出的心滩消散很快,如最近一次 2017 年发生边滩切割后,滩体体积较 2002 年、2010 年大规模切割后要明显减小,且直至有测量资料的 2019 年 4 月,靖江边滩暂未发生明显淤长。

选取靖江边滩历史发育过程中最宽的一个典型断面,将其 1999 年至 2019 年期间的断面演变过程绘制成图 4.2-11,图中高程基面为 85 高程。典型断面位置靠近江阴长期潮位站,根据江阴潮位站历年的水文资料统计,该处历年平均

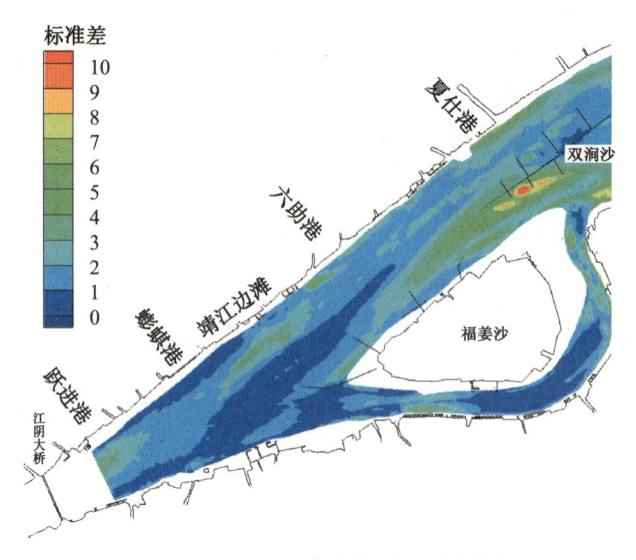

图 4.2-9　1999—2019 年所有地形样本的标准差

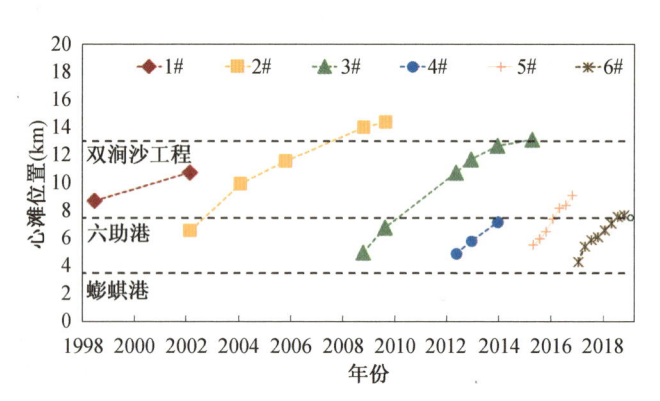

图 4.2-10　1999—2019 年间所有心滩的迁移轨迹

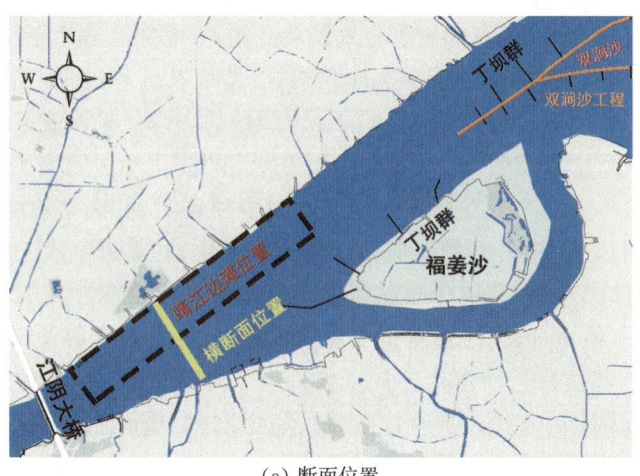

(a) 断面位置

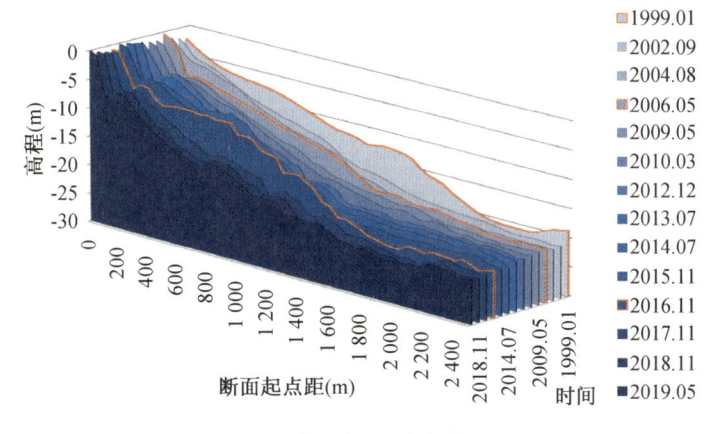

(b) 断面高程历史变化

图 4.2-11　典型断面高程历史变化

高潮位和低潮位分别为 2.1 m 和 0.5 m。如图所示,高程－16 m 以上的边滩剖面形状会随时间发生显著周期性变化,如在 1999 年 1 月、2006 年 6 月和 2016 年 11 月,该断面位置隆起形成了明显的浅滩;相比之下,右侧主河槽段河底高程变化不明显。

(2) 季节性演变特征

长江南京以下 12.5 m 深水航道二期工程施工期间,分别在每年 2 月、5 月、8 月、11 月对靖江边滩所在福姜沙河段进行地形测量,为靖江边滩的季节性变化特征分析提供了优良的基础资料。

由于最近的一次大规模边滩切割发生在 2017 年,因此选取 2016 年 2 月至 2018 年 2 月期间的地形测次,绘制每 3 个月的河床冲淤变化如图 4.2-12 所示,并绘制 2015 年至 2019 年期间典型断面(图 4.2-11)的季节性变化如图 4.2-13 所示。从图中可以看出,靖江边滩所在的冲淤演变一般集中在汛期 5—11 月,且主要集中在福姜沙左汊,尤其是左侧河道,即靖江边滩背流侧下游段。2016 年汛期靖江边滩位置滩体明显冲刷而滩尾淤积,表现出下移切割的迹象,季度冲淤幅度一般不小于±3 m。汛后至次年汛前(前一年 11 月至次年 5 月)冲淤程度相对较小,冲淤幅度较大的区域主要集中在双涧沙左、右汊。从靖江边滩典型断面 2015 年 8 月至 2019 年 5 月近 4 年时间内的变化可以看出,滩体高程在 2016 年 11 月左右达到顶峰,而前后变化均较小,右侧主槽段河底高程变化不明显。

总的来看,靖江边滩的周期性切滩的演变过程,主要有较大规模的切滩周期和小规模的切滩周期两种。其中,较大规模的切滩周期较长,除 20 世纪 70 年代左右出现 4~5 年的切割周期外,近 40 年的大规模切割周期一般都在 8 年左右,形成的规模较大,向下游迁移距离较长,甚至可以远至双涧沙乃至进入福北水道；较大规模的切割周期期间，穿插着小规模的滩体切割活动，周期一般为 2~4 年，因形成的心滩规模较小，很快即冲蚀消散了。

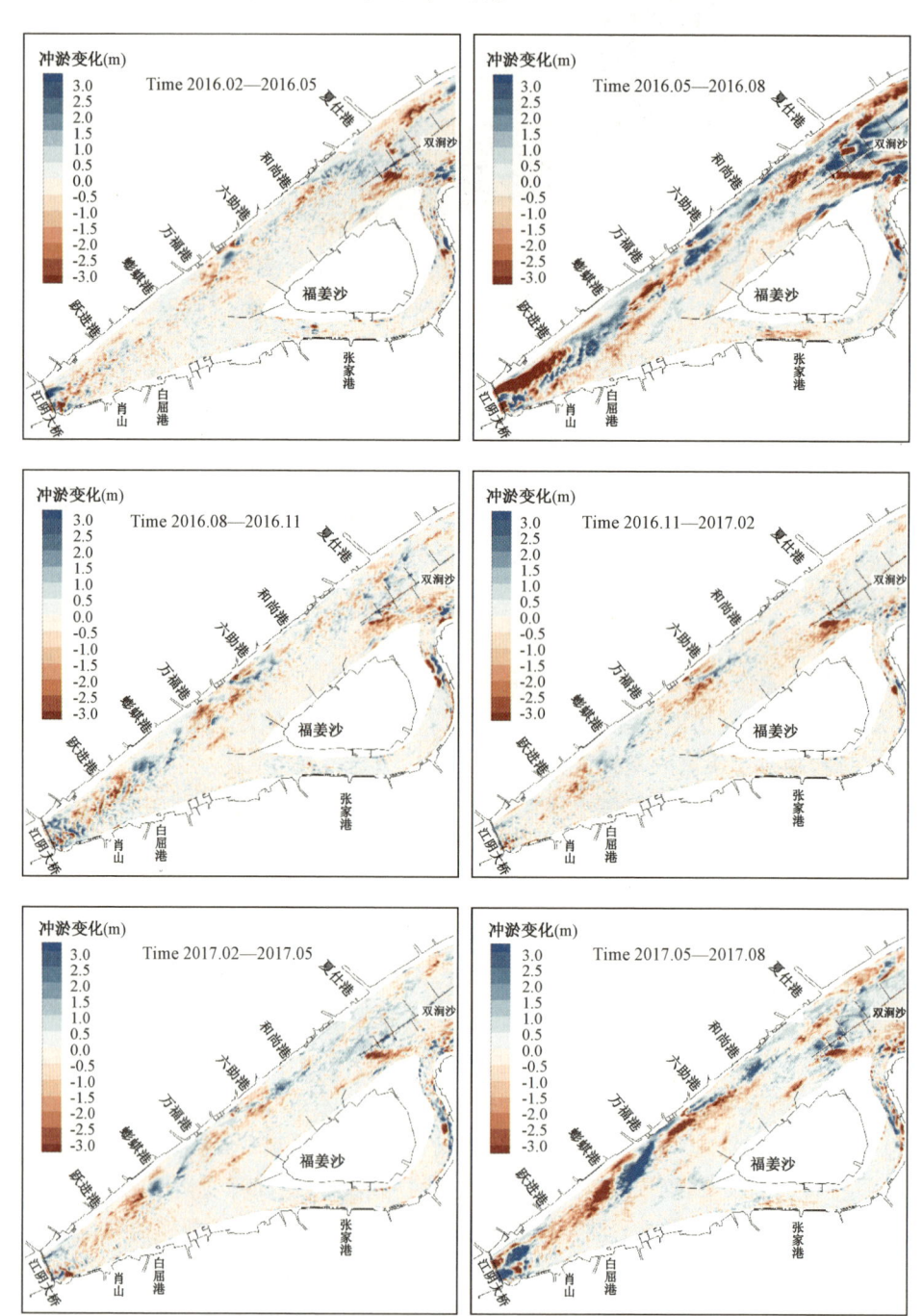

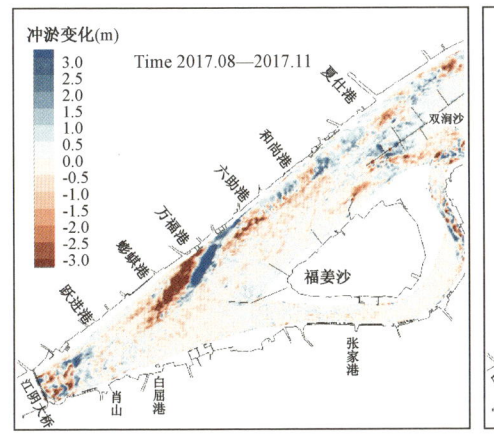

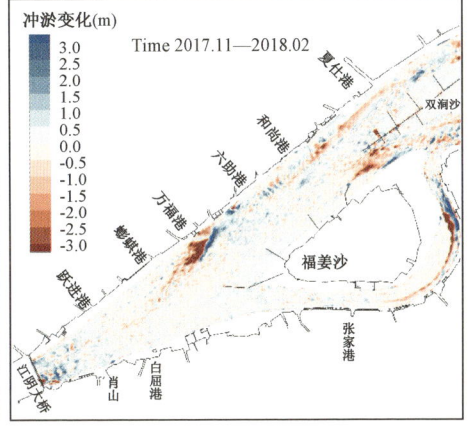

图 4.2-12　2016 年 2 月至 2018 年 2 月福姜沙河段冲淤分布图

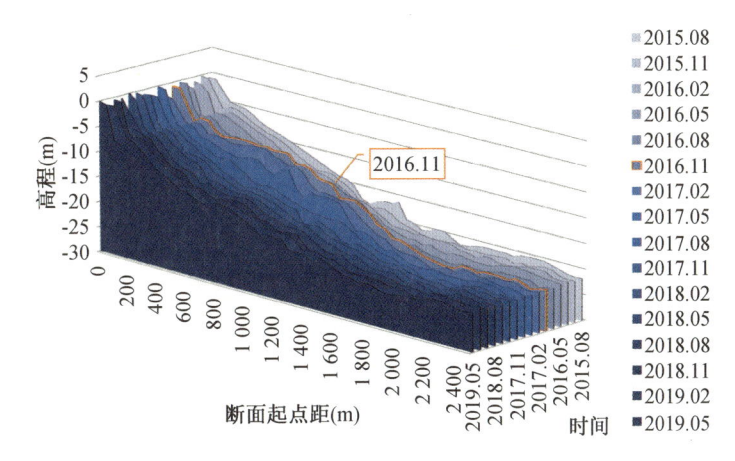

图 4.2-13　典型断面高程变化

2. 影响因素综合分析

（1）福姜沙河段地貌形态为靖江边滩的发育提供了空间

福姜沙河段的河床地貌形态为靖江边滩的发育提供了空间，上下游河床断面形态、滩槽格局为靖江边滩发育提供了条件。靖江边滩位于福姜沙左汊一级分汊前过渡段北侧凸岸，一般位于跃进港至旺桥港之间，长约 6 km 左右，滩面高程一般为 $-12 \sim -9$ m，江阴以下沿程河槽过水断面面积变化见图 4.2-14。江阴以下肖山附近河床断面变化相对较小，主槽居中偏右，河相关系系数约为 $3.9 \sim 4.1$；肖山以下江面逐步展宽，水流分汊，蟛蜞港至六助港附近断面河相关系系数约 $4.8 \sim 5.5$，断面稳定性明显变差，靖江边滩主要在此区域形成、发展和变化；六助港以下左汊河床断面河相关系系数约 $4.3 \sim 5.0$，断面活动性强。同时由于过了鹅鼻嘴节点后，河道展宽，水流分散，落潮时段存在垂直于岸的横向流速,这也是近岸泥沙堆积并形成边滩的原因之一。

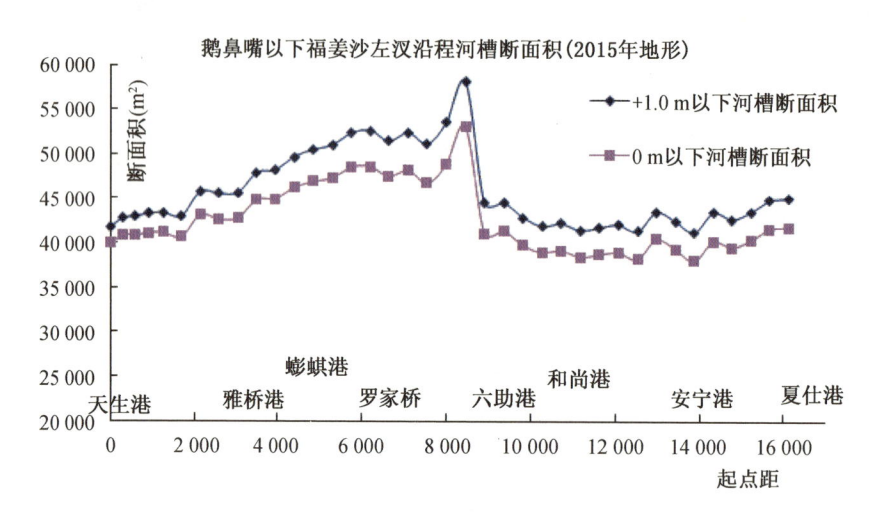

图 4.2-14　江阴以下沿程河槽过水断面面积变化

(2) 福北水道顺直过渡段以及二级分汊点的不稳定影响到靖江边滩的变化

福姜沙左汊顺直过渡段以及福姜沙水道二级分汊点的不稳定是靖江边滩变化的影响因素之一。福姜沙河段呈二级分汊格局,首先被福姜沙分为左、右汊道一级分汊,然后福姜沙左汊下段又被双涧沙分为福中、福北水道二级分汊。一级分汊前过渡段河宽由鹅鼻嘴的 1.5 km 放宽至分汊前的 4 km 多。福姜沙左汊顺直宽浅,河宽在 3.2 km 左右,河床稳定性较差;另外,下游江中双涧沙沙体变化引起福姜沙水道二级分汊点不稳定,从而对靖江边滩的演变产生一定的影响。

(3) 靖江边滩切割下移是涨落潮共同作用的结果,其切割位置与河道形态相关

从靖江边滩附近水动力分布可以看出,大洪水条件下主动力轴线略有北偏,为沙体的冲刷、切割和下移提供了动力条件。但中枯水大潮条件下涨潮流相对较大,在涨落潮流的作用下靖江边滩尾部时有倒套出现,且倒套附近的比降有所增加,更利于边滩的切割。结合近年来靖江边滩的规模以及切割情况来看,靖江边滩需淤长到一定规模才会发生切割,而滩体规模与左汊进口主流位置、走势及主槽的走势方向有关。本次研究认为靖江边滩发生切割时沙体－10 m 线宽度一般在 1 km 以上(如图 4.2-15 和图 4.2-16 所示)。

(4) 切割形成的心滩下移对深水航道的影响随心滩位置变化而不同

靖江边滩切割形成的心滩在下移运动过程中,首先跨越福北水道上段南北航槽,给福北航道上段航槽维护带来一定的影响;然后心滩下移进入弯道,部分归并双涧沙,部分继续下移进入福北水道中下段、如皋中汊水道并向下游输移直

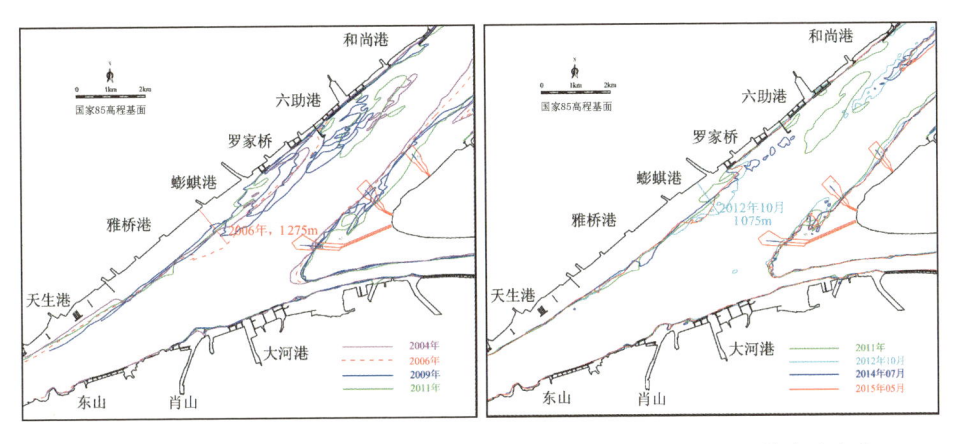

图 4.2-15　福姜沙工程河段 2004—2011 年、2011—2015 年 -10 m 等高线变化

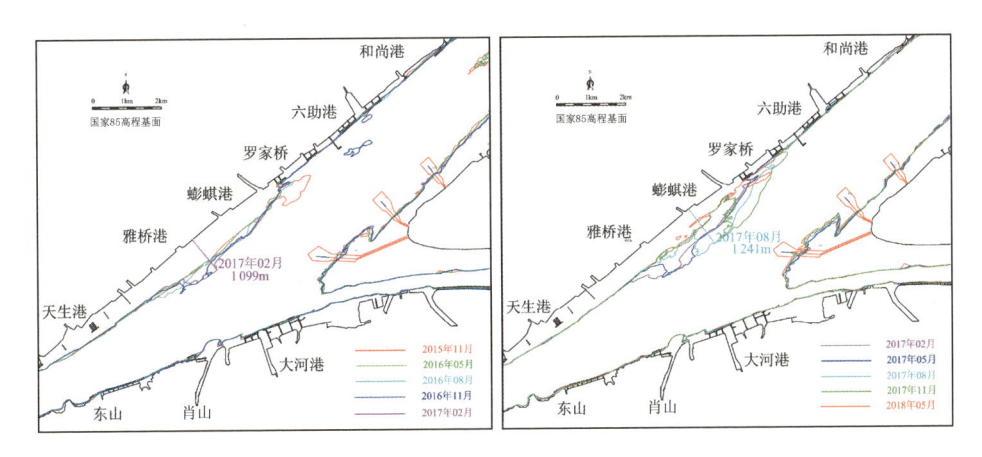

图 4.2-16　福姜沙工程河段 2015 年 11 月至 2017 年 2 月、2017 年 2 月至 2018 年 5 月 -10 m 等高线变化

至消失,给福北水道中下段航槽尺度维护带来不利影响,尤其是对弯顶缩窄段——焦港附近的航道维护影响最大。

(5) 靖江边滩演变影响因素

研究表明,河道地貌形态、上游来沙、近岸涨潮流以及工程河段滩槽河势变化都对靖江边滩的演变产生较大影响,其中近岸涨潮流的影响不容忽视。靖江边滩变化更多是在中下段,而下段常出现倒套,其原因与涨潮流有关,枯季大潮涨潮流相对较大(如图 4.2-17 所示),其尾部在涨落潮流的作用下多次出现切割下移现象,如 1960 年、1986 年、1993 年、1998 年、2015 年等枯季时出现倒套,最后倒套南侧浅滩都被冲刷下移。根据计算研究表明,靖江边滩区域附近落潮流为塑造河床的主要动力,但涨潮流的影响不可忽略。洪季大潮($57\ 500\ \text{m}^3/\text{s}$)条件下无涨潮流;枯季大潮($16\ 800\ \text{m}^3/\text{s}$)条件下近岸涨潮最大流速略小于落潮流速,涨潮最大流速约 1.0 m/s;平均流量(28 700 m³/s)条件下,靖江边滩区域附近存在涨潮流,幅度基本在 0.5 m/s 以内。根据大通站(2003—2016 年)年流量统计分析,小于 30 000 m³/s 的天数约占 60%,也就表明靖江边滩区域年内出现涨潮流的天数大约占 30%~40%,因此涨潮流对靖江边滩近岸河床变化有一定的影响。

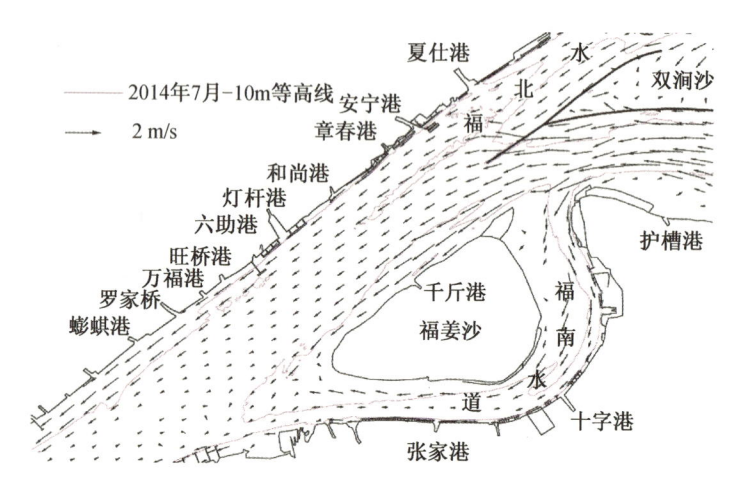

图 4.2-17　枯季大潮涨潮初期流场

4.2.2.2　边滩演变主要动力过程及主控因子分析

1. 经验正交函数(Empirical Orthogonal Function, EOF)基本介绍

河床演变过程是水流与河床相互作用的结果,河床影响着水流结构,而水流又促使河床形态发生变化。感潮河段的水流结构在下泄径流的基础上,引入了上溯潮汐的作用,使得动力条件更为复杂。涉水的人工建筑物也会引起水动力的改变,从而影响着河床的演变进程。各个因素在不同时间尺度和空间尺度上相互作用,使河床演变过程产生这种高维非线性的变化特征。作为统计学工具的一种,经验正交函数分解,能够从多测次的变量场中有效地提取变量的主要形式以及相应的时空变化,能够将复杂的非线性变化过程概化为有限的空间分布与时间变化的线性组合,从而完成数据分析的降维过程。

EOF 分析法作为多元统计主成分分析的应用之一,可将多次测量的变量场的样本数据(如温度、气压、降水等)分解为时间特征函数和空间特征函数两部分。分解出的各空间特征函数相互正交,且数值上仅依赖于样本点的空间位置本身。EOF 分析计算过程本身不涉及量纲,但计算结果的物理含义取决于参与计算的变量场要素本身,当变量场为温度、气压、降雨量等,分析结果中的特征函数也封装着相应的物理信息。参与 EOF 分析计算的随时间变化的变量场数据可以有3种主要形式,分别是:原始观测数据样本、原始数据样本的距平场(样本值与样本均值的差值,表示样本在均值基础上的波动)、经过标准化的标准化变量场(一般用于去除量纲影响)。同样的,计算结果的物理含义仍然取决于参与EOF分析计算的变量场要素本身。

本节中,我们更关注地形的变化,因此选取靖江边滩所在福姜沙水道多次测量的局部地形的距平场参与EOF分析计算。距平值为正值时表示高于样本的平均高程,为负值时表示低于样本的平均高程。通过EOF分解,将地形样本数据(各样本的距平场)分解为空间特征函数和时间权重系数。其中,特征函数表达了边滩演变过程中的固有模式,与时间权重的乘积则分别表示相互独立的动力地貌过程。

基于EOF分析法,对靖江边滩及其下游河道的历史地形高程数据(1999年至2019年共计25测次的地形高程实测资料,其中1999—2014年测量频率较低,2015年8月至2019年4月起基本为每3个月测量一次),分别从长时序(1999—2019年)和短时序(2015—2019年)两组地形数据中挑选样本进行分解计算,从总体的地形演变中抽取靖江边滩演变过程的几个主要地貌变化过程,并针对其空间的分布特征和随时间的变化特点,剖析其对应的物理过程及主要影响因素。

2. 靖江边滩演变的长时序(1999—2019年)EOF分析

参与年际EOF分析计算的样本数据量为14个,包括1999年至2017年9测次地形样本,和2015年至2019年5测次地形样本。其中,2015—2018年的地形测次均选择当年的汛后地形作为当年的代表地形参与计算,以尽量消解洪枯季变化的扰动,2019年选取最后一次测量资料即2019年4月的地形测量资料。地形高程平均值见图4.2-18。

长时序(1999—2019年)EOF分解计算结果显示,前4个空间型的累计方差贡献率达到75%以上(表4.2-2),表明前4个空间型与相应时间权重系数的线性组合已经包含了原始数据样本75%以上的信息,基本能够反映原始变量的地形变化信息。

表 4.2-2 前 4 个空间型对应的方差贡献率

EOF1	EOF2	EOF3	EOF4	总计
38.32%	17.97%	10.70%	8.79	75.79%

将前4个特征函数及其对应的时间权重系数一起绘制于图4.2-19。由于参与EOF分析计算的样本变量场为14次地形的距平场,当特征函数与时间权重系数的乘积为正值时,表示该特征函数在当年对河床高程起到正向贡献,即高

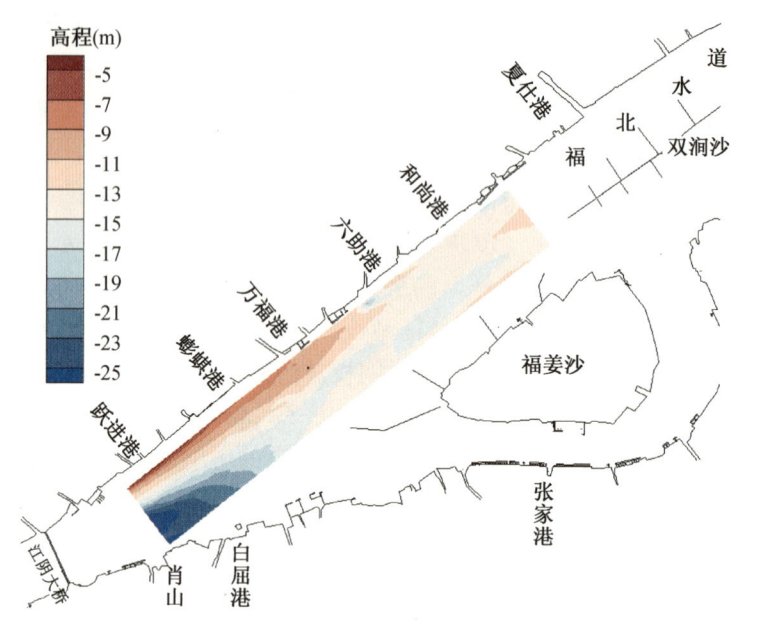

图 4.2-18　1999—2019 年 14 个年际地形样本平均高程

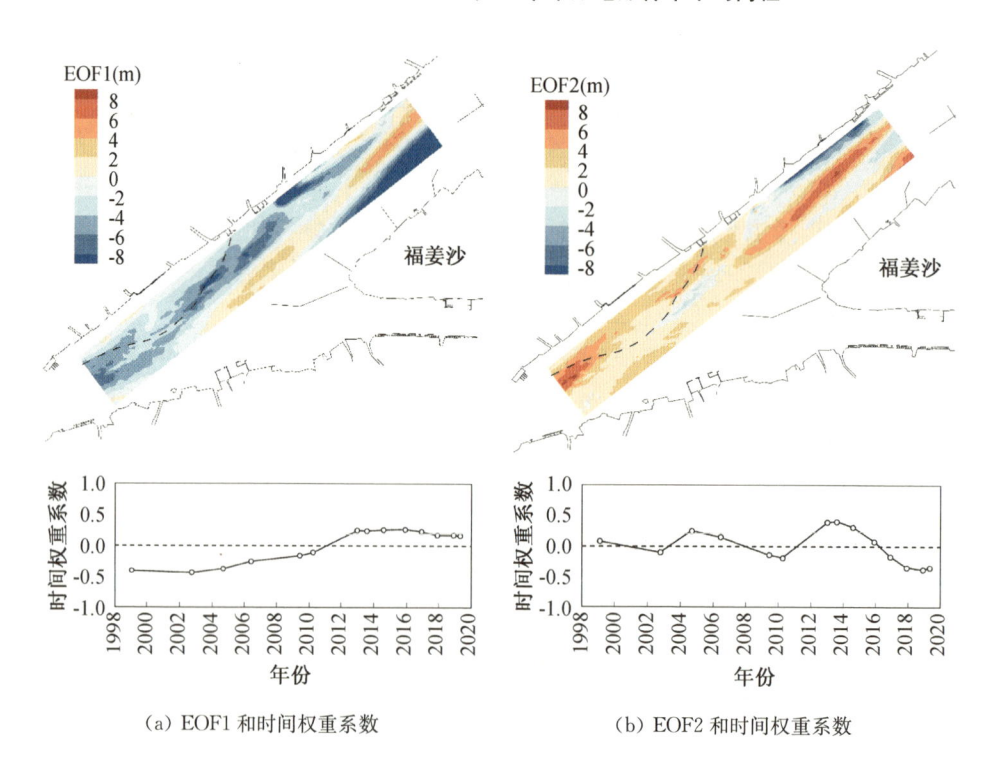

(a) EOF1 和时间权重系数

(b) EOF2 和时间权重系数

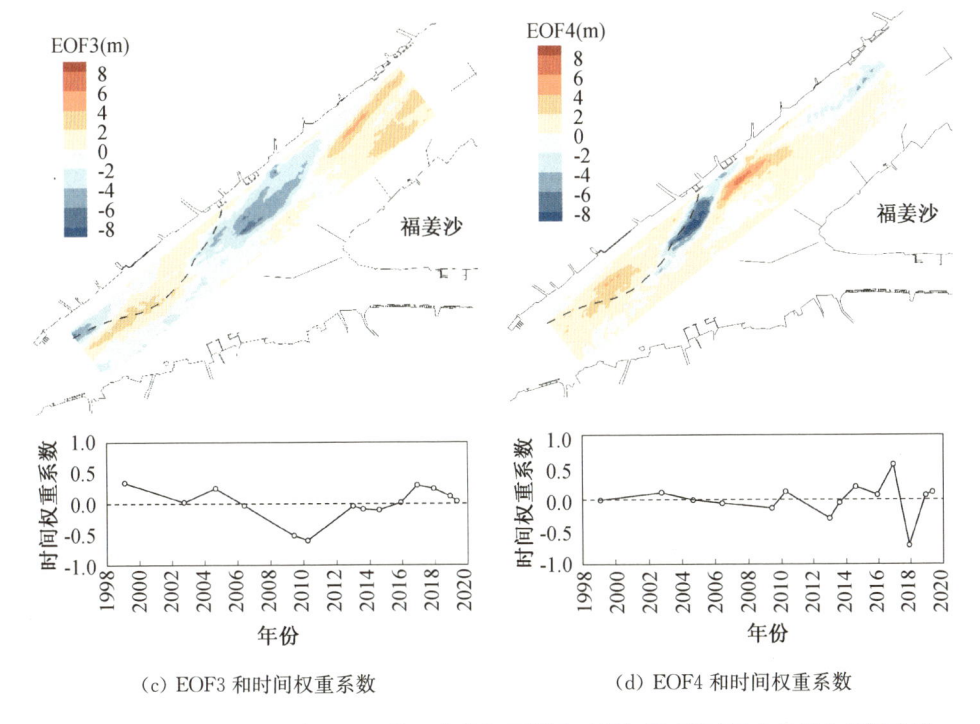

(c) EOF3 和时间权重系数　　　　　　(d) EOF4 和时间权重系数

图 4.2-19　经验正交函数(EOF)前 4 个特征函数及时间权重系数(图中虚线为靖江边滩切割位置以上相对稳定的区域)

于平均高程；而当特征函数与时间权重系数的乘积为负值时，表示该特征函数在当年对河床起到了负向贡献，即低于平均高程，与样本平均场相加则可拟合时间权重系数对应年份的地形高程。时间权重系数的数值波动也反映着特征函数的波动。

第一特征函数(EOF1)对应方差贡献率的 38.32%，相应的第一时间权重系数以 2011 年左右为界分为 2 段，在 2010 年以前(包含 2010 年)为负值，2012 年以后(包含 2012 年)为正值，2 段历时分别为 11 年和 7 年。

第一特征函数[图 4.2-19(a)]中变化最为显著的区域为研究区域的东侧，即福中水道进口段，结合第一时间权重系数由负值向正值的转变，该区域对应着连接福姜沙与双涧沙的沙脊的消失以及输沙路径的北移。结合时间权重系数由负转正的变化节点，双涧沙守护工程的建设时期(2010—2012 年，图 4.2-20)。综合特征函数的分布特征和时间权重系数特征的变化均可推断，第一个特征函数对应的动力过程的变化因素为固边界的改变。

结合上述分析推断，第一特征函数对应的动力过程的变化因素为，以双涧沙守护工程为主的人类工程引起的河道固边界的改变。其中影响最为显著的是 2010—2012 年双涧沙守护工程的建设，一定程度上改变了福姜沙左汊，尤其是

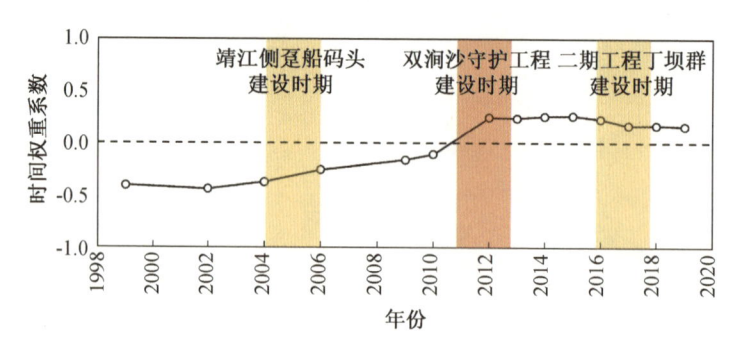

图 4.2-20　第一时间权重系数与福姜沙河段涉水工程建设时期的关系

靖江边滩下游段的冲淤演变格局(图 4.2-18)。该特征函数对应的靖江边滩的滩体尤其是活动性较强的下半段,双涧沙工程建设前高于平均河床高程,工程建设后低于平均河床,即该动力过程使得边滩的高程降低。

第二特征函数(EOF2)表现出河道整体的冲淤变化[图 4.2-19(b)],其主要影响因素为上游水沙条件的改变,尤其与径流量的年际波动密切相关,且与大通径流量变化的中短周期基本一致,波动周期为 8 年,且波动振幅在 2012 年后有所增大(图 4.2-21)。该特征函数对应着靖江边滩周期性的补沙以及心滩的向下迁移。

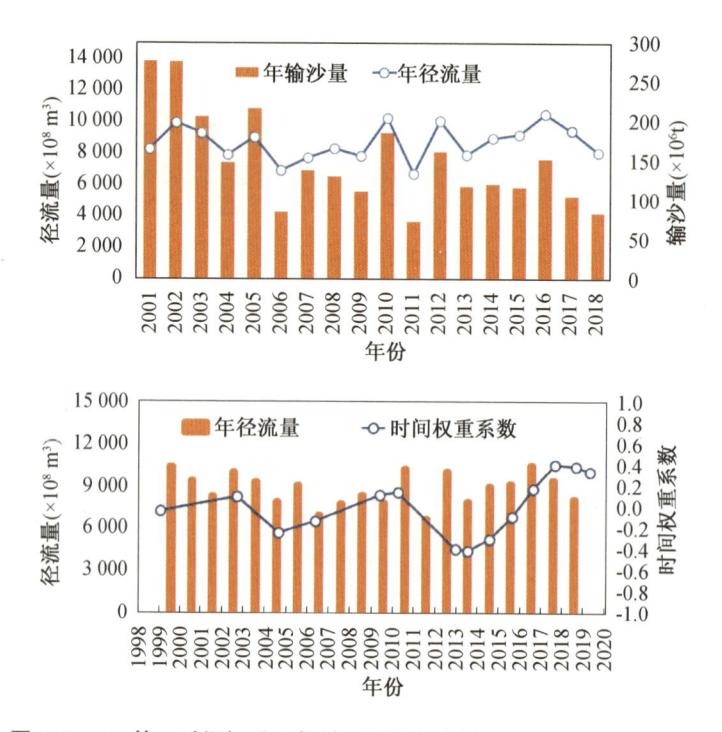

图 4.2-21　第二时间权重系数(相反数)与大通逐年径流量变化的关系

第三特征函数(EOF3)代表着边滩的沙体以波动的方式向下游传播[图4.2-19(c)],其对应的时间权重系数变化过程受潮汐强度控导明显。第三特征函数的时间权重系数与最大潮差的变化趋势相似,逐月最大潮差在2009—2010年明显处于一个较低的水平,与之相对应的是第三时间权重系数出现明显的小值(图4.2-22)。因此,第三特征函数可以认为是由偏低的潮汐强度造成的一个额外的地形波动函数。

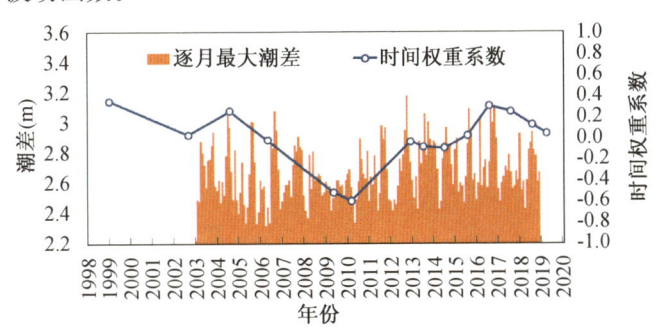

图 4.2-22　第三时间权重系数与江阴站逐月最大潮差关系

第四特征函数(EOF4)反映的是靖江边滩近年来小规模的切滩活动[图4.2-19(d)],多以2012年以后为主。从时间权重系数的波动看,总体波动较为随机,可能受到人类工程影响。

3. 靖江边滩演变的短时序(2015—2019年)EOF分析

采用2015—2019年等时距(3个月)的16个地形样本数据进行EOF计算,一方面反映工程修建后(分析期间无人类工程扰动)的边滩自然演变特征,另一方面通过探寻短期的地形波动,作为对边滩的长期演变过程的补充。本时段地形样本均值见图4.2-23。

EOF分析结果表明,前3个空间特征函数占据80%以上的方差贡献率(表4.2-3)。因此,本节着重针对第一、二、三特征函数,分析其空间分布特征,并结合时间权重系数的变化,分析引起其变化的影响因素,即边滩季节性演变过程的主要影响因素,并与1999—2019年边滩演变的EOF分析结果进行比较,分析不同时期演变格局的差异。同样的,对各组特征函数与时间权重系数的乘积求和,并与地形样本平均值相加,即可拟合相应年份的原始地形。

同样的,对各组特征函数与时间权重系数的乘积求和,并与地形样本平均值相加(图4.2-24),即可还原相应年份的原始地形。

表 4.2-3　前 3 个空间特征函数对应的方差贡献率

EOF1	EOF2	EOF3	总计
41.53%	20.05%	19.09%	80.67%

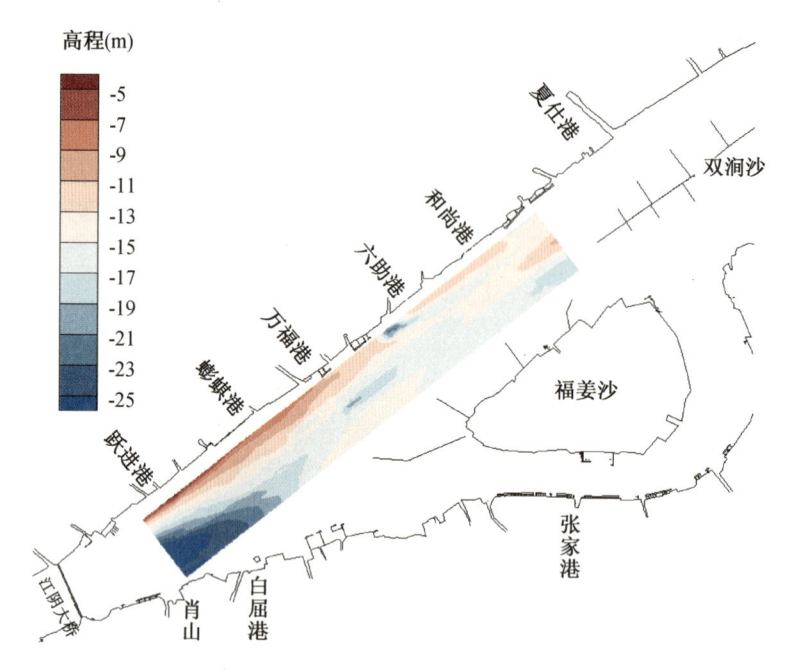

图 4.2-23　2015—2019 年 16 个年际地形样本平均高程

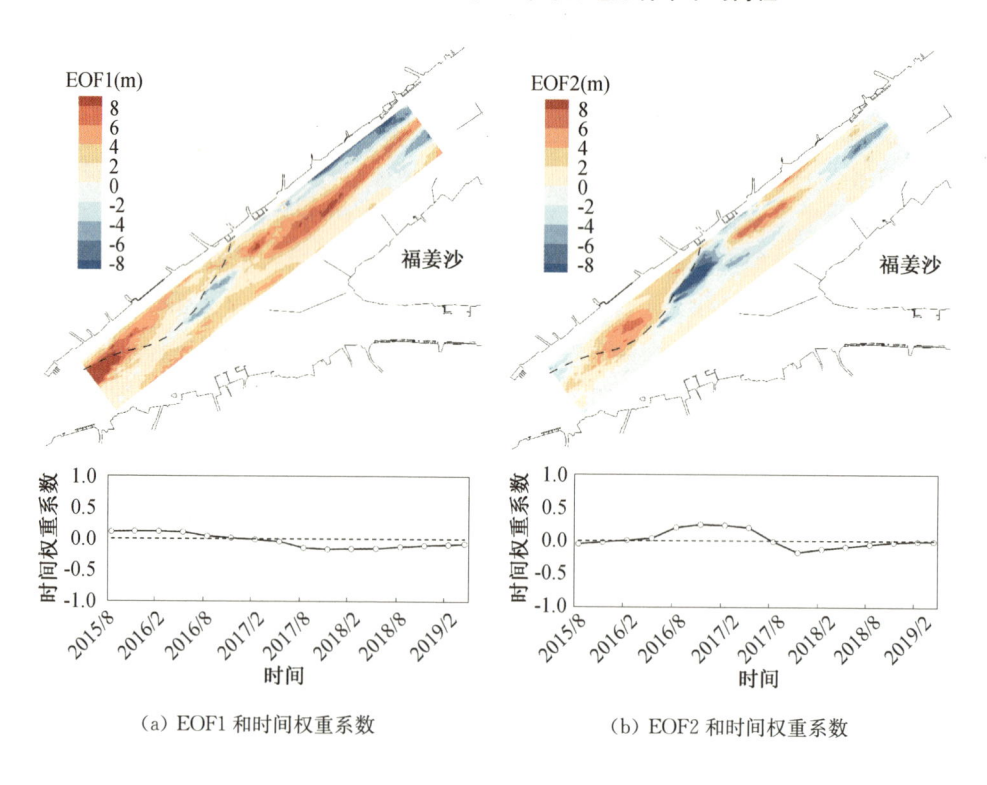

(a) EOF1 和时间权重系数

(b) EOF2 和时间权重系数

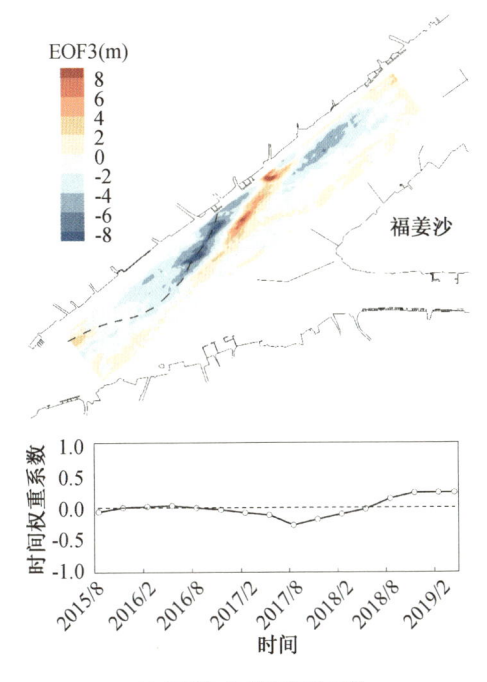

(c) EOF3 和时间权重系数

图 4.2-24 前 3 个特征函数及时间权重系数（图中虚线为靖江边滩切割位置以上相对稳定的区域）

与长时序（1999—2019 年）EOF 分析结果相比，2015 年至 2019 年边滩演变的分析结果表现出部分共同点和相同的变化。总体上，短时序 EOF 分析结果中，各主要特征函数对应的时间权重系数的变化表明，年内变化不显著，而且样本分析结果仍能反映出与长时序分析结果相同或相似的周期性变化特征，也从侧面说明了长时序（1999—2019 年）EOF 计算分析结果的合理性。下面围绕新的特征函数对短时序（2015—2019 年）边滩演变的新特征进行简述。

（1）短时序的第一特征函数与长时序第二特征函数高度相似，反映了上游河道床沙质下移沙引起靖江边滩的淤长，以及切割出来的大型心滩下移过程，而长时序的第一特征函数消失。但由于总时间较短，短时序样本数据仅包含不到 4 年，约为长时序周期的一半。

长时序的第一特征函数，反映了以 2010—2012 年双涧沙守护工程建设为首的人类工程引起的河流固边界的变化，而短时序样本数据起始于 2015 年。这也进一步印证了长时序的第一特征函数的变化，是由人类工程引起河流固边界变化所致。取而代之的是原第二特征函数所代表的边滩淤长和心滩下移过程则变成了研究区域内最显著的演变过程。

（2）短时序第二特征函数与长时序第四特征函数高度相似，反映了较小规模的切滩及心滩下移、消散过程,而长时序的第三特征函数消失。

长时序第三特征函数的消失应与其影响因素的变化相关。长时序第三特征函数受潮汐强度的影响比较大,其时间权重系数在 2009—2010 年有一个显著的低值,与 2009—2010 年左右潮差相对较小有关。时间权重系数的这一低值引起原第三特征函数所代表的演变过程更为显著;但在 2015 年至 2019 年间潮差年际变化不大,故原第三特征函数在 2015 年至 2019 年的分析结果中排序下降到选定的分析范围之外。

(3)短时序第三特征函数在长时序的 EOF 分析结果中找不到对应的特征函数。由于样本数据的短时序性(2015—2019 年),在复杂动力环境下部分较小的地形扰动将被放大,而这些变化在较长的年代变化里将被稀释,在长时间序列里并不会成为主要的动力变化过程,因此不作为靖江边滩长期演变过程的关注对象。

(4)结果合理性分析和数据敏感性分析

考虑到 1999—2019 年样本数据时间跨度较大、测量周期及洪枯季节不等,对 1999—2019 年边滩演变 EOF 分析使用的样本数量进行敏感性分析。对不同样本数量进行 EOF 分析,计算不同样本数量下的特征函数,并统计其与原始样本数量计算结果中相应的特征函数的误差,结果表明,当参与 EOF 分析的样本数量大于 10 时,样本数量的差异引起特征函数的偏差普遍很小。因此去除 1 个或 2 个数据测量对 EOF 分析结果的影响是有限的。

4.2.2.3 边滩演变机制分析

通过二维水沙动力地貌数学模型,复演靖江边滩发育—切割—蚀退—消散的演变过程。

1. 靖江边滩演变过程复演

图 4.2-25 为边滩演变过程中不同阶段的形态。经过上游洪季流量,下游大、中、小潮组成的概化潮周期组合持续作用,靖江边滩经历了小规模侵蚀—淤积—切滩—再淤积的周期变化过程,与滩体分离的心滩不断向下游迁移直至消散,部分归并至双涧沙的头部。

根据对靖江边滩实测地形的分析,随时间表现出显著周期性变化的靖江边滩地形一般在高程 −16 m 以上,因此统计高程 −16 m 以上的边滩滩体体积如图 4.2-26 所示。在经历完最开始的小规模侵蚀后,靖江边滩进入了长期而缓慢的淤积阶段,该阶段经历了约 40 个月,随后滩体体积迅速增加又迅速减小,完成了一次切割过程,该阶段经历了 24 个月,然后滩体体积又进入了增长阶段。

图 4.2-26(a)至图 4.2-26(d):根据前后实测地形对比,初始阶段的靖江边滩(2016 年 11 月实测地形),处于近年来边滩淤积过程中规模较大的阶段,但与

1999年相比滩体规模明显萎缩,且边滩迎流面已表现出冲刷下移的迹象。随着时间的推移,沙丘被抚平,边滩横向进一步萎缩变窄,纵向则有所拉长。

图 4.2-26(e)至图 4.2-26(g):边滩新一轮的淤积从滩头开始,并沿着滩体外缘向河心缓慢外扩发育,宽度逐步增大。与此同时,边滩滩体的迎流面直接受到下泄水流的冲击,在水流作用下逐渐变得狭长,而中部滩体明显增宽,背流面进一步淤积,滩体外缘形成前缓后陡的形态。随着迎流面滩体的下移,中部和背流面泥沙的不断堆积,部分突出了滩尾。

图 4.2-26(h)至图 4.2-26(j):伸出滩尾的边滩与主体逐步分离,形成心滩。分离后的心滩进一步下移,并在下移过程中不断解体,最终耗散,部分沙体归入双涧沙头部。而边滩主体已经开始了新一轮的发育,滩体外缘缓慢向河心外扩。该现象也能够在实际观察到的靖江边滩的演变过程找到,如图 4.2-27 所示。

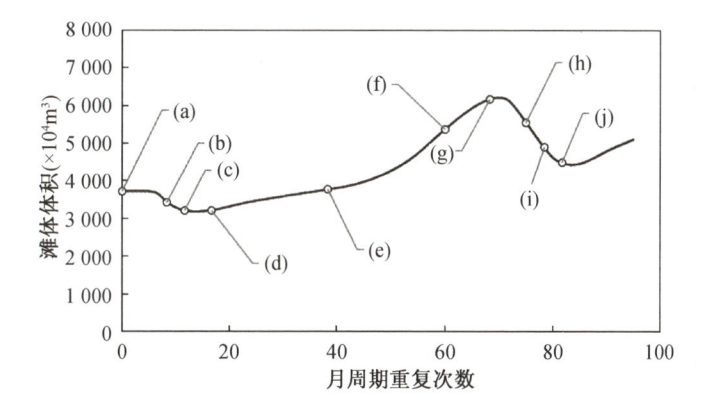

图 4.2-25　靖江边滩滩体体积变化模拟结果

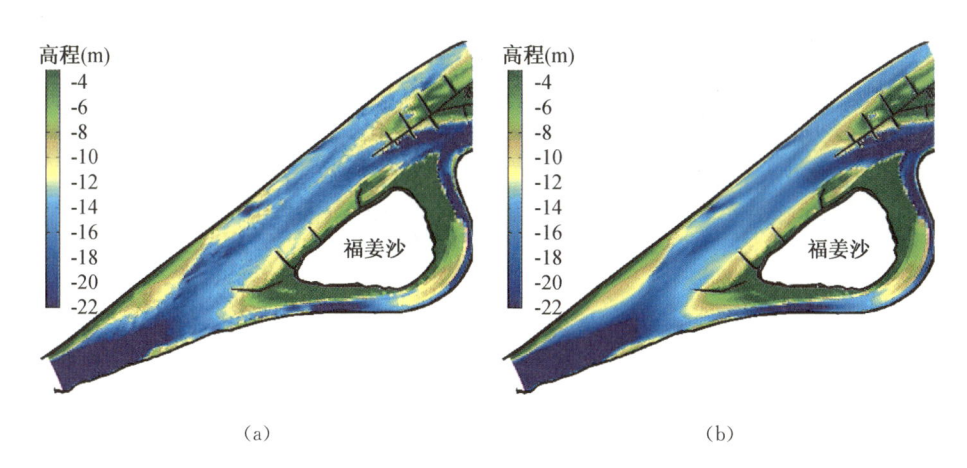

(c)

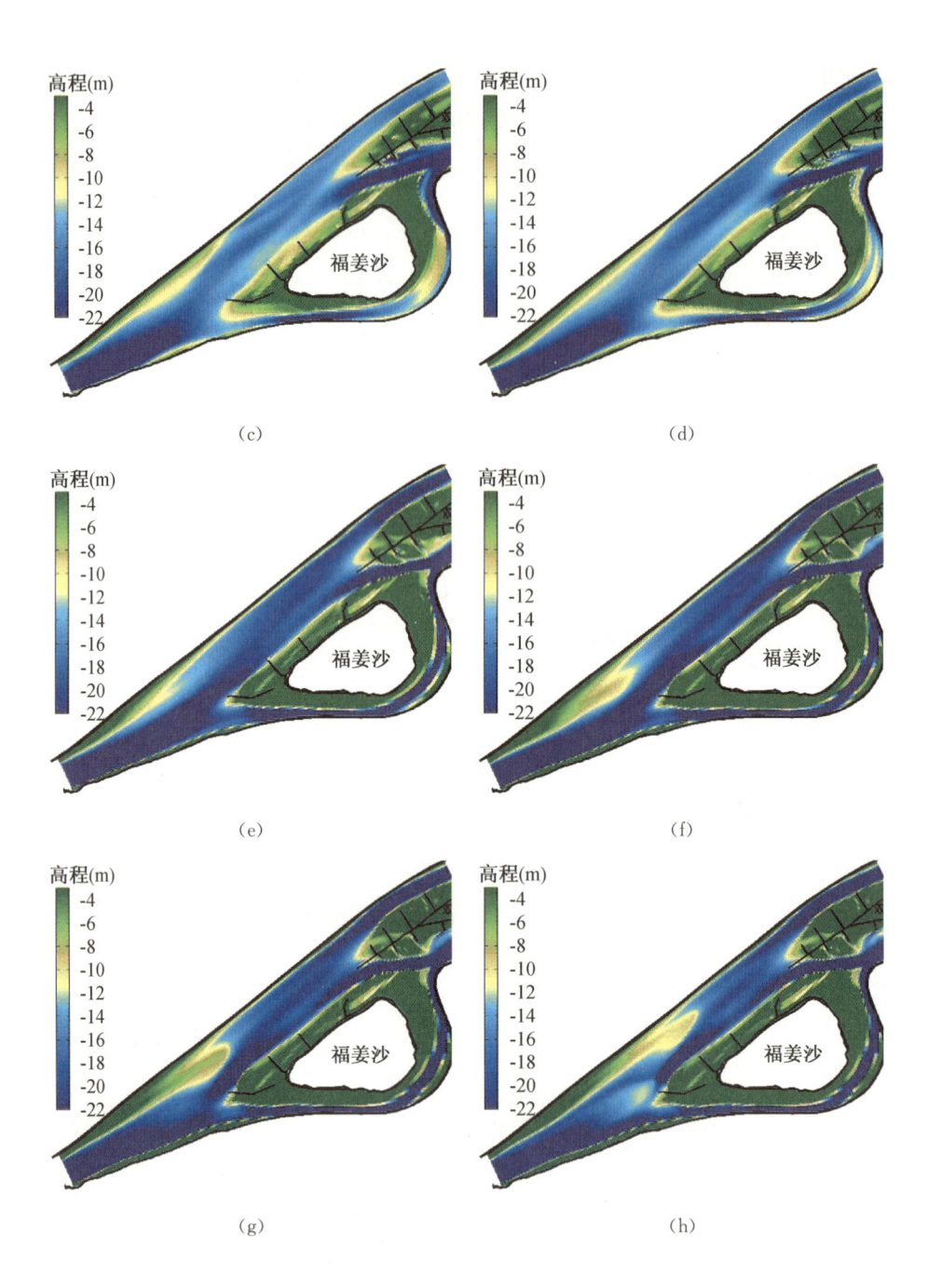

(d)

(e)

(f)

(g)

(h)

(i)　　　　　　　　　　　　　　(j)

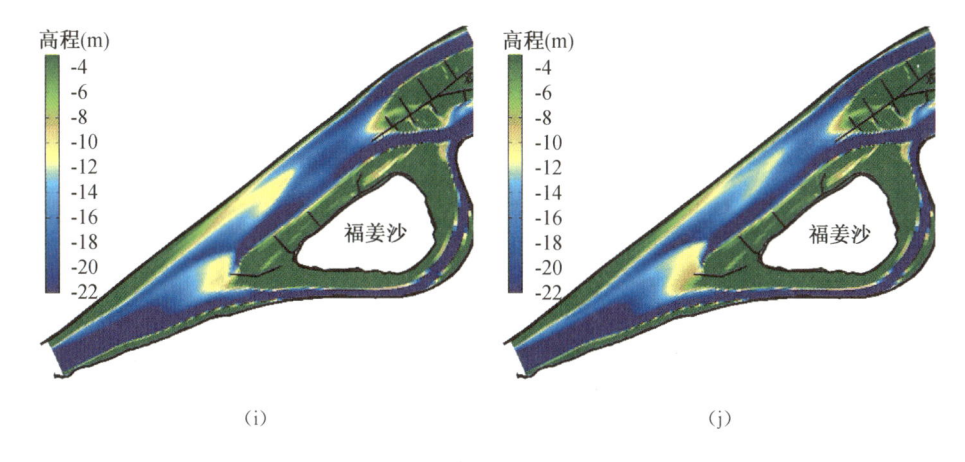

图 4.2-27　靖江边滩演变过程模拟

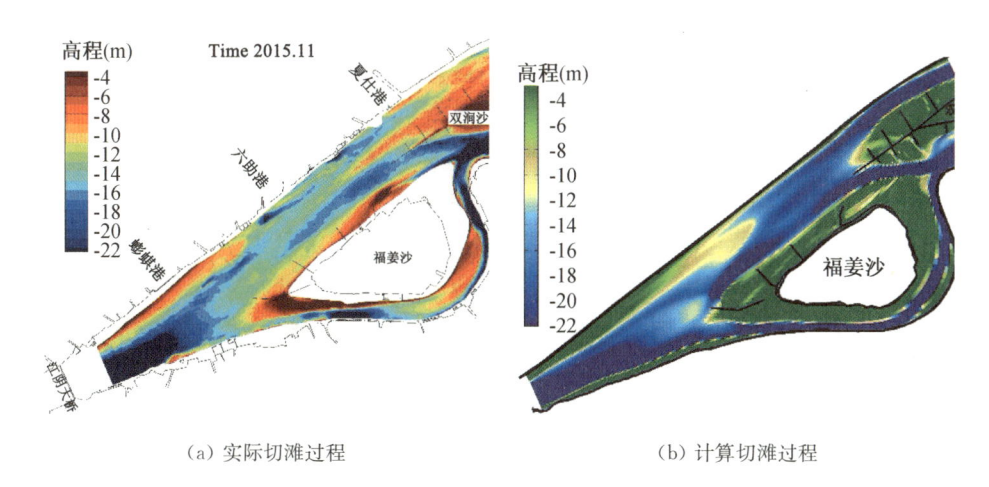

(a) 实际切滩过程　　　　　　　　(b) 计算切滩过程

图 4.2-27　切滩实际过程与计算演变过程形态比较

2. 边滩演变机制分析

围绕泥沙供给、径潮流特征,从以下几个方面,深入剖析靖江边滩的演变机制。

(1) 洪季下泄径流的泥沙供给

靖江边滩得以发育的根本原因仍然是输沙不平衡。靖江边滩的泥沙来源主要由洪水下泄径流供给。而中水和枯季,由于径流强度较小,在叠加了落潮流动力的条件下,输沙能力仍然是有限的。实际的冲淤演变过程和复演计算结果均指出,位于靖江边滩上游的江阴水道中的可动边滩及心滩,与靖江边滩长年表现出此消彼长的趋势,说明江阴水道左侧滩地是靖江边滩重要的沙源,且从演变过程看,江阴水道边滩的泥沙主要通过同岸输沙从十圩港附近的靖江边滩滩头位置为边滩补充沙源。复演计算也表明,上游江阴水道的可动泥沙层的厚度直接影响靖江边滩的发育形态。在实际发生的演变过程中,洪季尤其是罕见大洪水期间,将在短期内推动更多的泥沙从江阴水道进入福姜沙水道,更有利于边滩的迅速发育。

根据 1999 年和 2014 年地形测图比较,江阴水道冲刷 7 250 万 m^3,冲深达 1.29 m,其中 −15 m 以下深槽区冲刷明显,与 2003 年三峡水库蓄水,上游来沙减小有一定关系。自 2015 年深水航道福姜沙工程开工至 2019 年,六圩—鹅鼻嘴段总冲刷量为 2 084 万 m^3,年均 0.21 m。其中 2015—2018 年,冲刷 1 448 万 m^3,年均冲刷 0.19 m;2018—2019 年,冲刷 636 万 m^3,表明在 2012 年后江阴水道冲刷态势有所减缓。图 4.2-28 为江阴水道出口段 0 m 以下容积变化。江阴水道冲刷后,容积增加,上游心滩恢复难度增加,进入下游沙源将有所减少,靖江边滩的规模也会逐渐受控。

图 4.2-28　江阴水道出口段 0 m 以下容积变化

(2) 径潮流边界缓流区对边滩发育的促进作用

靖江边滩位于长江下游的潮流界变动段。径流强度和潮汐强度的不同使得潮流界上下移动,移动区域覆盖研究河段。当径流作用较强而潮流作用有限时,洪水大径流量下泄,外海潮波上溯,除受河床阻力外更主要是受到径流下泄的阻碍作用,当其传播至江阴附近时,在径流主流带的潮汐能量明显消耗。

尽管洪水期主动力轴线有所取直左移,但靖江边滩位于弯道下游段的凸岸,径流作用较河心弱,这也为滩体所在位置的涨潮流的出现创造了机会。涨潮期间,靖江边滩附近双向流交汇,靠岸一侧为上溯的涨潮流,靠河心一侧为下泄的径流,双向流交汇处形成明显的缓流区,为下泄泥沙创造了沉积环境。靖江边滩主滩滩体所在河道的河身较为宽广,也为边滩的充分发育提供可能。随着时间的推移,边滩外缘径流一定程度上受到滩体的导流作用。随着边滩的发育,同一潮时的涨潮流流带逐步展宽,涨潮流流速也有一定的增加,减缓了滩体近岸一侧泥沙的净输移。迎流面的逆时针环流规模也逐渐增大,滩头淤积放缓,滩头沙体逐步蚀退,环流后方的缓流区逐步下移,边滩背流面也逐渐淤长。

总的来看,靖江边滩发育过程自滩头开始,逐步向河心发育展宽,同时迎流面受水流顶冲逐步拉长,因此滩体中段容易发育较宽。下泄径流与上溯涨潮流交汇处形成的缓流区为边滩的充分发育提供了机会。

(3) 涨潮期水平环流与落潮流对边滩的影响

下泄径流与上溯涨潮流双向流交汇,受双向流的剪切作用,在交汇处形成逆时针环流,且环流大小与边滩的宽度密切相关。随着径潮流的持续作用,边滩滩体逐步展宽,下泄径流一定程度上受到边滩迎流面外缘的导流作用,流线向河心有所偏转。而边滩的发育促进了涨潮流流带一定范围的展宽,涨潮流流速也有了一定的增加,迎流面的逆时针环流规模也逐渐增大。环流流速较大的区域一般出现在滩头或滩体迎流面,对滩头或滩体迎流面的泥沙有冲刷作用,使得滩体迎流面不断蚀退。同时,边滩发育到一定宽度后,也使得滩体尤其是滩体中后部靠河心的一侧逐渐进入落潮流主流区域,使得落潮流主动力轴线更易穿越滩尾,滩尾逐步拉长,由此形成了近岸侧和河心侧边滩的割裂。随着滩体外缘的逐渐展平,涨潮流流带也逐步萎缩,下泄径流逐步取直,动力轴线重新向左侧偏移,径潮流交界面环流规模逐渐减弱,缓流区也逐步缩窄,从而进一步加剧了对边滩外侧的剪切,加速了边滩滩尾的分离,最终形成心滩。

总的来说,边滩坡面外侧受涨潮期间的横向环流和落潮期间全程的落潮动力,向下游推动泥沙运动;而边滩滩体内侧(近岸一侧),在弯道的掩蔽以及涨潮流的反向抑制作用下,泥沙向下游净输移速度显著小于边滩外缘。边滩的这种内外泥沙输运的显著不同步,是造成边滩滩尾撕裂进而形成心滩的主要原因。

(4) 主动力轴线调整对心滩蚀退的推动作用

心滩的形成初期,靖江边滩主体外缘被冲刷抚平,除一直指向下游的落潮动力外,涨潮期间洪水下泄径流的平顺取直,主动力轴线左移,也对位于径流主动力区的心滩下移起到了推动作用,滩头逐步冲刷,滩尾逐步淤积,整个心滩不断向下游移动。而心滩的下移,也进一步减弱了其对下泄径流及落潮流的阻碍作用。心滩的规模决定其下移的速度,其规模越小,越容易为洪水冲蚀消散。

4.2.2.4 边滩演变过程对主控因素的响应机制

在靖江边滩的历史演变、经验正交函数分析法以及靖江边滩机制分析的基础上,采用二维水沙动力地貌数值模型,通过控制上游的下泄径流量、差异化的泥沙边界条件和外海潮型,研究靖江边滩演变过程对径流水沙、潮流以及整治工程的响应机制。

1. 边滩演变对固边界变化的响应

近 20 年来，福姜沙水道主要展开了两项大型的建设工程项目，分别是双涧沙守护工程(2010—2012 年)和长江南京以下 12.5 m 深水航道二期工程福姜沙段整治工程(2015—2017 年)。由于双涧沙工程建设，河道内已形成新的冲淤格局。统计各计算水文条件下，−16 m 高程以上的靖江边滩滩体体积随潮周期的变化(图 4.2-29)。初始地形为靖江边滩 2016 年 11 月实测地形。计算结果显示：在上游为洪水下泄径流量，外海为大潮的条件下，丁坝群工程建设以后，靖江边滩的发育规模得到了抑制，且边滩从发育到被切割的速度都有所增大。福姜沙左汊丁坝群的建设，迫使主槽输沙路径北移，一定程度上抑制了边滩的发育展宽，进而也缩减了心滩的形态规模(图 4.2-30)。

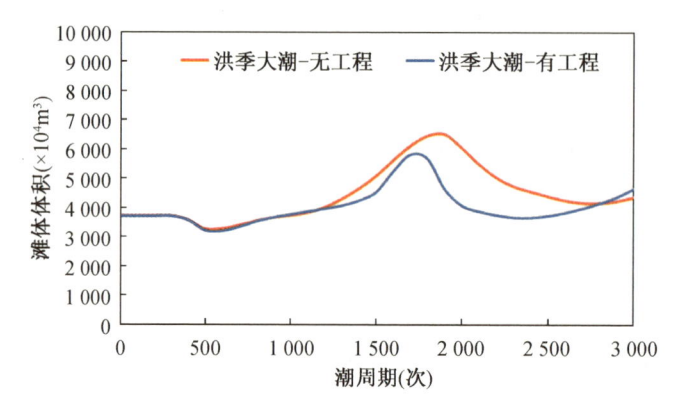

(a) 洪季大潮

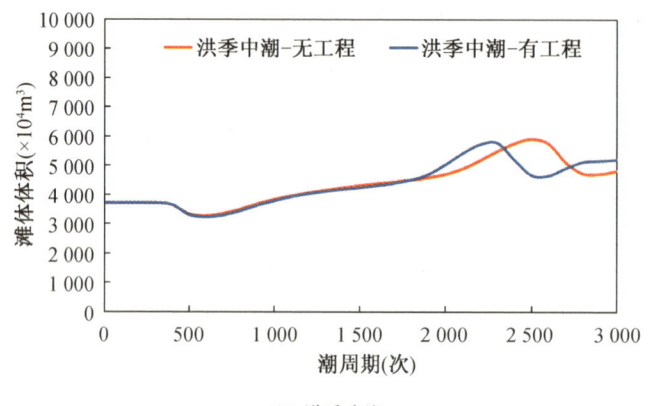

(b) 洪季中潮

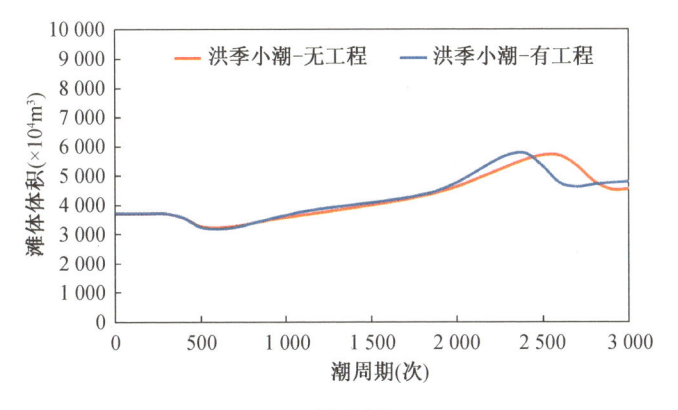

(c) 洪季小潮

图 4.2-29 工程前后靖江边滩滩体体积变化

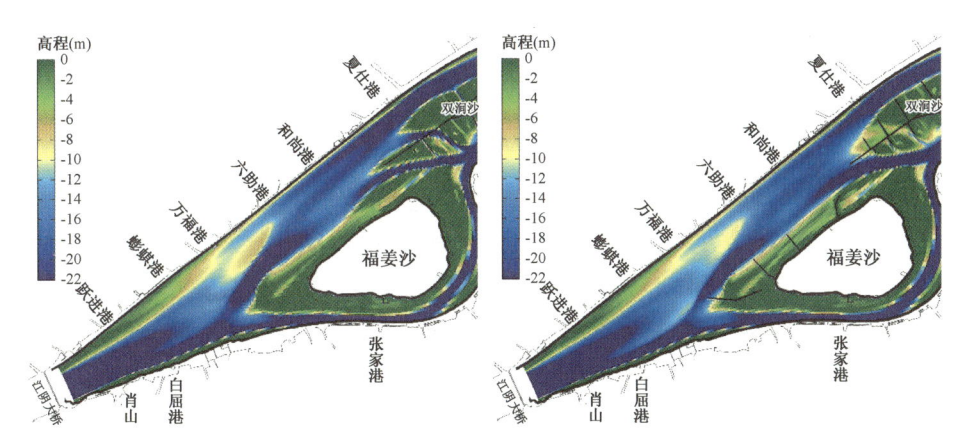

(a) 洪季大潮

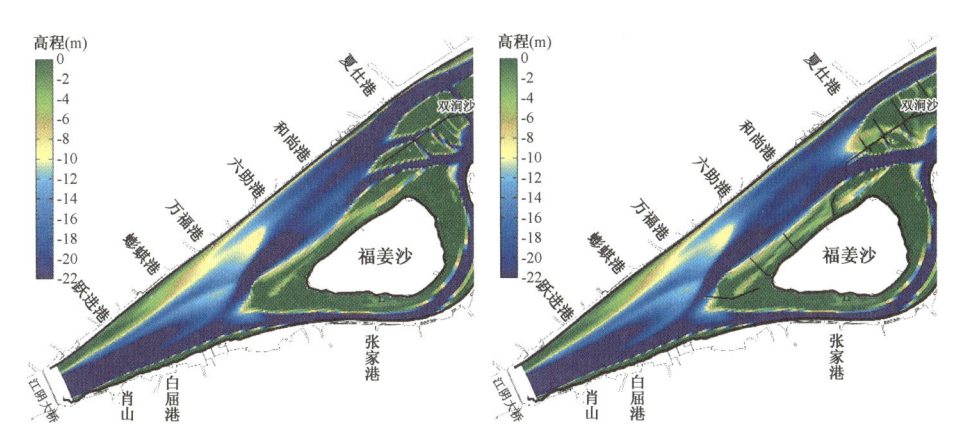

(b) 洪季中潮

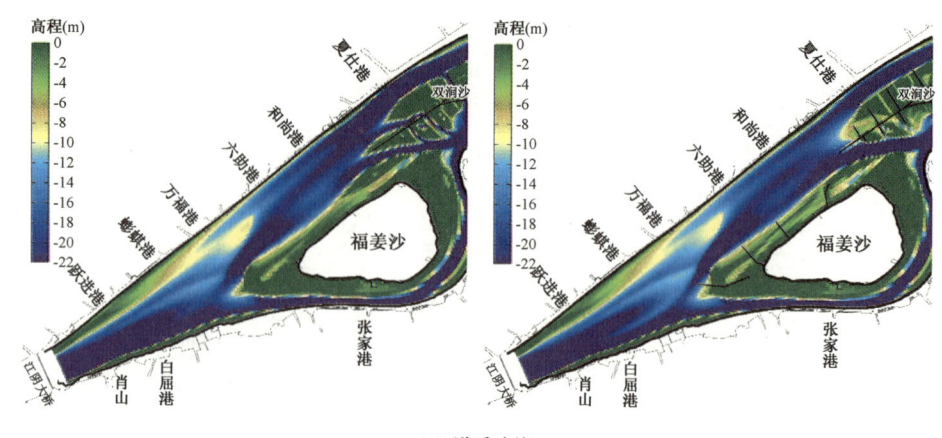

(c) 洪季小潮

图 4.2-30　无工程组(左)和有工程组(右)边滩切滩初期心滩形态

2. 对径流量与来沙变化的响应

靖江边滩处于长江口潮流界变动段,受上游水动力的影响,洪枯季节涨潮流以及转流过程动力环境复杂。计算结果表明(如图 4.2-31 所示),外海潮汐强度一致的前提下,流量越大,边滩演变进程越快;洪水流量条件下,靖江边滩演变较为剧烈,表现出明显的周期性侵蚀-淤长的过程;中枯水流量条件下边滩以缓慢侵蚀为主。

通过减少甚至断供沙源,研究了上游来沙量的减少对靖江边滩演变形态的影响,同时还研究了上游含沙量对边滩演变形态影响。以洪季大潮为基础,分别通过控制边界条件的悬沙浓度、江阴水道的沙源量,研究了不同来沙条件下边滩的演变过程。表明:上游沙源减少,会增大靖江边滩的侵蚀速率,边滩发育的总体规模也会明显萎缩;上游沙源越大,靖江边滩的发育规模越大,形成的心滩规模越大,更易在蚀退过程中保持较为完整的心滩形态(图 4.2-32)。

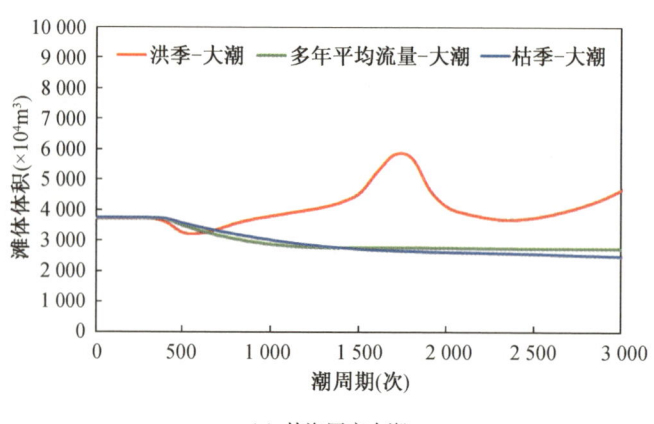

(a) 外海固定大潮

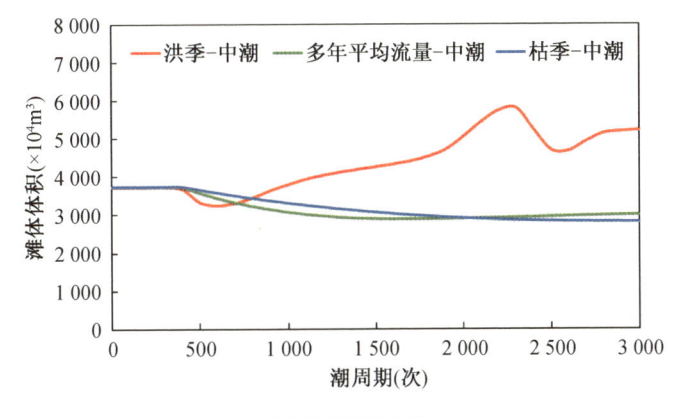

(b) 外海固定中潮

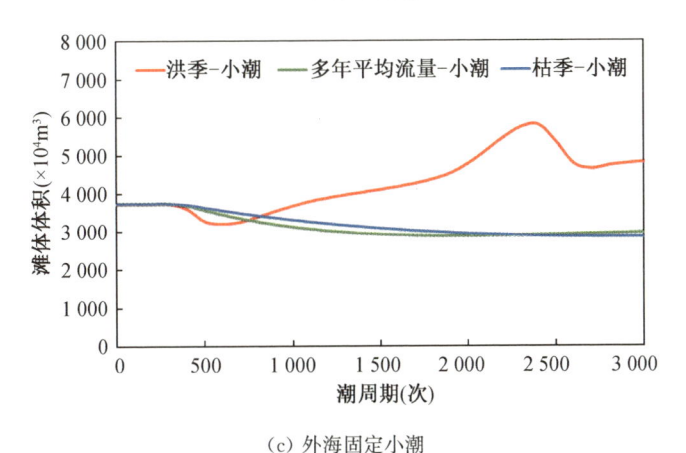

(c) 外海固定小潮

图 4.2-31　不同径流条件靖江边滩滩体体积变化模拟结果

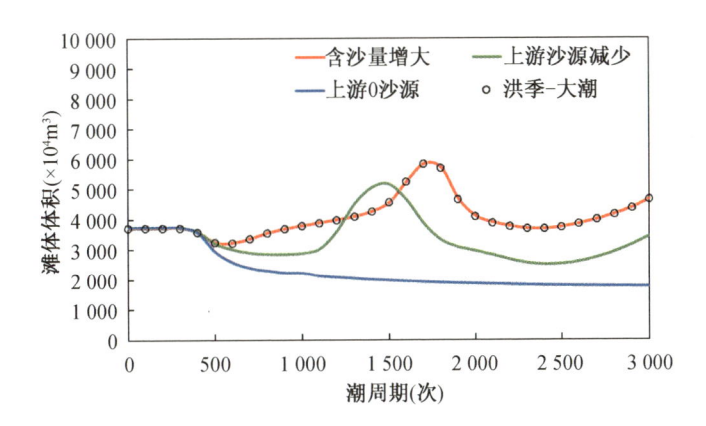

图 4.2-32　靖江边滩滩体体积变化(泥沙组)

3. 对潮汐条件(外海的潮差、潮位)变化的响应

在上游流量固定的前提下,外海潮差越大,边滩的演变过程越剧烈。其中,洪季流量(57 500 m³/s)条件下靖江边滩均表现出从侵蚀到淤长相互转变的周期性演变过程[图 4.2-33(a)]。而以多年平均流量(26 500 m³/s)和枯季流量(16 500 m³/s)为控制条件,在不同的潮汐强度作用下,靖江边滩均表现出缓慢侵蚀的演变进程[图 4.2-33(b)和(c)]。外海潮位上升较小时,加快了靖江边滩的发育速度,整个边滩的发育规模也有一定的提升;但当外海潮位上升较大时,靖江边滩的发育速度反而有所减慢,而边滩最大规模时的堆积体体积也有所萎缩(图 4.2-34)。

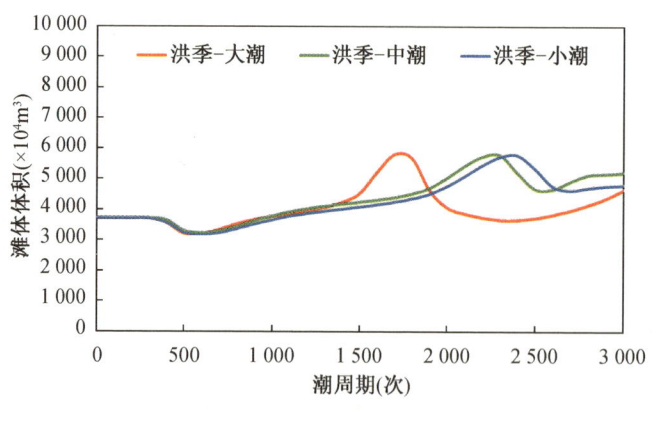

(a) 洪季流量

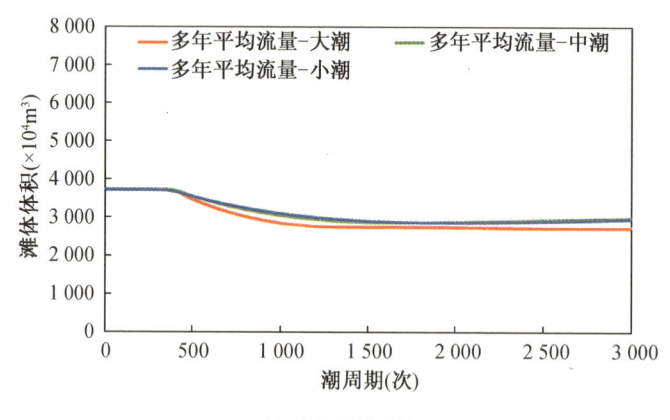

(b) 多年平均流量

(c) 枯季径流

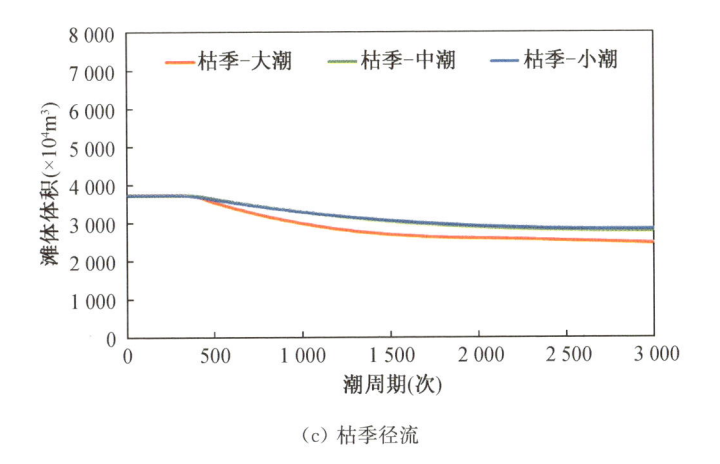

图 4.2-33　靖江边滩滩体体积变化(外海典型潮差组)

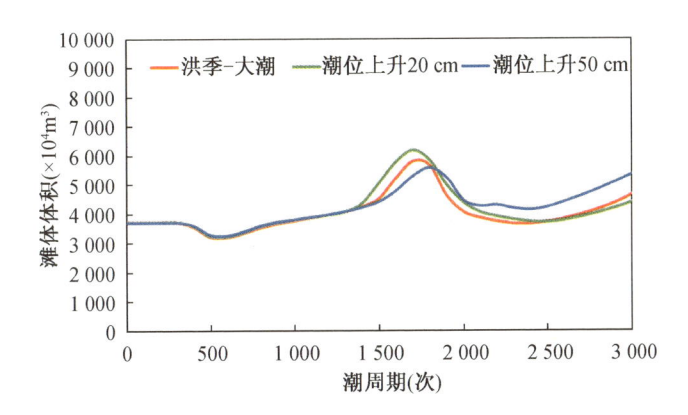

图 4.2-34　靖江边滩滩体体积变化(外海典型 c 组)

4.2.2.5　边滩演变趋势

若靖江边滩变化规律不变,深水航道整治工程实施后其边滩形成、冲刷、切割、下移的变化规模较以往将会有所变化,其边滩变化仍会对靖江沿岸水深条件及下游福北水道航道水深条件产生影响。从底沙走向看,靖江边滩冲刷下移的泥沙主要沿靖江一侧进入福北水道。从心滩活动性可见,心滩主要在靠靖江一侧下移,其活动过程中常造成靖江沿岸局部淤浅,而心滩最后进入福北水道,部分并靠双涧沙左缘,部分心滩泥沙经福北水道进入如皋中汊。在心滩泥沙下移过程中造成沿程局部淤浅,整个过程有时长达几年。深水航道二期工程实施后福姜沙左汊进口河床将会缩窄,总的来说靖江边滩的发展规模将会受限。

4.2.3 靖江边滩协调治理技术

4.2.3.1 靖江边滩演变对深水航道的影响

(1) 靖江边滩的充分发育有利于福姜沙水道进口段航槽的稳定

靖江边滩位于分汊河段进口展宽过渡段,边滩的形成与边界条件、河道形态、来水来沙等有关;边滩的变化与深槽摆动、主流轴线变化以及来水来沙等有关。上游主流经由南侧过渡后,偏北进入福姜沙左汊,而靖江边滩位于弯曲河道凸岸侧。顺直河段边滩稳定,深槽也将保持相对稳定;同样深槽稳定,边滩也相对稳定。若靖江边滩淤长成型,福姜沙左汊进口过渡段深槽也将保持相对稳定状态,同时也有利于主流的稳定。边滩淤长成型,福姜沙左汊较大规模心滩出现的概率将大幅减少,总体对航槽有利。

(2) 心滩切割下移不利于福姜沙左汊顺直过渡段航槽稳定以及尺度的维护

边滩变化与上游洪枯季来流变化及下游潮流变化息息相关。福姜沙左汊进口主流由南向北摆动,其过渡段正好位于靖江边滩中下段,当过渡段主流偏北时,冲刷靖江边滩,而偏南有利于靖江边滩淤长。靖江边滩冲淤消长变化也主要发生在中下段。枯季大潮靖江沿岸涨潮流流速可大于底沙起动流速,沿岸涨潮流上溯,边滩下段出现近岸倒套深槽;在涨落潮流作用下,边滩下段出现窜沟,边滩下段逐渐分离、切割、下移,一般在六助港下靠靖江一侧形成活动心滩。心滩的形成主要与河道放宽有关,心滩规模与河道宽度及上游来沙或边滩分离切割大小有关。福姜沙左汊河床宽度一般在 3 km 左右,难形成稳定的洲滩,从而影响顺直过渡段航槽的稳定。

左汊江中形成的心滩在水流冲刷下呈头部后退、尾部下延的趋势,外形成长条状;随着心滩的下移,河床断面形态也发生相应改变;水流发生分汊,心滩两侧单宽流量增加,心滩及心滩下游侧单宽流量减小,河床断面形态呈"W"形,如 2012 年至 2014 年,自六助港至福北进口安宁港,形成规模较大的 −10 m 以上心滩,心滩两侧形成左右深槽,同时福北水道进口形成南北两汊,从而影响到航槽选择。

(3) 进入福北水道的心滩运动对航槽维护和航槽尺度影响巨大

心滩下移由安宁港附近进入福北水道,影响到福北进口航槽选择及靖江一侧码头的正常运行,使航道维护量大增。如 2012 至 2014 年心滩进入福北水道,进口淤浅,原 12.5 m 槽中断,心滩两侧形成左右两槽;心滩运移首先跨越福北水道上段南、北航槽,福北航道上段航槽内形成大幅淤积,维护困难。如安宁港附近 2004 年至 2008 年水深一般在 15~20 m。受上游心滩下移影响,2012 年后局部水深不足 8 m,维护 8 m 航道水深,年疏浚量最大达 300 万 m³。心滩继续下移进入弯道,泥沙在弯道环流作用下部分由左岸向右岸侧过渡并跨越福北航槽并靠双涧沙左缘,对航槽的淤积产生一定影响。

(4) 心滩冲刷消亡过程中的泥沙下移不利于焦港—如皋中汊一线航槽尺度的维护

冲刷下移泥沙一部分并靠双涧沙,另一部分下泄泥沙对深水航道影响主要集中在福北水道焦港至如皋中汊如皋港一线弯道段,因左岸为凹岸、右岸为凸岸浅滩,泥沙在凸岸侧沉积,造成局部航槽宽度不足。如 2016—2017 年,心滩冲刷下移自丹华港至如皋港航道右侧水深不足 12.5 m。心滩冲刷下移,部分泥沙沿福北水道如皋中汊主槽下泄,导致深槽局部淤浅,其泥沙在洪水作用下,逐步冲刷下移,最后进入浏海沙水道。

(5) 深水航道整治工程实施以来,靖江边滩发育规模受控,切割体规模减小,心滩下移对深水航道的影响减小

在深水航道整治工程实施前,研究认为靖江边滩下段出现周期性切割变化,切割下移的活动性心滩进入福北水道后,部分并靠双涧沙,并靠过程中心滩跨越福北航槽对航道维护产生影响。

深水航道二期工程实施后,福姜沙左汊进口河床有所缩窄,切割沙体规模明显减小。例如 2017 年 8 月至 2018 年 5 月的测图显示,沙体切割后形成的心滩在下移过程中,逐步冲刷消散,未能以成型的−10 m 以上心滩一直下移。

随着上游来沙减少,靖江边滩下段切割后淤积趋缓;受二期工程影响,靖江边滩的发育、切割沙体的规模都有所受控;现阶段航槽一直在进行维护性疏浚,靖江边滩切割对深水航道的影响也产生了变化。

4.2.3.2 靖江边滩治理对策

1. 靖江边滩治理原则及思路的确定

靖江边滩的变化影响到福姜沙左汊内滩槽的稳定、福北水道滩槽稳定及航道水深条件,其治理原则及思路如下:

① 整治工程应与沿岸相关规划相协调,兼顾沿岸航运和经济发展的需求。

② 整治工程应考虑与现有航道整治工程相协调,总体有利于河势及滩槽格局的稳定。

③ 从靖江边滩的演变规律出发,结合边滩所在河段断面形态特征及河相关系,研究分析稳定断面的塑造。

④ 从福北水道的输沙特性出发,在靖江边滩稳定措施布设的基础上采取相应的工程措施调整福北水道的水沙关系。

2. 靖江边滩治理方案协调性研究

(1) 靖江边滩治理方案布置形式研究

靖江边滩的淤长、沙体切割及下移是影响福姜沙左汊深槽及二级分汊口段

航道稳定的不利因素，为此靖江边滩治理首要目的是稳定靖江边滩，防止沙体的切割、下移，这样才有利于航槽格局的稳定；而为稳定靖江边滩，需采取相应的整治措施，常用的包括圈围、丁坝、护滩带等。

现状条件下，江阴大桥至罗家桥港规划为滨江生态园和生态岸线，有隶属上海铁路局的铁路轮渡、靖江市饮用水水源地、生态保护区及等级不高的码头若干；罗家桥以下为通用泊位，其中罗家桥港至六助港沿岸有太和港务公司码头（1个2万吨级、1个万吨级）、苏通港务公司码头（2个5 000吨级兼顾1万吨级）、中油码头（1个5万吨级）、盈利国际港务码头（2个3万吨级、1个万吨级）和拟建新天地港务码头（5个5 000吨级兼顾1万吨级）等万吨级以上码头泊位。

靖江边滩的治理方案一方面要与岸线规划相协调（图4.2-35），同时又要尽可能减小治理方案对下游码头的影响，为此靖江边滩的治理方案宜采取低水整治建筑物，且以护滩带的形式为宜。

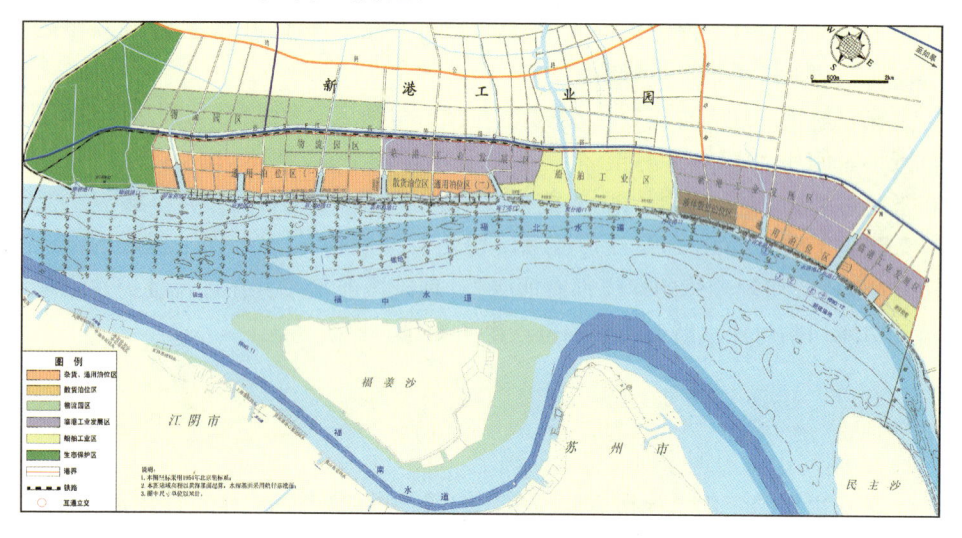

图4.2-35　靖江港区规划布置图

（2）靖江边滩治理方案布置部位研究

靖江边滩位于河道放宽段，呈顺直宽浅河型，边滩不稳定与上游来流变化及下游涨潮流变化有关。靖江边滩为低边滩，低潮位也不出水，其高程一般在−10～−5 m。根据河床演变分析表明，靖江边滩变化主要表现为：当边滩发育至一定程度，位于边滩的中下段易发生切割、冲刷、下移现象，若沿靖江一侧江中出现活动心滩，将直接影响到靖江沿岸港口和福北水道航道水深条件。自20世纪60年代以来，靖江边滩已发生10次以上切割过程，特别是2009年以后发生了较大规模的边滩切割过程，形成的−10 m心滩主要在距左岸约1.5 km范围水域内向下游运移，心滩总体呈现形成、冲刷下移、进入福北水道和如皋中汊、部分归并双涧沙、再形成的周期性演变模式,使福北水道进口航道大幅淤积,形成碍航,对福北水道进口航槽的稳定产生较大影响。因此,有必要对靖江边滩采取治理措施,工程主要目的是采用护滩带守护稳定边滩,防止其中下段发生切割下移。

根据多年实测地形资料分析表明,靖江边滩变化对下游的影响主要发生在靖江边滩中下段蟛蜞港至六助港附近(图 4.2-36 至图 4.2-38),因此边滩守护主要自蟛蜞港下进行守护,边滩守护宽度主要考虑到边滩切割前较稳定状态时

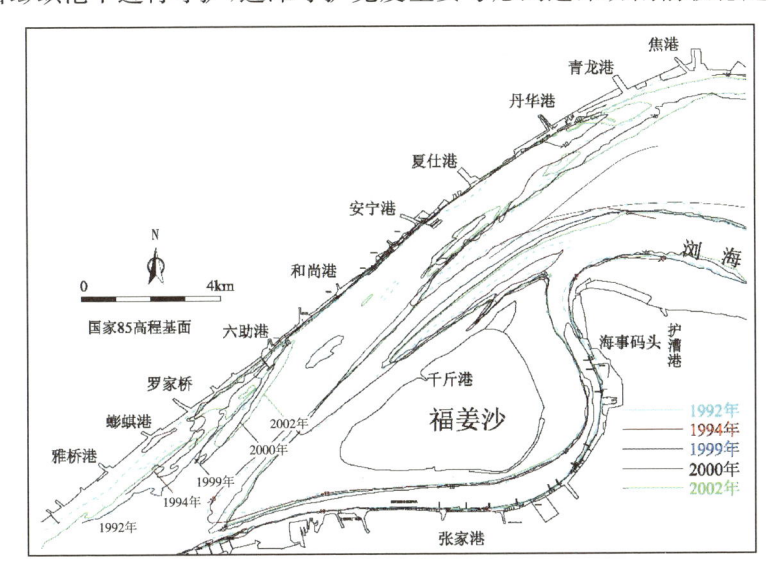

图 4.2-36　1992—2002 年靖江边滩演变过程

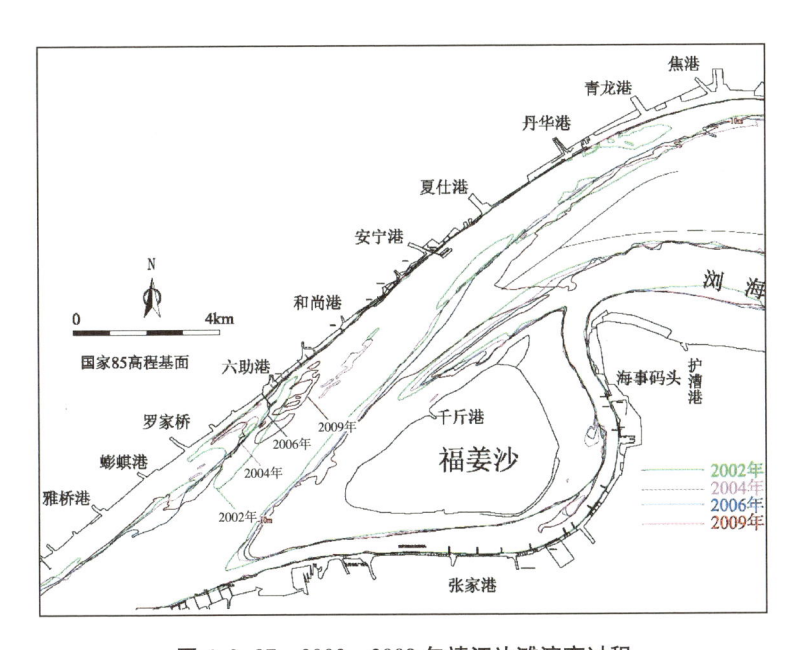

图 4.2-37　2002—2009 年靖江边滩演变过程

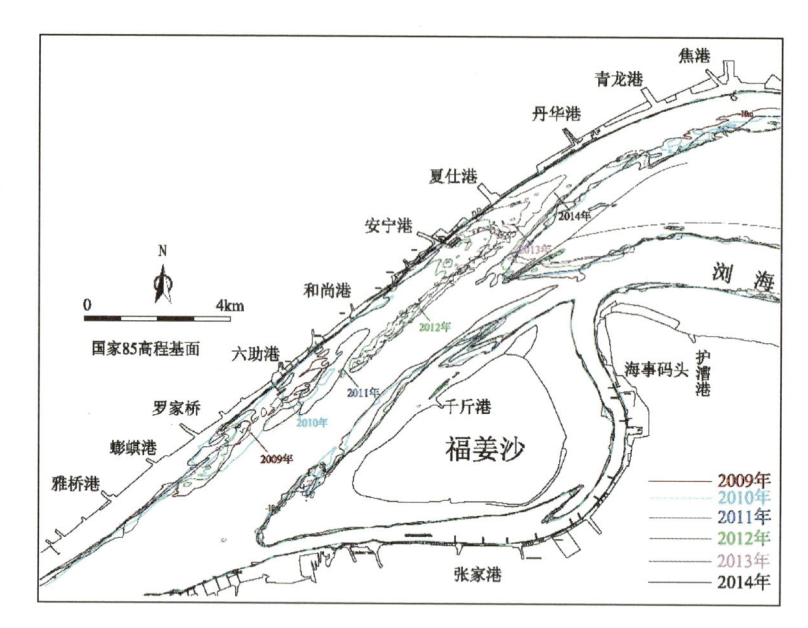

图 4.2-38　2009—2016 年靖江边滩演变过程

的宽度和左汊进口河床宽度。目前福姜沙左缘已建有 FL1 丁坝,护滩后主槽范围应在 FL1 丁坝头部至北岸护滩带头部之间,考虑到上游主流最好居中偏北进入福姜沙左汊,因此护滩带不宜过长。

(3) 靖江边滩治理方案布置长度研究

① 福姜沙河段断面河相关系(如图 4.2-39)

每一河段选取该河段中最小河宽和相对特征参数作为对比基础,其他断面河宽和相关特征与其建立位数关系:H_0、B_0、$\zeta_0 = \dfrac{\sqrt{B}}{H}$,根据河相关系可得:$\dfrac{H_i}{H_0} \sim \dfrac{B_i}{B_0}$,$\dfrac{\zeta_i}{\zeta_0} \sim \dfrac{B_i}{B_0}$,其中 B_0 为某一段河道最小河宽,H_0 为最小河宽时的平均水深,B_i、H_i 为对应河段或汊道某一断面河宽与平均水深。

福姜沙为出水沙洲,福南水道沿程无支汊汇流,福姜沙水道河宽与河相关系密切,河越宽,河相关系 ζ_i 越大,即河床断面越不稳定;福姜沙左汊河宽与河相关系不明显,主要原因是左汊河宽相差不大,而河宽总体较宽,ζ 值都较大,断面都不稳定;肖山至福姜沙汊道进口为单一河道,可以看出河道展宽后 ζ 值相应增大,即河宽对河床断面稳定性影响明显;福北水道河宽与河相关系明显,河床滩槽稳定,可采用调整河宽方法;福中水道 $\dfrac{B_i}{B_0} \sim \dfrac{\zeta_i}{\zeta_0}$ 无明显关系,主要原因有双涧沙影响到福中水道稳定,双涧沙越滩流变化导致福中水道沿程动力和滩槽变化,因此守护双涧沙形成稳定分流格局是河床断面稳定的关键;河宽越大,河床越不稳定,放宽段河床应相应缩窄;浏海沙水道下段受横港沙影响,河道放宽,滩地过流,河宽与河相关系不明显。

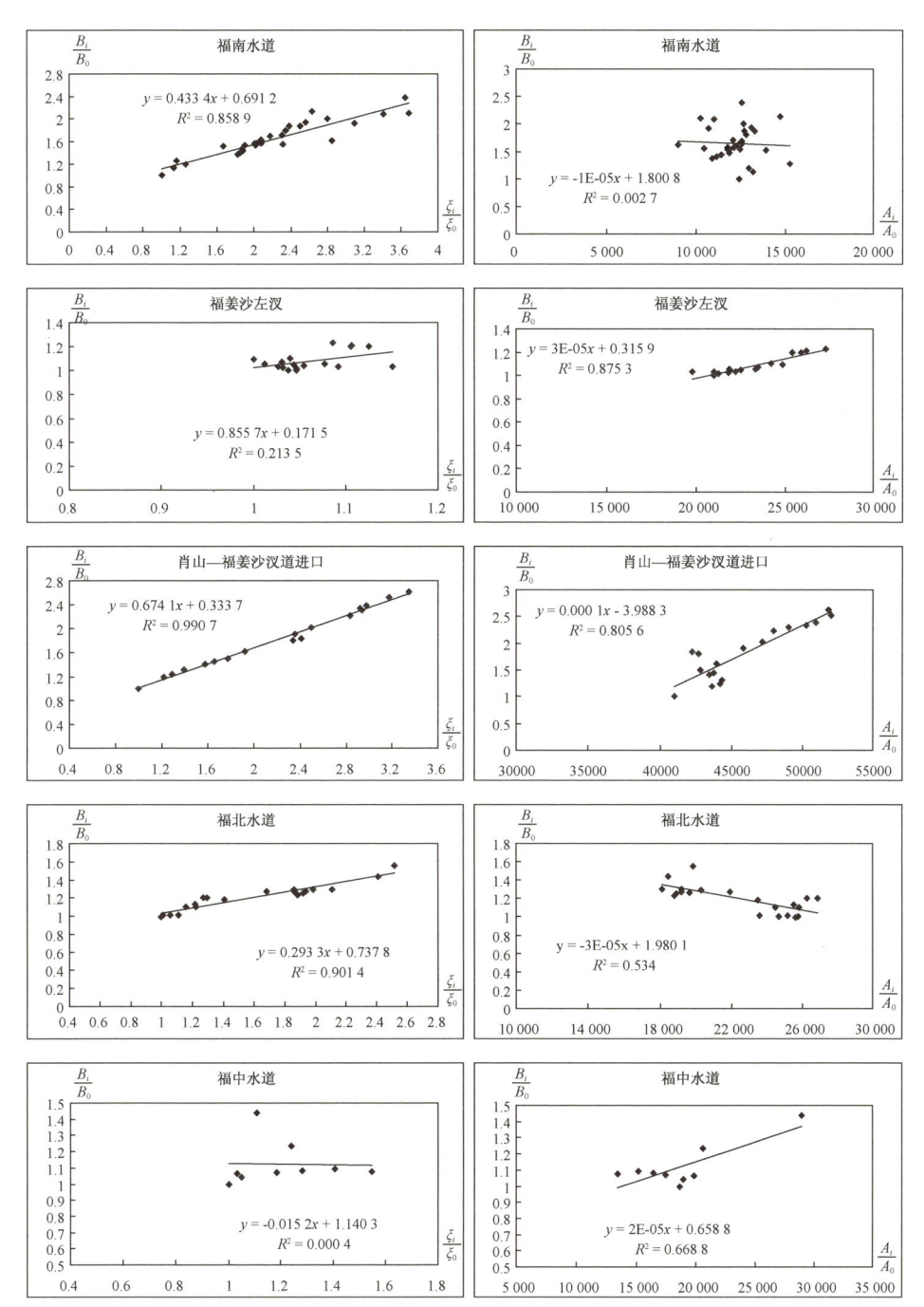

图 4.2-39　福姜沙河段沿程各断面河相关系

② 福姜沙河段汊道段稳定断面计算

汊道稳定断面形态计算断面流量采用多年平均落潮流量，根据汊河段依据分流比及分沙比计算各汊道多年平均落潮流量及多年平均输沙量。河相关系 ζ 值取沿程相邻较稳定断面的河相关系，含沙量采用 0.3 kg/m³，ω 为床沙质中值粒径沉速，$\omega=0.4$ cm/s。

a. 基于输沙平衡原理下的稳定断面计算

依据河床不冲不淤平衡条件建立计算公式，福姜沙河段汊道稳定断面形态计算见表 4.2-4。

表 4.2-4 福姜沙河段汊道段稳定断面形态计算

位置	汊道	分流比(%)	流量(m³/s)	ζ	H(m)	B(m)	A(m)
福姜沙	右汊	22	7 260	2.5	12.2	930	11 342
	左汊	78	25 740	2.5	17.6	1 939	34 155
双涧沙分汊	福北	43	14 620	2.5	14.9	1 396	20 686
	福中	35	11 900	2.5	14.1	1 239	17 443
民主沙	如皋中汊	31	10 695	2.5	13.6	1 164	15 894
	浏海沙	69	23 805	2.5	16.2	1 853	31 907

b. 基于窦国仁潮汐河段河床断面稳定形态计算公式

$$v_0 = 2.24\sqrt{\frac{\gamma_s-\gamma}{\gamma}gd} \tag{4-23}$$

$$H = \left(\frac{7b}{2}\right)^{1/3}\left(\frac{k\alpha^2 v_{0b}^2 Q}{\beta^2 g v_{0s} S}\right)^{1/3} \tag{4-24}$$

$$B = \left(\frac{2}{7b}\right)^{4/9}\left(\frac{\beta^8 g v_{0s} SQ^5}{k\alpha^8 v_{0b}^8}\right)^{1/9} \tag{4-25}$$

式中：$\gamma_s=26.5$ kN/m³，因此可以计算出 $\gamma=10$ kN/m³；

悬移质中值粒径 $d_s=0.000\,01$ m，因此可以计算出 $v_{0s}=0.028\,5$ m/s；

推移质中值粒径 $d_b=0.000\,15$ m，因此可以计算出 $v_{0b}=0.127\,4$ m/s；

$\beta=1$，$\alpha=1$，$b=0.15$，$S=0.3$ kg/m³。

依据窦国仁潮汐河段河床断面稳定形态计算公式结果见表 4.2-5。

由表 4.2-4 和表 4.2-5 可知，福姜沙左汊稳定断面河宽一般在 1.8～2.0 km，而现状条件下河宽约 3.1 km，为此需适当缩窄。福姜沙右汊稳定断面河宽约 1.0 m，而目前福姜沙右汊河宽一般在 1 000～1 200 m，因此河床断面基本稳定，平均水深在 10 m 左右。随着深水航道二期整治工程福姜沙左缘丁坝的实施,丁坝前沿距福姜沙左缘边界约2.2 km,基本与本河段稳定断面的宽度相当。为此,靖江边滩护滩带长度也不宜过长,本次布置护滩带前沿与-10 m心滩外缘线基本一致。

表4.2-5　三沙河段稳定断面形态计算(流量为多年平均落潮流量)

位置	汊道	分流比(%)	流量(m³/s)	H(m)	B(m)	A(m)
福姜沙	右汊	22	7 260	8.4	903	7 580
	左汊	78	25 740	12.8	1 824	23 351
双涧沙	福北	43	14 620	10.6	1 332	14 123
	福中	35	11 900	9.9	1 189	11 761
民主沙	如皋中汊	31	10 695	9.54	1 120	10 696
	浏海沙	69	23 805	12.5	1 747	21 783

(4) 靖江边滩治理方案布置高程研究

靖江边滩治理目的主要是稳定沙体,防止沙体切割进入福北水道形成碍航。现场泥沙取样分析表明,靖江边滩泥沙中值粒径一般在0.10~0.15 mm左右,边滩泥沙淤积主要表现为底沙淤积。据实测资料及数、物模研究分析,靖江边滩枯季落潮流速一般在0.5~1 m/s,洪季落潮流速一般在1.0~1.5 m/s,涨潮流洪季一般较小,枯季最大流速在0.7~0.8 m/s,一般在0.5 m/s左右,靖江边滩水深一般在5~10 m左右,从悬浮指标判别来看河床泥沙运动一般处于河床近底部附近,因此从拦截底部泥沙和稳定沙体来说,护滩带也不宜太高。另外,考虑到靖江边滩下游沿岸为靖江港区,如护滩建筑物过高,阻水作用过大,则将影响到靖江港区码头的前沿水动力条件(图4.2-40),同时也不利于福姜沙左汊的进口分流。因此整治建筑物不宜过高,拟采用高出河床约1.5~2.0 m的三条护滩带。

3. 靖江边滩治理方案布置

靖江边滩位于河道放宽段,边滩不稳定与上游来流变化及下游涨潮流变化有关。本河段顺直宽浅,航道整治要保持河道主流稳定和深槽稳定。河床断面稳定须对顺直段河道进行治理,本次治理采用固滩稳槽的方法,即稳定活动性边滩。在福姜沙二期整治工程基础上,结合上述研究成果对靖江边滩方案进行了初探。

(1) 护滩类

考虑到靖江边滩的变化多发生在中下段,靖江边滩治理考虑到对下游靖江沿岸码头的影响,及多年来边滩发展规模大小,为此在蟛蜞港至旺桥港附近采取护滩类工程方案,靖江边滩治理方案具体布置见图4.2-41(a)至(c)。

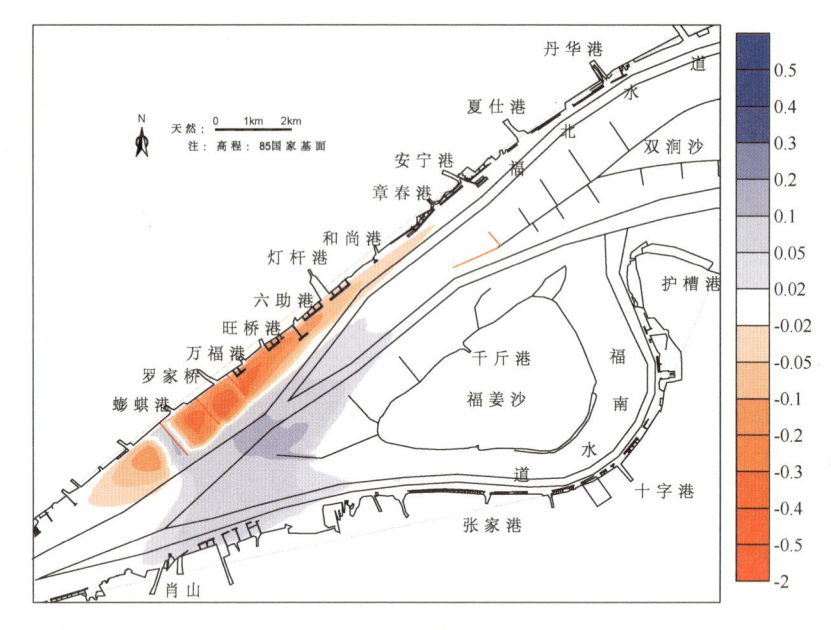

图 4.2-40　洪季落急底层流速变化(坝头－5 m)

方案一：采用圈围护滩的方式对靖江边滩进行守护，起点位于天生港下游约 1.3 km，终点位于罗家桥下游 0.5 km 附近，其高程为等高 1.5 m，方案布置见图 4.2-41(a)。

方案二：采用圈围护滩与护滩带结合的方式，即在原圈围方案的基础上增加两条护滩带。护滩带高程为等高 1.5 m，位于蟛蜞港上下游附近，方案布置见图 4.2-41(b)。

方案三：护滩带方案，在经常切割的位置布置三条护滩带，使靖江边滩形成一定的滩型，护滩带高度为河床底部以上 1～2 m，前沿伸至－10 m 线附近，其中护滩坝 H1 长 1120 m，H2 长 920 m，H3 长 760 m；护滩坝平行布置，H1 与 H2 间距 1 150 m，H2 与 H3 间距 1 000 m，方案布置见图 4.2-41(c)。

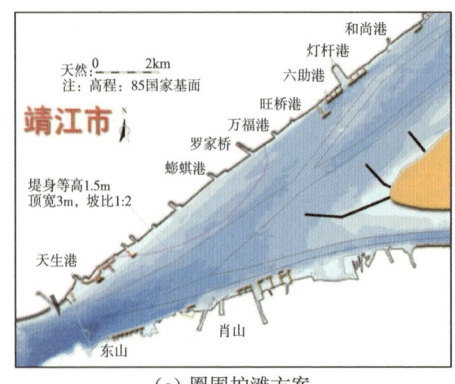

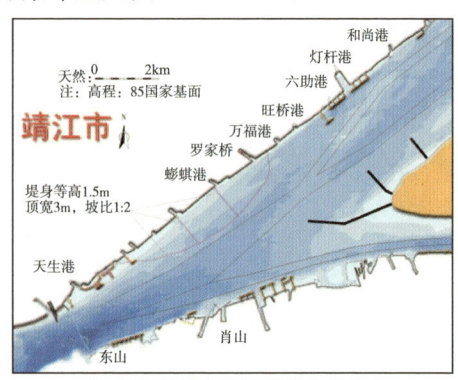

(a) 圈围护滩方案　　　　　　　　(b) 圈围护滩与护滩带结合的方案

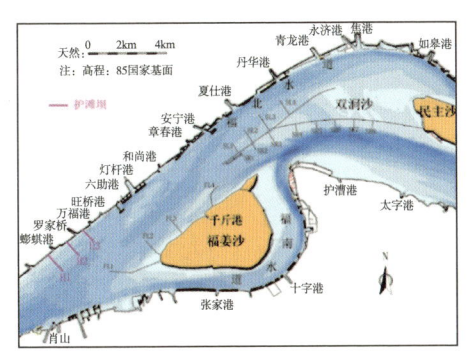

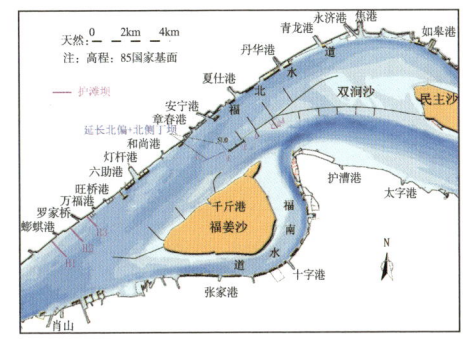

(c) 靖江边滩护滩带布置　　　　　　(d) 护滩带＋双涧沙潜堤延伸方案

图 4.2-41　靖江边滩治理方案

（2）护滩带固滩＋双涧沙潜堤延伸

考虑到靖江边滩周期性变化以及福北水道为主要输沙通道的特性，本次方案的布设主要从靖江边滩的稳定以及 12.5 m 深水航道自身角度出发，提出了靖江边滩护滩带固滩＋双涧沙潜堤延伸北偏的方案以达到固滩、导沙的效果。方案布置见图 4.2-41(d)，方案参数见表 4.2-6 至表 4.2-8。

表 4.2-6　双涧沙工程方案参数表

位置	单体名	长度(m)	高程(1985 国家高程基准)
双涧沙头部	头部潜堤	4 400	AB 段:长 200 m,高程＋0.5 m;BC 段:长 200 m,高程＋0.5～－1.0 m;CD 段:长 850 m,高程－1.0 m;DE 段:长 900 m,高程－1.5～－1.0 m;EF 段:长 1 000 m,高程－1.5～－7.0 m;FG 段:长 1 250 m,高程－7.0～－14.0 m。
双涧沙北侧	丁坝 SL0	460	－7.0～－8.0 m
双涧沙北侧	丁坝 SL1	650	坝身段:长 450 m,高程－1.5 m;坝头段:长 200 m,高程－1.5～－8 m。
双涧沙北侧	丁坝 SL2	800	坝身段:长 650 m,高程－1.0 m;坝头段:长 150 m,高程－1.0～－8.0 m。
双涧沙北侧	丁坝 SL3	1 000	坝身段:长 800 m,高程＋0.5～－2.0 m;坝头段:长 200 m,高程－2.0～－7.0 m。
双涧沙北侧	丁坝 SL4	900	坝身段:长 800 m,高程＋0.5～－2.0 m;坝头段:长 100 m,高程－2.0～－7.0 m。
双涧沙南侧	护滩坝 SR1,长 250 m;护滩坝 SR2,长 370 m;护滩坝 SR3,长 550 m;护滩坝 SR4,长 425 m;护滩坝 SR5 至 SR8,长 400 m;堤身高度 2 m。

注：丁坝长度起算点为头部潜堤或北顺堤轴线。

表 4.2-7　福姜沙左缘工程方案参数表

位置	单体名	长度(m)	高程(1985 国家高程基准)
福姜沙左缘	丁坝 FL1	2 750	坝根段:长 1 600 m,高程+1.5 m;中间段:长 780 m,高程+1.5～-5.0 m;坝头段:长 370 m,高程-5.0～-12.0 m。
	丁坝 FL2	1 055	坝根段:长 855 m,(堤身 1 m 后)接高程+1.5～-5.0 m;坝头段:长 200 m,高程-5.0～-10.0 m。
	丁坝 FL3	800	坝根段:长 600 m,(堤身 1 m 后)接高程+1.5～-5.0 m;坝头段:长 200 m,高程-5.0～-9.0 m。
	丁坝 FL4	1200	坝根段:长 550 m,高程+0.5 m;中间段:长 350 m,高程+0.5 m;下游段:长 300 m,高程+0.5 m。

注:当丁坝坝根不足 1 m 厚,按堤身高度 1 m 处理,后接坝根高程。

表 4.2-8　靖江边滩护滩带工程方案表

位置	单体名	长度(m)	高程(1985 国家高程基准)
靖江边滩护滩带	护底 HT1	1 000	护底坝高度(等高 2 m 厚)
	护底 HT2	900	护底坝高度(等高 2 m 厚)
	护底 HT3	750	护底坝高度(等高 2 m 厚)

4. 靖江边滩治理效果分析

(1) 护滩类

定床输沙试验成果表明,底沙最大输沙位置位于靖江边滩一侧-10～-15 m线附近;与无护滩工程相比,护滩工程后护滩范围内底沙输移减小约 30%。护滩带虽高出河床 2 m 左右,但对底沙仍有一定的拦截作用。靖江边滩护滩工程实施后,福北底沙输沙强度有所减小,枯季减小 6%～10%,洪季减小 10%～15%。由试验可知,上游第一条护滩带拦沙效果最好,靠近第一条护滩带上游的河床淤积明显。第三条护滩带下,靠近护滩带附近的河床淤积不明显,但在靠近六助港附近的河床淤积较明显,这些淤积泥沙大部分来自护滩带头部,小部分来自护滩带上游的泥沙越过护滩带后淤积在近岸。

(2) 护滩带固滩+双涧沙潜堤延伸

靖江边滩护滩带+双涧沙潜堤延长北偏方案实施后河床冲淤见图 4.2-42。从图可以看出,随着护滩带治理工程的实施,护滩带掩护区有所淤积,靖江边滩沙体总体得以稳定,有利于福北水道向单槽方向发展。

福姜沙左缘丁坝群总体为束缩河宽,在平均潮位下丁坝缩小过水面积约 10%;丁坝前沿流速增加,工程后丁坝前沿河床总体呈冲刷态势。进口万福港对

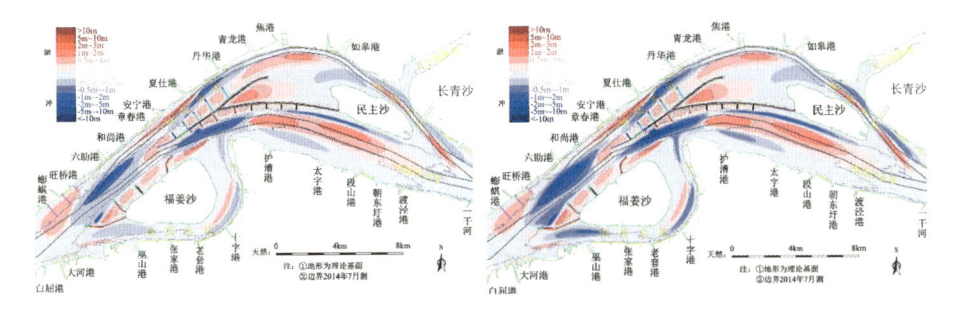

图 4.2-42 平常年、丰水年工程河段河床冲淤变化

开至和尚港对开航道水深总体有所增加,和尚港至章春港对开航道内局部有所淤积。

福中水道总体有所冲刷,其变化与进口流速变化基本一致。福中水道主要是位于双涧沙潜堤一侧冲刷,局部冲刷相对较大;工程后位于福中水道流速增加,且福北水道水流越过潜堤进入福中水道,越滩流与福中水道水流交汇形成翻滚旋转流淘刷河床,使局部冲刷增强。福北水道章春港—夏仕港一线航槽有所淤积,FL2丁坝下至丹华港段丁坝前河床总体有所冲刷。青龙港至焦港附近位于弯道段凸岸侧总体呈淤积态势。如皋港以下河床总体呈滩冲槽淤的态势。福南水道进口基本滩冲槽淤,进口左侧福姜沙头部浅滩冲刷,深槽略有淤积,进口段深槽无明显冲刷,局部有所淤积。福南顺直段深槽总体略有淤积;弯道段呈现凸岸浅滩淤积、凹岸深槽冲刷。

从应对措施的布置形式、部位、长度以及高程等角度出发,课题组提出了护滩类(圈围、护滩带)、集沙导流坑类以及护滩带+双涧沙头部导堤调整类方案,综合靖江边滩守护效果及影响,表明靖江边滩采取护滩带的形式较为合适。而从护滩带高程来看,护滩带工程的实施,使掩护区流速有所减小、河床有所淤积,能较好地遏制边滩中下段的大幅切割下移。

4.2.4 高港边滩演变规律及成因分析

4.2.4.1 边滩演变规律

高港边滩位于扬中河段左汊口岸直水道北岸侧,上游为嘶马弯道段,弯道右侧有落成洲分汊,属潮汐河段弯曲分汊河道下边滩(图4.2-43)。高港边滩所处的扬中河段受上游径流和下游潮汐的影响,其间还存在淮河入江水流。高港边滩演变过程不仅受上游水动力条件的影响,同时还受边界条件变化,以及落成洲右汊冲刷发展影响。随着三益桥和鳗鱼沙两个浅滩治理工程的实施,以及该区域泰州公路大桥的建成,高港浅区段的水沙运动必将响应外部边界条件的变化,因此,高港边滩水沙运动、局部边界条件非常复杂,其河床演变存在不确定性。高港边滩碍航问题在泰州公路大桥建设后突显出来。泰州公路大桥建设前,航道可利用高港段右侧深槽布置,左侧高港边滩对航道的影响并不严重;泰州公路大桥建设后,采用双孔通航,航道在桥区上游高港段分为左右航槽,必须利用高港边滩前沿水域,高港边滩的碍航问题突显出来。其演变规律主要表现为:

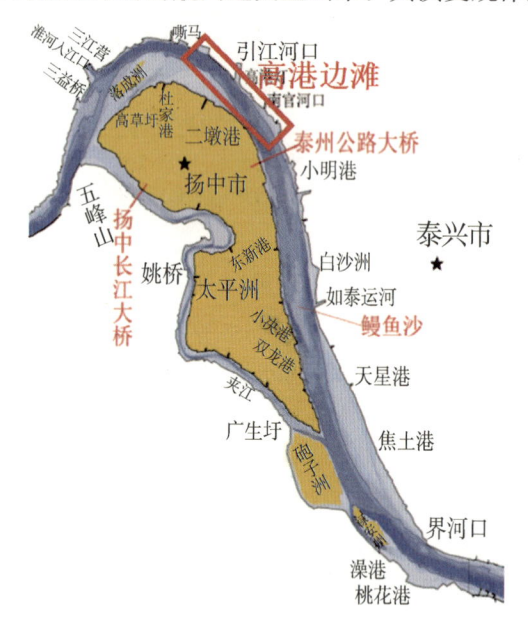

图 4.2-43　高港边滩位置图

(1) 高港边滩冲淤交替,未呈单向性增长,在现有的河势和边界条件下,高港边滩将趋于相对稳定,预计不会大幅度的淤涨,也不易冲刷消失。

高港边滩区域为上游落成洲汊道段和下游泰兴顺直段的衔接段,上游嘶马弯道至扬湾段主流贴左岸下行,过扬湾段后主流逐渐过渡到右岸。高港段位于主流自左岸向右岸过渡区域,其左侧存在形成边滩的边界和水流条件。

高港边滩冲淤交替,1976 年至 1992 年期间,随着嘶马弯道崩岸发展和弯道曲度的增大,落成洲左汊深泓线出现大幅度左摆,同时也为高港边滩淤积展宽提供了就近沙源,高港边滩明显展宽(图 4.2-44)。20 世纪 90 年代中后期的连续大水,高港边滩自上而下全线得到冲刷,与 1992 年相比,−10 m 等高线最大左移 580 m,−13 m 等高线最大左移 450 m。大水过后,落成洲段水流向左回摆,深泓左移,高港边滩淤涨。1999 年至 2006 年高港边滩淤涨,−10 m 等高线最大右移 230 m,−13 m 等高线最大右移 285 m。自 2006 年以来,在上游落成洲汊道段主流右偏,而下游泰兴顺直段主流左偏的河势条件下,高港段的主流略有左偏,高港边滩趋于相对稳定,预计不会大幅度的淤涨,也不易冲刷消失。

（2）从年际间演变特征看,高港段两岸边界保持稳定,但上游不同来水来沙条件对高港段演变有重要影响,其年际间变化呈现小水年河床冲淤变化小,大水年河床冲淤变化大的演变特征。

20世纪90年代,长江来水量偏大,加上1998年、1999年等连续大洪水,嘶马至高港段河床发生较大的冲淤变化。三峡蓄水后,2010—2012年、2016—2017年来水量相对较大,河床也发生较大的冲淤变化。

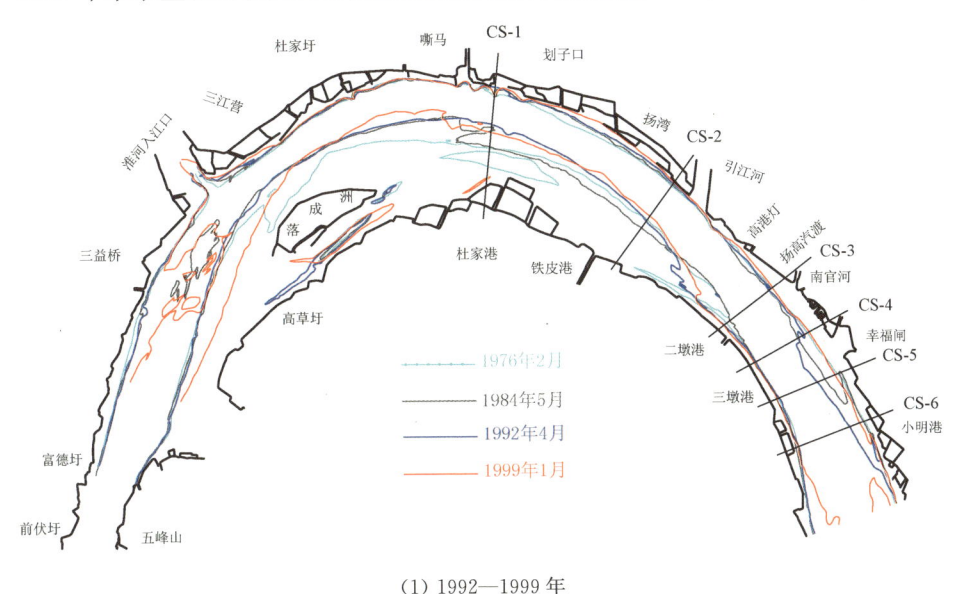

(1) 1992—1999年

(2) 2006—2018年

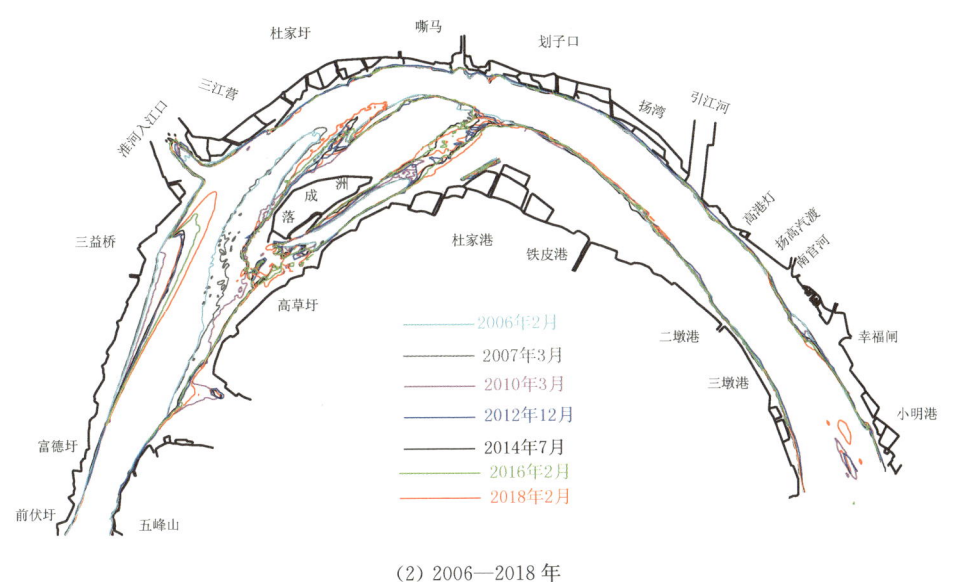

图 4.2-44　高港边滩-10 m等高线历年变化

(3) 不同时段河床冲淤规律不同:1976 年至 1992 年高港段呈淤积态势,1992 年至 2003 年、2003 年至 2018 年河床呈冲刷态势。

高港段不同时段河床冲淤规律不同,20 世纪 90 年代初以前,嘶马弯道崩岸严重,为高港边滩段提供了大量的泥沙来源,1976 年至 1992 年高港段呈淤积态势;20 世纪 90 年代中后期,嘶马弯道护岸工程不断加强,崩岸现象基本得到控制,加上中后期的连续大水冲刷,高港段 1992 年至 2003 年河床呈冲刷态势。随着护岸的进一步加强,以及上游水利枢纽的建成运行,上游泥沙来源大大减小,2003 年至 2018 年河床继续呈冲刷态势。

(4) 高港段滩槽冲淤分布特征:高港段年际间河床冲淤幅度较大,从滩槽冲淤分布看,高港段冲淤变化主要集中在－15 m 以下深槽,相对而言,滩地冲淤变化相对较小。

高港段年际间河床冲淤幅度较大,1992—1999 年期间主槽最大冲刷深度达 7.5 m,滩地最大冲淤深度为 5.0 m,1999—2003 年期间主槽最大冲刷深度达 10.0 m,滩地最大冲刷深度为 4.5 m。高港段冲淤变化主要集中在－15 m 以下深槽,相对而言,滩地冲淤变化相对较小。

4.2.4.2 边滩演变主要影响因素

(1) 河势的影响

高港边滩为落成洲弯曲分汊河道的下边滩,高港边滩的演变与扬中河段的河势条件紧密相关。

扬中河段上游大港水道稳定少变,进口段右岸临江有岩石山矶的控制,下游江阴水道上有天生港人工节点,下有鹅鼻咀天然节点,对整个水道的主泓走向有极其重要的控制作用。虽然扬中河段河势相对稳定的格局不会改变,但口岸直水道河床仍会存在较大冲淤变化。历史上,扬中河段嘶马弯道多次发生以窝崩为主的大规模崩岸现象,并且崩强中心自上而下地发展,引起扬中河段平面河势发生较大变化,导致高港边滩也发生较大的冲淤变化。近年来,落成洲汊道段右侧边滩冲刷,主流右偏,落成洲右汊发展,对高港边滩的演变产生一定影响。

因此,扬中河段的河势条件对高港边滩的演变起到关键作用,是高港边滩演变的重要影响因素。

(2) 河道边界的影响

从河道边界条件看,高港边滩上游有嘶马弯道深槽,边滩对岸有二墩港深槽,主流从嘶马弯道左岸扬湾弯道深泓向右岸二墩港深泓过渡,引起高港左侧流速减小,输沙能力下降,形成高港边滩。河道边界条件是高港边滩形成的重要影响因素。

高港边滩上游落成洲汊道段北岸嘶马弯道土质由粉沙、细沙和极细沙组成,抗冲性较差,在弯道环流作用下,形成对北岸持续的强烈顶冲,因而历史上多次发生以窝崩为主的大规模崩岸现象,并且崩强中心自上而下地发展,导致岸线出现重大变化。由图 4.2-45 的 0 m 等高线历年变化可见,北岸嘶马弯道岸线变化的总体规律是自上而下向北移动。自 1959—1969 年,从三江营河口至高港灯凸咀,北岸 0 m 岸线全线崩退,平均崩退 152 m,与此同时,落成洲尾及划子口对岸边滩迅速淤长。1969—1981 年,北岸崩退中心下移 2.5 km,最大崩退为 247 m,落成洲尾边滩继续淤展、下延,划子口附近对岸边滩也继续外淤,最大淤宽达 300 m。1981—1991 年,北岸主要崩退范围在三江营河口至杜家圩之间,平均崩退 72 m;1991—1998 年,三江营河口至杜家圩继续出现较大崩岸,平均崩退 70 m;1998 年以后,随着护岸工程的不断加强,崩岸现象基本得到控制,0 m 岸线未出现明显后退。

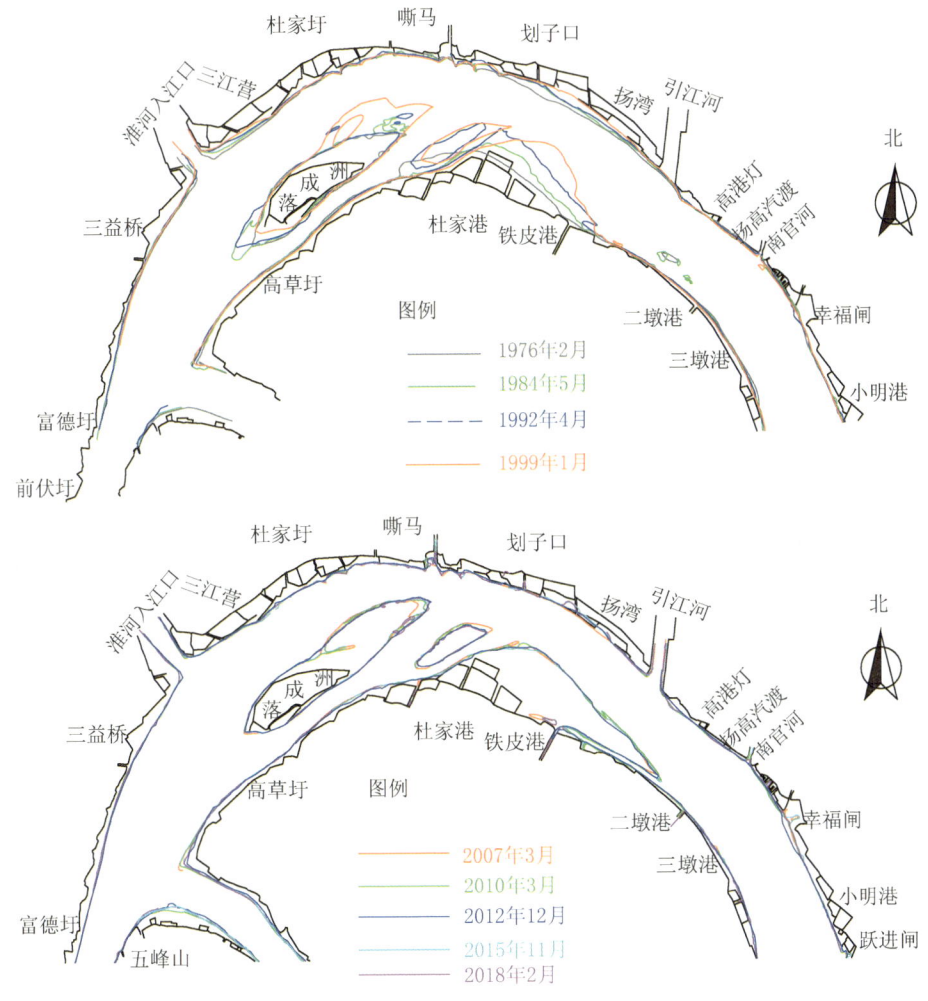

图 4.2-45 落成洲汊道至高港段 0 m 等高线历年变化

高港边滩的变化与上游河道边界条件变化有较大关系,20世纪90年代初以前,嘶马弯道崩岸严重,主流向左大幅移动,而高港灯凸咀—小明港之间主流则略有右摆,因而造成南官河口附近左侧河床出现淤积,高港边滩淤长。20世纪90年代中后期,随着嘶马弯道护岸工程不断加强,崩岸现象基本得到控制,河道主流变化幅度减小,加上中后期的连续大水冲刷,高港边滩明显缩小。

(3) 上游来水来沙的影响

涨潮流对本河段河床演变的影响相对较小,影响该河段河床冲淤变化的主要因素是径流,特别是大洪水的影响。高港段年际间变化呈现小水年河床冲淤变化小,大水年河床冲淤变化大的演变特征。例如,20世纪90年代,长江来水量偏大,加上1998年、1999年等连续大洪水,高港边滩自上而下全线得到冲刷,与1992年相比,−10 m等高线最大左移580 m,−13 m等高线最大左移450 m。大水过后,落成洲段水流向左回摆,深泓左移,高港边滩淤涨,1999年至2006年高港边滩淤涨,−10 m等高线最大右移230 m,−13 m等高线最大右移285 m。2006年以后,上游来沙量减小,高港边滩趋于相对稳定,未出现较大幅度淤涨现象。

(4) 人类活动的影响

三峡枢纽工程自从2003年5月下旬正式运行,至今已有10多年时间。三峡枢纽工程蓄水运行对下游河道河床演变的影响主要表现在来水来沙条件的改变。自2003年6月三峡蓄水运用以来,长江中下游径流变化不大,含沙量和输沙量比蓄水前减少50%以上,由于来水量变化不大,来沙量骤减,下游河道河床冲刷概率增加。

随着沿江社会和经济的快速发展,扬中河段开发利用的需求日益增强,河道整治、港口、桥梁等涉水工程必定越来越多,如水利部门规划实施的嘶马弯道顺直段平面形态控制工程,鳗鱼沙心滩上游扬泰大桥建设工程,落成洲洲头和鳗鱼沙心滩守护工程以及口岸直水道二期治理工程等。这些涉水工程虽然对总体河势变化影响不大,但工程对局部河床冲淤变化仍会产生一定的影响,也是高港边滩演变的主要影响因素之一。

4.2.4.3 边滩演变趋势

(1) 总体河势保持相对稳定

历史上,扬中河段嘶马弯道多次发生以窝崩为主的大规模崩岸现象,引起扬中河段平面河势发生较大的变化。20世纪70年代以后,水利部门对崩岸严重的岸线进行了重点守护,两岸岸线逐渐趋于稳定,因此,河势条件出现重大变化的可能性很小,崩岸对高港边滩河床演变的影响逐渐减弱。针对落成洲过渡段低滩冲刷和落成洲右汊发展的问题,近年来,长江航道建设管理部门陆续实施了落成洲洲头守护工程和深水航道二期治理工程,有效地守护了落成洲洲头,减缓了落成洲右汊发展,改善了落成洲前沿低滩冲刷的现象。

总之,在上下游河道稳定的情况下,随着沿岸护岸工程不断加强以及洲滩治理的力度加大,高港边滩所在的扬中河段河势不会出现重大变化,将保持相对稳定的状态。

(2) 崩岸现象逐步减少、河道边界条件稳定性进一步提高

河道边界条件是高港边滩形成的重要影响因素。扬中河段嘶马弯道历史上崩岸现象频繁而严重,引起河道条件发生较大的变化。20 世纪 70 年代后,采用守点顾线的形式,多次实施护岸工程及维修加固,使岸线后退得到控制。但由于落成洲右汊的发展,嘶马弯道水流顶冲点有所下移,护岸工程也尚未能达到标准要求,在大洪水年,弯顶局部险工段仍可能发生崩岸,使弯道向下发展。目前嘶马弯道崩岸现象的新特征已引起水利部门和沿岸港口的重视,正在规划护岸工程的延伸、加固和维护。预计随着新的护岸工程措施的实施,嘶马弯道崩岸现象将逐步减少,河道边界条件稳定性将进一步提高。

(3) 近年上游来沙减小,高港边滩大幅度淤涨可能性减小

影响该河段河床冲淤变化的主要因素是径流,特别是大洪水的影响。20 世纪 90 年代中后期的连续大水,使高港边滩自上而下全线得到冲刷。自 2003 年 6 月三峡蓄水运用以来,长江中下游径流变化不大,含沙量和输沙量比蓄水前减少 50% 以上,由于来水量变化不大,来沙量骤减,下游河道河床冲刷概率增加,但高港边滩未出现较大幅度淤涨现象。

近年来高港段的主流略有左偏,对高港边滩的淤涨有抑制作用,在现有的河势、边界及来水来沙条件下,高港边滩将趋于相对稳定,预计不会大幅度的淤涨,也不易冲刷消失。

4.2.5　高港边滩协调治理技术

4.2.5.1　高港边滩演变对深水航道的影响

高港边滩上下游冲淤变化特征:从落成洲汊道段的河床冲淤变化看,随着落成洲头部守护工程以及深水航道二期治理工程的实施,守护住了落成洲头部,使其冲刷并不明显,有效地减缓了落成洲右汊的发展。落成洲治理工程左侧冲刷,落成洲左汊过渡段 −13.0 m 线贯通,左侧三益桥边滩淤积。从泰兴顺直段的河床冲淤变化看,随着鳗鱼沙心滩头部护滩工程以及深水航道二期治理工程的实施,顺直段整体滩槽格局未出现严重的不利变化。可以看出,泰兴顺直段年际间河床冲淤幅度较大,尤其是左槽上段的冲淤变化对高港段的演变会造成一定的影响。

高港边滩段河床冲淤变化特征(图4.2-46):鳗鱼沙心滩上段建设泰州大桥,2010年泰州大桥中墩下方出现-10 m的淤积体,2015年11月逐渐消失。从2016年2月、2017年8月和2018年2月实测地形图看,泰州大桥桥下淤积体消失,从长系列10年末计算结果看,桥下淤积体未有反复现象,这有利于泰兴顺直段进口航道条件的改善。

从高港段航道条件看(图4.2-47),系列年10年末航道条件与近年来高港段的航道条件相似,高港边滩中上段的航道条件能满足12.5 m深水航道对航深和航宽的要求,而高港边滩下段(也为泰兴顺直段左航槽的进口段)的12.5 m水深航宽仍然略有不足。从近年来高港边滩段12.5 m等深线(-13 m线)变化看,近年来高港边滩略有冲刷后退,边滩的尾端略有下延。

综上所述,近年来,在上游落成洲汊道段主流右偏,而下游泰兴顺直段主流左偏的河势条件下,高港段的主流略有左偏,略呈冲刷后退、边滩尾端下延的现象,因此高港段的航道条件稳定少变,这对深水航道的建设维护是有益的。

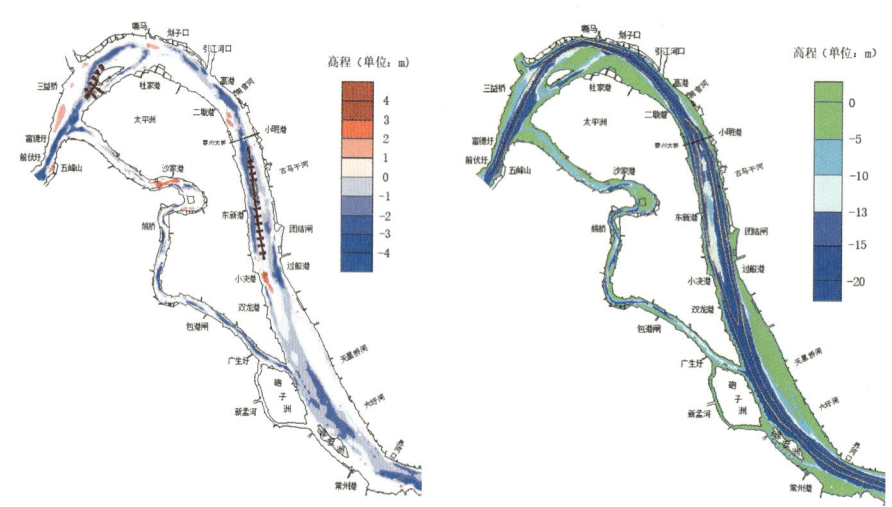

图4.2-46 扬中河段冲淤变化　　图4.2-47 扬中河段航道条件(长系列10年末)

4.2.5.2 高港边滩治理对策

高港边滩的治理可以从实施整治工程和疏浚工程两个方面进行考虑。从整治工程布置位置看,高港边滩位于北岸侧,挤压了航道的左边线,整治工程宜布置在北岸侧。但从实施整治工程的外部条件看,泰州港高港港区的扬湾作业区、高港作业区以及永安作业区位于高港段的北岸,因此高港段的北岸又不宜布置整治工程。从落成洲汊道演变对高港边滩水动力影响的计算结果可见,在落成洲右汊分流比调整15%的前提下,经扬湾至二墩港段深槽的调整,对高港段的影响尚且较弱。可以预见,如果在高港段的南侧布置整治工程,通过河道南侧－30～－50 m深槽的调整,对高港北侧边滩的影响肯定是较弱的,因此,通过实施整治工程消除或者有效地减小高港边滩的碍航问题,存在很大的难度。从高港段近年来航道条件看,高港段碍航问题并不严重,并且高港边滩年际间和年内冲淤幅度变化不大,因此在碍航问题不严重,实施整治工程难度大的前提下,建议采用适当的疏浚工程来维护设计航道尺度。

4.2.6 边滩协调治理关键技术

4.2.6.1 深水航道建设与港口岸线开发利用的关系

深水航道的建设目的是对碍航段进行集中整治,实现汊道稳定,提高河段的航道尺度,改善通航条件,保证船舶航行的安全畅通。港口岸线利用应从国家和经济社会发展大局出发,牢固树立和贯彻创新、协调、绿色、共享的发展理念。港口岸线是港口建设的基础性资源,稀缺且不可再生,也是发展港口经济的巨大潜力所在。应坚持统筹协调原则、集约高效原则,同时对港口岸线资源严格规划管理,防止无序开发。

深水航道建设与港口岸线利用均需遵循统筹协调、绿色发展的原则;深水航道建设必须考虑港口岸线利用规划,而沿线港口码头的发展又依赖于深水航道的建设。

4.2.6.2 边滩协调治理关键技术

1. 边滩协调治理原则

长江南京以下河段受径流和潮汐共同作用,呈现弯曲分汊的河型。因弯曲分汊、河道展宽、上下游深槽过渡引起局部水流流速减小等原因,泥沙输沙能力下降,形成水下低边滩。总的来说,边滩协调治理要符合以下原则:

（1）统筹兼顾

边滩治理工程应与港口岸线开发规划相协调,减小其对下游沿线码头等涉水建筑物的影响,兼顾沿岸航运和经济发展的需求。

（2）因势利导

从边滩的演变规律出发,结合边滩所在河段断面形态特征及现有的河势条件,因势利导、塑造稳定断面形态。

（3）固滩稳槽

边滩治理工程与现有航道整治工程相结合,在稳定边滩基础上提升现有工程的效果,总体有利于航道水深条件的提高,有利于河势稳定、汊道稳定、滩槽格局稳定。

（4）坚持绿色发展理念

深水航道建设、港口岸线利用应以绿色发展理念为指引，实现绿色航道建设成效明显、绿色港口建设布局合理的目标。

2. 边滩协调治理技术

具体而言，从形态及成因来分，长江将南京以下低边滩主要分为凸岸类边滩、上下深槽过渡段边滩、分汊展宽类边滩等。

（1）凸岸类边滩

凸岸边滩的形成主要与弯道的发展、水流做弯后凸岸水动力减弱、泥沙输移能力下降相关。为此，凸岸类低边滩的治理宜对弯道凹岸侧进行守护，控制弯道的进一步发展。

（2）上下深槽过渡段边滩

上下深槽过渡段边滩的演变与入流顶冲点的变化相关，为此上下深槽过渡段低边滩的治理应从以下两点开展工作：

①从入流顶冲点的控制入手，结合现有的河势条件，因势利导，重点控制上下游侧滩槽格局，稳定入流条件。

②结合该岸段的岸线开发规划等，统筹兼顾，形成相应的治理对策。

（3）分汊展宽类边滩

长江南京以下主要为潮汐分汊河道，河道分汊展宽后水流输沙能力减弱易形成低边滩，为此分汊展宽类低边滩的治理应从以下三点开展工作：

①根据现有的河势条件，结合河道稳定断面形态特征，从缩窄顺直段河槽宽度角度出发，在对岸或本岸侧布置相应的治理措施，减小河槽宽度、遏制低边滩的发育。

②从泥沙来源角度出发，在低边滩的上下游侧布置相应的工程，减小上下游泥沙的输移补给，遏制低边滩的发育。

③结合周边的航道整治工程以及岸线规划，布置相应的整治工程以稳定低边滩，减小其对深水航道的影响。

4.3 潮汐分汊河段深水航道建设与河势控导协调综合治理技术

4.3.1 潮汐对汊道分流及稳定的影响机制

潮汐分汊河段受径流和潮汐作用，涨落潮对河床的造床均产生影响。为更好地研究深水航道建设与河势控导协调治理技术，本次采用实测资料分析、理论分析、二维潮流泥沙数学模型，研究长江径潮流河段潮汐对河床冲淤、汊道分流以及稳定性的影响。

4.3.1.1 潮汐对涨落潮动力影响研究

依据长江下游河段实测资料并结合数学模型计算,统计得出南京以下河段在不同上游径流条件下沿程各处断面涨落潮最大流量和主流最大流速,见表 4.3-1,沿程断面涨落潮潮量的变化,见图 4.3-1 和图 4.3-2,以及沿程断面最大落潮流量和主流最大流速的变化见图 4.3-3 和图 4.3-4。

表 4.3-1　长江下游沿程涨、落潮潮量和流速统计

地点	里程 (km)	$\dfrac{\Delta Z_1}{\Delta Z_2}$	大通流量 (m^3/s)	落潮 最大流量 (m^3/s)	落潮 最大流速 (m^3/s)	涨潮 最大流量 (m^3/s)	涨潮 最大流速 (m^3/s)
南京龙潭	310	5.34	17 000	23 300	0.83	0	0
			28 700	32 694	1.08	0	0
			50 000	51 643	1.48	0	0
镇江龙门口	268	3.19	17 000	25 502	0.90	0	0
			28 700	34 255	1.13	0	0
			50 000	52 417	1.47	0	0
五峰山	240	2.25	17 000	26 878	1.10	−6 100	−0.28
			28 700	35 511	1.33	0	0
			50 000	53 349	1.71	0	0
江阴肖山	150	0.91	17 000	35 100	0.90	−18 166	−0.57
			28 700	43 600	1.37	−10 150	−0.31
			50 000	59 143	1.53	0	0
九龙港	120	0.61	17 000	41 700	1.18	−29 914	−0.81
			28 700	48 900	1.35	−18 956	−0.41
			50 000	63 233	1.57	−5 034	−0.18
徐六泾	68	0.35	17 000	67 871	1.15	−60 148	−1.03
			28 700	78 174	1.36	−49 903	−0.87
			50 000	91 503	1.59	−30 031	−0.60

注:(1) 表中里程为距离河口的里程;(2) 最大流速为断面主流的最大流速。

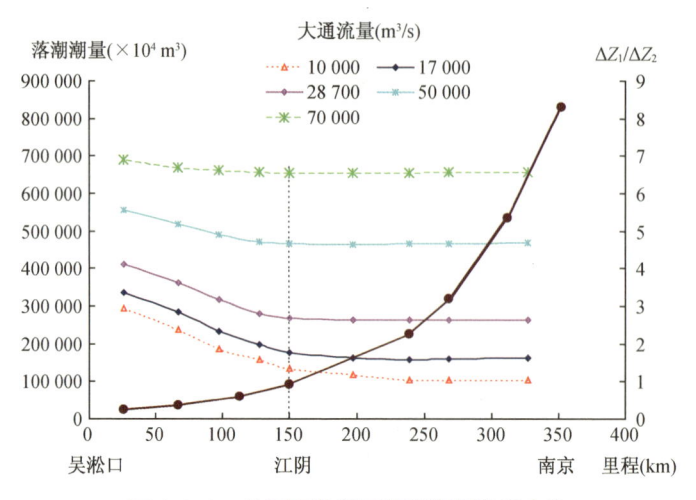

图 4.3-1　长江下游断面落潮潮量沿程变化

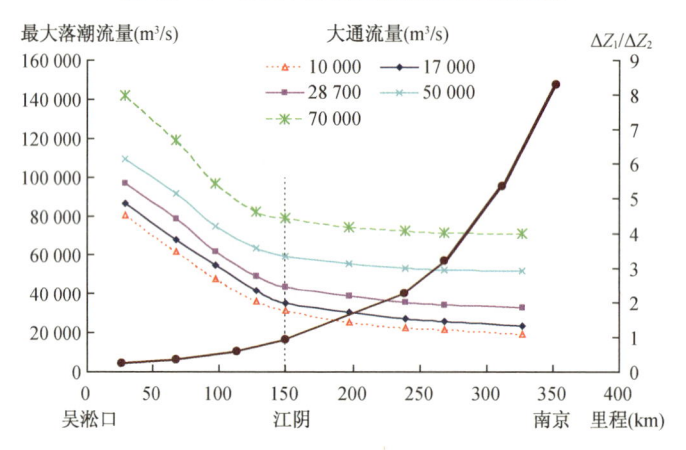

图 4.3-2　长江下游断面落潮流量沿程变化

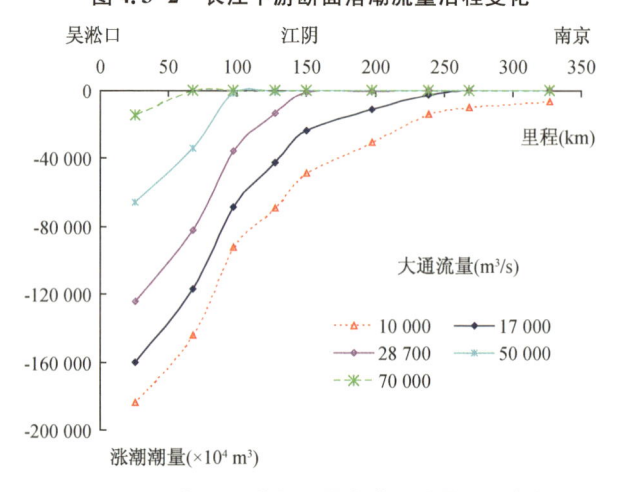

图 4.3-3　长江下游断面最大涨潮流量沿程变化

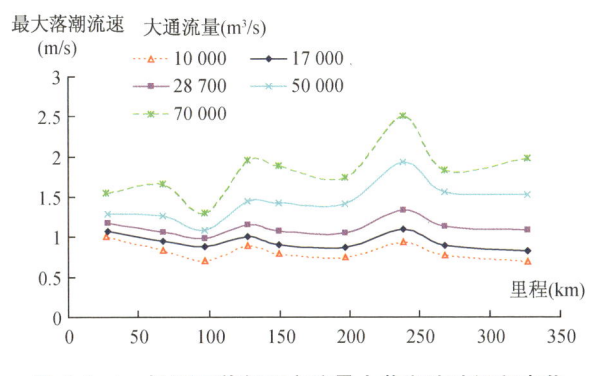

图 4.3-4　长江下游断面主流最大落潮流速沿程变化

从表 4.3-1 中可见，南京至镇江河段，基本无涨潮流；镇江至五峰山河段中水以上流量（大于多年平均流量 28 700 m³/s）情况下不存在涨潮流，仅小于流量 20 000 m³/s 以下的枯水才有微弱的涨潮流；五峰山至江阴河段，中、枯水时存在涨潮流，但主流最大流速不到 0.5 m/s，小于床沙起动流速，几乎无造床作用，洪水情况下无涨潮流；江阴至九龙港河段，中、枯水时涨潮流已较明显，但主流最大流速仅 0.6～0.8 m/s，刚大于床沙起动流速，造床作用有限，洪水时涨潮流微弱；九龙港至徐六泾河段，全年均存在明显的涨潮流，主流最大流速达 0.7～1.0 m/s，已具有较为显著的造床作用。根据张潮流造床作用看，南京—九龙港为季节性潮流段，九龙港—河口为常年潮流段，可见即使在潮汐影响明显的常年潮流段，涨潮流与落潮流相比，前者所引起的河床冲淤变化也远小于后者，也就是两者造床作用应不在同一量级。

从图 4.3-1 和图 4.3-2 可见，对于长江南京以下感潮河段，涨潮潮量的沿程变化较为明显，而落潮潮量沿程变化相对较小，同时上游径流的大小对于涨潮潮量的沿程变化较为敏感，而对于落潮潮量沿程变化影响较小。同样可以江阴附近（江阴—九龙港区段）为界，江阴以上河段中、枯水时落潮潮量沿程变化就较为平缓，洪水时则变化很小，但涨潮潮量的沿程变化略为明显，尤其是枯水时；九龙港以下河段中、枯水时落潮潮量沿程变化则明显大于上游河段，涨潮潮量的沿程变化则更为明显。从而说明，常年潮流段即潮汐影响明显河段，与季节性潮流段和常年径流段相比，涨、落潮潮量沿程变化特征有明显的区别。

从图 4.3-3 和图 4.3-4 可见，在长江南京以下感潮河段，不同水情时各处断面最大落潮流量沿程变化基本与落潮潮量沿程变化相似，同样在江阴附近有突变的特征，江阴以上河段沿程变化较为平缓，以下河段沿程变化逐渐陡峭，但是各种水情时的变化规律基本相似，没有明显的区别。同时从断面主流最大落潮流速沿程变化看，并不明显，各区段在同一数量级，中、枯水时基本在 0.8～1.2 m/s 之间，洪水时基本在 1.2～1.7 m/s 之间，其原因主要是主流流速的大小还与河道边界条件有关,说明主流对河床冲淤的作用强度是近似的,并不是随着径流或潮汐影响程度而有所区别。

4.3.1.2 潮汐作用下水沙输运机制研究

(1) 水体输运量

水体输运量的分解主要是对平均流项(欧拉通量)以及斯托克斯漂流的分解。本次研究对江阴以下各典型汊道、洪季大小潮条件下水体输运量进行了研究,其不同条件下水体输运量见表 4.3-2。

表 4.3-2 洪季江阴以下河段沿程各段面潮周期平均计算结果　　单位:m³/s

位置	大潮 水体输运量	大潮 欧拉通量	大潮 斯托克斯	小潮 水体输运量	小潮 欧拉通量	小潮 斯托克斯
福姜沙左	48 824.75	49 729.96	−905.21	49 971.07	50 136.53	−165.46
福姜沙右	12 195.96	12 277.50	−81.54	12 038.48	12 057.17	−18.69
如皋沙中汊	18 220.67	18 445.69	−225.02	18 064.32	18 093.77	−29.45
如皋沙右汊	43 614.43	44 618.82	−1 004.39	44 712.25	44 888.27	−176.02
天生港	903.43	932.21	−28.78	720.17	721.16	−0.99
南通水道	58 934.11	60 058.94	−1 124.83	62 302.50	62 465.43	−162.93
通州沙左	53 741.25	55 652.45	−1 911.20	58 143.02	58 457.85	−314.83
通州沙右	6 642.57	7 371.97	−729.40	7 228.65	7 347.05	−118.40
狼山沙左	46 753.85	50 019.29	−3 265.44	50 889.79	51 382.05	−492.26
狼山沙右	12 651.73	14 182.86	−1 531.13	14 631.57	14 896.59	−265.02
北支口	−1 048.50	625.20	−1 673.70	356.37	560.85	−204.47
白茆沙北	17 964.62	19 458.70	−1 494.08	18 653.34	18 941.55	−288.21
白茆沙南	42 853.30	47 261.51	−4 408.21	45 172.63	45 783.43	−610.80

从 2004 年 8 月实测大小潮可以看出,江阴以下河段内主槽的平均流项均是由径流所引起的,方向与落潮流向基本一致。各测点的斯托克斯漂流指向上游,它具有加强上溯流和消减下泄流的作用。自上游肖山往下,潮汐作用愈加明显,径流作用减弱,从而使得下游的斯托克斯效应强于上游。河段沿程各断面潮周期平均净输水量是非潮汐运动的平均流项以及斯托克斯漂流效应的共同作用的结果。江阴以下河段内沿程河段潮周期平均净输水量基本与平均流项大小、方向相对应,而北支在某些潮型条件下有所变化;由于北支下游特殊的地形以及潮汐等的作用,斯托克斯漂流较强,北支口断面潮周期平均净输水量与斯托克斯漂

流方向一致。

（2）泥沙输运量

从计算可以看出（表 4.3-3），影响悬移质输运的因子是众多的，其主要影响因子是平均流引起的输运项（T_1）、斯托克斯传输项（T_2）和流、悬移质含沙量的潮起伏相关项（T_4），其次是 T_3、T_5、T_6、T_7、T_8、T_9、T_{13} 等项的贡献，T_{10}、T_{11}、T_{12} 均很小。

其中平均流引起的输运项（T_1）和斯托克斯传输项（T_2）的性质与水体输运的性质一致。T_3、T_4、T_5 为潮弥散项，它们反映了断面平均的潮起伏对泥沙输运的贡献；T_3 至 T_{13} 为环流及振荡切变弥散项。

表 4.3-3　洪季大潮悬移质各项输运量　　　　　　　　　　　单位：kg/s

位置	T1	T2	T3	T4	T5	T6	T7	T8	T9	T10	T11	T12	T13
肖山	5 716.7	−169.0	−53.6	887.6	19.4	69.8	−212.4	10.1	−25.5	0.2	1.1	2.7	5.8
福姜沙左汊	4 234.4	−198.8	−49.0	481.5	13.6	36.9	−121.4	3.9	−24.6	−3.2	1.0	0.8	4.9
福姜沙右汊	819.9	−34.3	−6.1	67.7	1.2	−13.2	−6.6	−1.9	3.6	0.4	−0.2	0.3	0.2
如皋中汊	3 425.0	−113.4	1.7	−189.4	−21.8	−85.7	−62.9	−61.6	13.8	3.4	−1.5	4.9	1.5
浏海沙水道	4 158.5	−225.5	−20.5	324.4	1.0	103.8	−60.2	−18.8	13.7	−0.3	−0.8	−7.6	3.0
九龙港	8 328.6	−258.2	−41.7	930.8	13.8	53.6	−149.8	−29.0	9.4	1.0	0.2	6.7	5.2
狼山沙左汊	5 835.2	−622.8	−33.3	200.0	−48.5	−2.6	−183.1	11.5	33.4	−0.4	−3.7	−0.2	20.8
狼山沙右汊	1 412.5	−317.9	−19.2	278.7	−7.5	8.9	−85.6	4.2	−62.9	−0.5	2.0	−1.9	21.6
徐六泾	11 715.8	−745.3	−28.2	−136.4	−14.5	−255.6	−154.6	172.6	76.6	2.7	−1.5	−10.8	11.5
北支口	917.5	−2 753.5	130.3	−5 869.4	−987.9	83.9	−126.0	65.7	635.8	−11.4	−24.7	−20.5	262.0
白茆沙北水道	8 168.5	−593.6	−12.9	−456.9	−49.8	−174.2	−167.5	28.0	65.1	−2.7	−2.8	24.1	10.5
白茆沙南水道	10 527.8	−1195.6	−60.1	673.2	−129.4	56.0	−459.7	−103.0	0.7	14.1	3.0	57.0	48.2

4.3.1.3　潮汐对汊道分流及稳定的影响研究

（1）汊道分流不均匀系数

引入 Buschman、Hoitink 等人对分流的创新表达方式——分流不均匀系数，计算方法如下：

$$\psi = \frac{\langle Q_1 - Q_2 \rangle}{\langle Q_1 + Q_2 \rangle}$$

式中：括号表示潮周期平均，本文在此取全日潮周期平均，即 24 h 数据平均，且流量正负性规定为向海侧为正，向陆侧为负。下标 1 和 2 分别代表汊道的两汊；

当水流通量在两个汊道平均分配时,分流不均匀系数(ϕ)为零。分流不均匀系数的绝对值越大,代表分流状态越不均匀,越小,则代表越均匀。江阴以下河段洪枯季大潮各汊道分流不均匀系数计算结果如表 4.3-4 和表 4.3-5 所示。

表 4.3-4 洪季大潮各汊道分流不均匀系数

位置	实测洪季大潮				实测洪季小潮			
	水体输运量(m^3/s)	平均流项(m^3/s)	斯托克斯漂流(m^3/s)	不均匀系数	水体输运量(m^3/s)	平均流项(m^3/s)	斯托克斯漂流(m^3/s)	不均匀系数
福姜沙左	48 824.75	49 729.96	−905.21	0.600	49 971.07	50 136.53	−165.46	0.612
福姜沙右	12 195.96	12 277.50	−81.54		12 038.48	12 057.17	−18.69	
如皋沙中汊	18 220.67	18 445.69	−225.02		18 064.32	18 093.77	−29.45	
如皋沙右汊	43 614.43	44 618.82	−1 004.39	0.411	44 712.25	44 888.27	−176.02	0.424
天生港	903.43	932.21	−28.78	—	720.17	721.16	−0.99	
南通水道	58 934.11	60 058.94	−1 124.83	0.970	62 302.50	62 465.43	−162.93	0.977
通州沙左	53 741.25	55 652.45	−1 911.20	0.780	58 143.02	58 457.85	−314.83	0.779
通州沙右	6 642.57	7 371.97	−729.40	—	7 228.65	7 347.05	−118.40	
狼山沙左	46 753.85	50 019.29	−3 265.44	0.574	50 889.79	51 382.05	−492.26	0.553
狼山沙右	12 651.73	14 182.86	−1 531.13		14 631.57	14 896.59	−265.02	
北支口	−1 048.50	625.20	−1673.70		356.37	560.85	−204.47	
白茆沙北	17 964.62	19 458.70	−1494.08	1.035	18 653.34	18 941.55	−288.21	0.989
白茆沙南	42 853.30	47 261.51	−4 408.21		45 172.63	45 783.43	−610.80	

表 4.3-5 枯季大潮各汊道分流不均匀系数

位置	实测洪季大潮				实测洪季小潮			
	水体输运量(m^3/s)	平均流项(m^3/s)	斯托克斯漂流(m^3/s)	不均匀系数	水体输运量(m^3/s)	平均流项(m^3/s)	斯托克斯漂流(m^3/s)	不均匀系数
福姜沙左	13 875.20	15 505.44	−1 630.24	0.614	11 062.51	11 856.01	−793.50	0.596
福姜沙右	3 321.02	3 597.71	−276.69		2 801.24	1 954.39	−153.15	
如皋沙中汊	4 693.34	5 039.34	−346.01		3 845.71	2 399.87	−154.16	
如皋沙右汊	13 135.50	14 725.70	−1 590.20	0.474	9 800.50	12 496.57	−696.07	0.436
天生港	−25.61	31.51	−57.12		34.06	48.87	−14.81	
南通水道	17 835.09	19 324.19	−1 489.10	1.003	13 540.16	12 161.12	−620.96	0.995
通州沙左	15 947.50	18 399.34	−2 451.84	0.811	11 746.43	12 756.93	−1 010.49	0.813
通州沙右	1 662.85	2 629.04	−966.18		1 214.03	1 625.11	−411.08	
狼山沙左	13 987.93	17 460.21	−3 472.28	0.571	9 556.22	12 147.31	−1 391.09	0.584
狼山沙右	3 817.10	5 664.30	−1 847.20		2 506.31	3 232.86	−726.55	—

(续表)

位置	实测洪季大潮				实测洪季小潮			
	水体输运量(m³/s)	平均流项(m³/s)	斯托克斯漂流(m³/s)	不均匀系数	水体输运量(m³/s)	平均流项(m³/s)	斯托克斯漂流(m³/s)	不均匀系数
北支口	-1 285.18	485.30	-1 770.48	—	98.19	219.82	-121.63	—
白茆沙北	5 146.92	6 371.36	-1 224.44	1.147	4 335.90	4 791.60	-455.70	0.987
白茆沙南	42 853.30	47 261.51	-4 408.21		45 172.63	45 783.43	-610.80	

由表可知,沿程各典型汊道不均匀系数存在一定的差异。总体而言,枯季大潮条件下各汊道分流不均匀系数大于洪季各汊道分流不均匀系数。天生港、北支等汊道,主汊分流系数均大于1.0,表明支汊存在涨潮倒灌的现象,支汊是涨潮流占优的汊道。比如北支出现这种状况,其特殊的地貌形态起到了很大的作用。首先,北支在分汊口处的水道水深较浅、宽度较小且浅滩众多,而南支在分汊口处的河道水深较大,南北支分汊口处南支侧与北支侧存在着较大的水深差;并且,北支相对于上游主槽轴向的偏转角度较大,而南支相对于上游主槽轴向偏转角度较小。这些都使得上游水流较难分向北支。并且由于北支河槽沿着下游方向越来越宽深,直至口门,这使得潮汐动力在北支比较容易向上传播,且由于北支分配径流通量很少,因此由于径流的阻滞效应较弱,潮波在北支的传播更为顺利。基于以上南北支地貌特点,上游径流量较小时北支内潮汐动力占优,水流通量累积显现出向陆侧传播的效应,即出现北支倒灌现象,南北支分流不均匀系数大于1.0。

(2) 潮汐对汊道分流、分沙影响研究

为了系统地分析潮波对河口分流的状态的影响程度,依据本研究中设定的三种不同的模拟状态,将分流不均匀系数按如下公式分解:

$$\Psi = \Psi_r + \Psi_t + \Psi_n \tag{4-26}$$

式中:Ψ代表径流潮汐共同作用下的分流不均匀系数;Ψ_r代表仅在径流作用下模拟得出的分流不均匀系数;Ψ_t代表仅在潮汐作用下模拟得出的分流不均匀系数;Ψ_n代表径、潮共同作用对分流不均匀系数的贡献程度。由于Ψ可以认为是仅在径流作用情况下的分流不均系数Ψ_r在被潮波运动影响后形成的结果,于是$\Psi - \Psi_r$可以认为是潮汐作用对仅在径流作用下分流不均匀系数的改变量,而$(\Psi - \Psi_r)/\Psi_r$(以百分比值显示)就可以定义为潮汐作用对仅在径流作用下分流不均匀系数的改变程度,即潮波对河口分流的影响程度。

研究表明,枯季条件下潮汐对分流不均匀系数的影响程度大于洪季条件下潮汐对分流不均匀系数的影响程度(如表4.3-6所示)。福姜沙左、右汊潮汐对分流不均匀系数的影响程度一般在1.2%~2.2%;如皋中汊附近洪季条件下潮汐对分流不均匀系数影响很小,枯季一般在1.5%左右;天生港水道洪季、枯季条件下潮汐对分流不均匀系数影响程度一般在3.4%~3.7%;南北支分汊口、潮波对分流的促进作用较为明显,洪季一般在8%,枯季约16.8%,而洪季条件下潮波对汊道分沙的影响一般在9.28%(如表4.3-7所示)。综上所述,潮汐对分流不均匀系数的影响自长江口往上游逐渐减弱,而在一些涨潮流为优势流的汊道(天生港、北支等),潮汐对其分流不均匀系数的影响较大。针对潮汐沿程的影响以及对不均匀系数的影响程度,徐六泾以下河段以及天生港和北支等涨潮流占优势的汊道后续整治建筑物布设时宜考虑一定的放宽率。

表4.3-6 实测大潮潮汐对各汊道分流不均匀系数的影响

位置	实测洪季大潮				实测枯季大潮			
	水体输运量(m³/s)	平均流项(m³/s)	斯托克斯漂流(m³/s)	影响系数	水体输运量(m³/s)	平均流项(m³/s)	斯托克斯漂流(m³/s)	影响系数
福姜沙左	48 824.75	49 729.96	−905.21	1.244	49 971.07	50 136.53	−165.46	2.258
福姜沙右	12 195.96	12 277.50	−81.54		12 038.48	12 057.17	−18.69	
如皋沙中汊	18 220.67	18 445.69	−225.02	0.311	18 064.32	18 093.77	−29.45	1.571
浏海沙水道	43 614.43	44 618.82	−1 004.39		44 712.25	44 888.27	−176.02	
天生港	903.43	932.21	−28.78	3.465	720.17	721.16	−0.99	3.697
南通水道	58 934.11	60 058.94	−1 124.83		62 302.50	62 465.43	−162.93	
狼山沙左	46 753.85	50 019.29	−3 265.44	2.450	50 889.79	51 382.05	−492.26	2.727
狼山沙右	12 651.73	14 182.86	−1 531.13		14 631.57	14 896.59	−265.02	
北支口	−1 048.50	625.20	−1 673.70	7.276	356.37	560.85	−204.47	16.868
白茆沙北	17 964.62	19 458.70	−1 494.08		18 653.34	18 941.55	−288.21	
白茆沙南	42 853.30	47 261.51	−4 408.21		45 172.63	45 783.43	−610.80	

表4.3-7 实测大潮各汊道分沙不均匀系数

位置	实测大潮				
	泥沙输运量(kg/s)	平均流项(kg/s)	斯托克斯漂流(kg/s)	不均匀系数	影响系数
福姜沙左	4 035.60	4 234.4	−198.8	0.67	1.85
福姜沙右	785.60	819.9	−34.3	—	—
如皋沙中汊	3 311.60	3 425	−113.4		
如皋沙右汊	3 933.00	4 158.5	−225.5	0.09	0.26
天生港	14.68	102.54	−87.87	—	—
南通水道	5 314.48	5 415.91	−101.43	0.99	4.25

(续表)

位置	实测大潮					
	泥沙输运量 (kg/s)	平均流项 (kg/s)	斯托克斯漂流 (kg/s)	不均匀系数	影响系数
通州沙左	5 212.40	5 835.2	−622.8	0.65	3.05
通州沙右	1 094.60	1 412.5	−317.9	—	—
北支口	−1 836.00	917.5	−2 753.5	—	—
白茆沙北	7 574.90	8 168.5	−593.6	1.24	9.28
白茆沙南	9 332.20	10 527.8	−1 195.6		

4.3.2 航道建设与河势控制协调性分析

4.3.2.1 河势控导与航道整治的关系

河道治理稳定了河道平面形态,对航槽稳定起了重要的控制作用;河道治理是依据各河段不同的形态特征顺势而为。河道治理是统筹考虑防洪、航运、供水等各方面对河道治理的要求,妥善处理好上下游、左右岸、各部门之间的关系,以确保防洪安全、促进河势向稳定方向发展的整治。

航道整治是在河势稳定的基础上,重点对碍航段进行集中整治,实现汊道稳定,提高河段的航道尺度,改善航行条件,保证船舶航行的安全畅通。

航道整治工程是在河势稳定基础上进行,没有稳定的河势,也就没有稳定的航槽,航道整治工程也无法进行;河势控制的实施有利于通航汊道的选择和稳定,是航道治理的充分但不必要条件。而航道整治工程实施,使滩槽及汊道进一步稳定,与河道整治工程起到相辅相成的效果。

4.3.2.2 河势控导和航道建设的协调性

以往的河道治理、航道治理及洲滩利用均考虑了相互间的协调性。但随着上游水库群的建设,沿江涉水工程的建设,长江江苏段水情和工情发生了调整,对河势产生新的影响;随着深水航道整治工程的实施,因河道治理等与航道治理目标的差异使得局部出现了与河道治理不一致的新问题;同时随着社会经济的发展,洲滩开发、岸线利用的需求日益增加,也对防洪、河道治理等提出了更高的要求,原先河道治理等还存在一些不到位的问题,为此需进一步深入研究。

4.3.3 航道建设与河势控导协调治理关键技术

4.3.3.1 协调综合治理原则

（1）统筹兼顾

在新的形势条件下对河势控制提出了新的需求：防洪对河势控制的要求，生态环境保护对河势控制的需求，港口航道建设对河势控制的需求，过江通道对河势控制的需求，沿岸取排水对河势控制的需求等。航道整治仍应考虑到防洪、沿岸取水排水、对桥梁沿岸码头等影响，考虑到沿江港口需求等。

（2）因势利导

从演变规律出发，结合现有的河势条件、航道条件，因势利导进行综合治理。

① 稳定现有河势，加强节点对河势的控制作用

无论是人工节点还是天然节点对于控制河势具有重要的作用，节点分布较密的河段，上下游河段河道演变之间的关联性相对较弱，河势易于控制，反之河势不易控制。因此，对于河道较宽、节点间距较长的河段，可在相对缩窄段采取工程措施形成人工节点。

② 维护洲滩形态完整、平面位置相对稳定

对于分汊性河道，应控制江中洲滩的数量，维护洲滩形态的完整，防止水流频繁切滩产生新的分流通道，影响分流格局。同时，洲头的平面位置是控制分汊河道分流格局的关键；应根据河道演变规律、本河段及上下游河段维持河势稳定、国民经济设施安全运行等方面的要求，合理确定分流口位置。

③ 不同分汊河型，采取不同的治理措施

长江中下游河势控制与河型是密不可分的，从长江中下游河道平面形态看，顺直型、弯曲型、分汊型具有不同的形态特征，其河段特性、演变规律、治理任务有所不同。分汊河型的河势控制应加强对河段的河势变化规律的观测研究，当河势变化向有利方向发展时，因势利导，及时稳定控制下来。

（3）节点控导、固滩稳槽、局部岸段守护

首先，河势控导与深水航道建设均需进行节点控导，减小上下游河段间的关联性，在河段整体河势稳定基础上为航道的单滩治理提供条件。其次，河势控制与航道整治洲滩稳定要求基本一致，潮汐分汊河道由于河道放宽，加之来水来沙条件复杂，洲滩变化复杂，导致滩槽多变，难以形成稳定的滩槽格局，因此需稳定洲滩，从而形成稳定的滩槽格局；同时需维护洲滩形态的完整，防止水流频繁切滩产生新的分流通道，影响分流格局。最后，在节点控导、洲滩稳定基础上对局部岸线进行守护，防止岸线的崩塌进而影响河势和航槽稳定。

4.3.3.2 协调综合治理技术

(1) 顺直型河道

顺直型河道自然演变特点主要表现为滩槽交错,边滩深槽呈周期性的向下蠕动,使得主流沿程来回摆动;在其演变过程中,水流顶冲点的位置也随着深槽位置变化而变化;随着深槽的贴岸,常有崩岸发生,河道平面形态易发生改变。针对边滩深槽周期性向下蠕动、顶冲点变化的特点,深水航道建设与河势控导协调治理需多点守护,即在两岸同时进行多点守护,固定边滩、守护崩岸段以达到稳定滩槽的目的。同时对于顺直宽浅河道,江中易形成活动性心滩,对河势影响相对较小,但对航道航槽格局的稳定影响较大,为此协调治理对策宜对江中心滩进行低滩守护,在考虑防洪等影响基础上确保航槽的稳定。

(2) 弯曲型河道

长江南京以下分汊河段弯曲型河道演变特点主要是凹岸冲刷、凸岸淤积;由于弯曲程度不一,主流变化顶冲点的位置、河床冲淤变化特点也有所不同。对于微弯型河道河势控导主要守护凹岸水流顶冲部位,而航道整治在守护凹岸水流顶冲部位的同时,对影响航道水深条件的凸岸边滩也需进行整治。

对于弯曲程度较大的弯道,河势控制、深水航道建设在守护凹岸水流顶冲部位的同时,还需守护凸岸边滩,防止边滩冲刷切割形成分汊河道。考虑到洪枯季动力轴线变化,弯道进口两侧需进行守护,凹岸一侧顶冲点的位置变化较大,守护范围需考虑到洪枯季顶冲点位置的变化。

(3) 分汊型河道

汊道不稳定会影响河道主流及主槽多变,而主支汊兴衰多变则还会影响通航汊道选择及航槽稳定。为此,深水航道建设与河势控导协调治理首先要采取工程措施稳定汊道分流,限制汊道过度发展;其次,深水航道建设与河势控导需对洲滩进行守护,守护水流顶冲的洲头,稳定分流点位置。最后,深水航道建设需在通航汊道选择的基础上,限制非通航汊道的发展;同时考虑到防洪、上下游及周边的影响,适当调整分流比,提高碍航浅区水动力。

4.3.4 典型河段航道建设与河势控制协调治理对策

从南京以下航道整治与河势控导协调性可以看出,两者总体上是一致的。南京河段、镇扬河段、扬中河段以及长江河口段,河道整治与河势控制间协调性差异相对较小;澄通河段内靖江边滩、南通水道与新开沙等协调性则需进一步的关注。本次重点对南通水道以及新开沙治理协调性及对策进行研究。

4.3.4.1 通州沙河段航道与河势存在的问题及治理思路

(1) 河势存在的问题

南通水道存在的问题主要是水道中部河道较宽，-10 m 等高线已达 3 km 多；水流分散涨落潮流路不一致，目前落潮主流偏南，涨潮主流偏北，导致放宽段中间形成淤积浅滩；航道内有时淤浅，水深不足 12.5 m，目前碍航位于南通水道通州沙头部下至任港附近。

通东水道存在的问题主要位于狼山沙东水道出口段，由于新开沙未实施整治，狼山沙东水道河道较宽，2005 年后新开沙受冲、沙体缩小，新开沙与狼山沙之间河道展宽，中间心滩发育。目前狼山东水道出口已形成心滩左右槽，主航道主槽靠心滩右侧，而心滩左侧次深槽位于新开沙尾下，即新开沙夹槽出口，近年次深槽发展，心滩上窜沟发育；目前落潮流在东水道由主槽经心滩及心滩窜沟进入次深槽，落潮次深槽分流比已接近主槽。涨潮主流偏北，次深槽分流比已大于主槽，近年狼山沙东水道下段主槽动力有所减弱，心滩向右淤长，导致狼山沙东水道出口段碍航。东水道由于河道展宽，江中洲滩心滩仍不稳定，东水道内涨落潮流路分离，分流格局仍不稳定。

(2) 治理思路

治理目的：稳定河势，增加碍航段水深，保持航道畅通，通过工程措施稳定横港沙，减小通州沙南北向窜沟过流，守护龙爪岩对开通州沙左缘，防止左缘冲刷后退，影响龙爪岩节点对主流的控导作用。对狼山沙东水道放宽段，采取工程措施缩窄河宽，增加航道浅区水动力，提高航道浅区水深。

治理思路：通州沙东水道治理思路是采取工程措施稳定东水道内滩槽，稳定滩槽分流格局，适当归顺涨落潮流路，稳定主流走势，减小心滩左右槽之间的水沙交换，及经由心滩窜沟的水沙交换，减少落潮水流由东水道主槽经心滩及心滩窜沟进入心滩左侧次深槽。增加碍航浅区水动力，提高航道水深。南通水道治理思路为：缩窄东水道河宽，增加碍航浅区流速，封堵通州沙南北向窜沟，增加航道内水动力，稳定洲滩，提高航道水深。结合潮汐对分汊不均匀系数影响的研究，通州沙河段潮汐对分流的影响相对较小，为此方案布设在合理河宽基础上对放宽率的要求较小。

4.3.4.2 通州沙河段协调治理方案研究

1. 南通水道协调治理方案

(1) 初步方案选定

针对南通水道碍航特性以及通州沙潜堤左缘冲刷且通州沙沙体存在南北向窜沟的情况，南通水道的方案采取以下措施：

① 封堵窜沟：采用潜堤封堵南北向窜沟，使通州沙头部潜堤与一期工程上端

点连接;②增加碍航区水动力:在通州沙头部潜堤左缘布置短丁坝,增加碍航浅区水动力;③遏制通州沙潜堤头部左缘冲刷:近期通州沙头部潜堤左缘河道冲刷较大,-15 m线冲刷发展、贯通,有利于主动力轴线南偏,为此需采取相应工程措施防止进一步恶化。

针对上述需求,本次研究提出了初步方案,方案布置见图4.3-5。初步方案一在横港沙右缘布置护滩带,通州沙左缘将西水道头部潜堤与一期工程相接。初步方案二在方案一的基础上在通州沙左缘上段布置3个短丁坝,头部高程为-5 m。初步方案三在方案二基础上降低丁坝头部高程,以减小对局部水动力影响。

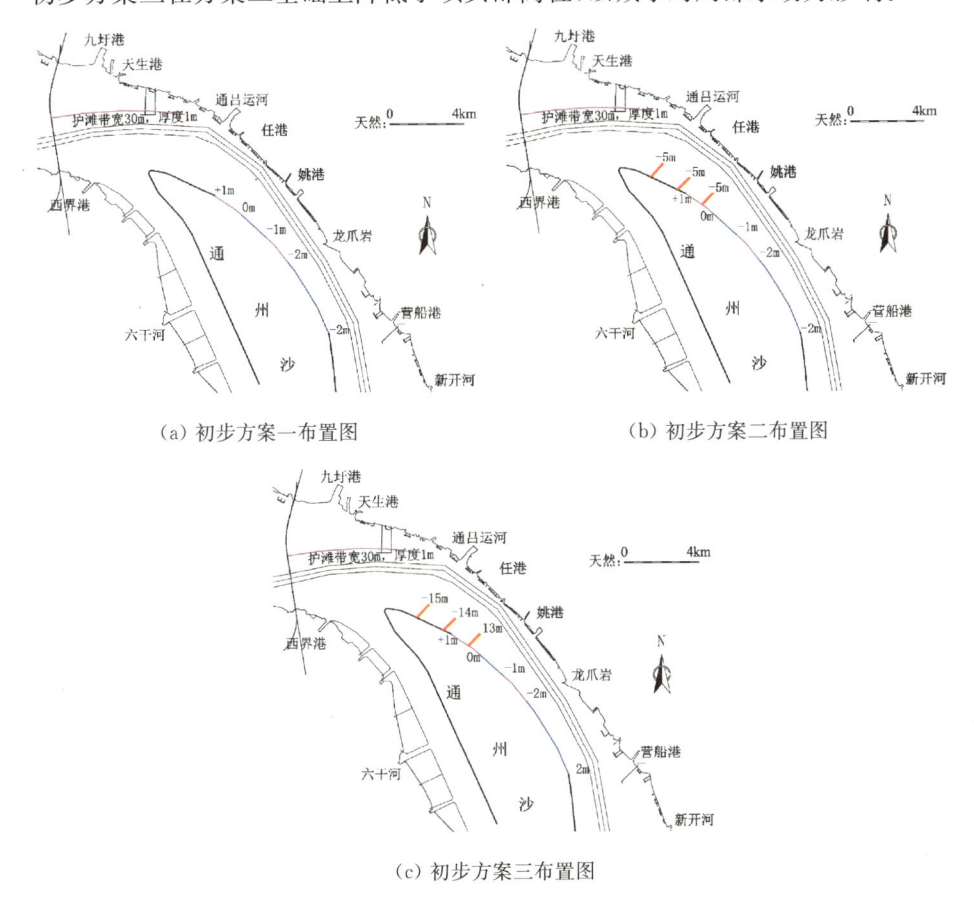

(a) 初步方案一布置图

(b) 初步方案二布置图

(c) 初步方案三布置图

图4.3-5　初步方案布置图

(2) 初步方案效果分析

洪、枯水文条件下涨落潮流速变化见图4.3-6。从涨落潮流速变化可以看出,随着方案的实施,工程影响仅限于工程局部区域;通州沙左缘南北向窜沟内流速减小明显;通州沙头部左缘流速有所减小,深水航道内流速有所增加,丁坝方案左缘流速减小幅度大于仅布置潜堤方案,一般情况下丁坝高程越高流速减幅越大,航道内流速增幅越大。

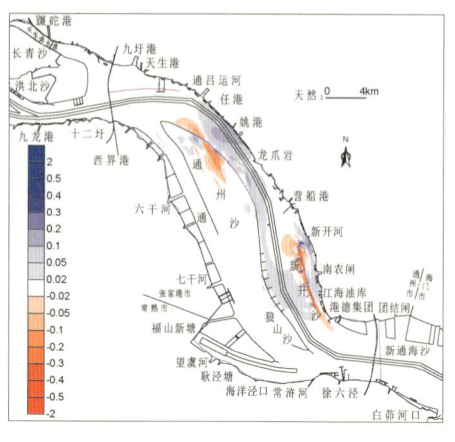

(a) 洪季落潮最大流速变化图(初步方案一) 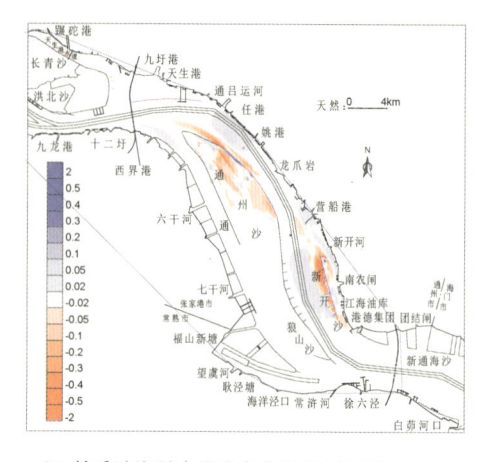　　(b) 枯季涨潮最大流速变化图(初步方案一)

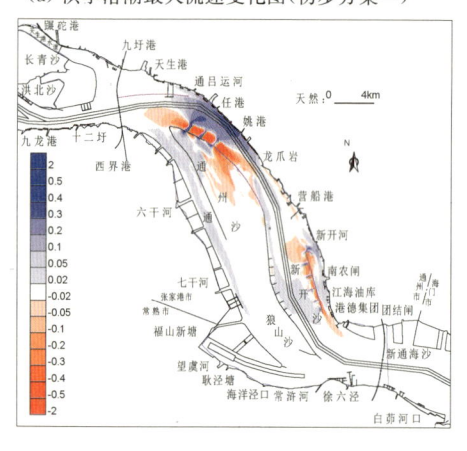

(c) 洪季落潮最大流速变化图(初步方案二) 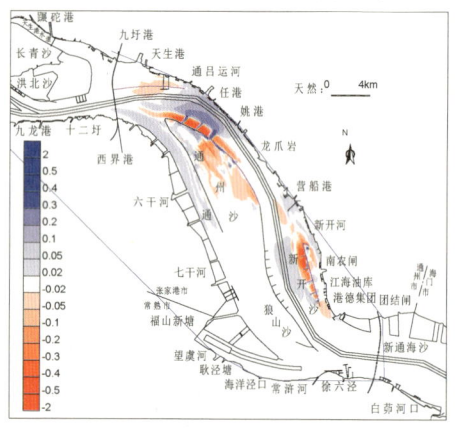　　(d) 枯季涨潮最大流速变化图(初步方案二)

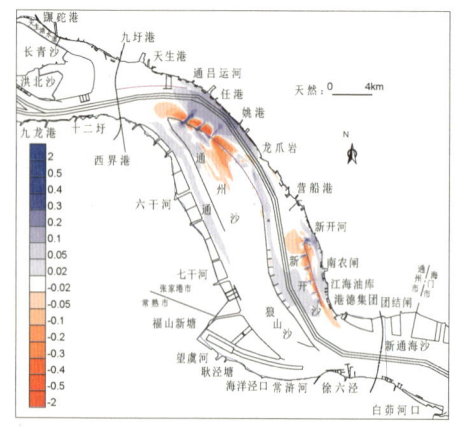

(e) 洪季落潮最大流速变化图(初步方案三) 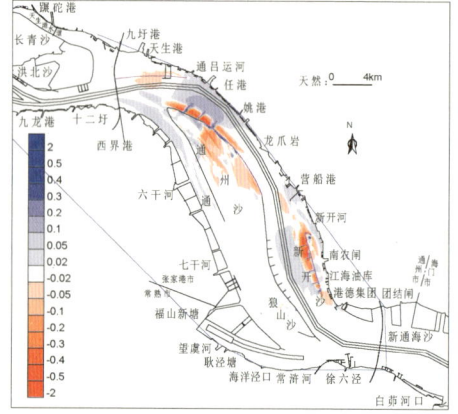　　(f) 枯季涨潮最大流速变化图(初步方案三)

图 4.3-6　洪、枯水文条件下涨落潮流速变化图(初步方案)

(3) 方案的优化

从初步方案实施的效果来看，工程减少了通州沙沙体南北窜沟的交换，有利于通州沙沙体的稳定；通州沙潜堤左缘短丁坝的实施，有利于减缓通州沙左缘河道的冲刷发展，但对南通水道碍航段的水动力改善效果较小，为此需对方案进行相应的调整。

具体调整见图 4.3-7，调整位于通州沙头部左缘的丁坝数量，进一步增加南通水道碍航段的水动力。4 个丁坝从通州沙头部布置，至任港对开，覆盖现有浅区范围。横港沙右缘守护工程，稳定南通水道左边界，稳定洲滩。丁坝长度在 700 m 左右，−10 m 河宽由 3.2 km 左右缩窄到 2.5 km 左右，考虑到丁坝前沿水深条件及丁坝的壅水作用，使丁坝头部高程在 −12 m 左右。

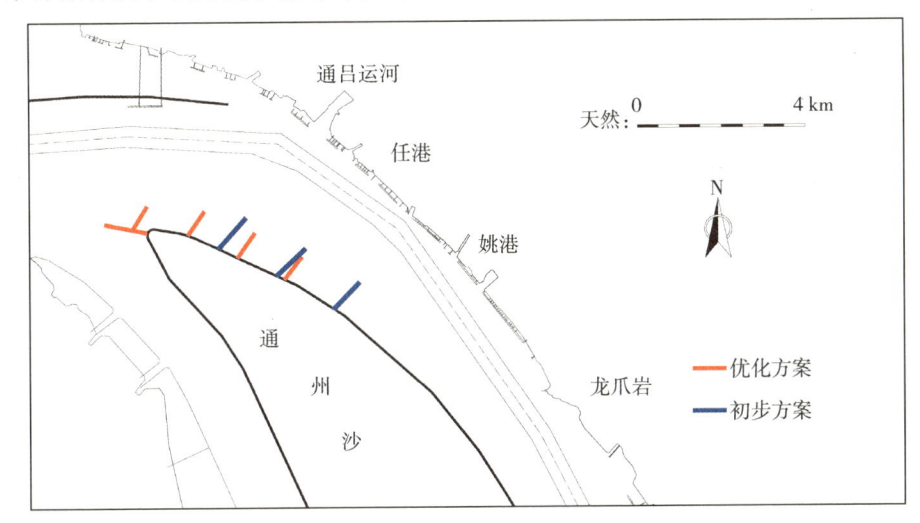

图 4.3-7　优化方案与初步方案比较图

2. 新开沙协调治理方案

(1) 初步方案选定

①守护新开沙

新开沙方案主要是形成较稳定的新开沙滩形，并缩窄狼山沙东水道放宽段河段。

②防止窜沟的进一步发展

由于近年江中心滩淤长下延，及新开沙尾冲刷，使新开沙尾上延，而心滩下段受横向流的作用，心滩上出现窜沟，−10 m 槽贯通。

(2) 初步方案效果分析

洪、枯水文条件下涨落潮流速变化见图 4.3-6。从涨落潮流速变化可以看出，整治方案实施后（布置图如图 4.3-8 所示），工程缩窄东水道放宽段河宽，封

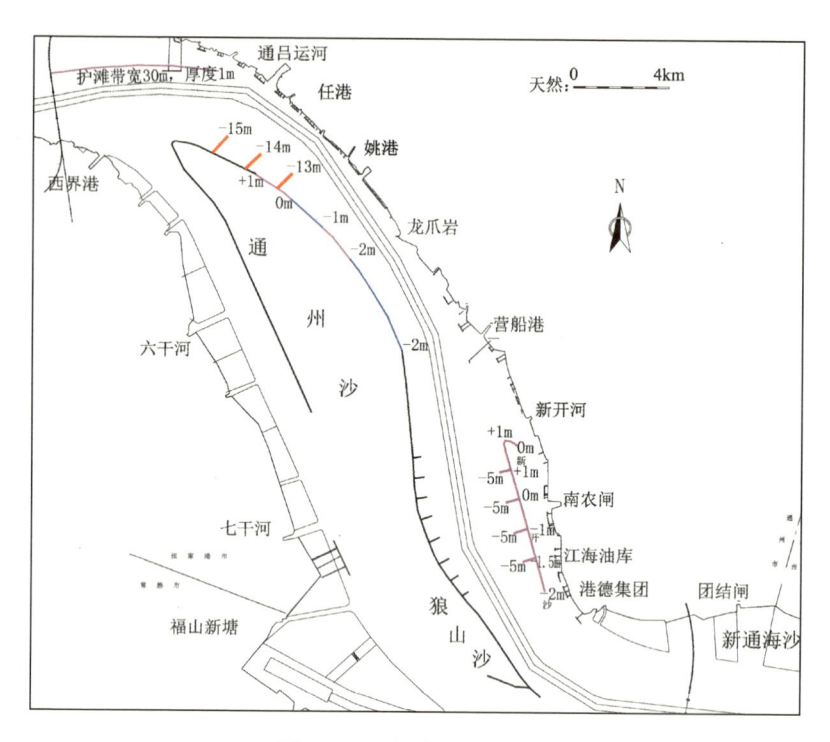

图 4.3-8　初步方案布置图

堵心滩窜沟,减少东水道主槽与次深槽之间的水沙交换,减小了新开沙滩面流速,增加了东水道主槽及新开沙夹槽内的水动力。

洪季落潮条件下,工程附近东水道内流速有所增加,幅度一般在 0.02 m/s;新开沙夹槽进口流速有所增加,幅度一般在 0.02～0.1 m/s,中段流速增幅一般在 0.02～0.05 m/s,出口段流速略有减小,幅度一般在 0.02～0.05 m/s。

枯季涨潮条件下,工程附近东水道内流速有所增加,幅度一般在 0.02 m/s;新开沙夹槽进口流速有所增加,幅度一般在 0.02～0.05 m/s,出口段流速略有减小,幅度一般在 0.02 m/s 左右。

(3) 方案的优化

为了稳定新开沙沙体,防止斜向窜沟的进一步发展,保持狼山沙东水道航槽稳定,本次优化方案在初步方案基础上采用潜堤守护新开沙。潜堤右侧丁坝群一方面形成新开沙鼎盛时期的滩形,另一方面缩窄东水道河宽,归顺水流,稳定主流方向,减少心滩左汊落潮分流。延长新开沙潜堤,封堵心滩窜沟,一方面可以减少心滩右槽水流经心滩及窜沟进入心滩左槽归顺涨落潮流路,另一方面由于原新开沙尾在 2008 年左右冲失,导致东水道下段滩槽变化较大,延伸的潜堤分隔形成新开沙夹槽及东水道主槽的流路方向,起到稳定滩槽,稳定心滩左右槽的作用。在工程作用下,东水道出口段航道水深条件可以得到改善。具体布设思路如下：

①维持新开沙夹槽进流条件。考虑到落潮流对新开沙夹槽的维持作用，在原新开沙头部窜沟下，采用分流鱼嘴，鱼嘴高度不宜过高，否则壅水后，降低头部前窜沟内流速，影响新开沙夹槽进流条件。

②减少新开沙滩地过流及越滩流，采用护滩潜堤守护新开沙，减少滩地过流及越滩流。形成新开沙完整的滩形，缩窄东水道放宽段河宽，增加航道水动力改善航道条件，形成较稳定的滩槽格局，为此在潜堤右侧布置4条丁坝。潜堤高程：考虑到以护滩为主，形成东水道航道水深较好时期的滩形，缩窄东水道河宽，增加航道水深，潜堤高程头部在+1 m左右，尾部在-6 m左右；丁坝根部高程与潜堤对应高程一致，丁坝头部高程在-4 m左右。

③新开沙左侧为新开沙夹槽，内有南通江海港区码头，工程后应保证江海港区码头正常运行，守护新开沙，形成稳定沙体，在洲滩稳定的基础上，稳定深槽，改善航道水深条件。采用护滩潜堤与丁坝相结合方式，守护新开沙形成新开沙滩形。丁坝缩窄河床，丁坝的长度根据河床稳定断面计算及航道整治线宽度的计算，初步确定狼山沙东水道左右丁坝头部的距离在2.5 km左右。

3. 通州沙河段协调性优化方案布置

根据前述优化方案调整思路，在初步方案基础上调整形成优化方案，其布置见图4.2-9。

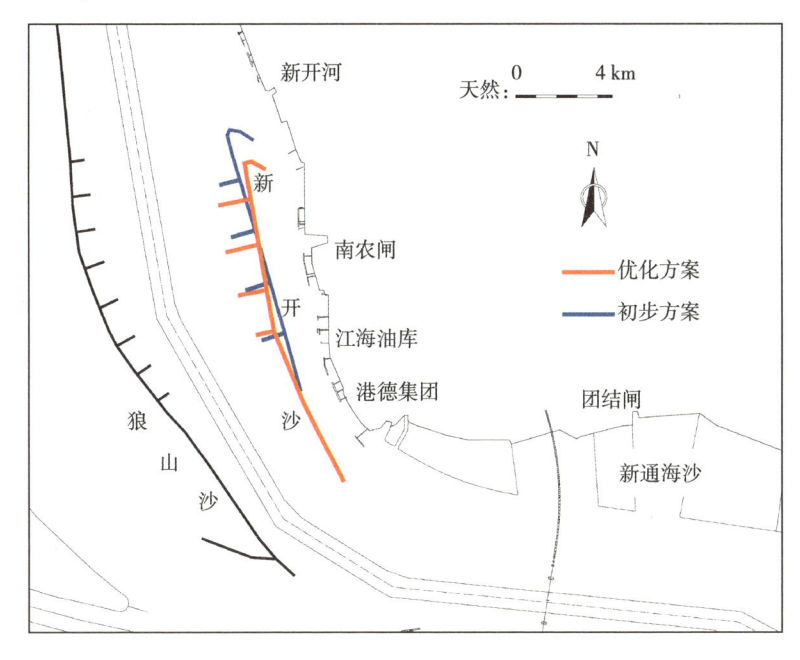

图4.3-9　优化方案与初步方案比较图

(1) 南通水道工程措施

近年上游主流南偏,通州沙头部左缘前沿冲刷,导致主流进一步南偏。水流南偏导致龙爪岩对开通州沙左缘冲刷,影响到龙爪岩对主流的控导作用。若龙爪岩控导作用减弱,其下主流将呈现左偏趋势,这对下游深水航道不利。因此在通州沙头部左缘布置四道丁坝,防止主流进一步南偏,增加龙爪岩对主流的控导作用,同时缩窄河宽,增加碍航浅区水动力。丁坝长度在700 m左右,−10 m高程河宽由3.2 km左右缩窄到2.5 km左右。考虑到丁坝前沿水深条件、壅水及对工程区流速调整,丁坝头部高程宜在−12 m左右。四个丁坝从通州沙头部布置,至任港对开,覆盖现有浅区范围。横港沙右缘守护工程,稳定南通水道左边界,稳定洲滩。

通州沙南北向窜沟封堵及龙爪岩对开通州沙左缘守护工程采用潜堤连接原通州沙头部与通州沙下段航道整治工程潜堤。整治工程封堵窜沟,减少了滩地过流,稳定了通州沙左缘洲滩;防止左缘冲刷,导致主流右移;减少滩地过流,增加了下游东水道航道内水动力。潜堤上段高程为+1 m,与通州沙头部潜堤高程一致,下段逐渐过渡至−2 m,与航道整治一期工程头部潜堤高程一致。

(2) 新开沙工程措施

新开沙方案主要目的是守护新开沙,形成较稳定的新开沙滩形,缩窄狼山沙东水道放宽段河宽。封堵新开沙尾下段心滩−10 m窜沟,减少东水道主槽与次深槽之间水沙交换,增加东水道主槽内的水动力。

潜堤的作用是守护新开沙。潜堤右侧丁坝群可以形成东水道航道水深较好时期的新开沙滩形,从而实现缩窄东水道河宽,归顺水流,稳定主流方向。延长新开沙潜堤,封堵心滩窜沟,其一方面可以减少越滩流,归顺涨落潮流路,另一方面由于原新开沙尾在2008年左右冲失,导致东水道下段滩槽变化较大,延伸潜堤可以分隔形成新开沙夹槽及东水道主槽两种流路方向,起到稳定滩槽,改善东水道出口段航道水深条件的作用。考虑到工程以护滩为主,潜堤高程头部在+1 m左右,尾部在−6 m左右,丁坝根部高程与潜堤对应高程一致,丁坝头部高程在−4 m左右。

4.3.4.3 通州沙河段协调治理方案效果

利用数模对优化方案(图4.3-10)进行研究,试验水文条件为枯季大潮和洪季大潮,其中枯季大潮条件下,上游径流量为枯季平均流量16 800 m³/s,下游为大潮;洪季大潮条件下,上游径流量为洪峰平均流量57 500 m³/s,下游为对应的大潮。

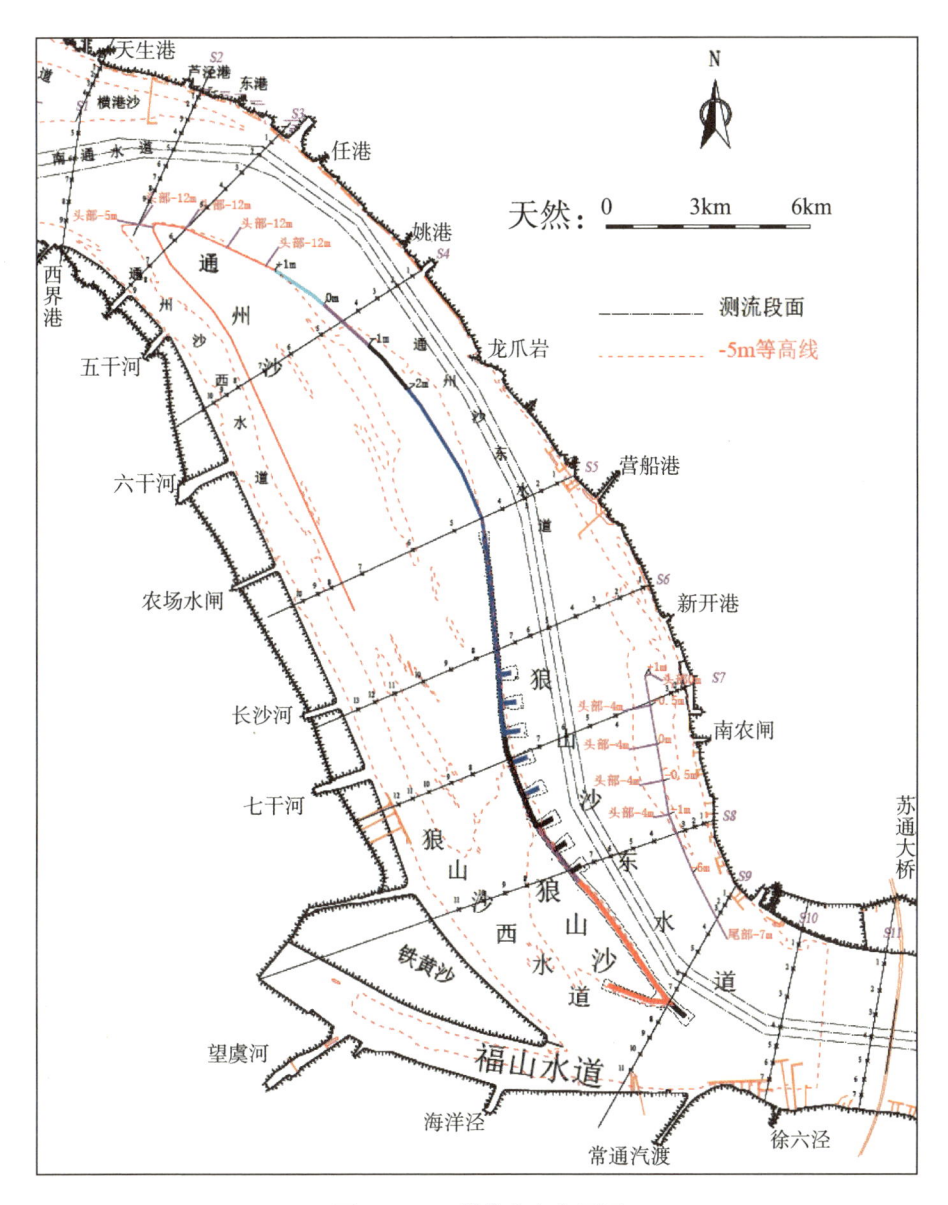

图 4.3-10 优化方案布置图

1. 流速变化

涨潮通州沙滩地流速减小，南通水道姚港以上涨潮流速有所减小，姚港以下有所增加，东水道深水航道内涨潮流速有所增加，受新开沙纵向潜堤阻挡影响，位于丁坝群下潜堤右侧附近局部涨潮流减小。通州沙西水道涨潮流有所增加，狼山沙西水道涨潮流速变化不大。新开沙夹槽下段涨潮流略有增加，上段涨潮流变化不大。涨潮流时间小于落潮流时间,涨潮平均流速较小,一般小于 0.5 m/s,但最大流速一般大于 0.5 m/s,西水道涨潮流速一般大于东水道,徐六泾附近涨潮流相对较大。

工程后落潮流速大于涨潮流速,通州沙狼山沙滩地涨潮流速较小。工程后通州沙纵向窜沟及浅滩上流速减小明显。南通水道内流速总体有所增加,进口西界港附近南通水道流速有所减小,通州沙头部以下南通水道流速增加,主要原因一是由于丁坝群束水作用,二是通州沙纵向窜沟封堵及越滩流减小,导致南通水道流速增加。通州沙西水道流速略有增加,主要是因为通州沙滩地过流减少,及南通水道在工程后阻力增加,相应西水道分流比有所增加。通州沙西水道下段流速增加不明显,狼山沙东水道落潮流速增加,主要原因是狼山沙东水道河床缩窄,通州沙上南北向窜沟封堵及通州沙、狼山沙滩地过流减少,虽工程后狼山沙东水道阻力增加,但分流比并未减少。新开沙夹槽落潮流速总体略有减少。

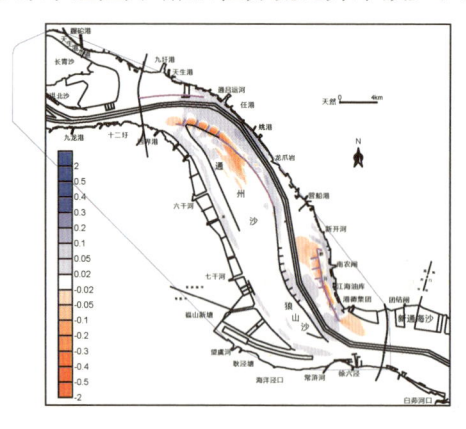

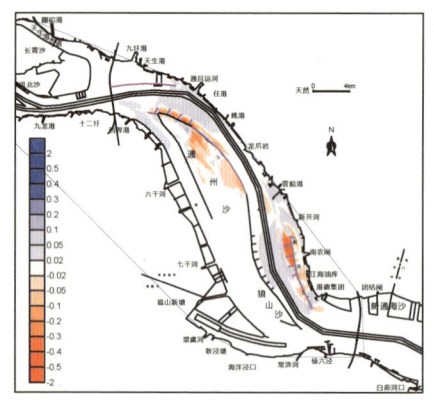

(a) 洪季落潮最大流速变化图(优化方案)　　　　(b) 枯季涨潮最大流速变化图(优化方案)

图 4.3-11　洪、枯水文条件下涨落潮流速变化图(优化方案)

2. 分流比变化

通州沙河段以通州沙沙体分为东西水道,通州沙西水道以通州沙左右缘潜堤为界,下段以新开沙纵向潜堤及狼山沙护滩潜堤为界,分新开沙夹槽。洪季大潮工程前后落潮分流比变化如表 4.3-8 所示,狼山沙东水道、狼山沙西水道、通州沙东水道由于滩地分流影响,上游分流比大于下游;通州沙滩地分流,上游小于下游;西水道分流比下游大于上游。通州沙东水道落潮分流比一般大于涨潮分流比,通州沙滩地涨潮分流比大于落潮分流比;西水道涨潮分流比一般大于落潮分流比。姚港以上南通水道分流比有所减小,主要受丁坝及潜堤阻水作用,姚港以下南通水道、通州沙东水道分流比增加主要因为通州沙南北向窜沟封堵,滩地过流减少;通州沙西水道分流比总体为增加,上段涨落潮分流比增加相对较多,下段相对较少;狼山沙东水道落潮分流比略有增加,新开沙夹槽略有减小,涨潮新开沙分流比略有增加,狼山沙东水道略有减小;狼山沙西水道涨潮分流比增加,落潮变化较小。

表 4.3-8　洪季大潮工程前后落潮分流比变化

断面号	汊道名称	落潮分流比		
		无工程	有工程	差值
118#	通州沙东水道	85.1%	84.1%	−1%
	通州沙滩地	2.6%	2.2%	−0.4%
	通州沙西水道	12.3%	13.7%	1.4%
127#	通州沙东水道	75.5%	78.5%	3%
	通州沙滩地	11.0%	6.7%	−4.3%
	通州沙西水道	13.6%	14.9%	1.3%
141#	通州沙东水道	66.2%	68.1%	1.9%
	通州沙滩地	16.5%	13.2%	−3.3%
	通州沙西水道	17.3%	18.7%	1.4%
156#	新开沙	7.4%	7.1%	−0.3%
	狼山沙东水道	66.2%	67.0%	0.8%
	狼山沙西水道	26.4%	25.9%	−0.5%
164#	新开沙	9.1%	8.8%	−0.3%
	狼山沙东水道	60.3%	60.7%	0.4%
	狼山沙西水道	31.6%	31.5%	−0.1%
175#	新开沙	19.5%	18.0%	−1.5%
	狼山沙东水道	48.0%	48.6%	0.6%
	狼山沙西水道	32.5%	33.4%	0.9%

3. 工程效果分析

研究表明,工程后通州沙上涨落潮流速减小,原南北向窜沟内流速减小明显,涨落潮分流比减小,工程有利于洲体的稳定。工程后通州沙头部下至姚港对开,航道内流速有所增加,丁坝坝田内流速减小,工程有利于改善南通水道航道内水流条件(图 4.3-12、图 4.3-13)。工程后通州沙西水道涨落潮流速有所增加,主要原因是通州沙上过流减小,且工程布置在南通水道及狼山沙东水道内,狼山沙西水道内流速总体变化不大。工程后通州沙西水道分流比略有增加,南通水道上段分流比略有减小,下段由于通州沙纵向窜沟封堵落潮分流比有所增加。

通州沙东水道落潮流较强,河床演变主要受落潮流影响,但下段狼山沙东水道滩槽变化涨潮流的作用不可忽视。一期工程前狼山沙左缘不断冲刷后退,东水道展宽,江中心滩发育。一期工程后狼山沙左缘冲刷后退得到遏制,但东水道已较宽,其内心滩洲滩冲淤多变。近年新开沙尾部冲失,江中心滩发育,心滩与新开沙之间次深槽发育,东水道主槽水动力减弱。12.5 m深水航道左侧位于狼山沙东水道心滩右缘,由于心滩位于主流弯曲河道的凸岸侧,在弯道环流的作用下东水道主槽底沙向心滩一侧输移,使其水深不足。且狼山沙东水道内近年滩槽发生了较大变化,出口段心滩左侧次深槽的发展,将导致心滩右侧主深槽航道内水动力减弱,次深槽发展使落潮主流方向发生改变,出口段断面流速分布改变,同样涨潮主流方向及流速分布也发生改变。

通州沙东水道航道整治一期工程主要是守护通州沙下段左缘及狼山沙左缘,防止东水道进一步展宽,但东水道最大宽度已达 5 km 多,其内有新开沙、江中心滩发育,涨落潮动力条件、来沙条件复杂,因此东水道内滩槽仍不稳定,影响到深水航槽的稳定。为保证深水航道的畅通,东水道河势稳定,需对新开沙进行整治,因为新开沙的稳定关系到东水道主槽的稳定及新开沙夹槽的稳定。工程治理目的是稳定东水道河势,稳定现有分流格局,守护新开沙,缩窄东水道河宽,使东水道内形成较稳定的滩槽格局,改善深水航道内水动力条件,涨落潮流路,改善碍航浅区水深条件,稳定新开沙夹槽。

新开沙整治工程后,落潮新开沙上流速减小,丁坝内流速减小明显;狼山沙东水道内流速总体有所增加,落潮由于潜堤阻水作用,由东水道主槽一侧进入心滩左侧次深槽水流部分受阻,即落潮中次深槽内的水动力有所减弱。受丁坝导流作用及潜堤阻水作用,狼山沙东水道内流速有所增加,航道内流速有所增加,因此工程有利于狼山沙东水道内滩槽稳定,及改善东水道内航道水流条件,增加航道内流速,减少淤积。工程后新开沙夹槽内流速和分流比变化不大;涨潮受潜堤的阻水作用,进入东水道内的涨潮流有所减少,新开沙夹槽进口段涨潮流有所增强,但位于东水道出口段航道的涨潮流未明显减小(图 4.3-14、图 4.3-15)。不同水文条件下沿程潮位变化不大,工程区左岸壅水一般在 3 cm 以内,工程区右岸水位基本不变。工程后狼山沙西水道沿程流速变化不大,分流比无明显变化。整治工程总体有利于新开沙的稳定及新开沙夹槽稳定,缩窄东水道放宽段河宽,增强深水航道内的水动力。

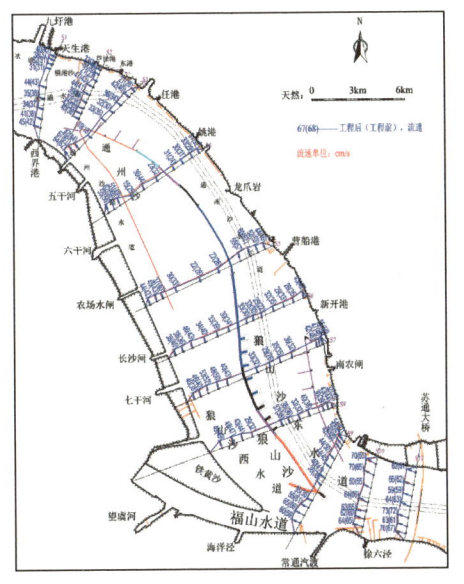

图 4.3-12　工程前后断面涨潮平均流速（枯大潮）

图 4.3-13　工程前后断面落潮平均流速（枯大潮）

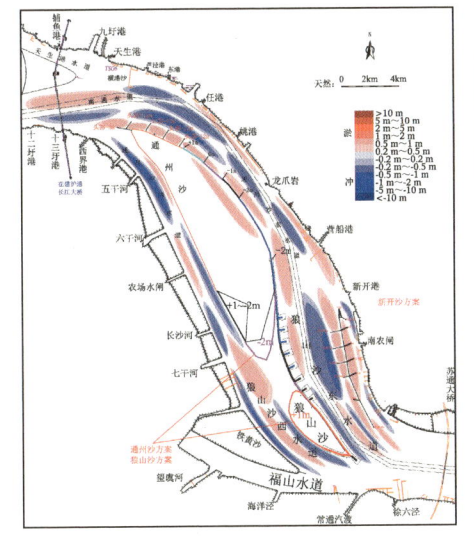

图 4.3-14　工程实施后河床冲淤变化

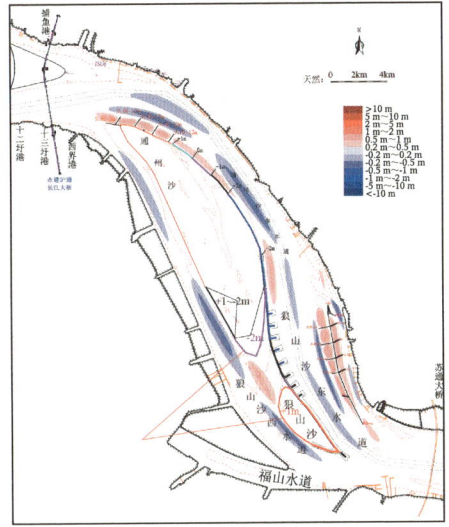

图 4.3-15　工程实施后引起的冲淤变化

4.4　本章小结

　　福姜沙左汊一级分汊前跃进港上游,边滩相对稳定;中段位于跃进港至蟛蜞港附近,沙体呈现淤长、冲刷、下移的规律;下段位于蟛蜞港至万福港附近北岸侧，左汊河道宽浅顺直，水流流向偏北，边滩在涨落潮共同作用下冲刷切割并形成心滩向下移动。下移速度一般为 1.0～1.8 km/a，总体呈现形成、冲刷下移、进入福北水道和如皋中汊、部分归并双涧沙、再形成的周期性演变模式，其演变周期约为 4～8 年。经验正交函数分析结果显示近 20 年影响靖江边滩演变过程的前 4 个主控因子根据权重依次为以双涧沙为首的人类活动引起的固边界的改变、径流周期性波动（波动周期为 8 年）引起的边滩补沙以及心滩迁移、2009—2010 年间低潮汐强度引起的局部地形波动以及人类其他活动引起的随机波动。12.5 m 深水航道二期工程实施后，福姜沙左汊进口河床有所缩窄，靖江边滩淤积发育规模将有所受限，但边滩中下段尚不受控，周期性发育切割过程仍将发生。靖江边滩切割形成心滩下移对深水航道的影响随心滩位置变化而不同，且心滩对福北水道航槽淤积影响是阶段性的。

5 径潮流河段航道减淤和耙吸挖泥船高效节能技术

径潮流河段航道条件复杂,局部航道回淤量往往较大,需要长期大量的人工疏浚。为了维持航道的稳定运行,一方面要尽可能减少航道的回淤量与航道的疏浚量,另一方面要尽可能高效快速地进行航道疏浚。为此,需要研究进一步减少航道回淤的整治方案,改善航道疏浚组织,研发高效节能的疏浚设备。

长江下游江阴为潮流影响的上界,已有航道维护资料表明,南京以下福姜沙河段航道回淤问题最为突出,航道维护量大(图 5.0-1)。同时长江南京以下福姜沙河段为二级分汊河段,河段边界复杂且位于河口潮流界摆动区,水动力环境复杂;因此,福姜沙河段是长江下游非常典型的径潮流复杂河段,其航道具有径潮流河段航道的典型特征,研究其航道回淤影响因子及机制,对径潮流河段航道减淤技术有十分重要的意义。

本节通过对该河段航道回淤问题的研究分析,提出了影响航道回淤的主要因子及分析方法,并提出了减淤工程方案和减少维护量的施工组织方案,研究结果对于径潮流河段的航道减淤技术研究具有重要的参考意义和很好的示范性。

5.1 福姜沙水道深水航道减淤技术研究

福姜沙河段深水航道回淤受到航道自身动力及周边活动滩体输运的影响,另外人类活动下航道维护疏浚工作也会造成一定程度的航道回淤量增加。因此,航道减淤技术研究的关键在于:识别复杂条件下的航道回淤影响因子,并针对主要、可控的影响因子开展必要的减淤工程措施,同时针对当前人为疏浚维护

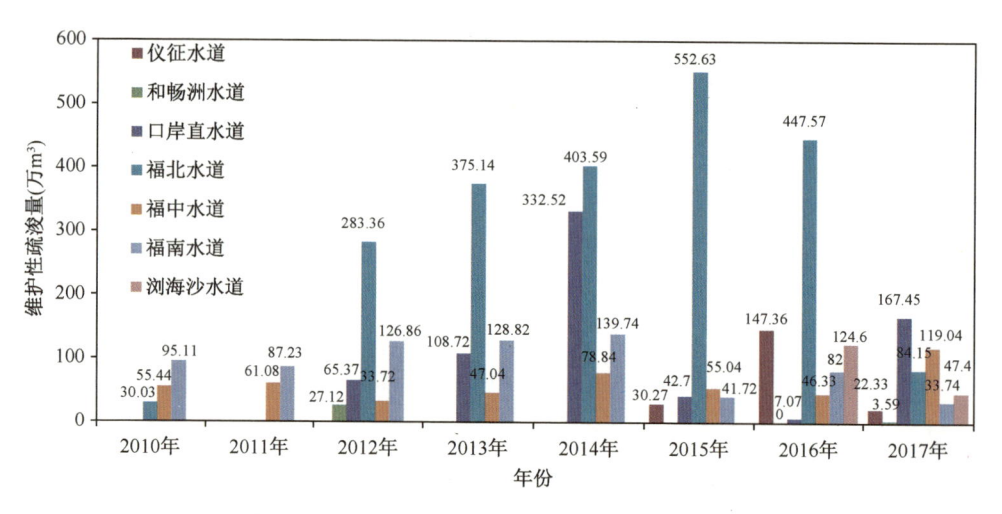

图 5.0-1　二期工程河段维护性疏浚量（上方量）

的特点提出基于组织管理的疏浚管理办法，以实现减少回淤量和降低维护量的目的。

5.1.1　航道回淤影响因子分析

5.1.1.1　福姜沙河段航道维护情况

1. 各水道航道维护量分布

表 5.1-1 为福姜沙水道 2010—2015 年各汊道航道维护量统计表，由统计结果可知，福北水道维护量最大，福南水道次之，福中水道最小。福北水道维护水深由 7.5 m 提高至 8.0 m 后，维护量由原先约 30 万 m² 增加至约 552 万 m³。

表 5.1-1　南京以下深水航道 2010—2015 年维护疏浚量统计（上方，单位：万 m³）

河段		2010	2011	2012	2013	2014	2015
福姜沙	北水道	30.03 (7.5 m)		283.36 (7.5～8.0 m)	375.14 (8.0 m)	403.59 (8.0 m)	552.63 (8.0 m)
	中水道	55.44 (4.5 m)	61.08 (4.5 m)	33.72 (4.5 m)	47.04 (4.5 m)	78.84 (4.5 m)	55.04 (4.5 m)
	南水道	95.11 (10.5 m)	87.23 (10.5 m)	126.86 (10.5 m)	128.82 (10.5 m)	139.74 (10.5 m)	41.72 (10.5 m)
	合计	180.58	148.31	443.94	551	622.17	649.39

2. 航道维护时段统计

在维护时间上，福南水道、福北水道的维护时间逐渐由枯水期向全年转变，福中水道的维护时间集中在中枯水时期(图5.1-1)。

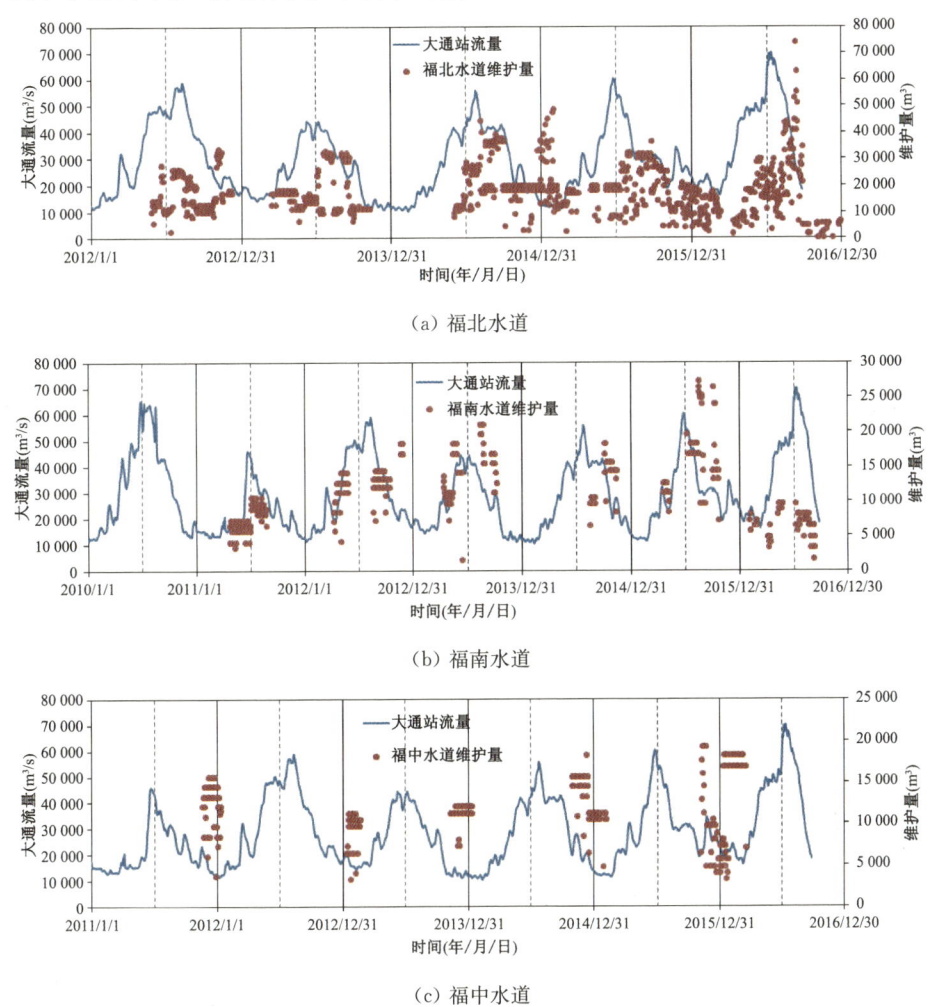

（a）福北水道

（b）福南水道

（c）福中水道

图5.1-1　福姜沙水道航道维护量(上方量)随时间分布图

3. 航道维护区域的分布

由福北、福中及福南航道疏浚维护区域分布可知(图5.1-2至图5.1-4)：

（1）福北航道维护受上游活动滩体输移影响明显，表现为维护区域随泥沙输移过程而呈逐步下移的变化特征(2012—2016年)；

（2）福中航道初通维护区域相对稳定，集中在福中进口南侧，福姜沙左缘沙尾区域；

（3）福南航道维护区域历年相对稳定，维护区域主要集中在河道弯段水域，受弯道横流影响，表现为凹岸冲刷，凸岸淤积，挤压航槽。

因此，本章研究直接关注福北水道复杂的航道回淤问题，通过深入研究福北

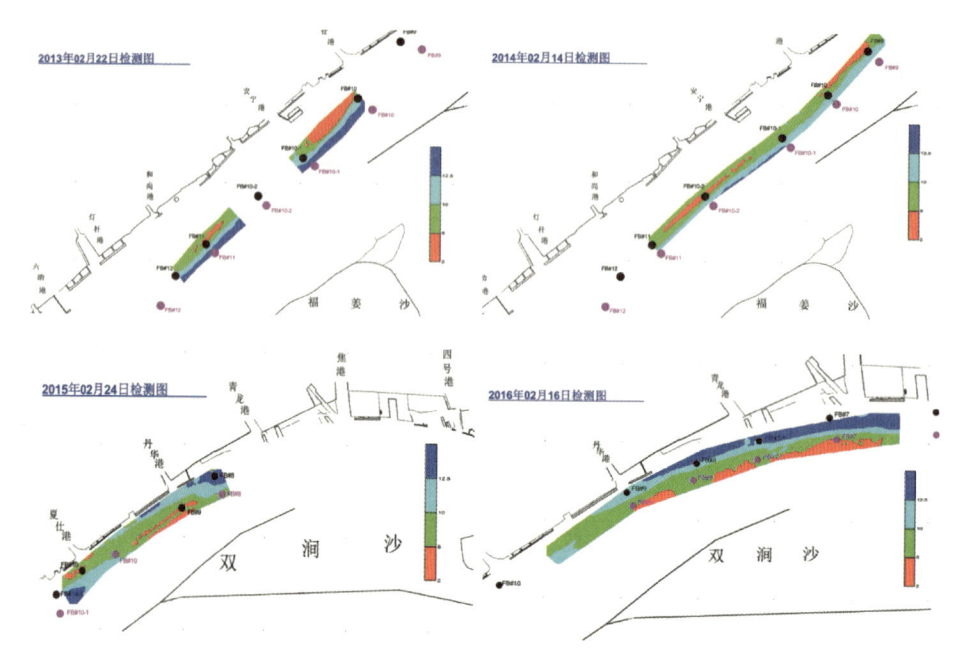

图 5.1-2 福北航道疏浚维护区(上方量)历年位置分布图

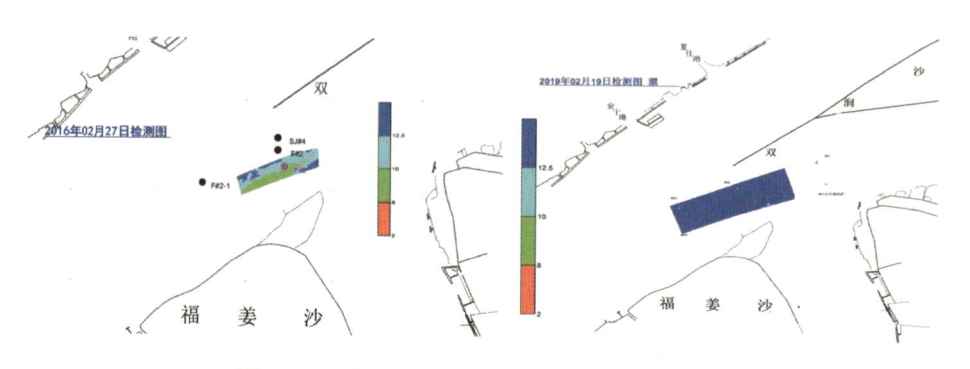

图 5.1-3 福中航道初通疏浚维护区位置分布图

水道航道回淤的影响因子,为进一步认识径潮流河段航道回淤过程及原因提供研究基础。

4. 福北 12.5 m 航道维护量特征分析

福北航道全长 33 km,沿程设有 20 个航道维护单元。从维护结果看,福北航道 12.5 m 维护期(2018 年 5 月—2019 年 4 月),航道维护量(回淤量)最大水域位于福北 15 至福北 17 区段(图 5.1-5,福北进口水域),航道月度淤积强度高达 0.6 m(图 5.1-6);福北 12.5 m 航道月度维护量约在 7.8 万～142 万 m^3。

2018 年 11 月至 2019 年 8 月,受 2019 年上半年上游来水偏大的影响,河槽整体淤积,河槽容积整体减小。从 12.5 m 等深线变化来看,靖江边滩头淤尾冲,

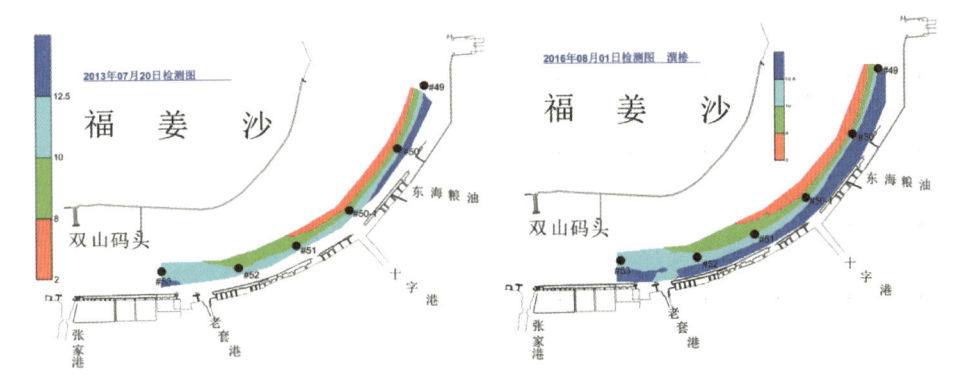

图 5.1-4 福南航道疏浚维护区位置分布图

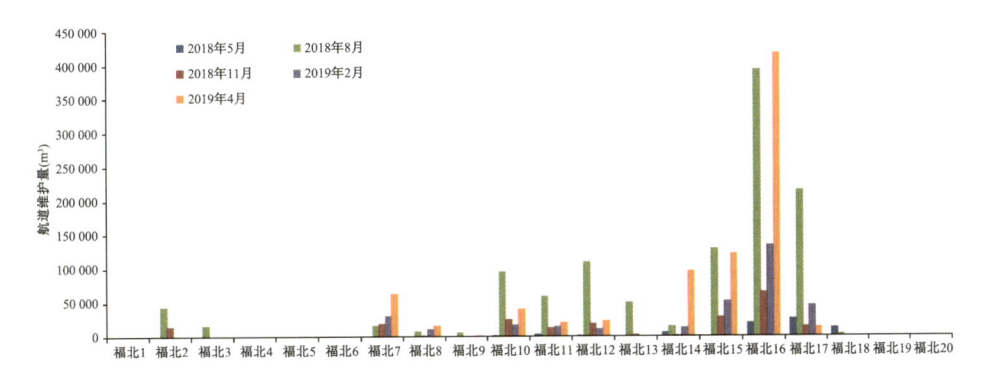

图 5.1-5 福北水道 12.5 m 维护期各单元月度维护量分布图

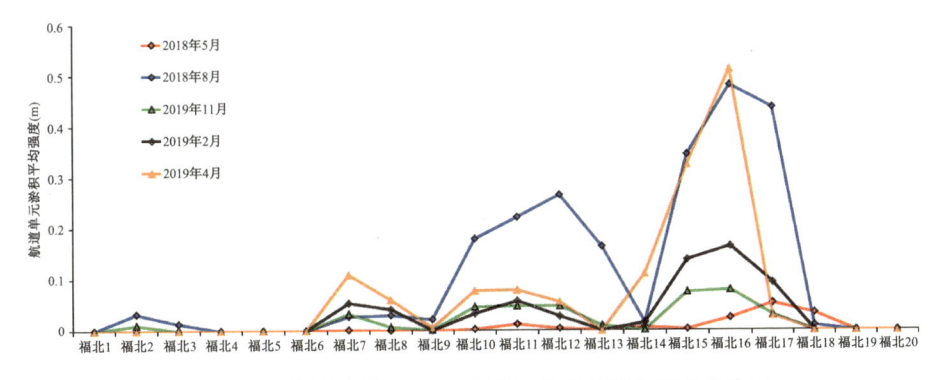

图 5.1-6 福北水道 12.5 m 维护期各单元淤积强度分布图

福北进口在疏浚维护的作用下，12.5 m 等深线由 2018 年 11 月断开近 5 km 减小至 2019 年 8 月的 700 m；太子港边滩附近 12.5 m 等深线明显侵入航道。

从 2019 年 8 月至 2019 年 11 月河床冲淤变化图可以看出（图 5.1-7），福姜沙水道进口淤积，福南进口段及中下段总体淤积；福中进口及中下段以淤积为主;福北水道进口受靖江边滩尾部切割下移的影响,淤积幅度仍较大;受下半年上游来水较小的影响,河槽整体冲刷,河槽容积整体增加。

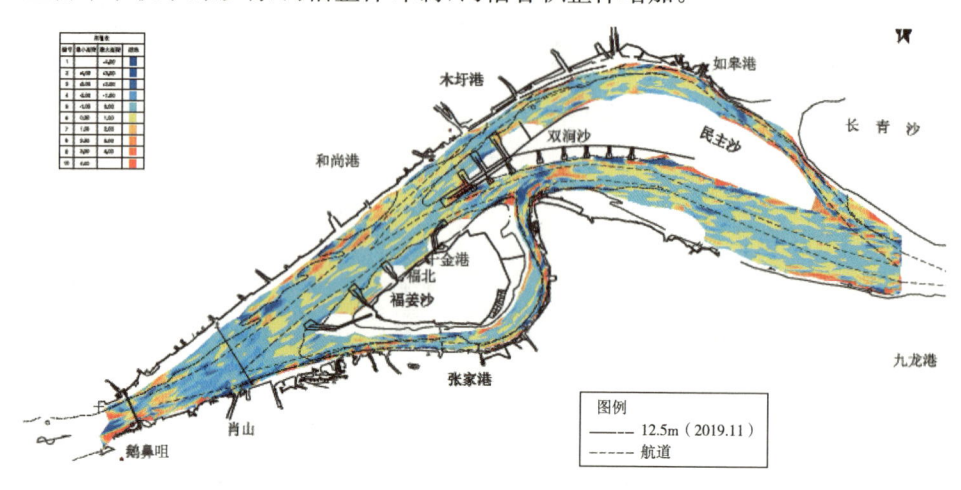

图 5.1-7　福北水道 2019.8—2019.11 地形冲淤图

从 2018 年 11 月至 2019 年 11 月全年总体来看(图 5.1-8),福姜沙水道年际间总体上有冲有淤:靖江边滩头部及尾部淤积,中部冲刷,滩尾在和尚港附近有切滩趋势;进口段受靖江边滩头部淤积的影响,呈现左淤右冲的态势,幅度在 2 m 左右;进入分流区,受靖江边滩中部冲刷的影响,整体呈现左冲右淤的态势,左侧冲刷幅度在 2~3 m,福姜沙头部冲淤幅度较小,基本保持平衡;福南水道中上段及出口段以淤积为主,局部达到 3 m,中段小幅冲刷,幅度在 1 m 左右;福北水道进口冲刷,幅度在 3~4 m,中下段则总体淤积;福中水道进口略有淤积,未

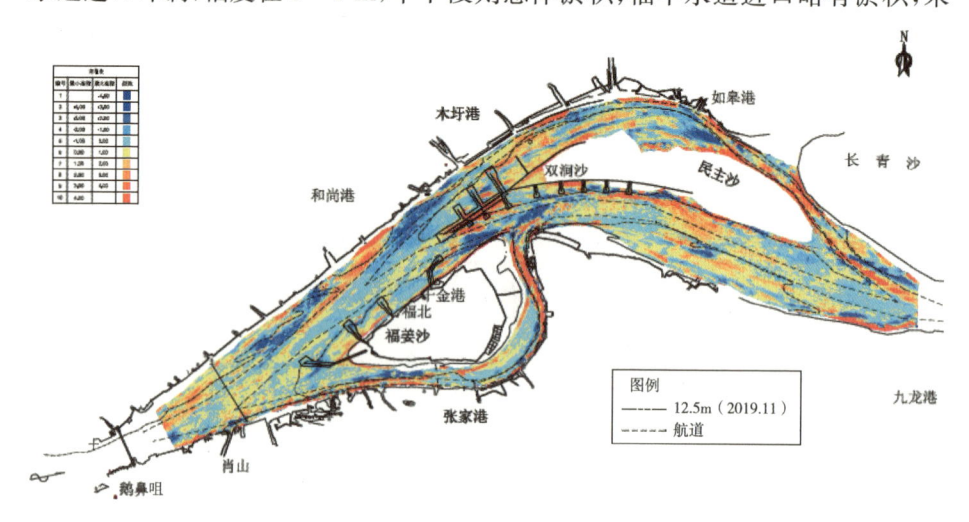

图 5.1-8　福北水道 2018.11—2019.11 地形冲淤图

影响到航道条件;浏海沙水道整体淤积,其中民主沙中部幅度较大,约3 m左右,太子港边滩整体淤积,幅度在1～2 m。从河槽容积来看,福左水道和福中水道年内呈现明显的洪淤枯冲的特性,在经历了一个完整的水文年后,河槽容积没有明显的趋势性变化,基本保持稳定。

5.1.1.2 径潮流复杂河段航道回淤影响因子分析与确定

径潮流复杂河段航道回淤影响因素一般可分为内在成因和外部影响因素两个层面。航道输沙能力沿程减弱或波动属于航道出现局部淤浅的内在机制,而外部诸多影响因素如:周边活动滩体变化、上游来水来沙以及人类活动等,这些外部因素均会对航道沿程输沙造成影响(图5.1-9)。

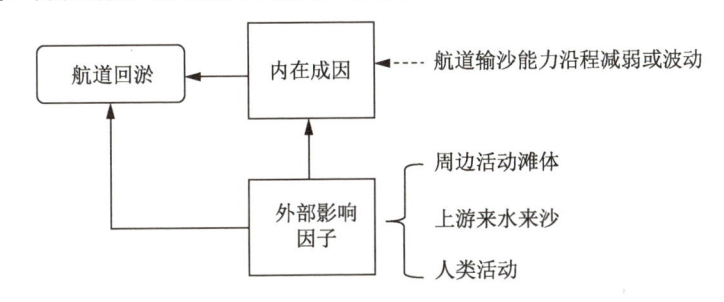

图5.1-9　径潮流河段航道回淤影响因子示意图

1. 周边活动滩体影响

图5.1-10为福北水道上游靖江边滩周边水域近年淤积厚度大于2 m的活

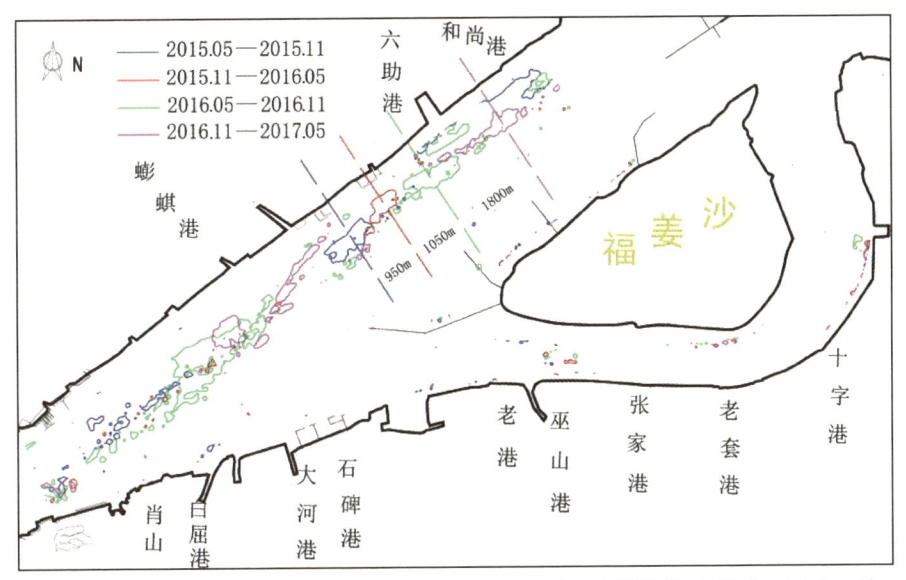

图5.1-10　靖江边滩周边水域2015年5月至2017年5月期间淤积厚度大于2 m的活动沙体分布位置示意图

动沙体位置分布图。由于福姜沙河段主要以底沙推移输移为主,活动沙体的下移路径可由淤积体时空位置变化进行识别。

统计结果表明,活动沙体自出江阴弯道后呈逐渐靠福左北岸的运移特征(图5.1-10),进入福左水道后,活动沙体基本沿北岸进入福北进口。在福北、福中分流水域,由于存在较强越堤流,使得活动沙体逐步南靠双涧沙沙头,在此输移过程中,沙体进入航槽,判断其是造成福北航道回淤量较大的主要原因之一(图5.1-11、图5.1-12)。

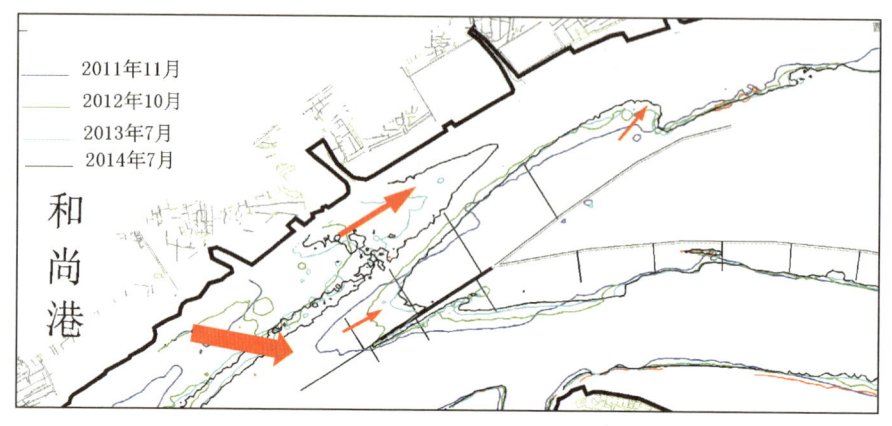

图 5.1-11　福北水道 10 m 等深线变化 1(红色箭头代表底沙输运方向)

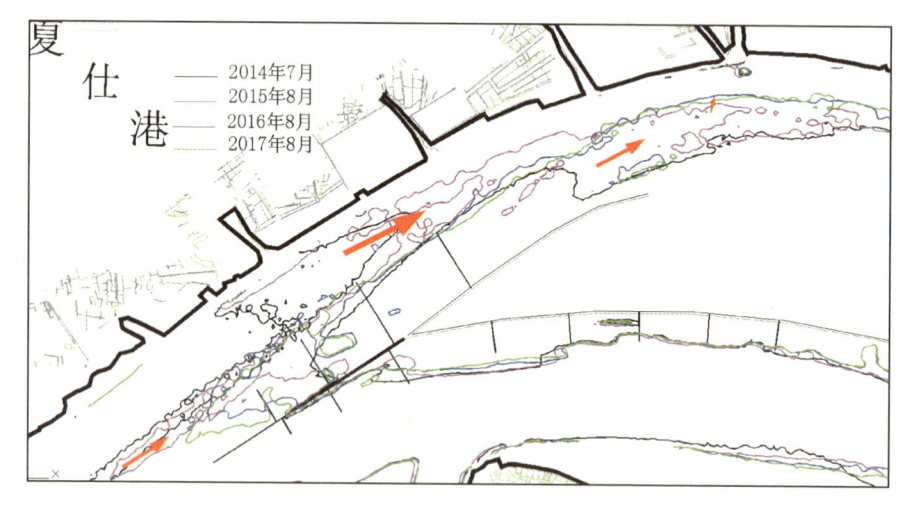

图 5.1-12　福北水道 10 m 等深线变化 2(红色箭头代表底沙输运方向)

2. 上游来水影响

福姜沙河段上游来水变化的主要影响表现为如下几个方面:

(1) 上游来水量越大,福北航道维护量也越大

由图 5.1-13 所示,福北水道航道维护量与大通流量变化呈一定的正相关性

(R=0.4);当上游流量越大时,福北航道维护量也越大。

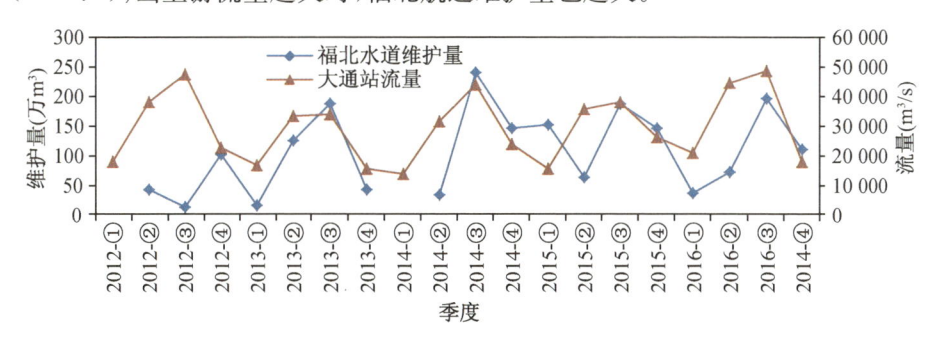

图 5.1-13　福北水道季度维护量与大通流量变化过程

(2) 大流量下福左进口主流北靠、浅滩动力增加最为显著

图 5.1-14 为多年实测福北水道上游活动浅滩周边 ADCP 流速观测断面分布图,图 5.1-15 为统计的各实测期间大潮落潮平均流速沿程分布图,图 5.1-16 为福北水道上游实测断面各流量下落急流速分布图。统计结果均表明:在大流量影响下,落潮动力核心区略偏向北岸,小流量下略偏向南岸。北岸边滩动力增幅明显大于南侧深槽,进而大流量下造成北岸滩体活动性增强,进入福北航道的活动沙体增加。

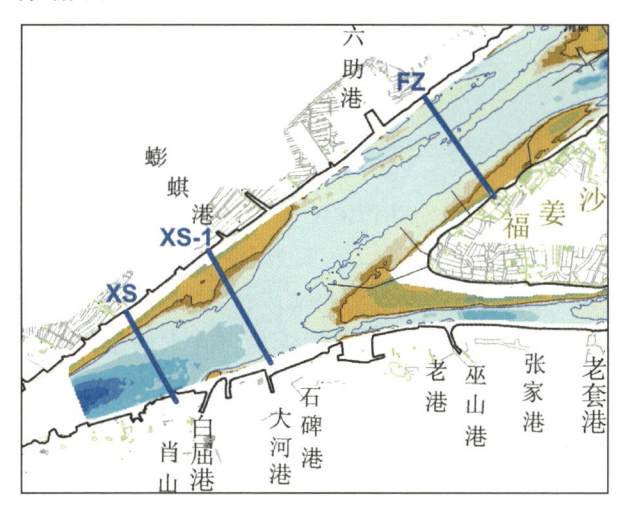

图 5.1-14　实测断面流速位置分布图

3. 上游来沙影响

2015—2017 年间,福姜沙河段上游江阴水道北侧浅滩冲刷明显(图 5.1-17)。在鹅鼻嘴节点处,存在"大水取直,凸岸冲刷,小水作弯,凹岸冲刷"的基本规律。大流量期间,主流取直并偏向凸岸,造成凸岸泥沙大幅冲刷下移;主流出弯后,顶

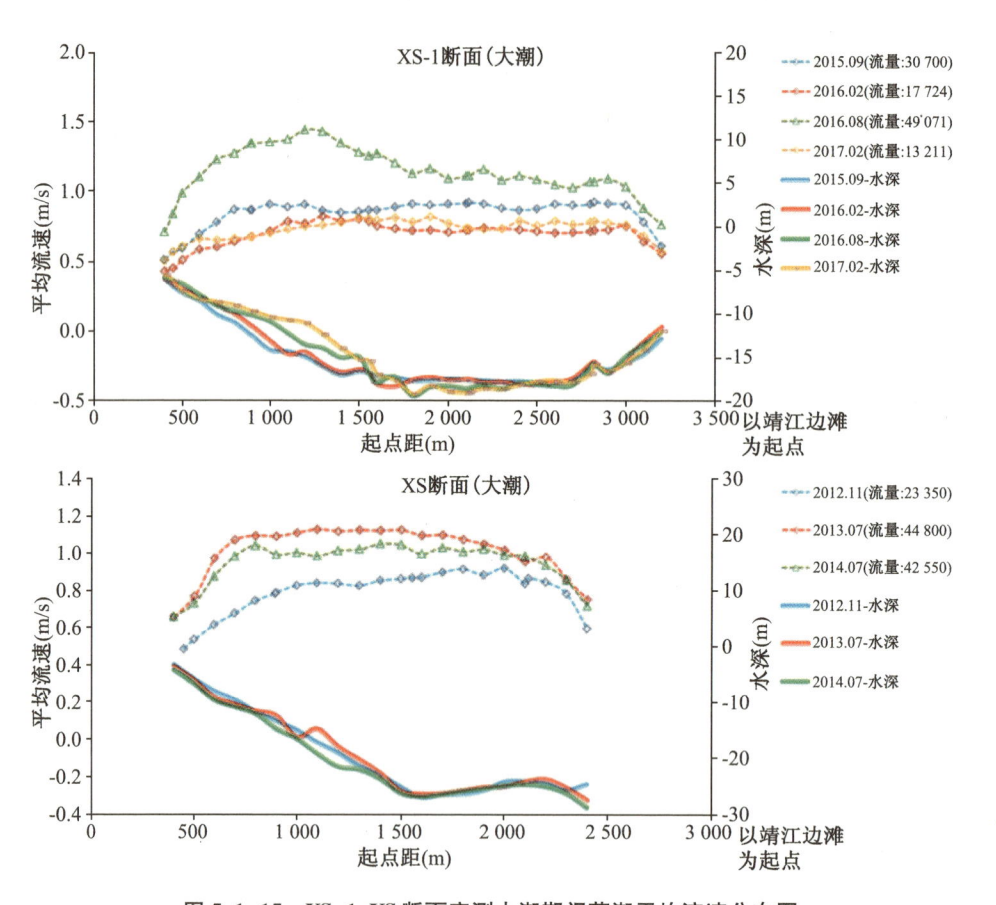

图 5.1-15　XS-1、XS 断面实测大潮期间落潮平均流速分布图

冲靖江边滩中段，造成了洪季靖江边滩滩体"上冲、下淤"的分布特征。枯季小流量条件下，小水作弯，主流偏向凹岸，弯道凸岸淤积，凹岸冲刷，主流出弯后，靖江边滩中、上段微冲微淤，靖江边滩尾部冲刷。

受下游福姜沙阻水分流影响，过渡段深槽以北水域始终存在指向北岸的横向分流。横向分流的存在促使过渡段泥沙存在横向逐渐北靠靖江边滩中下段的运移特征(图 5.1-10)。大流量下靖江边滩 12.5 m 以浅水域呈现净淤积的变化趋势(图 5.1-18、图 5.1-19)。靖江边滩出现较大淤积特征主要发生汛期及汛后退水期。而枯季小流量期间(枯水期及涨水期)，边滩沙体淤积量较小，且部分呈现冲刷量大于淤积量的分布特征。大流量下不仅造成原有靖江边滩活动沙体的冲刷下移，也同时使得上游江阴冲刷下泄的沙体落于边滩中部，靖江边滩活动沙体得以补充。

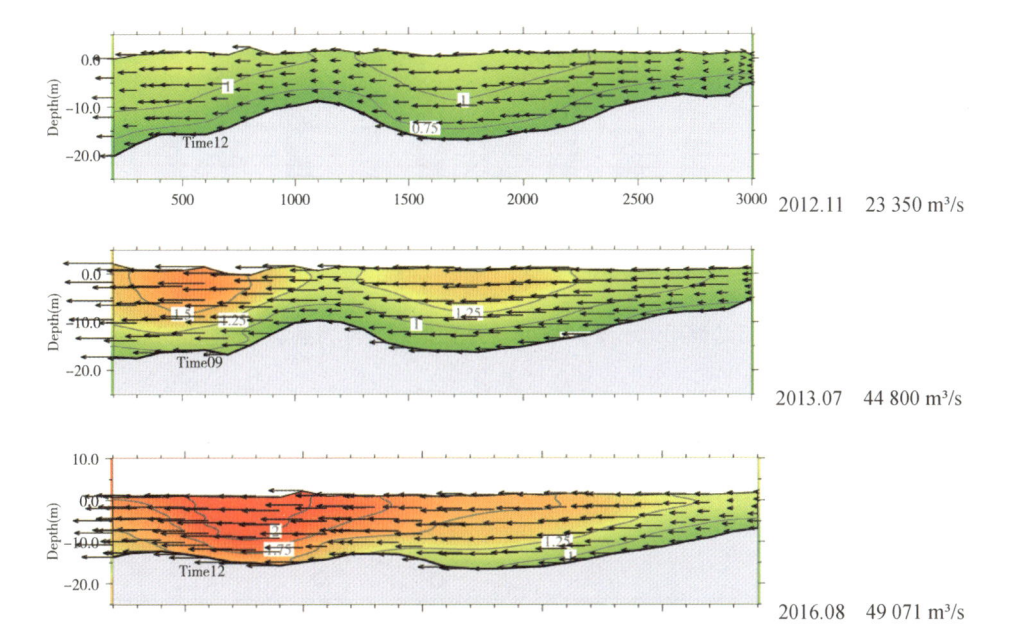

图 5.1-16　FZ 断面不同流量下断面落急流速分布图

（注：颜色色块代表纵向落急流速大小，箭头代表沿断面横向流速大小及方向，指向左侧的代表指向北岸）

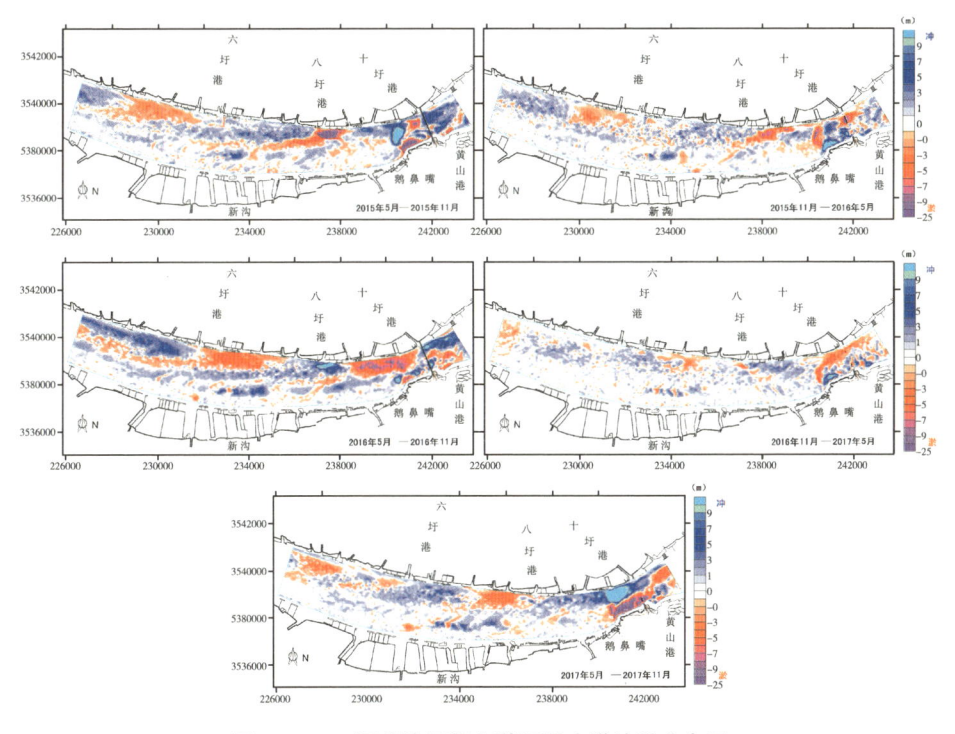

图 5.1-17　福姜沙河段上游江阴水道冲淤分布图

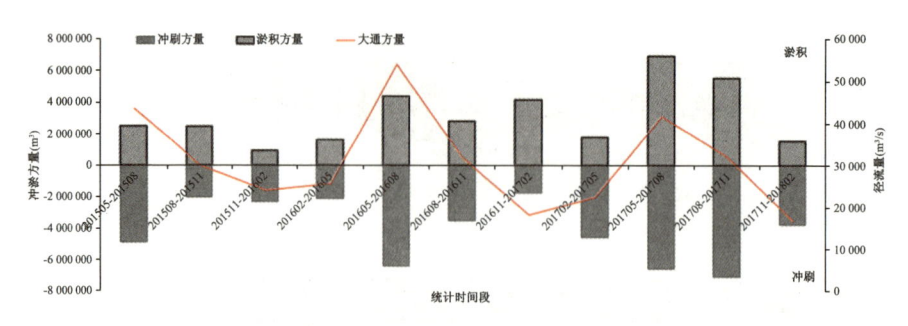

图 5.1-18　靖江边滩周边水域 2015 年 5 月至 2018 年 2 月各季度冲淤量分布图

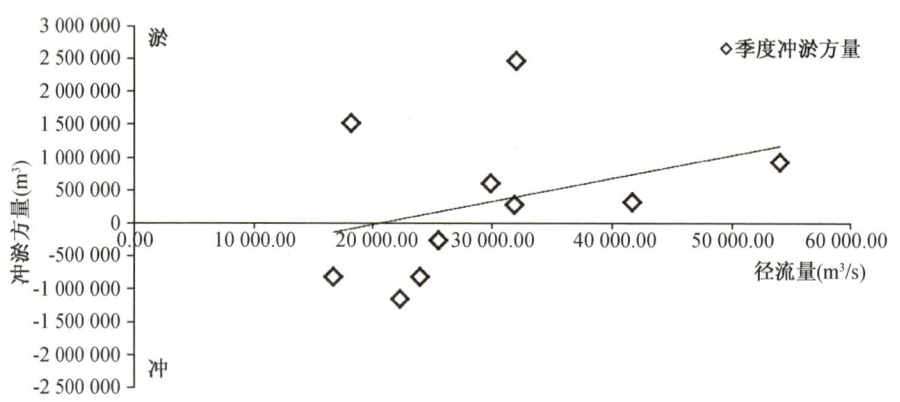

图 5.1-19　靖江边滩 12.5 m 以深滩体 2015 年 8 月至 2018 年 2 月期间各季度冲淤量与季度平均流量关系分布图

根据上述分析,初步判断上游底沙输运过程是造成靖江边滩周期性"冲刷—淤积—再冲刷"的主要原因之一。

4. 人类活动影响

这里的人类活动主要考虑直接影响航道回淤的航道疏浚活动。在周边边界条件不变的前提下,天然河床在受到人为疏浚挖深的影响下,河床演变易呈现复归性,往往表现为航道疏浚尺度的增加易造成航道内泥沙回淤量/维护量的增加。

表 5.1-2 为统计的福北航道年度航道维护疏浚量及航道维护尺度统计表。实测结果也显示,随着航道维护尺度的增加,航道内泥沙回淤量也呈现明显增加的变化趋势。

表 5.1-2　南京以下深水航道 2010—2015 年维护疏浚量统计(上方,单位:万 m³)

河段	2010	2012	2013	2014	2015	2018.05 至 2019.04
福姜沙北水道	30.03 (7.5 m)	283.36 (7.5~8.0 m)	375.14 (8.0 m)	403.59 (8.0 m)	552.63 (8.0 m)	740.6 (12.5 m)

注:2018—2019 年航道疏浚维护量由月度监理日报统计而得

5. 航道输沙能力的沿程减弱或波动(内在因素)

长期来看,对于航道区域,引起航道局部出现淤浅的核心原因应是航道输沙能力沿程减弱或波动,即相邻航道单元航道输沙能力的不协调导致局部出现航道回淤。基于此本章利用输沙率公式初步分析了福北航道自身输沙能力的沿程变化,探讨了福北航道横、纵向输沙的影响大小。

(1) 福北航道横、纵向输沙能力对比

利用窦国仁推移质输沙率公式,计算了 2013 年 7 月至 2014 年 7 月以及 2015 年 8 月至 2016 年 8 月期间福北航道沿程的推移质输沙率分布。计算结果均表明,就航道自身条件而言,福北航道输沙能力:纵向输沙>航道两侧横向输沙量,因此,基本可以判断航道纵向输沙量分布不均匀或存在突变是影响航道回淤变化的主要内在因素之一(图 5.1-20)。

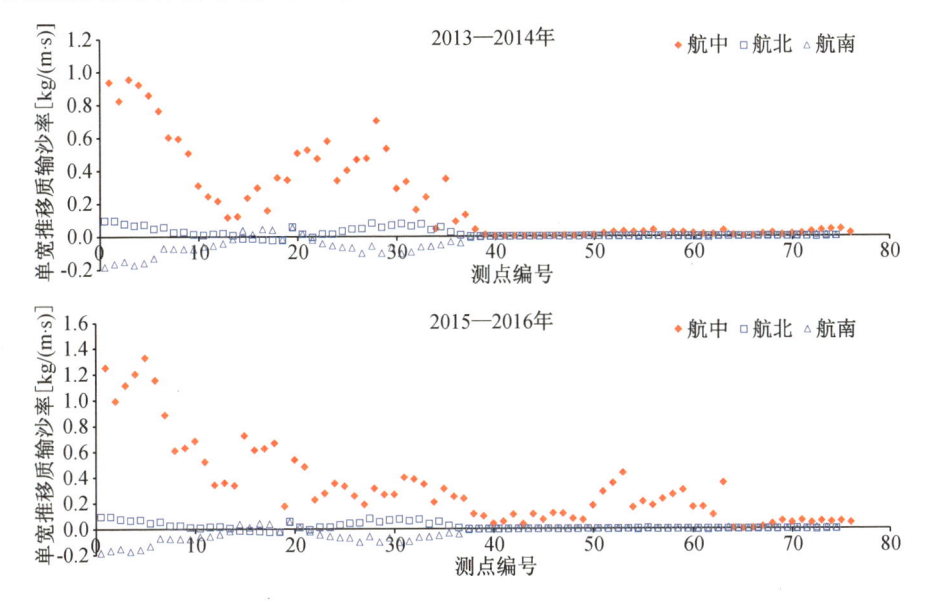

图 5.1-20　福北航道沿程输沙率统计结果

(2) 福北航道输沙能力沿程变化

基于纵向输沙计算结果,分别定义如下 4 种特征航道。

a. 输沙能力沿程减弱段:沿主流方向输沙能力沿程持续减弱;

b. 输沙能力沿程波动段:沿主流方向输沙能力沿程波动较大;

c. 输沙能力沿程稳定段:沿主流方向输沙能力沿程稳定;

d. 输沙能力沿程增强段:沿主流方向输沙能力沿程持续增加。

基于输沙率计算结果对于福北疏浚水深检测的结果发现,福北航道维护疏浚区基本位于福北航道输沙波动段及输沙减弱段(图 5.1-21、图 5.1-22)。

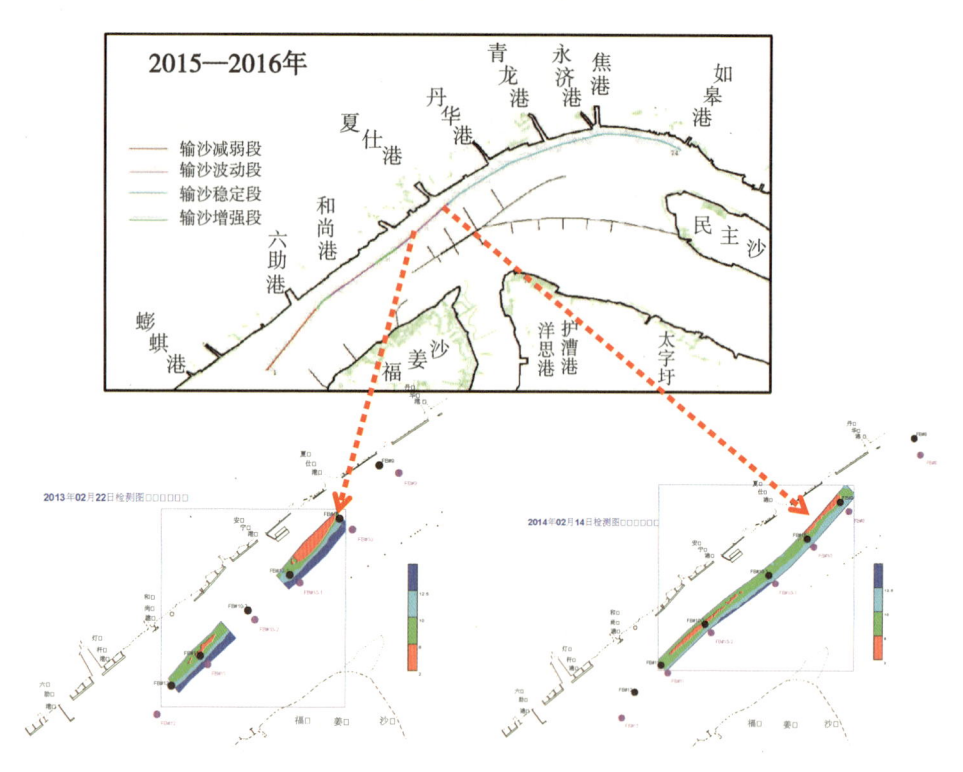

图 5.1-21　2013—2014 年期间福北航道特征分布及碍航浅段位置

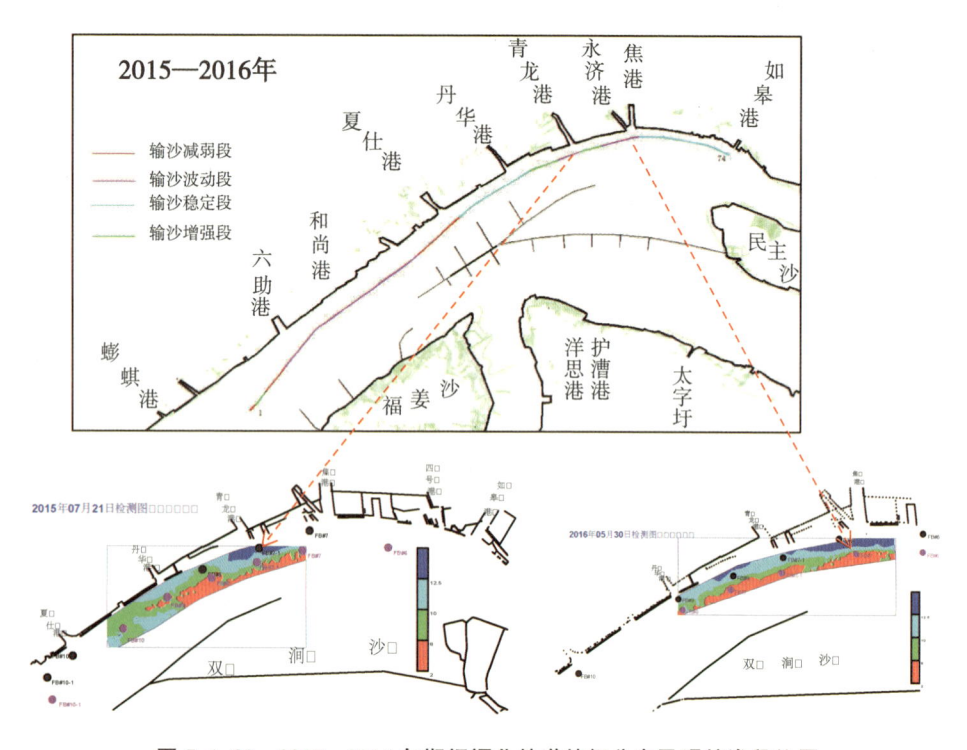

图 5.1-22　2015—2016 年期间福北航道特征分布及碍航浅段位置

6. 航道回淤主要影响因子模型计算分析结果

基于所建立的水沙数值模型,可以定量分析周边活动滩体、上游来水来沙、人类疏浚活动以及航道回淤内在因素对福北航道回淤的影响;下面初步给出了计算及分析结果。

周边活动滩体影响:分别选取 2015 年 5 月和 2017 年 2 月地形。其中,在 2015 年 5 月地形下,上游活动沙体存在较为明显的下移趋势,为不利的地形条件;2017 年 2 月地形下,上游活动沙体过境之后的地形,对回淤而言活动沙体体量减少,航道淤积相对较小,为有利地形。

上游来水来沙:本次研究选取的 4 个水文泥沙条件:①小水年取为 2006 年;②平常年取为 2008 年;③丰水年取为 2010 年;④大洪水年选取 1998 年。

人类疏浚活动:福北 12.5 m 航道疏浚活动。

整治工程:整治工程的实施会改善航道沿程动力分布,提高航道沿程输沙能力(调整内在影响因素)。因此,在评价该项因子影响大小时,可通过比较整治工程实施前后航道回淤量大小的变化。

计算结果表明(表 5.1-3),对于福北航道回淤问题而言,活动滩体冲刷影响最大,其次是整治工程实施后航道沿程输沙能力改变的影响,以及疏浚活动引起的回淤量的增加,最后是上游来水来沙影响。

表 5.1-3　主要影响因子对航道年回淤量影响分析表

影响因子	影响大小/万 m^3
活动滩体	170
整治工程	143
来水来沙	66
疏浚活动	98

5.1.2　航道减淤工程方案研究

本节利用建立的三维水沙数学模型,计算分析和比较福姜沙河段各减淤工程方案的实施效果。

5.1.2.1　数学模型构建与验证

本部分研究采用了三维水沙数学模型(SWEM 3D),该模型的水流部分在 Elcirc 的基础上进行二次开发,提高了计算效率和稳定性,对于模型方程的离散求解采用半隐半显的求解方式(Casulli 半隐格式),其中,对于快速传播的重力波的模拟采用隐格式计算方法,较慢的水质点运动采用显式处理方法。该模型在长江中下游及长江口区域得到广泛应用,模型计算精度满足规范要求,符合工程分析的需要。本次计算采用大小模型嵌套方式,由大模型提供小模型下游徐六泾节点的潮位过程,模型上游边界由大通实际流量给出(图5.1-23)。

(a) 大模型

(b) 小模型

(c) 工程河段网格示意图

(d) 工程河段水深插值图

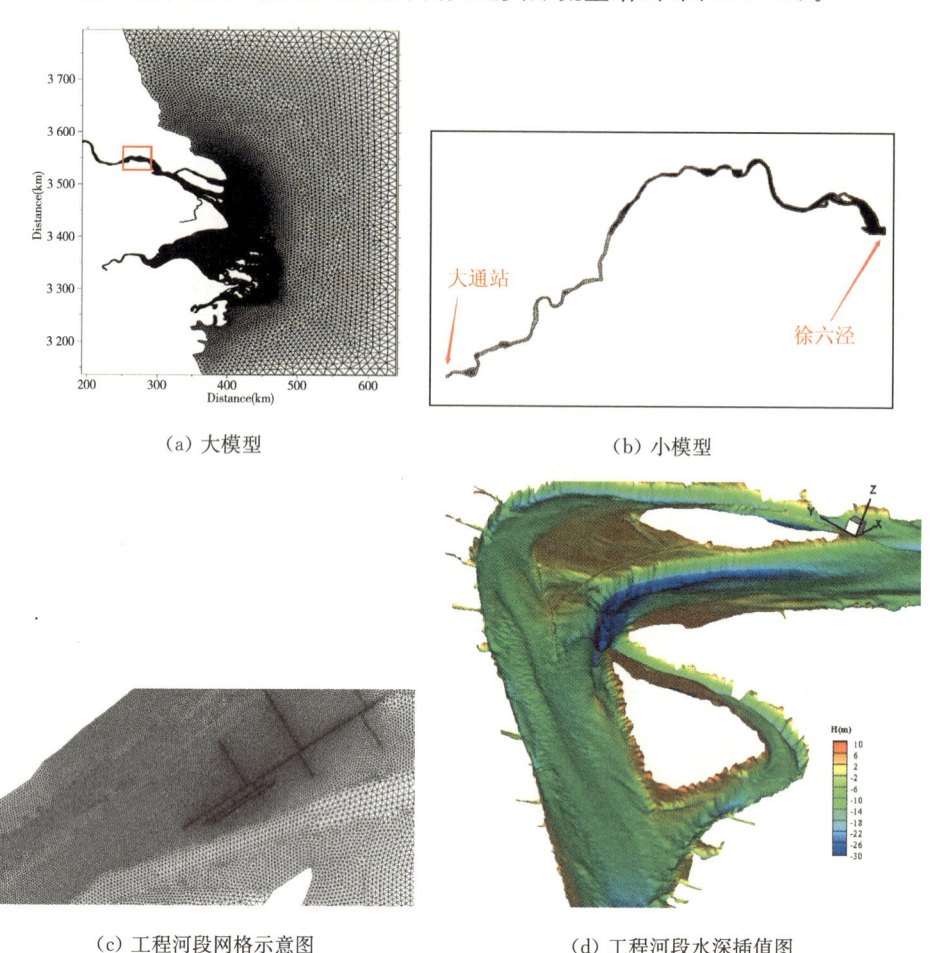

图 5.1-23　福姜沙模型

1. 水动力边界

大模型采用上游大通及外海潮汐边界,给小模型提供潮位边界,小模型下游边界在徐六泾位置;计算回淤量时采用上游月度概化流量和下游15天潮位过程,并乘上时间加速因子以获取月度回淤量。

2. 工程地形边界

本次减淤工程方案计算主要基于2017年实测地形,并建立在福姜沙、双涧沙整治工程实施完工的基础之上。航道计算范围内主要采用了2012—2018年的航道局部加密测量地形。

3. 泥沙特征值选取

根据实测资料,计算初步选定用代表粒径来进行悬移质及推移质的模拟,其中悬移质代表粒径取值 0.01 mm,推移质代表粒径取值 0.18 mm。

选取福姜沙河段的实测资料对模型进行验证,测点位置参见图 5.1-24,潮位、流速验证参见图 5.1-25、图 5.1-26;历年实际航道维护量和计算结果比较参见表 5.1-4。从图表中可看出计算结果和实测结果接近,误差控制在较小范围内。

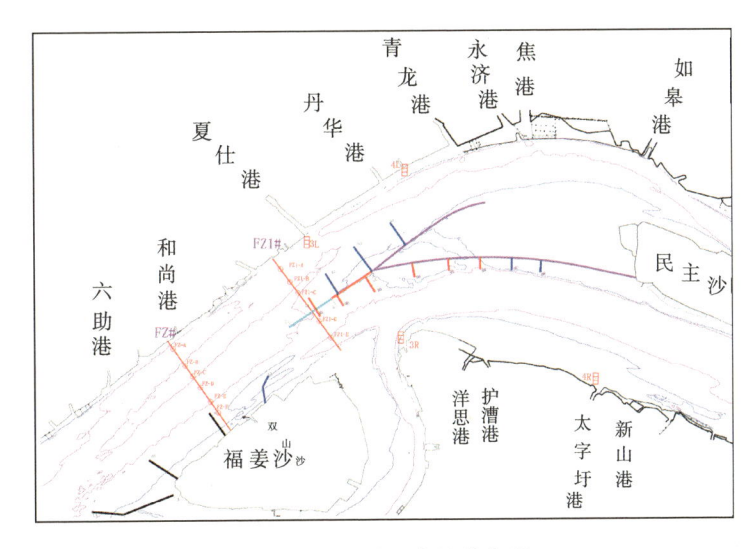

图 5.1-24 验证点位分布图

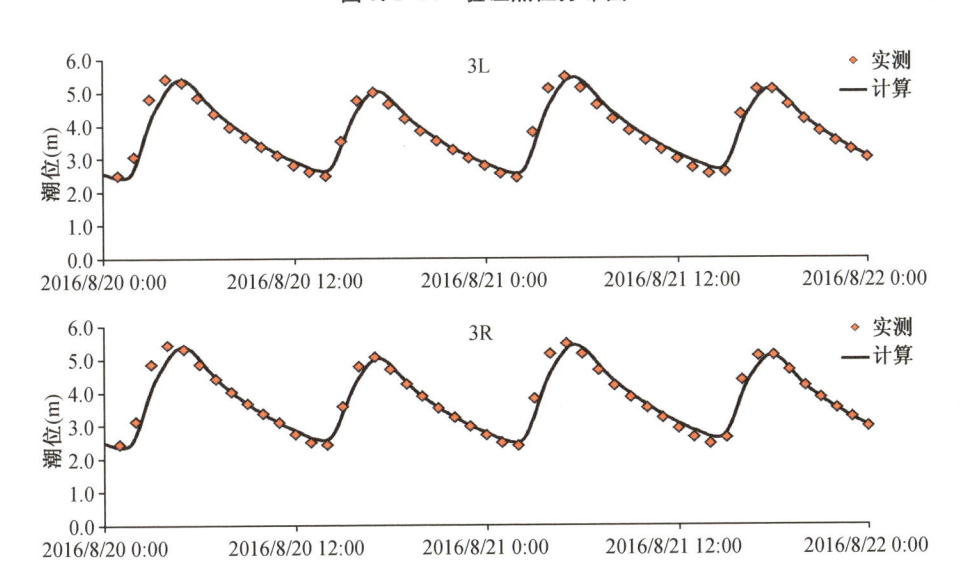

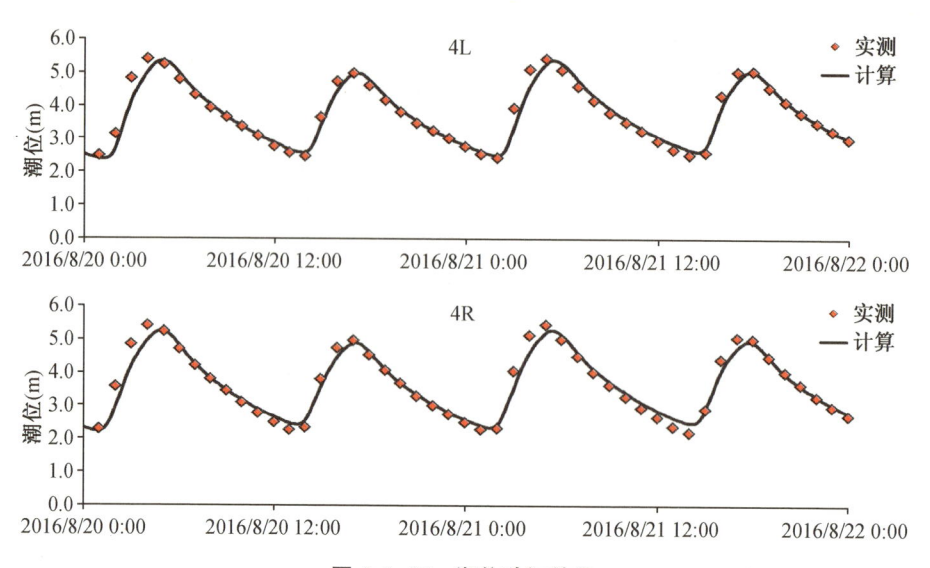

图 5.1-25　潮位验证结果

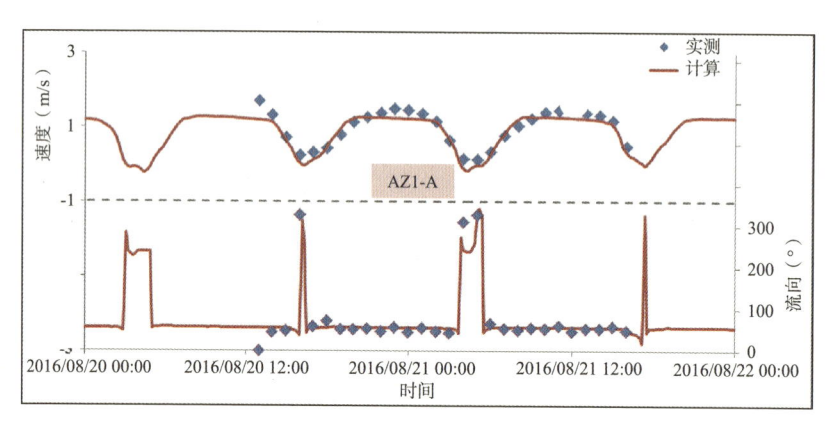

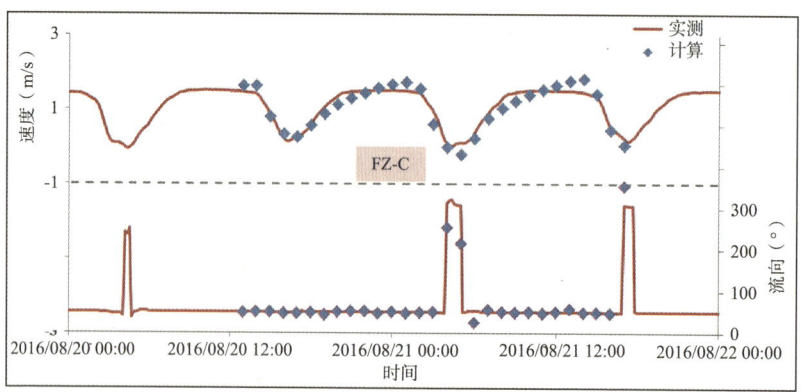

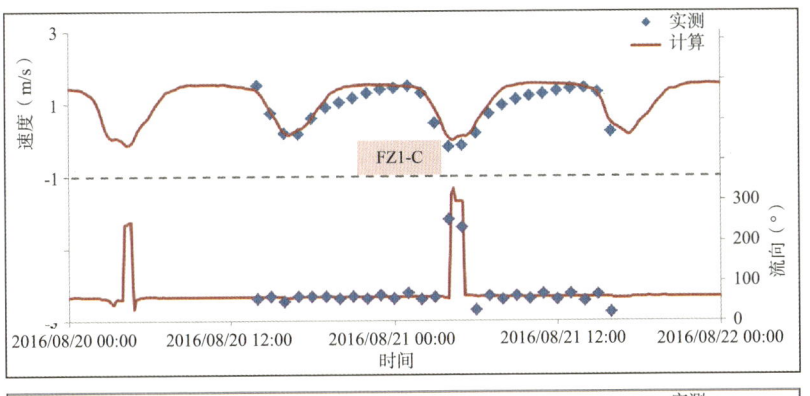

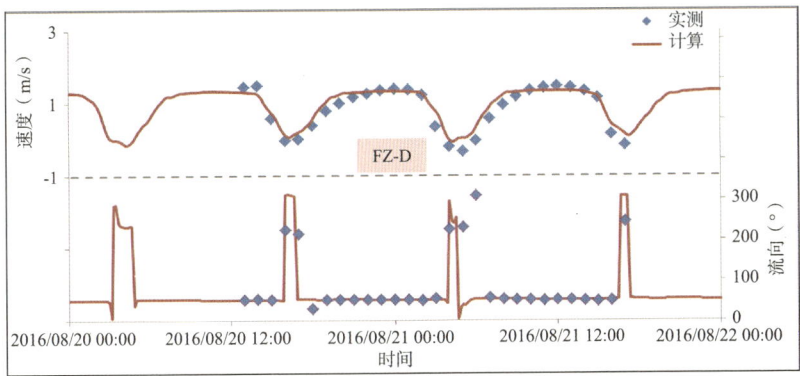

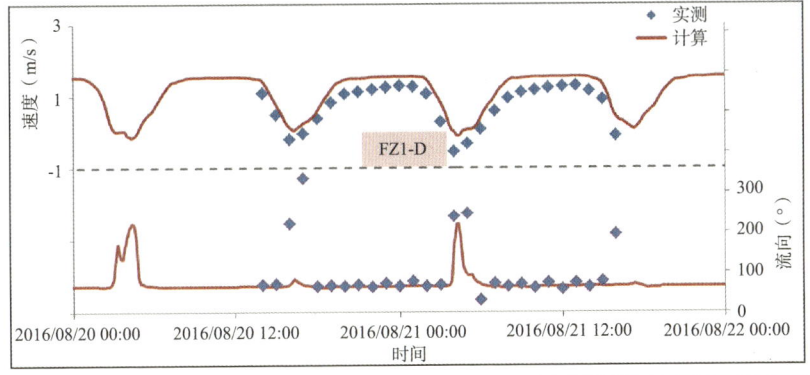

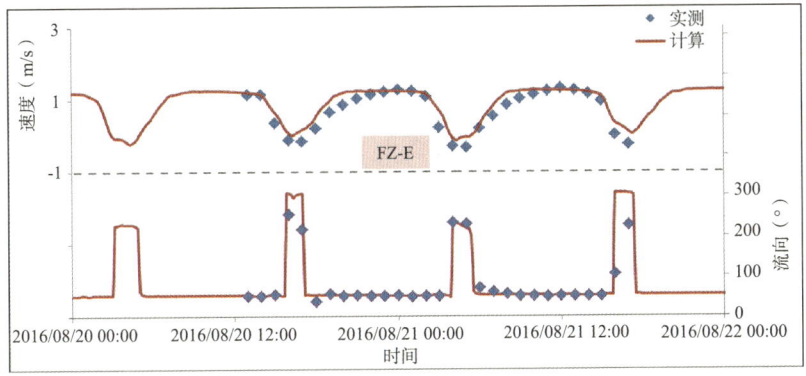

图 5.1-26　流速和流向验证

表 5.1-4　历年实际航道维护量和计算结果比较

年份	实测方量(万 m³)	计算方量(万 m³)	误差(%)
2012	283	315	11.37
2013	373	424	13.61
2014	418	457	9.37
2015	549	605	10.16

5.1.2.2　减淤工程方案布置思路与设计

1. 工程布置思路

根据上述研究分析表明,长江下游感潮河段航道回淤原因可归结于上游来水、来沙、周边活动滩体以及航道输沙能力沿程不协调这四方面。其中,周边活动滩体及航道输沙能力沿程不协调影响较大,因此,在福北水道已经实施大规模整治工程协调航道输沙能力的前提下,本次减淤方案的布置思路主要是从控制周边活动滩体的角度,来开展航道减淤工程方案布置的研究。

2. 减淤工程方案设计

基于靖江边滩历年冲淤特点(即:浅滩纵向冲淤较大区域、历年冲淤幅度等),具体工程方案平面布置见图 5.1-27 所示。设计的平面布置方案自上而下布设 6 条拦沙坝,长度分别为 1 086 m、1 167 m、1 076 m、968 m、846 m、617 m,根据年度冲淤幅度,拦沙坝高度为 3 m。工程布置应起到固定活动沙体、稳定滩槽格局的工程效果。

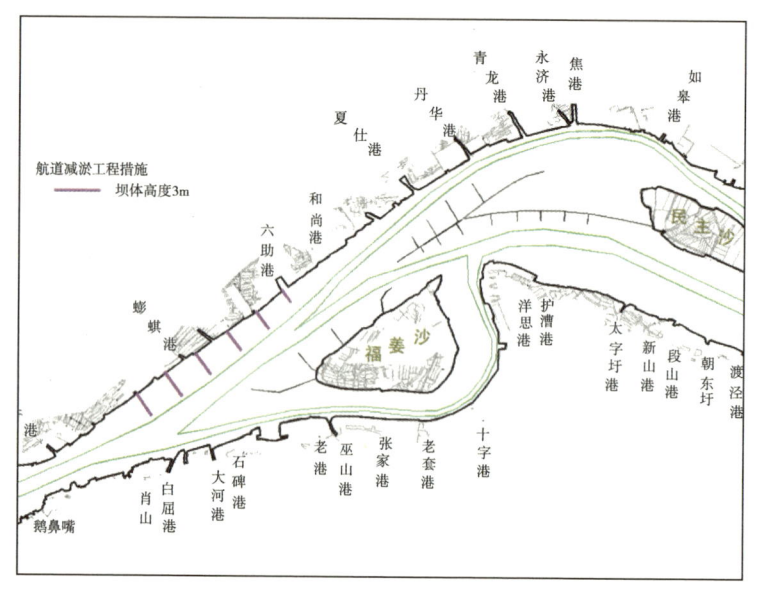

图 5.1-27　福姜沙河段航道减淤工程方案平面布置图

5.1.2.3 减淤工程方案效果

1. 水动力影响

从水动力影响看,福姜沙河段航道减淤工程方案能较好地起到守护航道周边活动滩体的工程效果。减淤工程实施后,在丁坝守护水域,涨落潮动力均有所减弱。其中,落潮动力减幅约在 0.05~0.4 m/s,涨潮动力减幅约在 0.05~0.35 m/s(图 5.1-28);减淤工程对周边水深航道动力基本无影响,工程对周边涨落潮分流比基本无影响(图 5.1-29)。

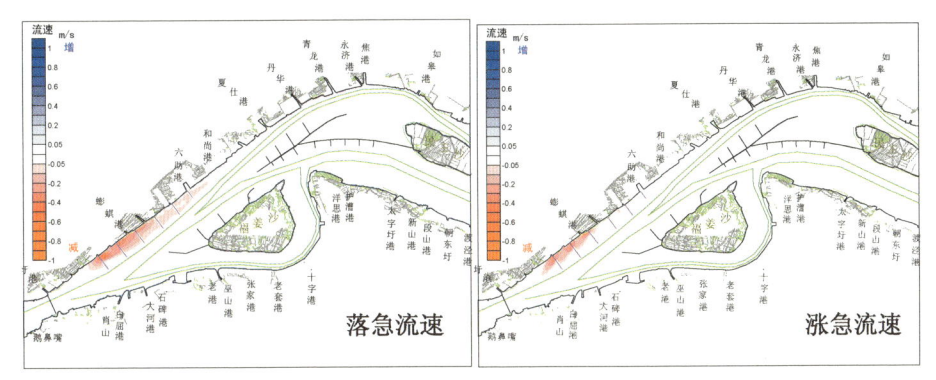

图 5.1-28 减淤工程方案实施前后福姜沙河段涨落急流速变化分布图

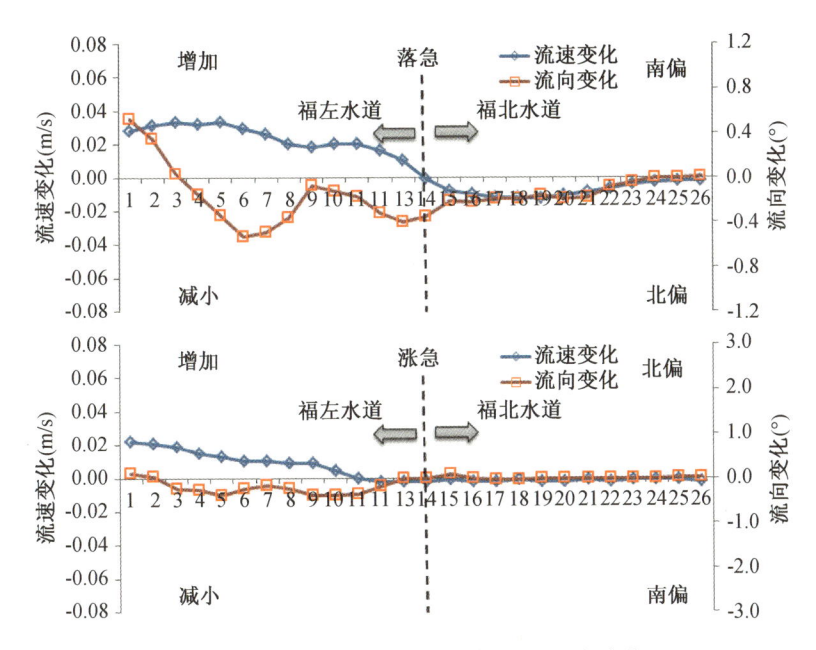

图 5.1-29 福北航道沿程涨落急流速、流向变化图

2. 地形冲淤影响

基于验证好的地形冲淤模型,分析了有无减淤工程下的工程影响效果及幅度。

计算结果表明工程实施后,起到一定拦沙、固滩的工程效果,在靖江边滩水域,除紧临拦沙坝局部略有刷深外,坝体守护区域冲刷减弱,工程引起的地形淤积约在 0.4~3.6 m。对于福北水道进口,该区域航道维护量大。工程实施后,由于工程起到了固定上游活动滩体的工程效果,高维护区域淤积幅度减弱,工程引起的冲刷约在 0.1~0.8 m(2011—2015 年,如图 5.1-30 所示)。由此可见,拟建工程能达到减少福北进口航道回淤的减淤目标。统计福北进口河段,减淤工程实施后可减少航道年淤积方量约 110 万 m³ 左右。

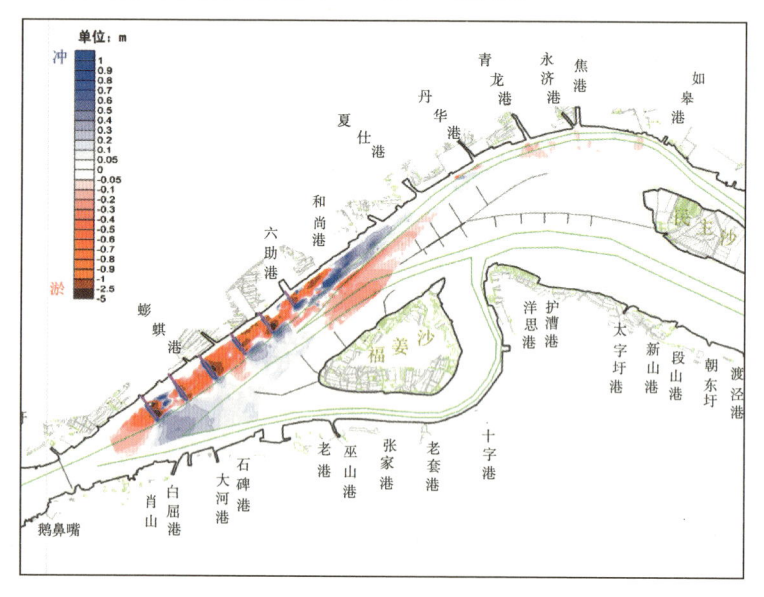

图 5.1-30　仅有福北减淤工程引起周边水域地形冲淤分布图(2011—2015 年)

5.1.3　减少航道维护量的施工组织方案及应用

5.1.3.1　维护频次及维护水深对航道维护量的影响

不合理的维护量预测将导致不合理的施工组织方案,较多的预估维护量将导致维护频次增多,同时也会使得维护水深越大于考核水深;而维护频次的增多及维护水深的增大又将会导致维护量的增加,这一个过程用下列的数模试验可以给出定性的结论。

1. 航道维护频次对维护量的影响

不同维护频次下福北水道的维护方量计算参见表 5.1-5 和图 5.1-31,从模型计算结果来看,在 1~15 天/次的维护频次下,其对维护方量影响整体呈现增加趋势,方量最大差异约为 37 万 m³。总体来看,一般趋势是维护频次越高带来的维护方量越大。

表 5.1-5　福北水道不同维护频次下的维护方量计算

维护频次(天)	维护方量(万 m³)
1	439
5	419
10	408
15	402
一次性疏浚	360

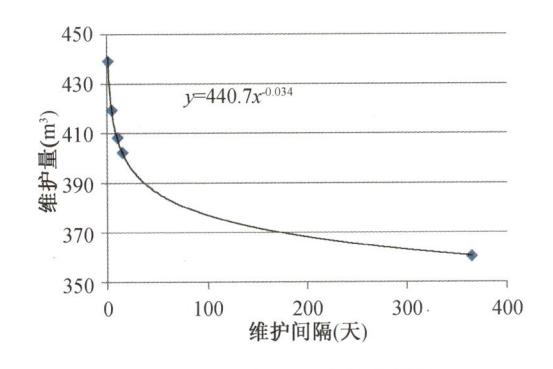

图 5.1-31　维护间隔和维护量关系

2. 不同维护水深对维护量的影响

在前述基础上,基于 10 天/次的维护频次条件下,取福北水道不同维护深度进行维护方量计算,计算结果参见表 5.1-6 和图 5.1-32。从计算结果来,维护方量随着水深增加(12.5 m 增深至 13 m)而增加的特征是明显的,维护方量最大差异约为 51 万 m³。

表 5.1-6　福北水道不同维护深度下的维护方量计算

维护水深(m)	维护方量(万 m³)
12.5	408
12.6	415
12.7	423
12.8	437
13	459

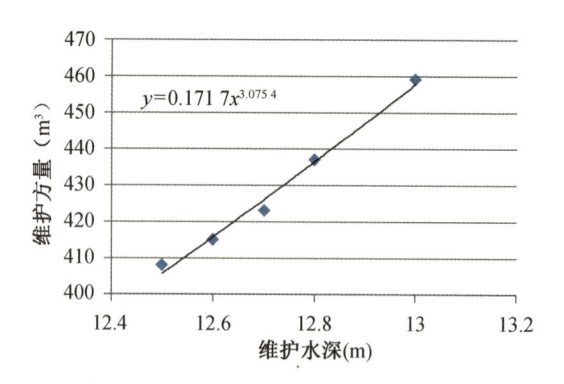

图 5.1-32　维护水深和维护方量关系

5.1.3.2 减少航道维护量的施工组织方案

基于上述分析成果,可知维护量的合理预估和施工安排对航道维护量的影响显著。一般认为在周边边界条件不变的前提下,天然河床在受到人为疏浚挖深的干扰下,河床演变易呈现复归性,过多、过于频繁的航道疏浚往往易造成航道内泥沙回淤量的增加。

因此,本节所提的减少航道维护量的施工组织方案主要立足于不同航道疏浚安排对航道泥沙回淤影响的角度,旨在通过合理、科学地制订航道月度疏浚安排来控制维护水深在合理的范围内,在满足基本通航水深的要求下,达到航道疏浚维护量最少的目标。

1. 方案实施原则

减少航道维护量的施工组织方案可以从以下两个方面来进行:
①航道水深尽量维持在理论上满足航道标准的最小(浅)水深;
②尽量减少不必要和额外增加的维护量。

本节提出了一种基于不同参考水深的理论上最小维护量(包括总量及分布)的确定方法,以这一维护量为工程实践进行指导,可实现减少航道回淤量(维护量)的目的。

具体描述如下:
①定义最小维护量

这里定义理论上满足航道标准和维护要求的最小维护量。实际维护过程中由于现场受船机及施工安排的影响,实际维护量会大于或等于这个值,但这个值可以作为疏浚船舶安排和施工调配的重要依据。

②最小维护量的确定方法

步骤1:首先,确定最小维护量的计算参考水深值。

计算深水航道月度需要疏浚的最小维护量的计算参考水深值为:

$$H'_i = H_c + a \tag{5-1}$$

其中，H'_i 为计算参考水深值；H_c 为航道维护标准，长江南京以下 12.5 m 深水航道水深标准为理论基面 12.5 m；a 为保证航道满足通航标准设立的维护量计算参考水深差值，这里经验取值为 0~0.3 m。

步骤 2：在每个计算月初，给出月初航道疏浚单元 i 床面水深 H_{i0}。

首先，定义计算月，即为需要确定月度最小维护量的月份；

其次，航道疏浚单元是为了便于疏浚管理而对航道所在范围进行的分段，每一段为航道的一个疏浚单元，如图 5.1-33 所示。

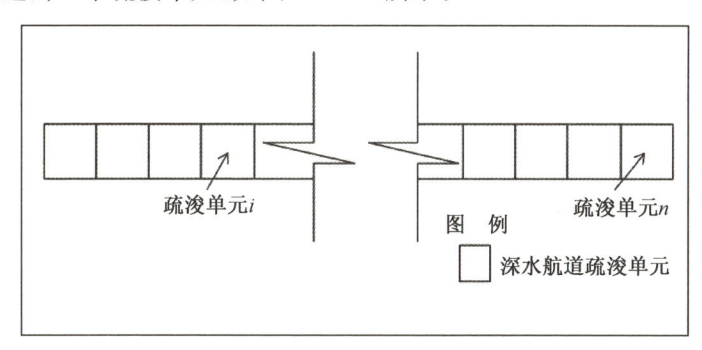

图 5.1-33　航道疏浚单元示意图

最后，月初航道疏浚单元 i 床面水深 H_{i0} 为施工检测或是考核测量航道加密地形测图水深，即最小维护量起算的初始航道实际水深。

步骤 3：计算月底预测航道水深。

基于数值模型，模拟给出计算月的航道疏浚单元 i 的淤积强度 ΔH_i，并计算出月底预测航道疏浚单元 i 的床面水深 H_{i1}，计算式如下：

$$H_{i1} = H_{i0} - \Delta H_i \tag{5-2}$$

步骤 4：统计计算月的最小维护量总量和沿航道疏浚单元分布。

沿航道纵向进行航道单元的疏浚以维持航道通航标准，其理论上需要航道疏浚单元的水深满足式(5-2)，因此，提出满足航道通航要求的月度需要疏浚的最小维护量 F_{min} 计算式可以描述如下：

$$F_{min} = \sum_{i=1}^{n}[(H_c + a) - (H_{i0} - \Delta H_i)] \times A_i \tag{5-3}$$

其中，H_c 为航道维护标准对应的水深；i 为疏浚单元，这里设定有 n 个航道疏浚单元，i 为其中第 i 个疏浚单元，n 为疏浚单元个数；A_i 为疏浚单元 i 的面积；H_{i0} 为月初的航道疏浚单元床面水深；ΔH_i 为 i 单元的月度淤积强度。计算示意图参见图 5.1-34。

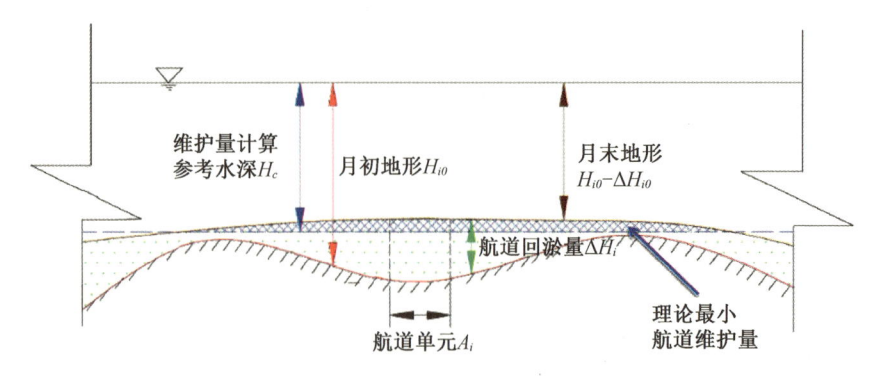

图 5.1-34 最小维护量计算示意图

2. 方案效果估算

根据前述分析可知,不同时间和空间的航道维护强度具有明显的差异,参见图 5.1-35,如果按照统一的 12.8 m(维护量计算参考水深差值取值为 0.3 m)来进行疏浚维护量的统计存在一定的不合理性,主要表现如下:

①在淤积强度较小的区域和时段,如果用偏大的维护量计算参考水深(比如 12.8 m)来预估维护量,可能会导致该区域和时段的维护量安排过多,使航道水深大于最合理的水深,从而产生额外的维护量。

②在淤积强度较大的区域和时段,如果用偏小的维护量计算参考水深(比如 12.6 m)来预估维护量,可能会导致该区域和时段的维护量安排过少,使航道水深小于最合理的水深,不能满足航道考核要求,需要后续集中增加额外的维护量才能保证航道水深满足考核要求。

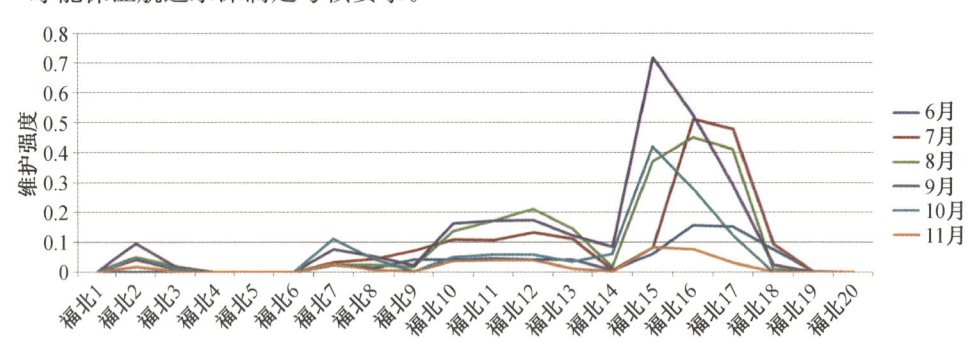

图 5.1-35 不同时间和空间的维护强度(实测)

上述结果可以体现在图 5.1-36 中。图中数据为利用实测资料并基于维护量计算参考水深(12.8 m)计算得到的预测维护量和实际维护量的比较。这里假设实测维护量为满足航道最小水深的最小维护量。图中明显可以看出需要大维护量时采用单一计算参考水深的预测值会偏小,实际需要的维护量小的时候预测值会偏大；预测值偏小时会降低航道保证率，而预测值偏大会增加额外的维护量。因此需要确定一个相对较优的维护量计算参考水深来预测维护量，这个计算参考水深是一个动态变化的值，且计算最小维护量时需要根据时间和空间来选取，从图5.1-36可知这个值可以根据实测资料率定出来。

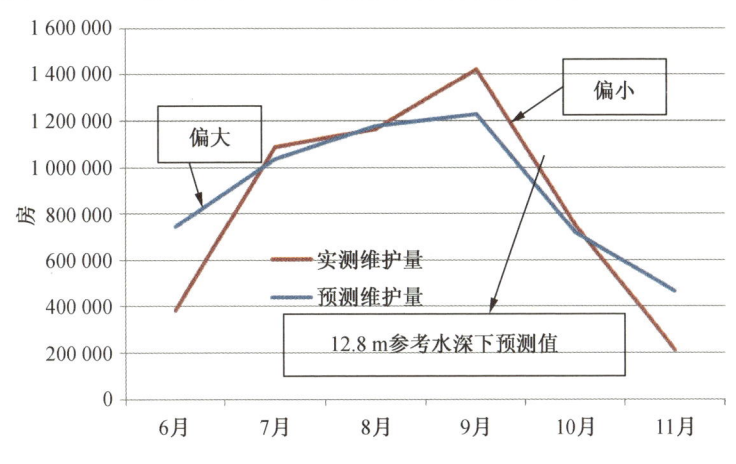

图5.1-36 各月实测维护量与预测维护量比较

根据福北水道各月回淤强度，通过调整维护量计算参考水深，可以使得预测维护量更加接近实测，这里维护量计算参考水深的选择见表5.1-7，计算结果参见图5.1-37。

表5.1-7 不同月份的维护量预测计算的参考水深

说明	7—9月	其他月份
维护量计算参考水深	12.9 m	12.7 m

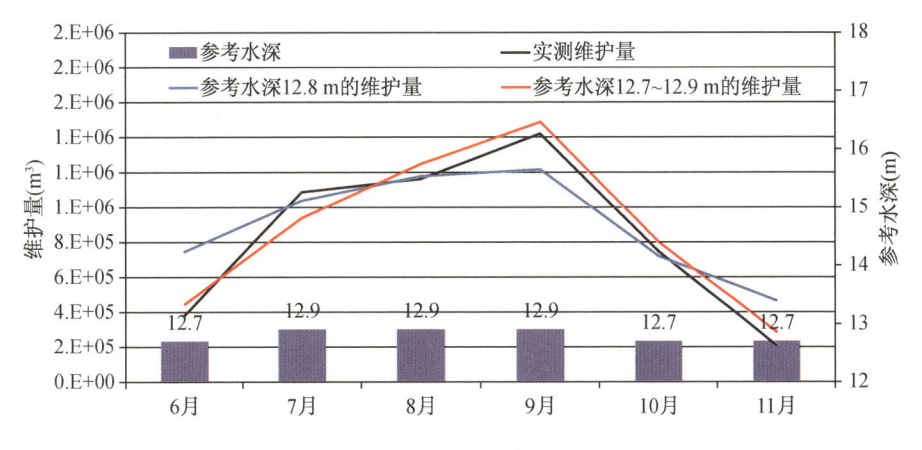

图5.1-37 不同参考水深计算值与实测值比较

从计算结果来看(表 5.1-8),不同月份下航道淤积强度不同,因而采用不同维护量计算参考水深条件下的维护量预测值和实际更为接近,与采用固定维护量计算参考水深的预测航道维护量相比,前者可减少预测维护量约 3.9%,进而使航道水深尽可能接近考核水深且避免不必要的维护疏浚。

综上,福北水道段航道维护量预测的最佳参考水深在 12.7～12.9 m,且随着淤强和维护量增加取大值,反之取小值。

基于上述分析,可见减少航道维护量的施工组织方案的优点在于:

①明确了航道维护与航道回淤量的差异,建立了维护量与回淤量、水深的关系;

②采取本方案预测得到的维护量较小、航道水深更加接近于考核水深,且总量能满足施工维护的需求,尽量避免增加过多的维护量和引起不必要的水深增加。

表 5.1-8 优化前后预测维护量变化幅度统计表

说明	参考水深 12.8 m	参考水深 12.7～12.9 m
预测维护量	537 万 m³	516 万 m³
变化百分比	—	−3.9%

5.1.3.3 应用示范

1. 福北航道维护的应用与示范

本项目的研究成果在福北航道维护中的应用主要有两种形式:

① 通过给南京以下 12.5 m 深水航道维护施工单位——长江南京航道工程局提交维护量预测数据的形式,预估月度航道维护量,提供施工力量安排的指导。

② 通过定期参加月度工程例会的形式,参与到航道维护施工的组织管理工作中(图 5.1-38)。

图 5.1-38 研究成果的应用(参加月度工程例会)

福北航道的预测维护量的计算结果与实测维护量的比较参见图 5.1-37,从计算结果来看,两者基本吻合。6—11 月预测总量误差约为 7.13%,总体精度较高;当航道维护总量较小时,预测误差百分比会偏大。

2. 长江下游南通至浏河口航道维护疏浚中的应用推广

基于上述参考指标及数模计算,预测了南通至浏河口航道 2018 年 10 月—12 月的理论最小回淤量。预测与实测结果参见表 5.1-9。

表 5.1-9　南通水道以下 2018 年第 4 季度预测与实际维护量对比表（单位:万 m³）

水道		10 月	11 月	12 月	合计	误差
浏河	预测值	32.58	18.7	0	51.28	
	实际值	32.6	0	0	32.6	−57.30%
通州沙	预测值	21.36	18.38	16.37	56.11	
	实际值	39.6	4.78	16.6	60.98	7.99%
南通	预测值	28.08	26.69	17.22	71.99	
	实际值	66.4	18.74	21.1	106.24	32.24%
平均		—				19.51%

5.2　径潮流河段耙吸挖泥船高效节能技术

长江下游河口段受径流、潮流共同作用,径流与潮流强弱交替变化频繁,来水、来沙时时变化,航槽具有不稳定性,发生淤积的地点、时间以及淤积量具有不确定性,航道疏浚的点多线长面散。因此,在径潮流河段进行疏浚,不仅要提高疏浚船舶的施工效率,还要提高疏浚船舶的快速调遣和应急反应能力。此外,长江下游径潮流河段是繁忙的通航水域,通航船舶与疏浚船舶施工作业相互影响,存在安全隐患。为了降低风险,减小疏浚作业对通航的影响,需研制具有针对性的高效节能型疏浚装备,采用优化作业模式,提高施工效率的方式减少对周围环境的影响,同时最大限度地减少与通航之间的矛盾,降低施工成本。目前,疏浚船型主要有抓斗挖泥船、吸盘挖泥船、绞吸挖泥船以及耙吸挖泥船等。耙吸挖泥船为自航船型,调遣灵活,应急反应能力强,且作业过程由单船完成,对航道通航影响小,疏浚土的排放不受距离限制,且完全适应径潮流河段航道土质要求,同时考虑河段内疏浚强度大,对船舶效率要求高,故大中型耙吸挖泥船是本次研究目标船型的首选。

5.2.1 高效低阻挖掘系统

5.2.1.1 耙吸挖泥船耙齿快速切削土体机理研究

1. 耙齿快速切削土体过程中孔压变化规律研究

借助大型有限元软件 ABAQUS,模拟耙齿切削粉细砂动力学响应,分析土体切削过程中的孔压发展规律。

切削过程中土体内会产生负孔隙水压力,孔压发展变化如图 5.2-1 所示。耙齿开始起动时,土体负压区(剪胀区)集中在齿尖下后方位置,随着耙齿继续移动,负压区(剪胀区)向外向前扩展,最大负压区(剪胀区)逐渐上移,平稳切削阶段最大负压区(剪胀区)则位于齿尖的上方。

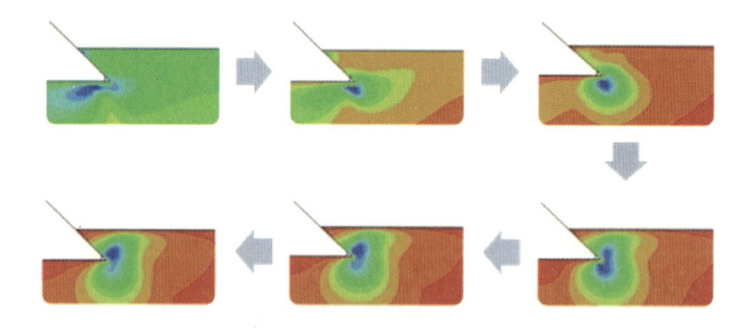

图 5.2-1 切削过程中孔压发展变化图

2. 耙齿切削土体物理模型试验

(1) 试验场地、耙齿类型以及相关仪器设备

试验在位于古翠路新建的疏浚水槽内进行。整个疏浚水槽长 118 m、宽 9 m、高 3.7~6.7 m,其中试验区长度为 100 m(如图 5.2-2 和图 5.2-3 所示)。试验区分为耙吸试验区(长度 52 m,高度 3.7 m)、绞吸与耙吸试验区(长度 31 m,高度 6.7 m)以及抓斗试验区(长度 17 m,高度 6.7 m),试验位置位于耙吸试验区。

图 5.2-2 疏浚水槽

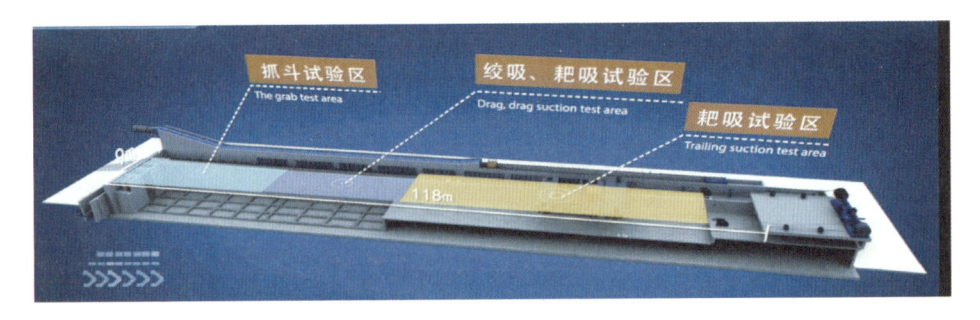

图 5.2-3　疏浚水槽分区情况

物理模型试验所采用的耙齿类型如图 5.2-4 所示,分别为板齿、犁齿以及半犁齿。

板齿　　　　　　犁齿　　　　　　半犁齿

图 5.2-4　模型试验耙齿类型

拖曳台车系统(如图 5.2-5 所示)为耙齿切削试验提供动力,最高速度可达 3 m/s,最大水平牵引力 140 kN。拖曳台车运行操作系统如图 5.2-6 所示,可对拖曳台车进行远程控制。

图 5.2-5　拖曳台车系统

在耙齿齿面不同位置进行钻孔,并在孔中放置孔压计来测量耙齿切削土体过程中孔隙水压力变化情况。本次试验在耙齿上共安装了 12 个孔压计,并对各

图 5.2-6　拖曳台车运行操作系统

个孔压计进行了编号,如图 5.2-7 所示。

试验过程中通过测力传感器(如图 5.2-8 所示)测量切削阻力,每个传感器的测量精度为±1 N,测量范围 10~20 000 N。

图 5.2-7　孔压监测点布设图　　　图 5.2-8　测力传感器布设

试验过程中通过如图 5.2-9 所示数据采集仪在采集孔隙水压力值的同时,进行切削阻力值的采集。

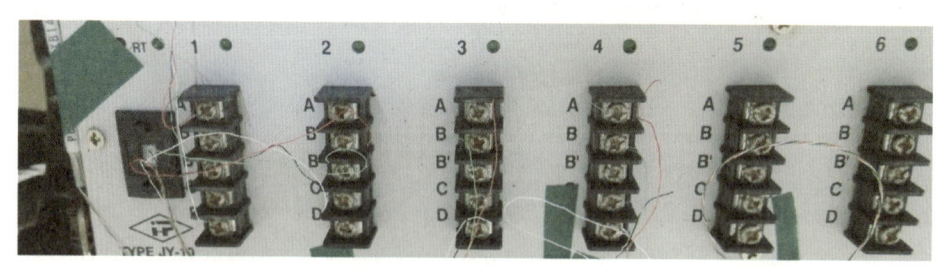

图 5.2-9　数据采集仪

(2) 现场土质分布情况及室内试验土制备

① 现场土质分布情况及本项研究所针对的土质

现场勘察资料表明,径潮流河段航道内由上而下土质大致为软—流塑状淤泥质粉质黏土、软塑粉质黏土、松散—稍密状粉细砂、中密粉细砂、密实粉细砂、软塑状粉质黏土夹粉土或粉质黏土、饱和密实中粗砂。本项研究所针对的土质为现场挖掘难度相对较大、装舱过程中不易沉淀的中密粉细砂。

② 室内试验土制备

在现场利用抓斗船抓取了长江径潮流河段的典型土质（如图5.2-10），并将抓取的土方利用泥驳运至实验室内开展相关试验研究。

图5.2-10 现场取土

将现场的土样运至实验室，开展物理模型试验前，先进行试验土的制备（制备过程如图5.2-11所示）；试验土制备系统底部有砂垫层和抽真空管路，土体初步铺设及整平后，再用无纺布、编织布及密封膜铺设，持续抽真空，进一步振捣密实，最后精细整平，开展挖掘测试，以达到与现场实际挖掘相近的土质条件。

图5.2-11 土体制备过程

（3）试验工况

本项研究以单个原型齿进行模型试验，对土体切削过程中齿面孔压分布规律及切削阻力进行系统的研究。根据工程实际结合实验室具体试验条件，在无高压冲水辅助挖掘的情形下，开展了不同切削角度、不同行进速度、不同切深以及不同齿型的模型试验（如表 5.2-3 所示）。

表 5.2-3 试验工况

工况	耙齿角度 α(°)	切土深度(cm)	速度(m/s)	所用齿型
1	60	8.0	0.5	板齿
2	60	8.0	1.0	板齿
3	60	8.0	1.5	板齿
4	60	8.0	2.0	板齿
5	60	6.0	1.0	板齿
6	60	10.0	1.0	板齿
7	60	12.0	1.0	板齿
8	45	8.0	1.0	板齿
9	75	8.0	1.0	板齿
10	90	8.0	1.0	板齿
11	45	8.0	1.0	犁齿
12	60	8.0	1.0	犁齿
13	75	8.0	1.0	犁齿
14	45	8.0	1.0	半犁齿
15	60	8.0	1.0	半犁齿
16	75	8.0	1.0	半犁齿

(4) 耙齿切削土体过程中孔压变化规律对比分析

对于板齿，孔压监测结果表明，越是接近耙齿底端的孔压计监测到的最大负孔压越大，随着监测位置逐渐向上，最大负孔压也逐渐减小。对比高度一致的两个监测孔的数据可以发现，板齿中间部分的最大负孔压要大于边侧部分的最大负孔压。

利用板齿进行不同切削角度切削土体时，随着切削角度的增加，最大负孔隙水压力也随之增加，最大负孔隙水压力与切削角度正弦值之间基本呈直线关系，拟合曲线见图 5.2-12(a)，二者关系符合下式：

$$y = -78.849x + 20.246 \tag{5-4}$$

利用板齿进行不同切削速度切削土体时，随着耙齿切削速度的增加，最大负孔压也随之增加，增加的趋势基本呈线性，切削速度与最大负孔隙水压力拟合曲线见图 5.2-12(b)，二者关系符合下式：

$$y = -25.14x - 23.81 \tag{5-5}$$

利用板齿进行不同切削深度试验，随着切削深度的增加，最大负孔压的增幅越来越大，最大负孔压随切削深度呈二次型曲线关系，切削深度与最大负孔隙水压力拟合曲线见图 5.2-12(c)，二者关系符合下式：

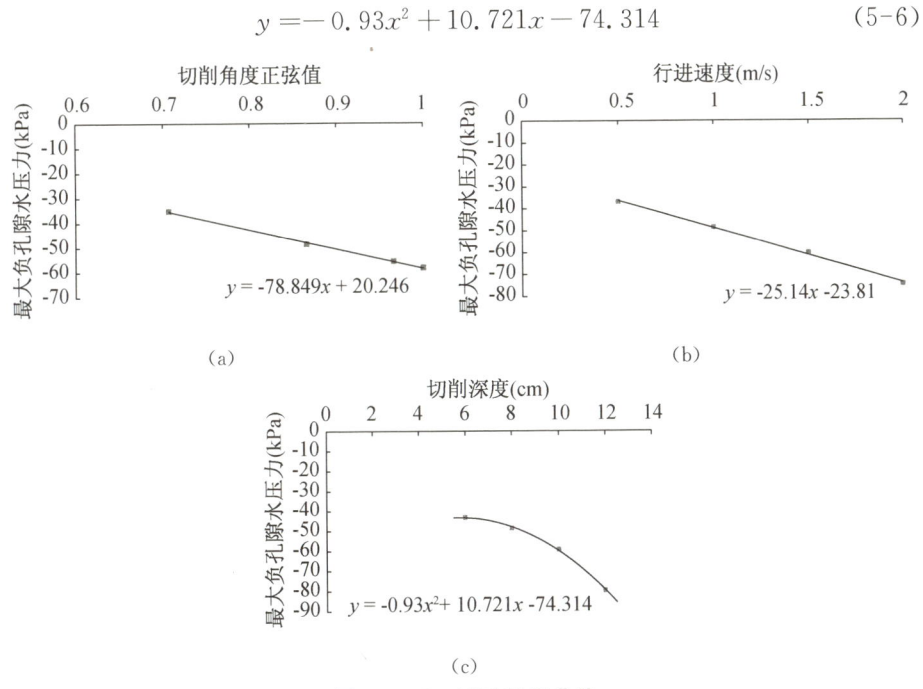

$$y = -0.93x^2 + 10.721x - 74.314 \tag{5-6}$$

(a)

(b)

(c)

图 5.2-12　试验结果曲线

对于犁齿与半犁齿，分别在接近齿尖与远离齿尖的位置设置了两个孔隙水压力监测孔，如图 5.2-13 与图 5.2-14 所示，它们的最大负孔隙水压力与切削角度关系曲线如图 5.2-15 所示，关系式分别为式(5-7)和式(5-8)。

图 5.2-13　犁齿孔隙水压力监测孔

图 5.2-14　半犁齿孔隙水压力监测

(a) 犁齿

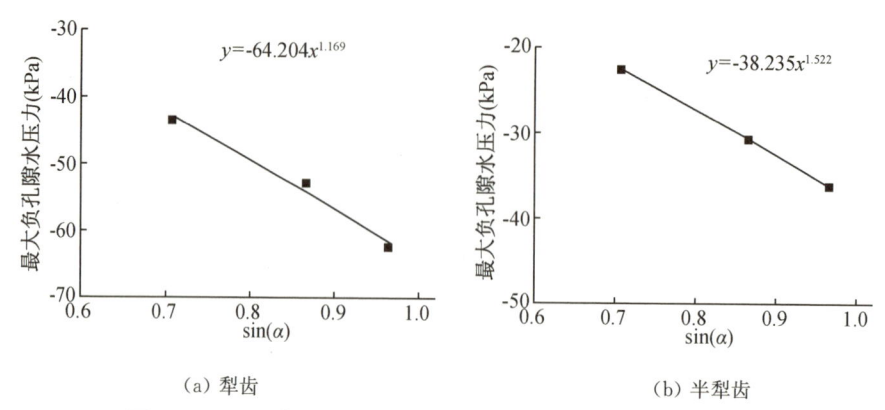

(b) 半犁齿

图 5.2-15　犁齿、半犁齿最大负孔隙水压力-切削角度关系曲线

通过对板齿、犁齿以及半犁齿孔压监测结果对比可以发现，共同点在于：越靠近齿尖，监测到的最大负孔压越大；孔隙水压力的负孔压先增大后减小，最终趋于稳定。差异点在于：对于犁齿，负孔压都是在某一位置突然出现，然后迅速增加到最大值，之后又缓慢减小到一个稳定值，对于板齿和半犁齿，负压逐渐增到最大值，之后逐渐减小，最终趋于稳定值；对于三种齿型，切削角度-最大负孔压拟合曲线符合不同关系式。

$$y = -64.204x^{1.169} \tag{5-7}$$

$$y = -38.235x^{1.522} \tag{5-8}$$

试验结果表明，越是接近齿尖的孔压计监测到的负孔压越大，随着监测位置逐渐向上，最大负孔压也逐渐减小。对比高度一致的两个监测孔的数据发现，中间部分的最大负孔压要大于边侧部分的最大负孔压。下面结合板齿试验工况 8 的试验结果，对孔压沿齿面的分布规律进行量化研究，孔压沿齿面分布规律见图 5.2-16。图 5.2-16 表明，越靠近齿尖，负压值越大，负孔压与距齿尖距离二者符合二次型曲线关系；在与齿尖距离相同情况下，越靠近耙齿中轴线，负压值越大。这也为降低耙齿切削阻力，提高耙齿切削效率提供了事实依据。

（5）耙齿切削阻力动态演变规律及其影响因素分析

对于板齿，切削阻力监测结果表明，随着耙齿前进，切削阻力首先逐步增大，达到一个极大值之后逐渐减小，最终在某一稳定值附近波动。

利用板齿进行不同切削角度切削土体时，随着切削角度的增加，最大切削阻力也随之增加，最大切削阻力与切削角度正弦值之间基本呈直线关系，拟合曲线见图 5.2-17(a)，二者关系符合下式：

$$y = 9.854x - 5.089 \tag{5-9}$$

利用板齿进行不同切削速度切削土体时，随着切削速度的增加，最大切削阻

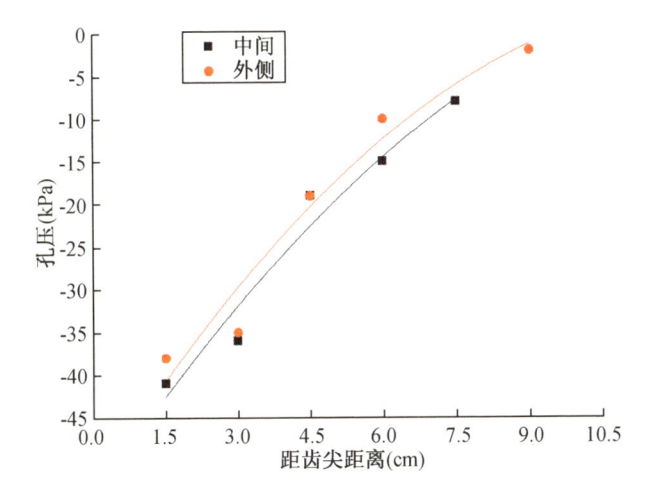

图 5.2-16　孔压沿齿面分布规律

力也随之增加,二者基本呈线性关系,切削速度与最大切削阻力拟合曲线见图 5.2-17(b),二者关系符合下式:

$$y = 3.222x + 0.085 \tag{5-10}$$

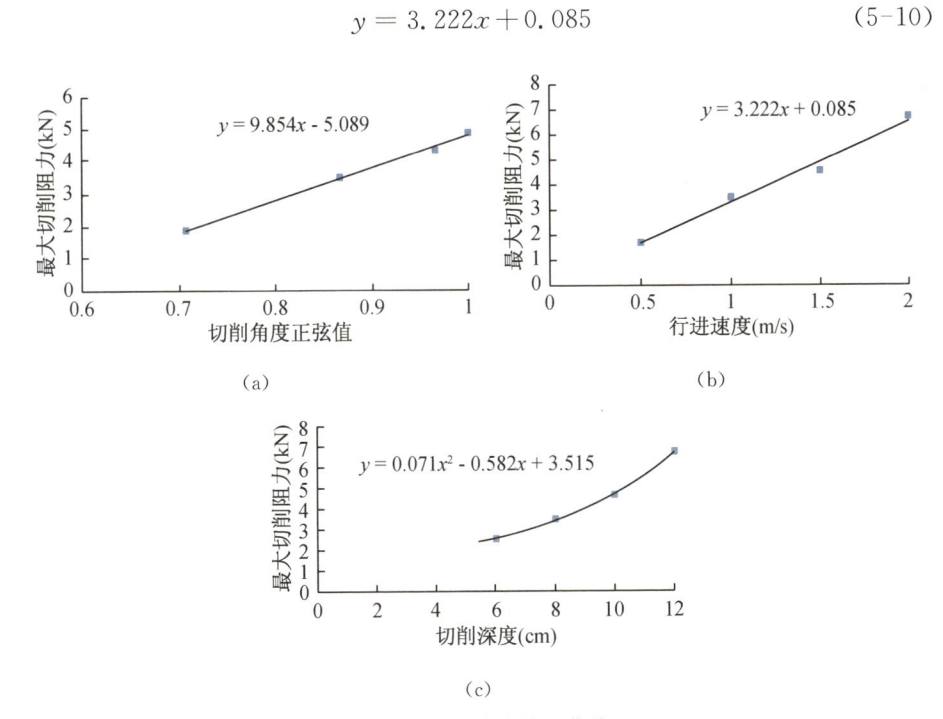

(a)

(b)

(c)

图 5.2-17　试验结果曲线

利用板齿进行不同切削深度切削土体时,随着切削深度的增加,最大切削阻力也随之增加。然而,随着切削深度的增加,最大切削阻力的增幅越来越大,二者呈二次曲线关系，切削深度与最大切削阻力拟合曲线见图 5.2-17(c)，二者关系符合下式：

$$y = 0.071x^2 - 0.582x + 3.515 \qquad (5-11)$$

本项研究主要针对板齿、犁齿以及半犁齿三种齿型，监测土体切削过程中切削阻力的变化情况，进而进行对比分析。共同点在于：在耙齿切削土体过程中，切削阻力先增大后减小，最终基本趋于稳定。差异点在于：在角度相同的时候，半犁齿的切削阻力要远远小于其他两种耙齿；犁齿、半犁齿切削角度-最大切削阻力拟合曲线[见图 5.2-18(a)与图 5.2-18(b)]符合不同关系式：

$$y = 5.307x^{1.986} \qquad (5-12)$$

$$y = 2.377x^{5.643} \qquad (5-13)$$

此外，试验结果表明，耙齿切削土体过程中，切削阻力越大负孔隙水压力越大。将上述所有试验数据的最大切削阻力与最大负孔隙水压力绘制成图，见图 5.2-18(c)。对试验数据进行拟合，发现二者基本呈线性关系，二者关系符合下式：

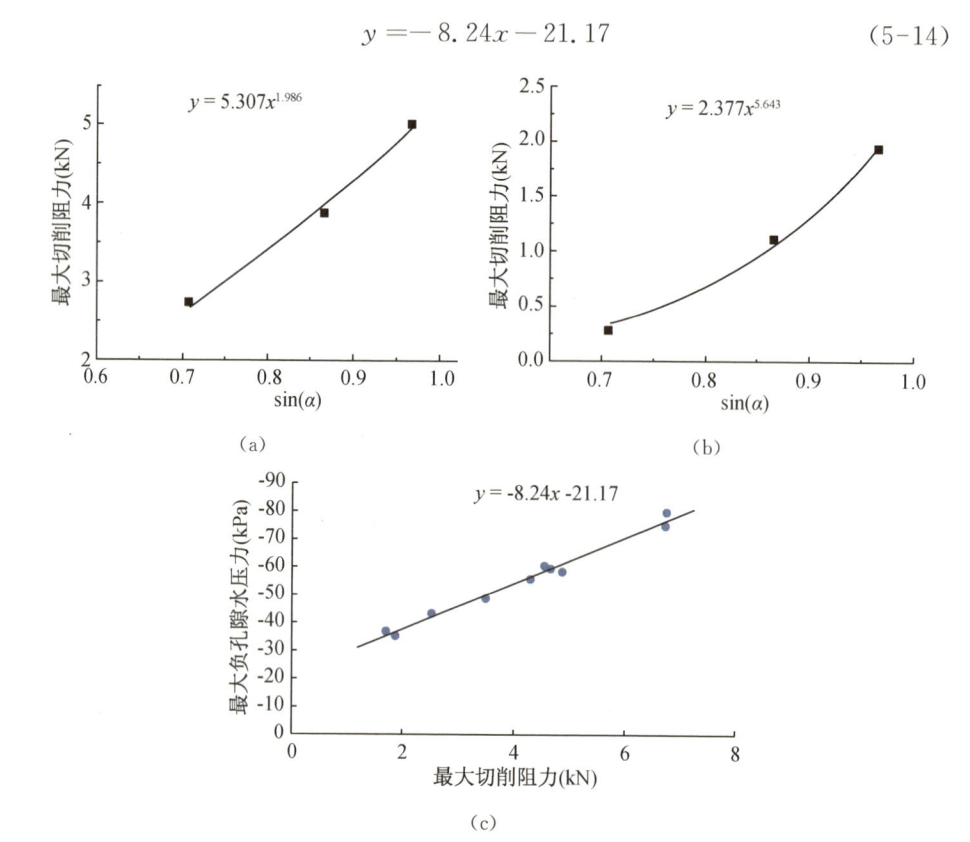

$$y = -8.24x - 21.17 \qquad (5-14)$$

图 5.2-18 犁齿、半犁齿切削试验曲线

3. 耙齿切削土体数值模拟计算

利用离散元软件 PFC(Partical Flow Code) 对耙齿切削土体进行了模拟计算，计算过程中通过改变切削角度、切削速度以及切削深度等参数来考查各因素对于土体切削过程的影响，并与试验结果进行对比分析。

（1）数值模拟计算模型的建立

建立的数值模拟计算模型如图 5.2-19 所示。

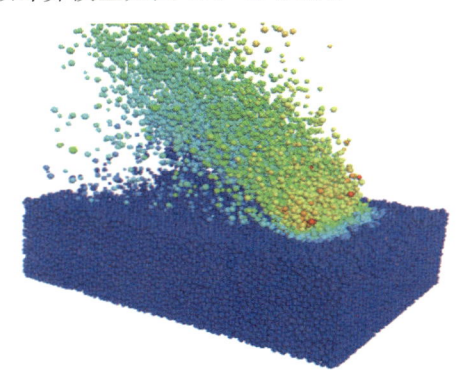

图 5.2-19 数值模拟计算模型

（2）数值模拟计算结果对比分析

数值模拟结果表明，随着切削角度的增加，耙齿的切削阻力也随之增加，切削角度越大，切削阻力的振荡越为明显。随着切削速度的增加，耙齿的切削阻力也随之增大，切削速度越大，切削阻力的振荡频率越快，振幅越大。随着切削深度的增加，耙齿的切削阻力也随之增大，切削阻力的振荡越为明显。

为了验证数值模拟结果的准确性，取数值模拟中的一组工况与相同试验工况的结果进行对比分析。图 5.2-20 分别为板齿、犁齿以及半犁齿的对比情况。总体看来，数值模拟计算结果与试验结果所体现的规律性是一致的，在缺乏试验条件的情况下，可通过数值模拟方法对切削过程进行系统的研究与规律性总结分析，进而用于指导耙齿的设计与施工。

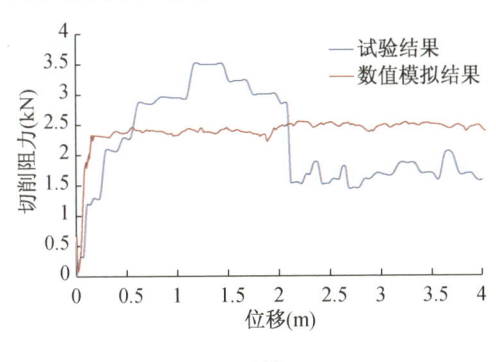

（a）板齿

(b) 犁齿

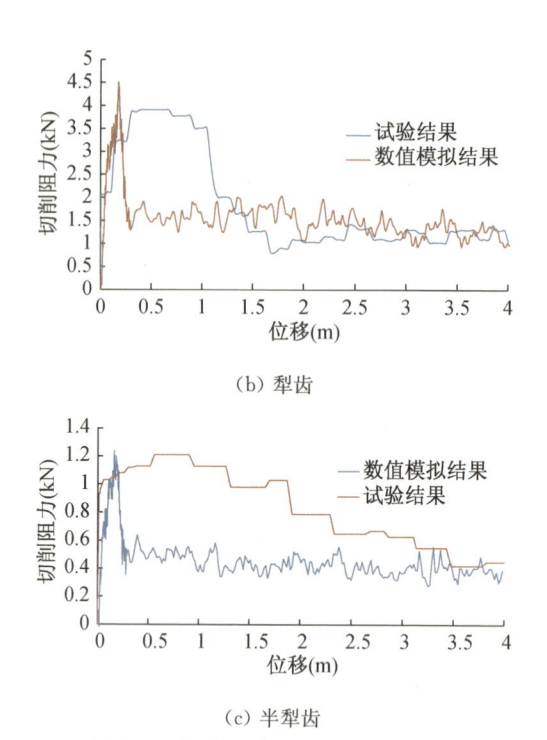

(c) 半犁齿

图 5.2-20　板齿、犁齿、半犁齿数值模拟结果与试验结果对比

5.2.1.2　高效低阻挖掘系统研制

（1）耙齿齿型优化改进

前述数值模拟计算以及试验结果表明，长江径潮流河段典型土质在切削过程中会发生剪胀，并且剪胀效应对于耙齿切削阻力具有较大影响。受耙齿剪胀效应影响明显的区域为 0.1 m 左右，越靠近齿尖和耙齿中线位置剪胀效应越明显，因此，在设计疏浚该类土质耙齿时，一是要解决耙齿贯入问题，二是要降低或消除剪胀效应，从而削减切削阻力。对此，将传统的板齿与半犁齿进行了优化改进，改进前后的对比见图 5.2-21。

(a) 优化改进前　　　　　　　　　　(b) 优化改进后

图 5.2-21　板齿、半犁齿优化改进前后对比

为了验证优化改进后耙齿的挖掘效果,在室内开展了对比性试验。试验过程中采用3个原型齿开展了4类齿型(传统板齿、改进后板齿、传统半犁齿、改进后半犁齿)的土体切削对比试验,试验过程中切削角度设置为45°,切土深度均为10 cm,切削速度均为1 m/s,高压冲水压力均为6 bar。试验过程中对3个耙齿的切削力进行实时量测,通过对中间耙齿切削力的大小对比来考查耙齿改进前后疏浚效果的优劣,每组试验重复开展3次,将结果比较接近的2组取平均值,试验结果如表5.2-4所示。

表5.2-4 不同类型耙齿切削阻力对比

耙齿类型	切削阻力(kN)	耙齿优化改进后切削阻力降低百分比(%)
传统板齿	3.10	——
改进后板齿	1.82	41.3
传统半犁齿	1.96	——
改进后半犁齿	1.62	17.3

上述对比分析表明,相同工况下,改进后的齿型切削阻力均较改进前有所降低。切削阻力由小到大依次为:改进后半犁齿＜改进后板齿＜传统半犁齿＜传统板齿。这说明改进后半犁齿的挖掘效果较好,可应用于长江径潮流河段土质的耙头设计与制作。

(2) 高压冲水喷嘴结构优化设计

为了研究射流的断面流速分布随喷距的变化过程,了解射流的基本特性,进行了射流数值的模拟计算,在将数值模拟结果与射流经典理论进行对比分析的基础上,提出较优的喷嘴选型方案。

模拟计算涉及六种类型(直管型、锥管型、10°锥-直管型、15°锥-直管型、20°锥-直管型和30°锥-直管型)的喷嘴,不同类型喷嘴断面流速半值宽和中轴线流速随喷距 x 的变化如图5.2-22与图5.2-23所示。从图5.2-22可看出不同类型喷嘴断面流速半值宽中,直管喷嘴最大,其次是30°锥-直喷嘴和锥管喷嘴,10°、15°和20°锥-直喷嘴比较接近且值均较小,其中10°锥-直喷嘴的半值宽最小。由于半值宽标志着一个断面上射流的集中程度,半值宽越小则射流越集中,与周围静止流体的掺混越少,用于冲刷的效果越好,因此10°锥-直喷嘴在射流集中度上要优于其他喷嘴。而图5.2-23表明,依据中轴线流速衰减速率,直管喷嘴和30°锥-直喷嘴衰减最快,其次是锥管喷嘴,20°锥-直喷嘴和10°锥-直喷嘴中轴线流速衰减较小,且比较接近理论曲线。

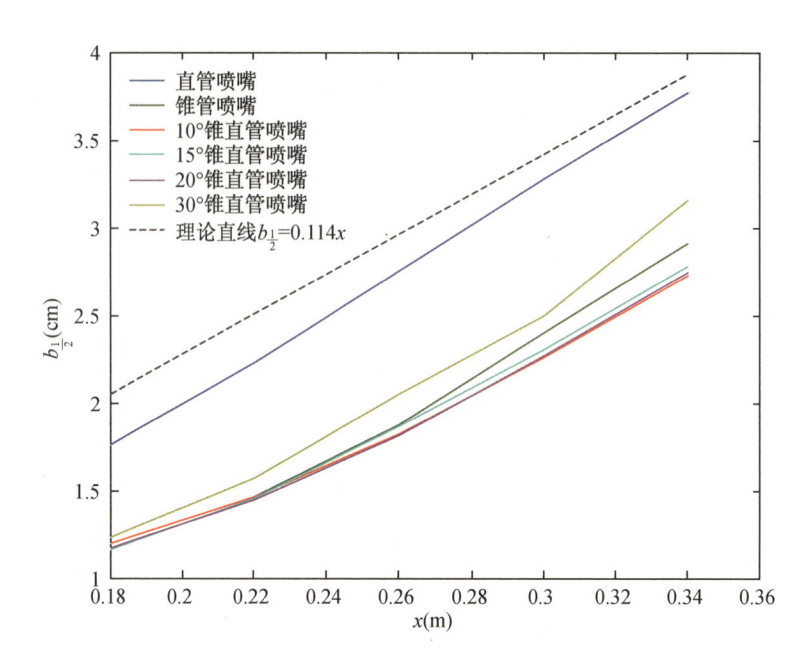

图 5.2-22　不同类型喷嘴流速半值宽比较

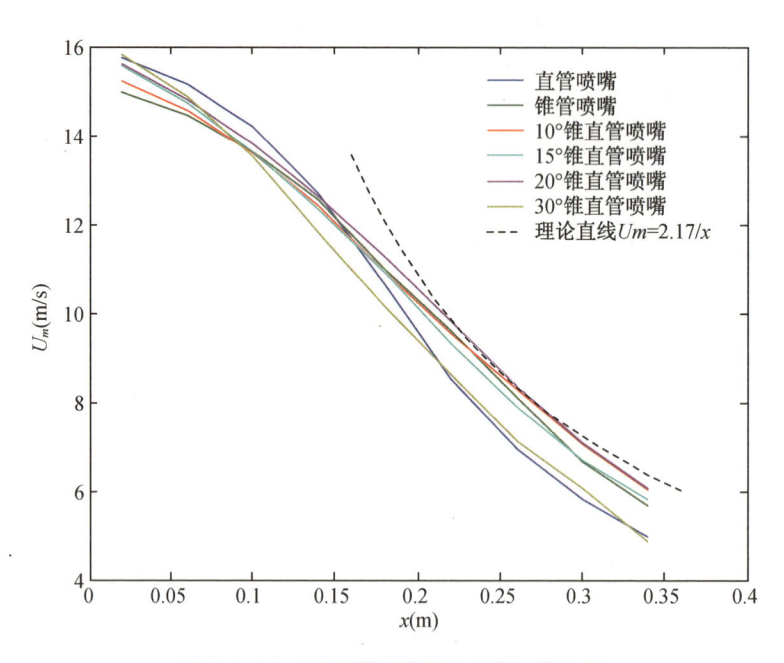

图 5.2-23　不同类型喷嘴中轴线流速比较

综合以上两个方面的比较情况,可以认为,锥-直喷嘴是比较理想的喷嘴。对于锥-直喷嘴,锥度越小,效果越好。

为了验证上述结论的正确性,在室内开展了物理模型试验,喷嘴型式分别采用 6.5°锥-直管型、9°锥-直管型、11.5°锥-直管型三种型式。图 5.2-24 为三种型式喷嘴射流情况。由图 5.2-24 可以看出,6.5°锥-直管喷嘴射流时水流更加集中,11.5°锥-直管喷嘴出水散射较明显。各类型喷嘴射流扩散角度及 5D 距离时扩散范围的对比见表 5.2-5。

通过上述研究成果,结合目前喷嘴实际设计与制造情况,采用(6.5°～10°)锥-直喷嘴型式的喷嘴较为理想。

(a) 6.5°锥-直管喷嘴 　　　　(b) 9°锥-直管喷嘴

(c) 11.5°锥-直管喷嘴

图 5.2-24　不同类型喷嘴射流情况

表 5.2-5　不同类型喷嘴射流扩散角度及 5D 距离时扩散范围对比

喷嘴类型	扩散角度(°)	5D 距离时的扩散范围(mm)	评价
6.5°锥-直喷嘴	1.73	34.26	最优
9°锥-直喷嘴	2.58	38.85	较优
11.5°锥-直喷嘴	3.56	43.74	较差

(3) 耙头内部结构优化设计

采用通用计算流体力学软件 Ansys Fluent 对耙头内流场进行模拟计算。

通过数值模拟计算,得到耙头内部速度场与流场分布规律,分别如图 5.2-25 和图 5.2-26 所示。耙齿高压水箱附近、活动罩附近及耐磨块上方位置流速均较低,并且产生了较大的漩涡。这些区域的存在,对泥浆的流动有不利影响,造成能量的耗费,从而影响耙头作业效率。

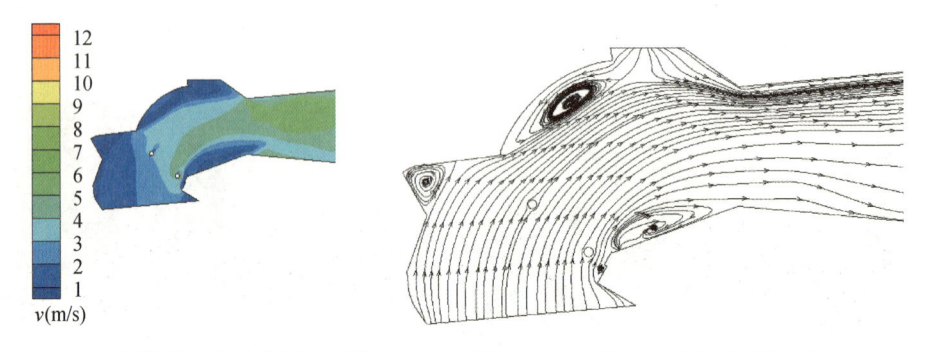

图 5.2-25　优化前耙头内部速度云图　　图 5.2-26　优化前耙头内部流线图

根据上述模拟计算结果,将耙头内流速均较低、漩涡较大的区域进行了改进,图 5.2-27 与图 5.2-28 为优化后耙头内速度云图及流线图。可以看出,优化改进后的耙头内部结构基本不存在明显的涡流区及低流速区,由此可以降低耙头内泥浆的流动阻力,从而降低能耗,提高耙头疏浚效率。

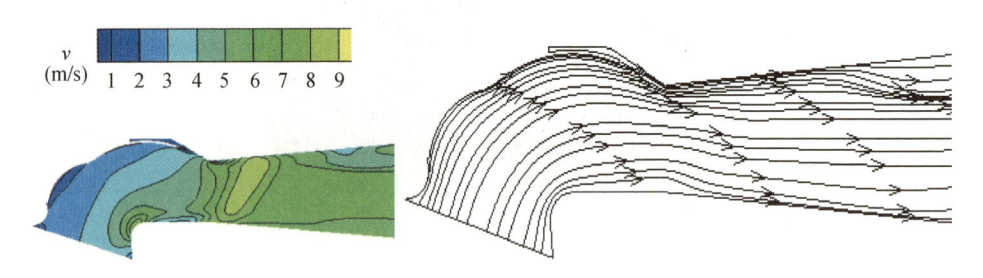

图 5.2-27　优化后耙头内部速度云图　　图 5.2-28　优化后耙头内部流线图

5.2.2　疏浚作业优化系统

5.2.2.1　耙头挖掘过程建模

(1) 耙头挖掘过程吸入流量分析与建模

对无间隙挖掘过程做分析,耙头挖掘过程中可采用如下体积平衡关系式:

$$Q_m = Q_p + Q_s + Q_j + Q_a + Q_f \tag{5-15}$$

式中:Q_m 为左右两个耙头各吸入混合物流量;Q_p 为耙齿切割时产生混合物供应量;Q_s 为高压冲水时松动土壤(沙)的供应量;Q_j 为高压喷头所产生的流量;Q_a

为周围的水流量;Q_f为通过阀门的流量。

(2) 耙头吸入密度预测模型

使用自动黑箱模拟法对密度进行模拟,黑箱模型用于实现对耙头的吸入密度进行估计,而进舱密度是直接在进舱口处进行测量的,即耙头密度的测量具有泥泵输送造成的延迟现象。要想准确的验证模型,必须充分考虑这种延迟情况。实测变量表示的模型如下:

$$\rho_i(k) = \rho_{i,meas}(k+\tau) = -a_{dh}\left(\frac{Q_i(k)}{1.6}\right)^2 + b_{dh}v_{sh}(k) + c_{dh} \quad (5-16)$$

式中:k为指时间的每个时刻值;τ为样本的延迟时刻值。

5.2.2.2 装舱模型及参数估计与率定

(1) 装舱模型

该模型有3个状态变量:泥舱中的总质量m_t,混合物在泥舱中的总体积V_t和沙的质量m_s。前2个状态根据传感器测量结果可算出(测量物理量分别为挖泥船的吃水和泥舱内的总高度),泥沙床的质量是无法测量的。

混合物的平均密度和泥沙床质量可根据以下公式求出:

$$\begin{cases} \rho_m = \dfrac{m_t - m_s}{V_t - \dfrac{m_s}{\rho_s}} \\ m_s = \rho_s A h_s \end{cases} \quad (5-17)$$

式中:h_s为泥沙床的高度;A为泥舱内横截面面积。

如果溢出的混合物自由通过溢流管,其流量Q_o由下式计算:

$$Q_o = k_o \max(h_t - h_o, 0)^{\frac{3}{2}} \quad (5-18)$$

式中:k_o为取决于溢流管形状和周长的不确定参数;h_o为溢流堰高度。

(2) 溢流密度(水-层模型)

前期试验表明,水-层模型的方差评估指标和平方和平均值指标最接近实际值,因此水-层模型的性能最佳,该模型更适合用于预估溢流量和溢流密度。

水的流量Q_w可用式(5-19)表达:

$$Q_w = A(1-\mu)v_{so}\frac{\rho_m - \rho_w}{\rho_q - \rho_w}\left(\frac{\rho_q - \rho_w}{\rho_q - \rho_w}\right)^{\beta} \quad (5-19)$$

对较低的溢流量Q_o,只有纯水在溢流时从水层中流出。但是,当$Q_o > Q_w$时,沙水混合物的流量并非为零:

$$Q_{ms} = \max(Q_o - Q_w, 0) \quad (5-20)$$

流出的密度 ρ_o 由两种流量混合后的结果得出：

$$\rho_o = \frac{\rho_{ms} Q_{ms} + \rho_w Q_w}{Q_{ms} + Q_w} \quad (5-21)$$

汤状混合物的密度可按 $\rho_{ms} = (h_m \rho_m - h_w \rho_w)/(h_m - h_w)$ 计算。但是，由于水层的高度 h_w 是未知的，于是，汤状混合物的密度 ρ_{ms} 等于全部混合物的密度 ρ_m。将 $\rho_{ms} = \rho_w$ 代入式(5.2.3-6)，便可通过式(5-22)得出溢流密度：

$$J(\phi) = \frac{1}{N} \sum_{k=1}^{N} [m_t(\hat{k}, \phi) - m_t(k)]^2 \quad (5-22)$$

方程式(5-19)、(5-20)和(5-22)构成了溢流密度 ρ_o 的水-层模型。

(3) 参数估计和率定

装舱模型中与土壤有关的参数有不受干扰的沉降速度 V_∞，侵蚀因子 k_e（用于计算泥沙床的高度），参数 β 和泥舱内沙床的密度 ρ_s。用于估计的信号是泥舱的总质量 m_t 和总容量 V_t。模型的方程表明泥舱总容量 V_t 与四种类型土壤的参数无关。泥舱内的总质量 m_t 取决于流出的密度 ρ_o，而该密度取决于四种类型土壤的参数，因此，使用质量来校准参数。

由于只使用泥舱总质量的实测数据 m_t 很难估计其中的某些参数，因此只需要选择那些对溢流密度乃至对总质量有较大影响的参数进行搜索。灵敏度较低的那些参数在参数的估计过程中保持不变。β 对总质量的影响很小，在此取 $\beta=4$，估算过程中保持不变。此外，由于对泥舱模型进行验证时采用长江口的数据，因此 ρ_s 设定为 1 750 kg/m³（疏浚过程中，操作人员的设定值）。因此，验证过程中通过二维模式搜索的方法只对使目标函数 J 最小的沉降速度 V_∞ 和侵蚀因子 k_e 搜索最优值。

5.2.2.3 疏浚作业优化系统及参数确定

(1) 采用遗传算法进行最优参数计算

本项研究以装舱效率最大化或单位时间内干土吨最大化为目标，用干土吨(TDS)定义产量，该值取决于总的装舱质量 m_t 和总的装舱体积 V_t，可用式(5-23)表示：

$$TDS(t) = \frac{\frac{m_t(t)}{V_t(t)} - \rho_w}{\rho_q - \rho_w} V_t(t) \rho_q = \frac{m_t(t) - \rho_w V_t(t)}{\rho_q - \rho_w} \rho_q \quad (5-23)$$

式中：ρ_w 为水的密度；ρ_q 为石英的密度。

国内的装舱过程大多数只有两个阶段：装舱和溢流阶段，而没有恒载重吨阶段。因此本研究也只考虑疏浚现场的疏浚时间 T_d，则整个周期的产量和目标函数为：

$$J(\cdot) = \frac{TDS(T_d)}{T_d} \tag{5-24}$$

式中：$TDS(T_d)$ 为疏浚时间（T_d）时的干土吨。

目标是使 $J(\cdot)$ 最大化，该值取决于溢流阶段结束时的质量和体积以及取疏浚时间 T_d。而质量和体积又取决于系统的输入量和干扰项。因此，为了计算目标值，装舱过程模型是必需的。

该优化问题的目的就是寻找使 $J(\cdot)$ 最大化的输入量和最佳的停止时间 T_d。通过许多输入序列对 $J(\cdot)$ 进行预测来完成此优化程序。由于存在着无限的可能性，因此很难发现最优序列。在数学上这将导致以下的约束优化问题：

$$\max_{T_d, u(t)} J(\cdot) \tag{5-25}$$

基于以下条件：

$$\begin{cases} \dot{x}(t) = f(x(t), u(t), t) \\ g(t(t), t) \leqslant 0 \\ h(u(t), t) \leqslant 0 \\ x(0) = x_0 \end{cases} \tag{5-26}$$

式中：$J(\cdot)$ 为目标函数；T_d 为停止时间；$x(t)$ 为系统的状态；x_0 为初始条件；$u(t)$ 为系统的输入；f 为非线性系统动态变量；g 和 h 为约束函数。

输入向量 $\boldsymbol{u}(t)$ 为：

$$\boldsymbol{u}(t) = \begin{pmatrix} V_{sh}(t) \\ \omega_p(t) \\ \alpha_v(t) \end{pmatrix} \tag{5-27}$$

式中：V_{sh} 为船舶航速；ω_p 为泥泵转速；α_v 为活动罩的角度。

状态向量 x 为：

$$\boldsymbol{x}(t) = \begin{pmatrix} V_t(t) \\ m_t(t) \\ m_s(t) \\ Q_i(t) \\ \rho_i(t) \end{pmatrix} \tag{6-28}$$

式中：V_t 为装舱的体积；m_t 为装舱的质量；m_s 为沙床的质量；Q_i 为流量；ρ_i 为进舱密度。

优化问题集中于周期产量的优化。用干土吨（TDS）定义产量，该值取决于总的装舱质量和装舱体积，干土吨的计算式（即目标函数）如式(5-29)。

$$TDS = \frac{\left\{Q_i\left[\left(\alpha_{dh}\left(\frac{Q_i}{1.6}\right)^2 + b_{dh}\nu_{sh} + c_{dh}\right)/1\,000\right] - Q_o\rho_o + m_0\right\} - \rho_w V_0}{\rho_q - \rho_w} \cdot \rho_q \quad (5-29)$$

式中：Q_i 为进舱流量；α_{dh}，b_{dh}，c_{dh} 为耙头模型中与土壤类型相关的参数；Q_o，ρ_o 为溢流流量和溢流密度；m_0，V_0 为装舱过程初始值；ρ_q，ρ_w 为已知量。

以上目标函数约束条件用数学公式表达如下：

$$\nu_{sh,\min} \leqslant \nu_{sh} \leqslant \nu_{sh,\max} \quad (5-30)$$

$$Q_{i,\min} \leqslant Q_i \leqslant Q_{i,\max} \quad (5-31)$$

根据遗传算法理论，在 Matlab 软件中编程实现基本遗传算法和非线性规划的函数寻优算法寻找该函数的最优解。遗传算法种群数目和遗传代数太小则很难找到最优解，过大则增加了算法寻优的时间；交叉概率和变异率过大则会破坏优化的个体，过小又很难产生新的个体。因此将遗传算法参数设置为：种群规模 100，进化次数 500，交叉概率 0.6，变异概率为 0.1，如图 5.2-29 所示。

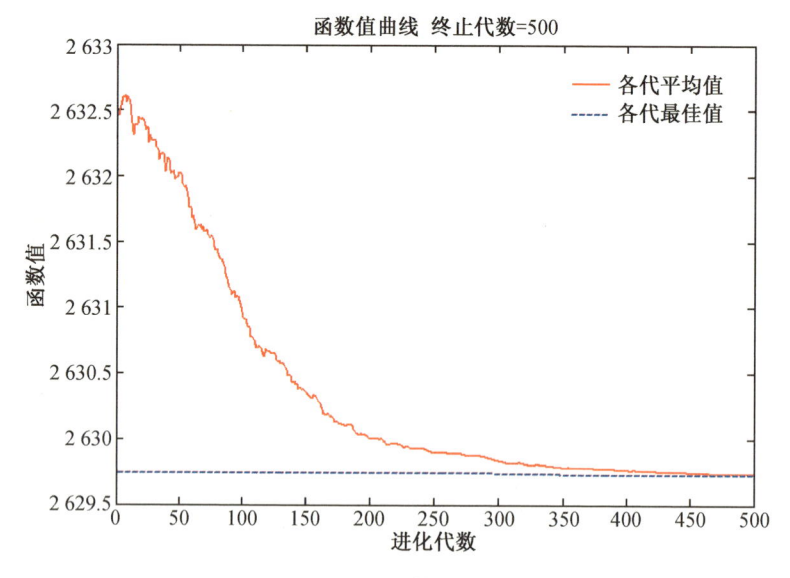

图 5.2-29 遗传算法优化过程

利用遗传算法并用现场数据进行参数校准，控制参数的搜索范围设置如下：航速[1.5,3]，泥泵转速[160,225]，耙唇角度[-5,5]。程序运行后收敛，结果得出最优参数值：航速为 1.54 kn，泥泵转速为 224 r/min，耙唇角度为 -0.47°。

将实测数据和计算出的控制参数用于疏浚模型，模型输出结果如图 5.2-30 至图 5.2-32 所示。

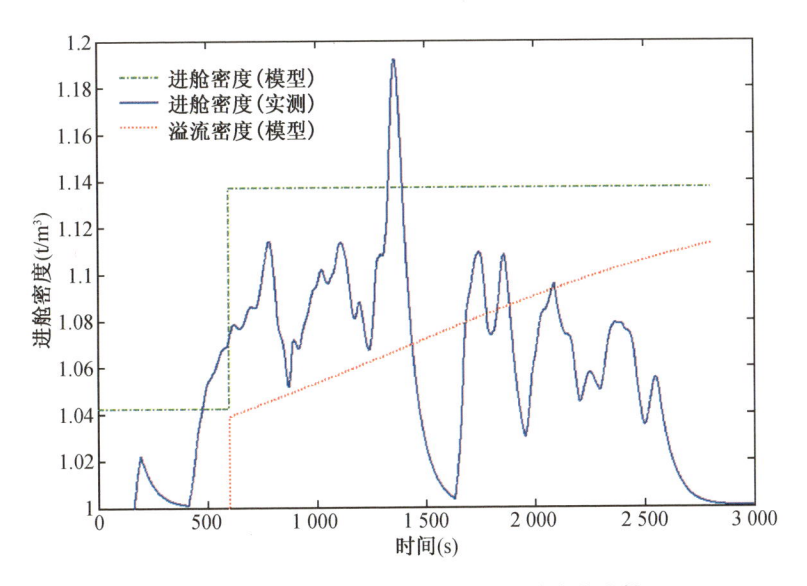

图 5.2-30　进舱密度实测值与模型输出值比较

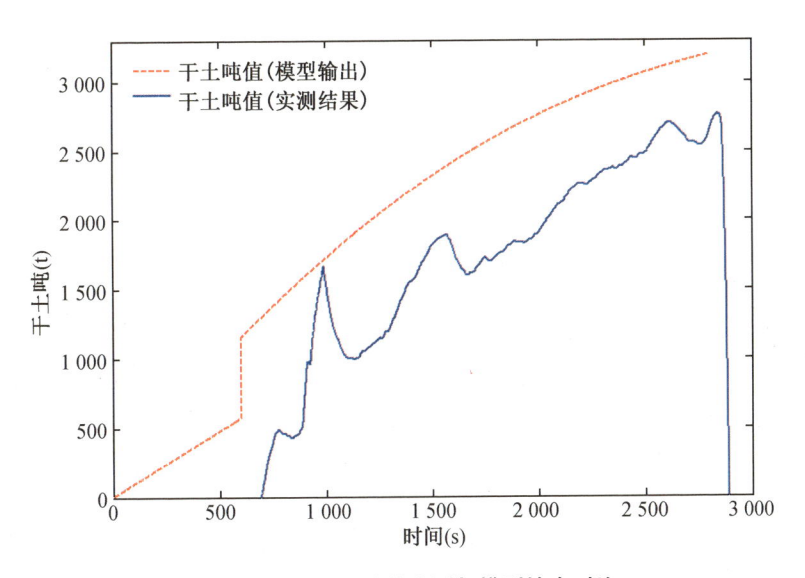

图 5.2-31　干土吨值实测与模型输出对比

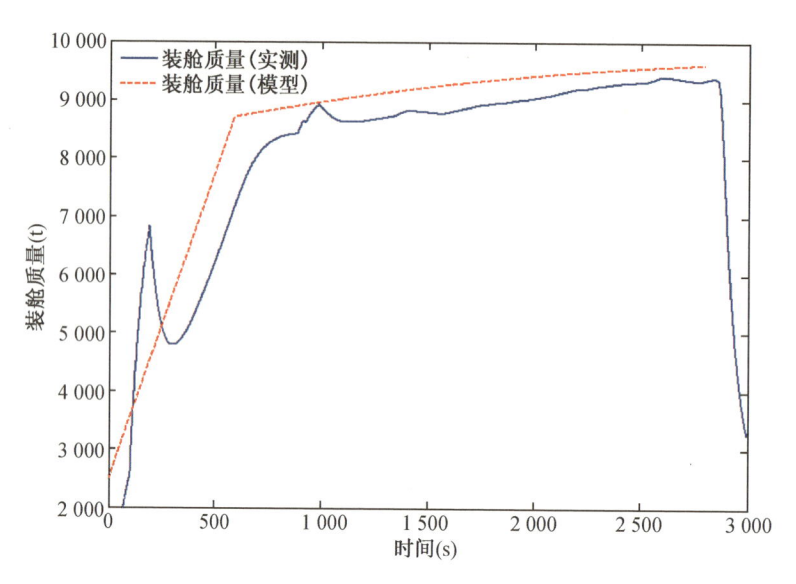

图 5.2-32　装载质量实测与模型输出对比

由图可以看出，把经遗传算法优化后的参数用到模型中，计算出的干土吨产量明显高于实测值，结果显示能够有效提高耙头吸入密度，增加干土方产量，提高耙吸挖泥船疏浚效率。

（3）疏浚作业优化系统

参考耙吸挖泥船 SCADA 系统界面和国外"一人桥楼"的界面设计风格，研发了耙吸挖泥船疏浚作业优化系统（界面如图 5.2-33 所示）。该系统可实现疏浚过程中相关参数的显示和优化分析，并可获取历史最佳施工周期及其对应的施工参数。此外，该系统可根据施工参数曲线跟踪界面指导操作人员，按最佳施工工艺进行操作，无限接近最佳周期的施工状态，从而有效地提高疏浚效率。

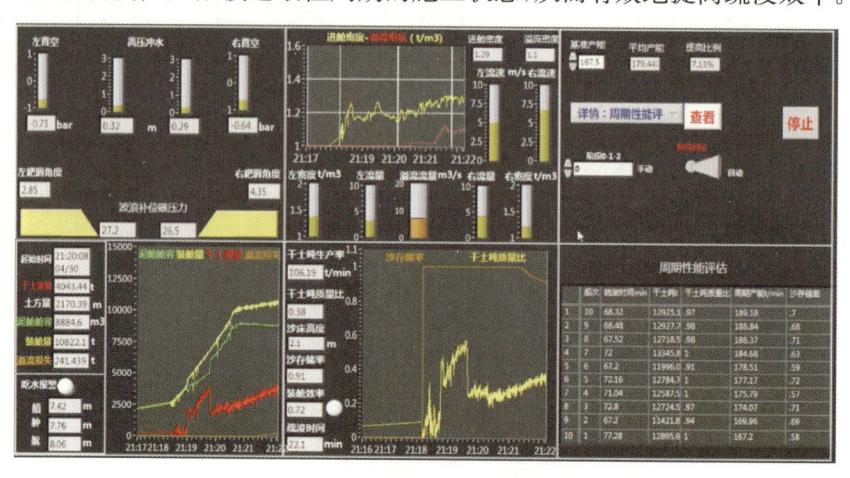

图 5.2-33　耙吸船疏浚作业优化系统界面

5.2.3 动态监管与远程支持技术

5.2.3.1 3D视景仿真技术研究

1. 疏浚仿真技术研究

（1）超大地形动态生成技术

耙吸船主要的工作环境包括水下地形及耙头对地形的动态影响效果。平台环境特效主要包括海面效果、水下环境效果、航迹效果、植被效果和附属建筑。3D平台模块上开发海洋环境效果，进行参数定制UI实现对流速、折射、反射、能见度和浪高调整的效果；实现海面的起伏，物体在海面上的倒影，水下物体的折射，太阳在海面上产生的粼粼波光以及大气中雾气的影响。

通过提供的测深文件进行三维地形重构、地质岩层模拟、地质断面剖切显示、耙头挖泥动作对地形作用、表面积体积测量、散点及等高线数据显示。

地形优化包括插值及渲染优化两部分：

① 浚前地形点间距为10 m级别，耙头宽度2.6 m，对地形做插值优化，完成耙头对地形影响的动态变形效果。

② 地形加载渲染优化，可实现动态分块加载，LOD优化，并能在优化基础上完成地形的测量及动态计算功能。

剖切效果图如图5.2-34所示。

图5.2-34 剖切效果图

地形进行距离、表面积、体积的测量显示。支持点与点之间的距离测量、多点多边形面积测量。

耙头与地形相互作用产生的变形效果，即挖泥过程对地形在深度和广度上的表现。通过对地形动态变化过程中的断面进行修补并显示，能够反映地质地层贴图纹理效果。

(2) 虚拟现实技术

虚拟现实技术英文名为 Virtual Reality(VR)，又称"灵镜"技术。VR 是一项综合集成技术，涉及计算机图形学、人机交互技术、传感技术、人工智能等领域。虚拟现实技术其原理是利用电脑模拟产生一个三度空间的虚拟世界，提供使用者关于视觉、听觉、触觉等感官的模拟，让使用者如同身历其境一般，可以及时、没有限制地观察三度空间内的事物。利用计算机生成逼真的三维视、听、嗅觉等感觉，使人作为参与者通过适当装置，自然地与虚拟世界进行体验和交互作用。使用者进行位置移动时，电脑可以立即进行复杂的运算，将精确的 3D 世界影像传回产生临场感。该技术集成了计算机图形(CG)技术、计算机仿真技术、人工智能、传感技术、显示技术、网络并行处理等技术的最新发展成果，是一种由计算机技术辅助生成的高技术模拟系统。虚拟现实技术具有多感知性、浸没感、交互性、构想性四大特征。

2. 耙吸挖泥船模型建模

模型采用专业的建模软件进行，部分区域要对模型进行精细建模。同时按照模块化的思想进行建模，建模模块划分如图 5.2-35 所示。

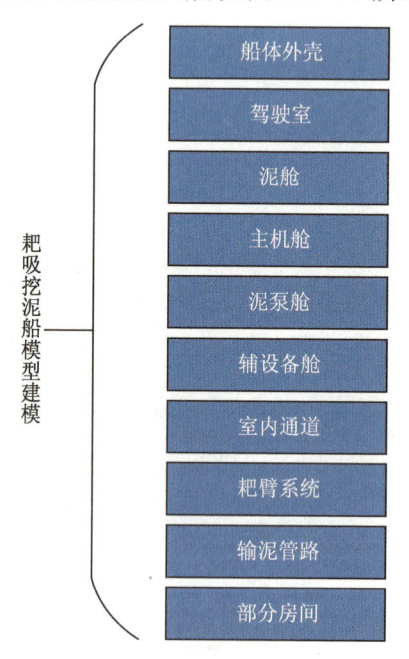

耙吸挖泥船模型建模
- 船体外壳
- 驾驶室
- 泥舱
- 主机舱
- 泥泵舱
- 辅设备舱
- 室内通道
- 耙臂系统
- 输泥管路
- 部分房间

图 5.2-35　模型建模主要模块

建模实现的效果如图 5.2-36 所示。

外部整体建模　　　　　　　　　耙头建模

图 5.2-36　仿真建模效果

3. 疏浚流程仿真

疏浚流程仿真主要完成装舱溢流、船舶操纵、耙臂运动、泥管输送、挖掘效率、高压冲水、波浪补偿器、海洋环境等各模块的建模和协同工作，疏浚流程建模是对疏浚工艺流程、控制规则的反应。

模型的输入主要来源于鼠标、键盘、SCADA 操作界面、系统设置参数，经过模型运算后，将结果反馈输出给虚拟现实系统、SCADA 系统或 DTPM 系统，产生视景和人机界面的变化，完全模拟实船效果。

耙吸船 3D 视景仿真系统不仅对耙吸船全部工作流程进行模拟仿真，还对每个设备的动作进行三维模拟。工作流程主要有备车、上线、放耙、挖泥、起耙、下线、航行、喷泥、挖泥、抛泥等主要工作流程进行定义。

具体循环流程如图 5.2-37 所示。

备车 → 上线 → 放耙 → 挖泥
↑   ↓
抛泥 ← 航行 ← 下线 ← 起耙

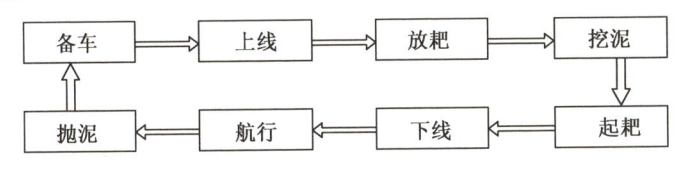

图 5.2-37　施工流程

另外，3D 视景仿真系统模拟完整的耙吸挖泥船施工工艺过程，即空载航行至挖泥区，减速定位上线下耙挖泥，通过离心式泥泵将泥土利用负压吸入泥舱内，满舱后起耙，航行到抛泥区，开启泥舱底部的泥门抛泥，抛泥完成后重新空载航行至挖泥区，进行下一循环的挖泥施工。对于耙吸挖泥船疏浚仿真建模主要涉及到地形地质、航速航向、船舶姿态、疏浚效率、环境等的建模。

耙吸挖泥船疏浚施工流程仿真主要实现的效果如图 5.2-38 所示。

图 5.2-38　疏浚施工流程仿真效果

5.2.3.2　动态监管及远程支持的实现

（1）基于 DTPM 进行耙吸挖泥船动态监管系统软件开发

基于三维耙吸船动态施工模型，开发了远程动态监管系统软件，结构如图 5.2-39。

基于 DTPM，采用 html、JavaScript、webGL 为开发语言，实现 GPS 信号采集以及与 SCADA 的通信，开发了数据航迹和剖面显示功能、水下地形 3D 动态挖掘显示、历史施工过程的回放和分析功能等，实现航迹和剖面、船位和水深等的实时显示，如图 5.2-40 和图 5.2-41 所示。

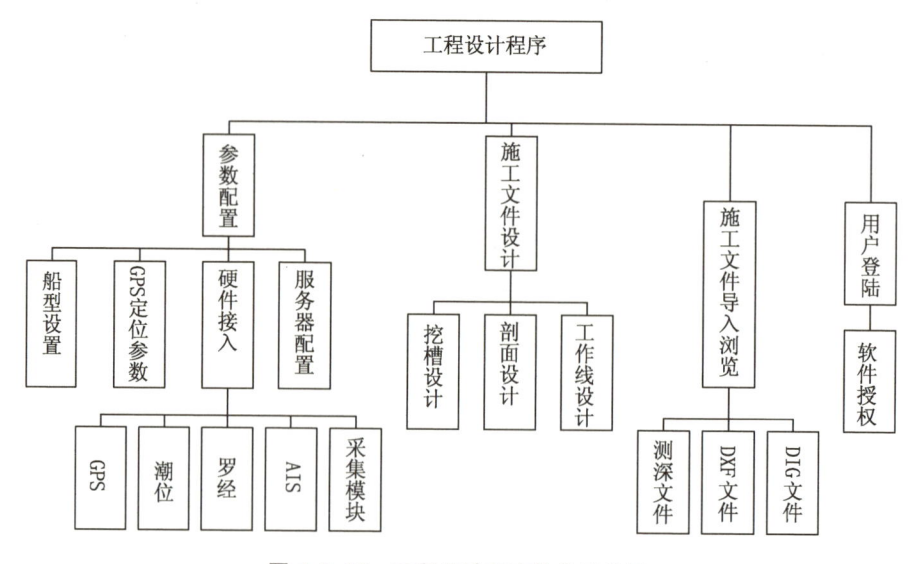

图 5.2-39　工程设计程序软件结构图

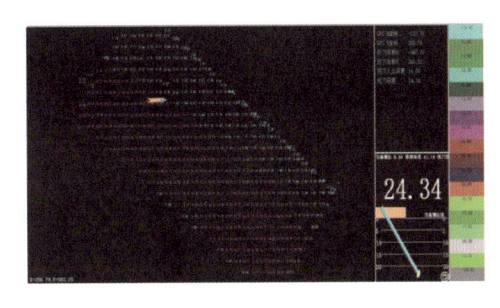

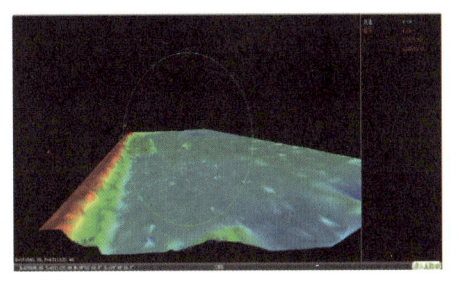

图 5.2-40　施工水深实时显示　　图 5.2-41　施工水域地形剖面实时显示

（2）基于 SCADA 系统对疏浚相关设备进行监控

基于 web 的远程监视，通过安装传感器采集设备或直接从施工系统中采集设备数据，采用 3G/4G 移动网络或卫星宽带等通信设备进行传输；开发通信软件，采用断点续传、多通信链路自动选择等技术将船舶施工作业和设备运行实时数据自动与岸上互传。

目前开发完成的功能包括：推进系统监控（界面如图 5.2-42 所示）、双耙施工监控（界面如图 5.2-43 所示）、配电系统监控、液压系统监控、锁紧液压系统监控、封水系统监控、甲板绞车监控、耙臂绞车监控、舱压载控制监控、溢流控制监控、泥门控制监控、冲水蝶阀监控、疏浚闸阀监控等，并对系统界面进行了设计与美化。

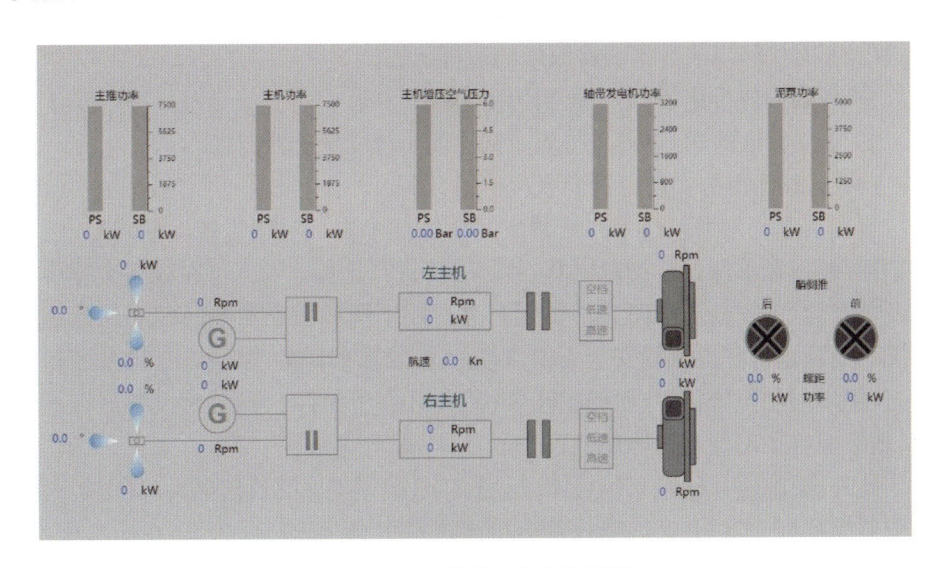

图 5.2-42　推进系统监控界面

设备监控系统通过任意接入指定内网或 Internet 的电脑，在浏览器下合法登录后，可实现以下功能：

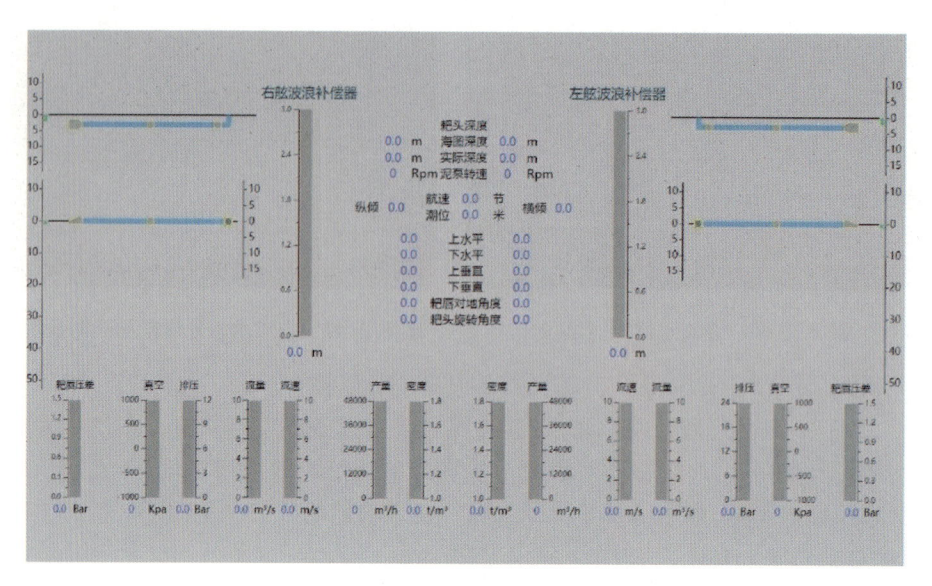

图 5.2-43　双耙施工监控界面

① 远程查看施工船舶当前的施工数据和施工状态(B/S 方式);
② 查看设备运行的相关数据;
③ 查看施工状态的相关数据;
④ 通过指定时间段,来实现回看该时间段内的施工情况;
⑤ 实时检测当前数据传输网络的运行状态;
⑥ 对数据进行记录,用于绘制历史曲线;
⑦ 建立标准的通信协议,与局域网内同协议程序交换数据。

(3) 远程支持的实现以及专家会诊的开展

运用卫星宽带通信技术和视频实时压缩技术实现对耙吸挖泥船船位、航迹和剖面、船位和水深以及关键机具、关键场所进行远程监管。可在视频数据中心服务器存储,并支持历史回放。实现对分布在不同的国家和地区的船舶的施工状况和设备运行状况进行安全集中监控,实现掌握船舶的生产状态、设备的运行状态,提供船舶预警警报(如船舶倾斜超限、船舶吃水不正常、关键设备运行不正常、耙吸船施工出现压耙等现象)。

此外,通过建立的专家信息库,运用文字、视频等即时通信工具,调用实时和历史监控数据,实现专家远程故障会诊或技术指导(图 5.2-44)。在会诊中心,可以从专家库挑选专家,发起远程会诊请求,高效利用高级人才资源,解决生产中的重大技术问题。

图 5.2-44　专家进行远程会诊

5.2.4　耙吸挖泥船高效节能技术应用

5.2.4.1　工程示范

(1) 现场情况

依托长江南京以下 12.5 m 深水航道二期工程后续基建疏浚（福北航道）及初通航道维护疏浚工程，开展了工程示范，施工范围为南通天生港区 32♯浮至江阴大桥。

所用的施工船舶为"新海虎 8"轮（如图 5.2-45 所示），总长 130.3 m，型宽 25.6 m，型深 9.2 m，全船总功率 14 153 kW，舱容 10 004 m³，双耙施工最大挖泥航速可达 5 km/h。

图 5.2-45　"新海虎 8"轮

(2) 疏浚挖掘系统的安装与调试

① 新型挖掘耙齿的安装

试验过程中用新研制出的半犁型耙齿将原有耙齿进行了替换,替换前后对比如图 5.2-46 所示。

图 5.2-46　耙头内原有耙齿及优化改进半犁型齿的安装

② 耐磨块高压冲水喷嘴的安装

通过研究发现,疏浚长江径潮流河段土质采用锥-直喷嘴效果更佳,该类型喷嘴直径与锥度均比传统喷嘴小,这样更有利于发挥冲刷及辅助破土的功效。

图 5.2-47　耐磨块高压冲水喷嘴的更换

③ 耙头内部结构的调整

工程示范过程中,参考前述研究结果,将耙头内流速均较低、漩涡较大的区域进行了改造,改造的部位如图 5.2-48 所示。改造后的耙头内部结构可以降低耙头内泥浆的流动阻力,从而降低能耗,提高耙头疏浚效率。

(3) 疏浚作业优化系统的安装与调试

① 操作台与 SCADA 服务器

操作台与 SCADA 服务器安装在"新海虎 8"轮右疏浚台上,方便监视和操作。

② PLC 与通信

PLC 安装在"新海虎 8"轮疏浚控制台前台内部,通过 TCP/IP 方式与原船 PLC 通信。

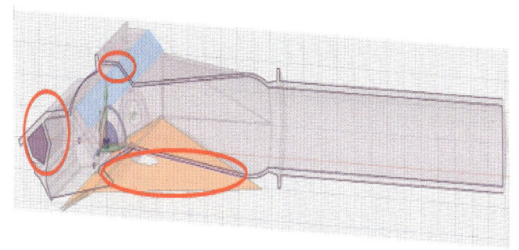

图 5.2-48　耙头内部改造部位及现场改造确认

③ 耙吸挖泥船疏浚作业优化系统

疏浚作业优化系统服务器安装在"新海虎 8"轮驾驶室 19 寸机柜中，如图 5.2-49 所示。

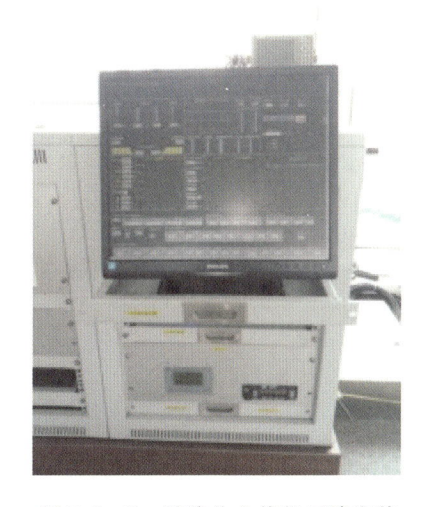

图 5.2-49　疏浚作业优化系统安装

5.2.4.2　应用效果分析及推广

（1）应用效果分析

针对长江径潮流河段土质，通过对耙吸挖泥船挖掘系统（包括耙齿齿型、耐磨块高压喷嘴以及耙头内部结构等）的优化改进，一方面可以提高疏浚产量、提升疏浚效率，另一方面可以降低挖掘阻力、降低能耗。专题组研发的耙吸挖泥船疏浚作业优化系统，可以获取历史最佳施工周期及其对应的施工参数，根据施工参数曲线跟踪界面指导操作人员，按最佳施工工艺进行操作，无限接近最佳周期的施工状态，从而有效地提高疏浚效率。

工程示范过程中对现有耙吸挖泥船挖掘系统以及装舱作业系统分别进行了

优化与改进，通过研发核心的疏浚技术、工艺和装备，形成适合径潮流河段深水航道的高效节能的疏浚装备及工艺技术。利用优化改进前后各20船次的实测数据，分别对各个效能参数进行比对。通过数据对比表明，效率提高了9%，能耗降低近10%。

（2）推广应用

"新海虎8"轮安装了改进后的耙齿耙头以及疏浚作业优化系统，于2019年至2020年先后在南通吕四港、舟山虾峙岛航道增深工程中得到应用，包括疏浚作业优化系统辅助和原船SCADA系统辅助等共计50余船次，总体而言，可大大降低人工成本，降低操耙手的使用率，同时施工效率整体提升9%左右，每船次挖抛吹时间均可大幅减少，经济效率较好。

2019年1月2日至2020年2月20日，南通吕四港航道工程，土质为粉土。完成疏浚作业优化系统辅助挖泥、抛泥功能试验和效能试验，完成自动优化挖泥8船次，手动挖泥8船次，自动优化抛泥10船次。航道工程现照片如图5.2-50所示。

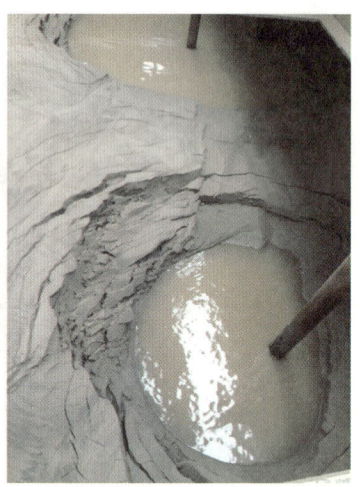

图5.2-50 南通吕四港航道工程现场照片

2020年3月10日至2020年4月29日，舟山虾峙岛航道工程，土质为粉细砂。完成疏浚作业优化系统辅助挖泥、抛泥功能试验和效能试验，完成自动优化挖泥11船次，手动挖泥11船次，自动优化抛泥15船次。

通过实船应用表明全自动疏浚系统在保证设备安全的前提下实现了挖泥、抛泥和吹泥的自动优化控制。通过手动控制与自动优化控制的施工数据比对表明自动优化控制在人工成本降低的同时疏浚效率更高。具体应用效能数据如下：

① 人工效益

以"新海虎8"轮为例:船上配备5名操耙手,2名施工员,采用自动优化疏浚系统后单从疏浚操作来讲上述5个操耙手均可节省,大大降低了人工成本。

② 疏浚效率

根据"新海虎8"轮实船试验的数据分析:挖泥平均约2 h的情况下,自动优化作业比手动作业可节约15~25 min/船次;吹泥平均约3 h的情况下,自动优化作业比手动作业可节约5~15 min/船次,施工效率整体提高约9%。工况条件允许的情况下,操作人员可减少,实现一人桥楼。

③ 经济效益

以"新海虎8"轮为例,平均年产值为1.5亿~2.0亿元,耗油量1万t以上,如果生产效率提高8%,则可以增加产值1 350万~1 800万元,经济效益非常可观。另外同种工况下能耗的明显降低将显著减少碳排放量,符合国家的节能减排政策。

5.3 本章小结

(1) 以福姜沙河段航道回淤为例,研究提出长江下游感潮河段航道回淤原因可归结于上游来水、来沙、周边活动滩体影响以及航道输沙能力沿程不协调这四方面。其中,周边活动滩体及航道输沙能力沿程不协调影响较大。以往,航道整治工程措施多关注航道沿程输沙能力不协调问题。本章基于航道泥沙来源,从控制周边活动滩体的角度开展航道减淤工程方案布置,提出了福姜沙河段航道减淤工程可围绕靖江边滩开展整治工程的方案设计,研究提出的减淤工程方案能达到预期效果。研究提出的采用"不同参考水深下最小维护量"的非工程减淤措施,可避免不必要的维护疏浚及回淤量的增加,该方法已成功应用到了12.5 m深水航道南京以下通白航段和福北水道航段,可实现基于疏浚维护非工程措施减淤的目的。

(2) 针对长江径潮流河段典型土质,选择应用最广泛的耙吸挖泥船作为研究对象,系统地开展了耙吸挖泥船耙齿切削土体机理研究、高压冲水喷嘴及耙头内部结构优化研究、疏浚作业过程自主寻优系统以及耙吸船实时动态监控和远程支撑系统研发,研制形成适合长江径潮流河段航道高效节能的疏浚装备,可有效提高耙吸挖泥船在该种工况下的总体效率,并能通过自主寻优和远程监控系统进行疏浚优化和故障诊断,对复杂工况开展远程技术支持。工程示范表明,耙吸挖泥船总体效率提高了9%,综合能耗降低近10%。该成果可推广应用到其他潮汐河道航道整治工程的设计、施工、维护中,为我国潮汐河口、内河航道综合整治开发提供技术支持和示范效应。

6

径潮流河段深水抛石成堤技术及稳定性评价

径潮流河段深水抛石成堤技术依托长江南京以下深水航道二期工程鳗鱼沙整治工程开展研究。散抛石潜堤为该工程主要整治建筑物，复杂动力条件下深水抛石成堤技术及稳定性指标确定成为工程实施的关键技术难题。

深水溜管在大型海洋工程中得到了广泛的应用，但是船舶改造涉及较大的成本，因此从节约工程总投资的角度考虑，目前潜堤仍部分采用散抛的施工形式。工程涉及段均为感潮河段，河段水流条件随着涨落潮实时变化，由于抛投后，块石会随着水体运移，因此抛石在河床定位困难。同时经现场查勘，运移的抛石均从新开山而来，级配差别较大，其在水体中沉降时自然分选，散落形态难以把握，影响到精准成堤。因此关于径潮流河段深水抛石成堤技术的关键问题为：群体抛投抛距及散落形态和径潮流作用下的抛距预报。重点研究内容为：群体抛投在水体中的运动过程，不同级散抛石级配在床面的散落形态；径流作用下抛石精细化施工作业窗口。

深水抛石堤的失稳表现在：长江下游感潮河段为冲积性河流，泥沙粒径较小，滩槽冲淤变化复杂，抛石堤基础多为软基，大规模的抛石加载可能引起地基的变形；感潮河段动力条件复杂且实时变化，河道的冲淤及坝头冲刷坑的局部形态均不同于单向流；同时坝体为散落堆积结构，坝体局部破坏可能导致整体坝体的塌落。因此关于散抛石坝体稳定性的关键问题为：施工加载期及运行期深水软基的变形过程预测，径潮流作用下坝体周边局部冲刷坑形态预测，坝体稳定性影响因素。主要的研究内容为：示范工程深水滩体水位位移及垂向位移现场监测，示范工程散抛石坝局部冲刷现场观测及原因分析，坝体稳定性指标的建立及应用。

6.1 深水抛石成堤技术

6.1.1 群体抛石落距确定

在室内水槽中开展单块石及群体块石的抛投试验,利用高速摄像机器全面追踪其沉降过程,辨析块石沉降物理图式,提出适用于感潮河段群体抛距公式,为施工窗口的开发提供基础。

6.1.1.1 试验概况

（1）试验场地及仪器

抛石落距试验在南京水利科学研究院大型变坡水槽完成。水槽长 42 m,宽 0.8 m,高 0.8 m,最大变坡可达 1∶60,可通过流量阀门以及尾门控制水深与流速。该水槽配备三维 PIV 激光测速系统、三维 ADV 测速仪以及水沙自动控制系统等仪器和设备。试验装置如图 6.1-1 所示。

为了保证试验过程中抛投石子的随机性,减少人为因素对试验结果造成的影响,使用六自由度机械爪(图 6.1-2)进行抛投试验,机械爪动力系统由 6 个伺服电机组成,可以实现前后、上下及左右抓取搬运。

为了解析抛石下落过程的全面物理图式,采用高度摄像机对抛石下落过程进程全过程追踪。试验采用 High-speed 高速摄像机,拍摄速度可至每秒 10 000 帧,以获取块石与水体相互作用的细节过程,根据块石的相对坐标,获取石子的相关运动特征参数。试验采用使用透水渔灯增强水槽光线,从而使高速相机更为清晰地记录石子在水体中的运动过程。

图 6.1-1　试验装置照片　　　　图 6.1-2　六自由度机械爪照片

为了便于辨析抛石的运动轨迹,在水槽底部与玻璃壁面标记刻度;机械爪安装在水槽上方的操作平台用于块石抛投,利用机械爪的上下移动来控制块石的抛高;高速相机安置在水槽侧面,用于记录块石的运动过程。

(2) 模型设计

抛石试验按照正态模型设计,根据现场水深及流速条件和水槽尺度及水动力条件,综合确定模型比尺为 1∶30。模型不仅需要满足几何条件相似,还必须满足水流运动相似,根据水流运动方程,应该满足的相似条件为:

重力相似:$\lambda_v = \lambda_L^{0.5}$

阻力相似:$\lambda_v = \dfrac{1}{\lambda_n}\lambda_L^{\frac{2}{3}}$

进而可得以下比尺:

糙率比尺:$\lambda_n = \lambda_L^{1/6}$

流量比尺:$\lambda_Q = \lambda_L^{2.5}$

时间比尺:$\lambda_t = \lambda_L^{0.5}$

将几何比尺代入以上各公式,得到相应比尺如表 6.1-1 所示。

表 6.1-1 模型比尺

序号	比 尺	符号	比尺数值
1	平面比尺	λ_L	30
2	流速比尺	λ_V	5.47
3	流量比尺	λ_Q	4 929.5
4	水流时间比尺	λ_t	5.47
5	糙率比尺	λ_n	1.76
6	沉降速度比尺	λ_ω	5.47
7	石块粒径比尺	λ_d	30

(3) 试验工况

扬中河段鳗鱼沙处流速为 0～1.5 m/s,水深约为 15 m,现场抛石采用 2 m×2 m 网兜进行抛石,块石粒径为 0.1～0.5 m,抛高为 0～3 m,根据模型相似比尺,确定试验块石粒径为 3～17 mm、水深为 0.2～0.4 m、流速为 0.2～0.3 m/s 以及抛高为 0～0.1 m。

对于单块石抛投试验,试验组次如表 6.1-2 所示,选取 4 种粒径块石在不同水深、流速、抛高组合条件下进行试验,试验块石近似椭球状,其等值粒径均大于 2.5 mm,满足阻力平方区相似条件。每组试验重复 3 次,其轨迹取多次重复试验的平均值,以减少水流随机紊动团对块石漂移的影响。为探明块石形状对抛距的影响,另选取相同质量,扁平型及细长型的石子进行抛石试验。高速摄像机全过程跟踪拍摄块石在入水前、入水时及入水后的运行轨迹,从而获得抛石在各运行阶段的位移、速度及加速度特征。

表 6.1-2　单块石试验组次

组次	块石粒径(mm)	水深(m)	流速(m/s)	抛高(m)
1	5.6	0.2~0.4	0.2~0.3	0~0.1
2	6.7	0.2~0.4	0.2~0.3	0~0.1
3	7.7	0.2~0.4	0.2~0.3	0~0.1
4	8.6	0.2~0.4	0.2~0.3	0~0.1

群抛试验包括均匀块石群抛及非均匀块石群抛试验。均匀块石群抛试验组次如表 6.1-3 所示,选取 3 种粒径块石在不同水深、流速组合条件下进行试验;非均匀块石群抛试验组次如表 6.1-4 所示,中值粒径保持不变,配置 2 种非均匀度群体块石,在不同水深、流速组合条件下进行试验。试验块石近似椭球状,试

表 6.1-3　均匀块石群抛组次

组次	块石粒径(mm)	水深(m)	流速(m/s)	抛高(m)
1	3	0.35	0.3	0
2	3	0.25	0.2	0
3	8	0.35	0.3	0
4	8	0.35	0.2	0
5	8	0.25	0.2	0
6	12	0.35	0.3	0
7	12	0.25	0.2	0

表 6.1-4　非均匀块石群抛试验组次

组次	中值粒径 D_{50}(mm)	非均匀系数 D_{90}/D_{10}	水深(m)	流速(m/s)	抛高(m)
1	8	6	0.35	0.30	0
2	8	3	0.35	0.30	0
3	8	6	0.35	0.20	0
4	8	3	0.35	0.20	0
5	8	6	0.25	0.20	0
6	8	3	0.25	0.20	0

验选择 6 cm×6 cm 的纱布模拟抛投网兜，每组试验重复 3 次，其轨迹取多次重复试验的平均值，以减少水流随机紊动团对块石漂移的影响。同样，高速摄像机全过程跟踪拍摄群体块石的各阶段的运行轨迹，从而获得抛石在各个运行阶段的抛落范围、抛落中心、速度及加速度特征。

(4) 图像处理技术

高速相机固定在玻璃水槽一侧，记录石子从抛落至水槽底部稳定后的全部过程如图 6.1-3 所示。由于石子的整个下落过程短暂，试验中高速相机拍摄频率设置为 200 fps/s，即每隔 0.005 s 取得 1 帧照片，可辨析块石运动轨迹。

图 6.1-3　块石下落过程图像

利用 Matlab 编写程序摘取每帧照片中块石的坐标，取得每帧照片中的块石坐标后，结合拍照时间间隔，计算块石下落过程的垂向沉速与水平速度。为了减少数据处理误差，保证下落过程瞬时特性的反映，采用相邻 4 帧图片求平均的方法获取块石速度及加速度。

6.1.1.2　块石沉降物理图式

(1) 单块石沉降过程

① 沉降形态

由于选取块石为非规则球体，其在水体中下落时，入水角度较大程度地影响着块石在水中的运动状态。通过对多组抛距随机性试验统计，形状效应与粒径有关，粒径小的块石，下落过程阻力较小，下落过程比较规律，形状效应较弱；而粒径较大的块石，下落过程中阻力较大，其入水角度的不同使得迎水面面积不同，下落过程更为复杂与多样，对运行轨迹影响较大，形状效应明显。块石在入水后的下落中，由于力矩的失衡，翻转是不可避免的，通过对多组抛距随机性试验统计，80% 的块石下落过程为翻滚着前行或者螺旋下沉前行，10% 的块石以摆动的形式顺水流方向沉落，此种沉落方式的落距一般较远，10% 的块石在入水时翻转使得最大截面面积一侧迎水,较为尖锐一侧垂直于水体,这时,因近水底的流速较小,块石会垂直下落,不再前行。为使试验下一步分析具有普遍性,下文分析中采用的抛距数据均指块石翻转下沉形态的情形。

② 入水初速度

图 6.1-4 和图 6.1-5 给出了一定抛高情形下入水前后的沉速过程,可见,针对不同的抛高情形,石子入水之前,速度呈增长趋势,入水前运动过程基本符合自由落体运动,也印证了本研究中图像处理方法的合理性。入水时,由于抛高较小,入水初速度不大,没有发现入水前后速度的突变,说明在现行的抛高条件下,可忽略石子入水瞬间冲量、动量相互转换造成石子速度的变化。

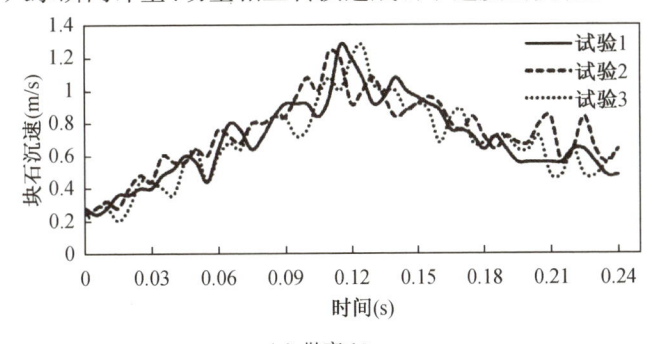

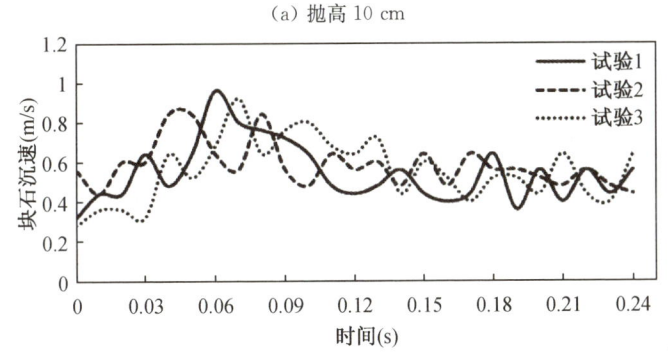

(a) 抛高 10 cm

(b) 抛高 5 cm

图 6.1-4 块石($D=5.6$ mm)入水前后速度变化

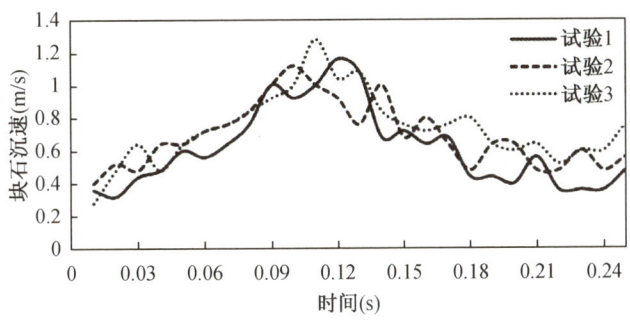

(a) 抛高 10 cm

(b) 抛高 5 cm

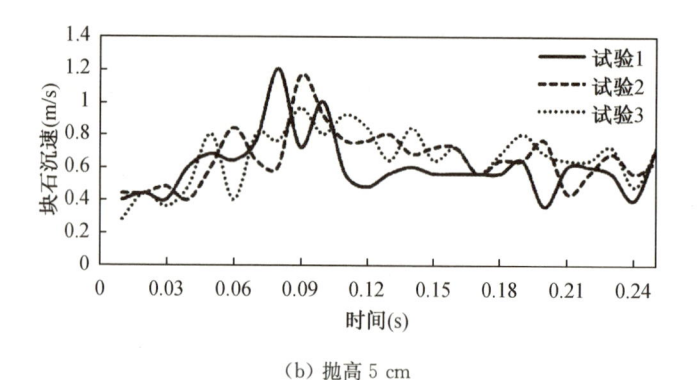

图 6.1-5　块石($D=8.6$ mm)入水前后速度变化

③ 垂向速度

图 6.1-6 给出了块石入水后其沉降速度随时间变化的过程,可见,块石在入水后,垂向经过短暂的变加速运动即可达到平衡的沉速,该变加速过程一般在 0.1 s 以内完成。块石稳定沉速与块石粒径相关,而与抛投高度无关,块石粒径越大,沉速就越大。

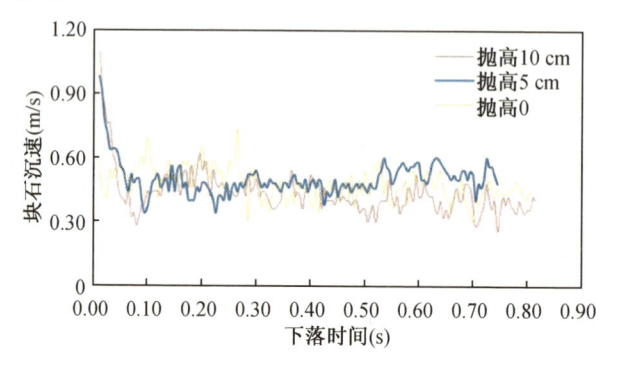

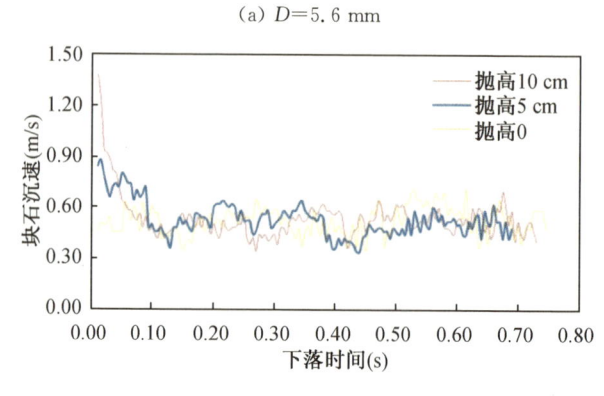

(a) $D=5.6$ mm

(b) $D=6.8$ mm

(c) $D=7.7$ mm

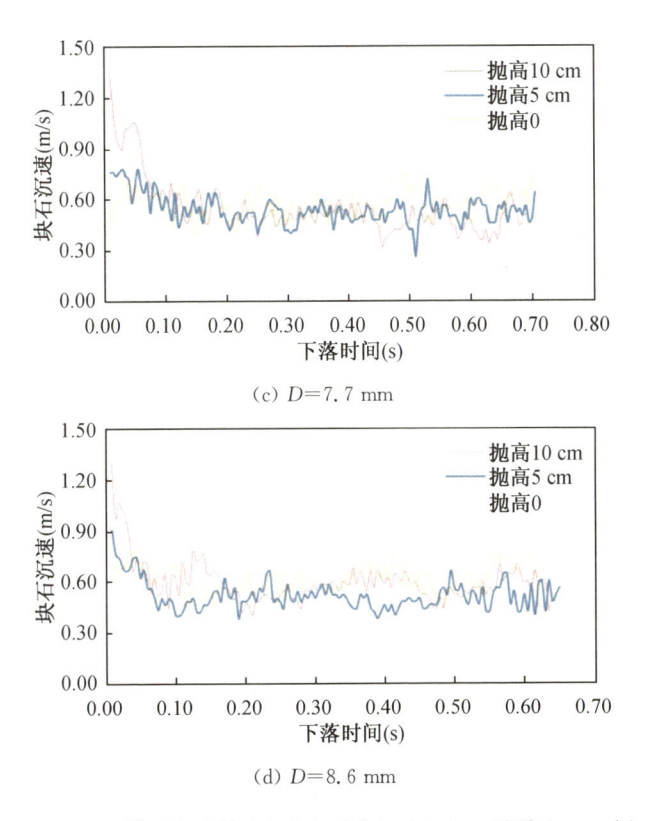

(d) $D=8.6$ mm

图 6.1-6　块石在水体中垂向速度(水深 0.4 m、流速 0.2 m/s)

④ 水平速度

图 6.1-7 给出了块石入水后其水平速度随时间变化的过程,可见,块石在入水后,水平向进行变加速运动,逐渐达到与水平流速近似的速度,直接沉降至床面,该变加速过程与块石的粒径有关,粒径越小,越易在较短的时间内完成加速

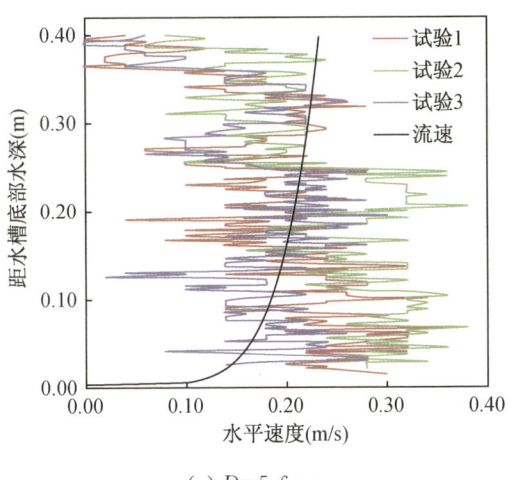

(a) $D=5.6$ mm

(b) $D=6.8$ mm

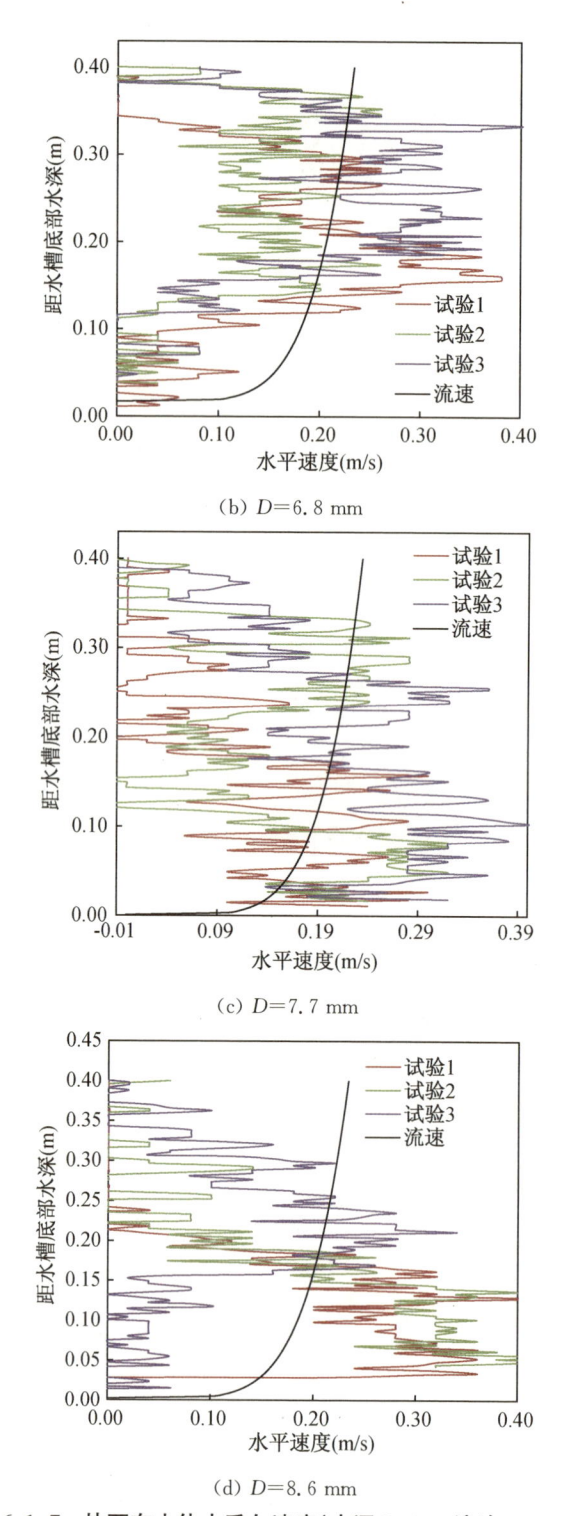

(c) $D=7.7$ mm

(d) $D=8.6$ mm

图 6.1-7　块石在水体中垂向速度(水深 **0.4 m**、流速 **0.2 m/s**)

过程。比如粒径为 5.6 mm 块石沉降 0.05 m 即完成加速过程,而粒径为 8.6 mm 块石沉降 0.2 m 才完成加速运动。

(2) 均匀群体块石沉降过程

① 沉降形态

图 6.1-8 给出了均匀块石群抛试验各阶段下落过程,当网兜向一侧倾斜时,石子开始从网兜倾斜方下落,群抛块石在刚接触水体时位置比较集中,进入水体后,因受到流速的影响,群抛块石开始逐渐扩散,呈三角带形状在水体中下落。

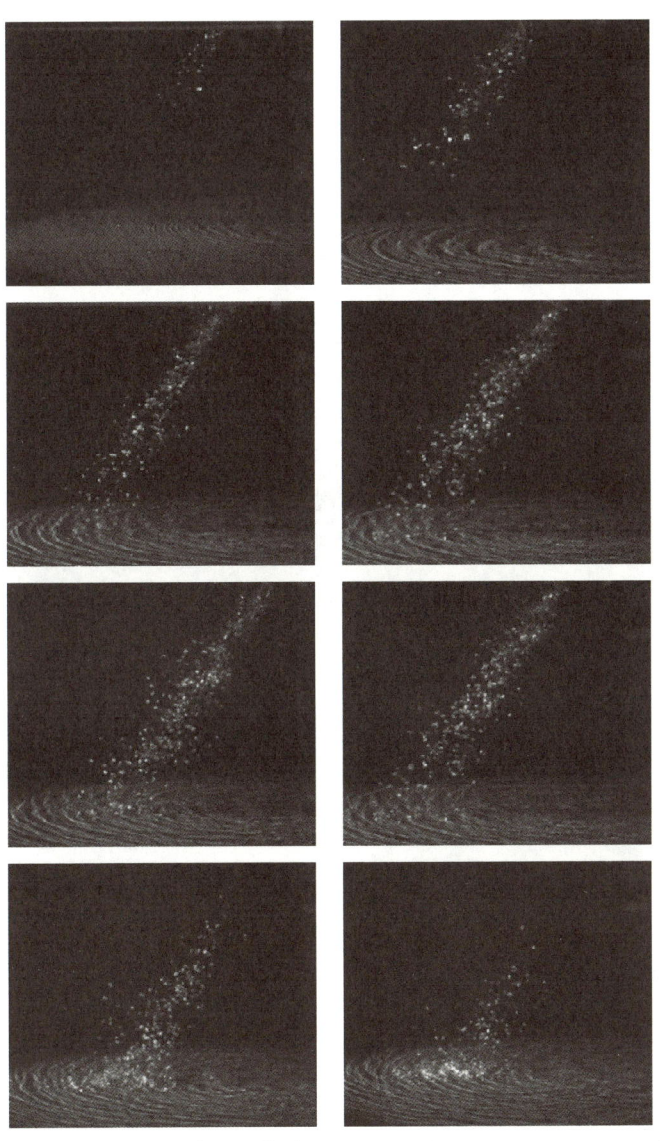

图 6.1-8　群抛均匀块石下落过程($d=3$ mm, $h=0.25$ m, $v=0.2$ m/s)

② 运动轨迹

图 6.1-9 给出了群抛块石下落轨迹,该轨迹取下落三角带的中线,可以看出,块石漂移轨迹基本呈线性,同一粒径条件下,随着水深及流速的增大,落距显著增大。同时,并与单块石下落轨迹进行对比,群抛均匀块石轨迹中心线与单个块石的轨迹基本一致。

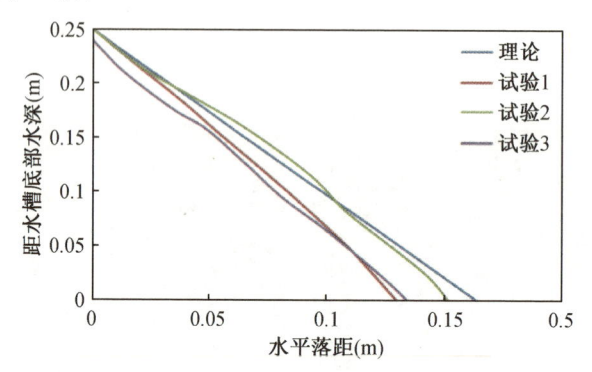

(a) 水深 0.25 m 流速 0.2 m/s

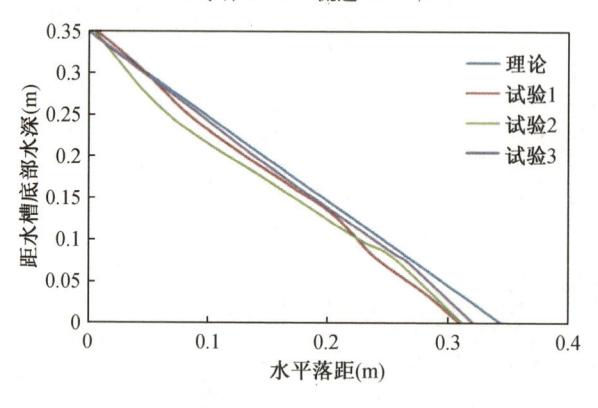

(b) 水深 0.35 m,流速 0.3 m/s

图 6.1-9　群抛均匀块石下落轨迹(粒径 3 mm)

③ 散落形态

群体均匀块石散落形态如图 6.1-10 至图 6.1-12 所示,同种粒径的块石在进行群抛时,块石抛距存在一定的散落范围,在散落区内端较为集中,外端较为分散;对比不同水深、流速、粒径情况下抛石散落情况,可得,流速、水深越大,块石的粒径越小,块石散落范围亦越大。

单块石落距与群抛块石中心落距如表 6.1-5 至表 6.1-6 所示,对比可见,均匀块石的群抛落距略小于单块石落距,整体差别很小,小于 10%,均匀群体抛投落距可用单块石落距代替。

(a) 水深 0.25 m 流速 0.2 m/s　　　　　(b) 水深 0.35 m,流速 0.3 m/s

图 6.1-10　群抛均匀块石散落形态(粒径 3 mm)

(a) 水深 0.25 m 流速 0.2 m/s　　　　　(b) 水深 0.35 m,流速 0.3 m/s

图 6.1-11　群抛均匀块石散落形态(粒径 8 mm)

(a) 水深 0.25 m 流速 0.2 m/s　　　　　(b) 水深 0.35 m,流速 0.3 m/s

图 6.1-12　群抛均匀块石散落形态(粒径 12 mm)

表 6.1-5　均匀群抛与单抛石落距对比($h=0.35$ m,$v=0.3$ m/s)

组次	粒径(mm)	群抛落距(m)	散落范围(m)	单块石落距(m)
1	3	0.33	±0.055	0.344
2	8	0.20	±0.040	0.210
3	12	0.165	±0.035	0.171

表6.1-6　均匀群抛与单抛石落距对比($h=0.25$ m,$v=0.2$ m/s)

组次	粒径(mm)	群抛落距(m)	散落范围(m)	单块石落距(m)
1	3	0.140	±0.043	0.16
2	8	0.094	±0.040	0.10
3	12	0.076	±0.034	0.08

(3) 非均匀块体沉降过程

① 沉降形态

图6.1-13和图6.1-14给出了群抛非均匀块石漂移形态,可见,在25 cm水深、0.2 m/s试验工况下,由于水深小,动力条件减弱,沉降过程中,水流对不同粒径块石分选作用较弱,加上群体之间的牵制作用,粗粒径漂移速度有所减弱,细粒径漂移速度有所增强,尽管粗粒径略先行着落,但总体散落带仍然呈三角形状;而在水深35 cm、流速0.3 m/s试验工况下,水深增大,动力条件增强,沉降过程中,水流对不同粒径块石分选作用增强,粗粒径漂移速度小,先行着落,细粒径漂移速度大,漂移更远的距离着落,散落带不再呈三角形状。

(a) $D_{90}:D_{10}=3$　　(b) $D_{90}:D_{10}=6$

图6.1-13　非均匀群抛过程($h=0.25$ m,$v=0.2$ m/s)

(a) $D_{90}:D_{10}=3$　　(b) $D_{90}:D_{10}=6$

图6.1-14　非均匀群抛过程($h=0.35$ m,$v=0.3$ m/s)

② 散落形态

图 6.1-15 和图 6.1-16 给出了非均匀群体块石散落形态。在水深小、流速较小的情况下，尽管块石存在非均匀性，但是散落范围整体仍较为集中。在水深大、流速较大的情况下，非均匀块石散落范围较大。对动力条件的大小可以通过块石抛距来反应，根据现有试验结果，当块石抛距大于 0.2 m，非均块石开始出现明显的分选。鉴于现场均为非均匀块石，因此施工现场抛石抛距大于 6 m 时，不适宜采用散抛的方式进行施工。

(a) $D_{90} : D_{10} = 3$　　　(b) $D_{90} : D_{10} = 6$

图 6.1-15　非均匀群散落形态($h=0.25$ m,$v=0.2$ m/s)

(a) $D_{90} : D_{10} = 3$　　　(b) $D_{90} : D_{10} = 6$

图 6.1-16　非均匀群抛散落形态($h=0.35$ m,$v=0.3$ m/s)

表 6.1-7 给出非均匀群抛散落中心点抛距统计，结果表明，在相同工况下，不同级配群抛散落中心点抛距结果几乎相同，且与群体中值粒径块石抛距相接近，说明级配对非均匀群抛散落中心点抛距影响较小，而对散落范围的影响较大。

表 6.1-7　非均匀群抛抛距($h=25$ cm,$v=0.25$ m/s)

组次	D_{50}(mm)	$D_{90} : D_{10}$	群抛抛距(m)	中值粒径块石抛距(m)
1	8	6	0.11	0.10
2	8	3	0.104	0.10

6.1.1.3　群抛石落距经验公式

(1) 垂向运动

上述分析表明，块石在垂向由变加速至匀速过程短暂，一般为 0.05~0.1 s，在总沉降时间的10%以内,随后保持匀速沉降。由于该粒径沉降周围流态位于紊流区,采用张瑞瑾公式、冈恰洛夫公式、沙玉清公式等进行计算,与试验结果相比较,如表6.1-8所示,张瑞瑾公式偏差5%以内,冈恰洛夫公式偏差5.5%以内,沙玉清公式偏差6.3%以内,因此推荐使用张瑞瑾公式。

$$张瑞瑾公式:\omega = 1.044\sqrt{\frac{\gamma_s - \gamma}{\gamma}gd} \qquad (6-1)$$

$$冈恰洛夫公式:\omega = 1.068\sqrt{\frac{\gamma_s - \gamma}{\gamma}gd} \qquad (6-2)$$

$$沙玉清公式:\omega = 1.14\sqrt{\frac{\gamma_s - \gamma}{\gamma}gd} \qquad (6-3)$$

表6.1-8 不同粒径块石垂向运动实测与经验公式的比较

组次	块石粒径(mm)	速度(m/s)	张瑞瑾公式	冈恰洛夫公式	沙玉清公式
1	5.6	0.464	3.9%	5.0%	2.7%
2	6.7	0.487	0.17%	0.34%	6.3%
3	7.7	0.547	5%	5.5%	0.83%
4	8.6	0.568	3.2%	3.8%	2.7%

(2) 水平运动

根据块石沉降的物理图式分析,水平运动方向变加速过程显著,需要予以考虑,因此詹义正、李薇等的分析思路更符合该物理图式,其主要的推导原理如下。

考虑水流垂向流速服从指数分布:

$$u = u_{\max}\left(1 - \frac{t}{T}\right)^m \qquad (6-4)$$

式中:$u_{\max}$为表面最大流速,T为块石从水面下落至水底的总历时。块石受到水平方向对其的推移力:

$$F = C_d \frac{\pi}{4}d^2\rho \frac{(u-v)^2}{2} \qquad (6-5)$$

其中水流的阻力系数C_d可以参照单颗粒泥沙绕流阻力公式。由于块石在水体中水平方向上做变加速运动,在水平方向上产生惯性力:

$$f = -(M' + \lambda)\frac{d(u-v)}{dt} \qquad (6-6)$$

其中 $M' = \frac{\pi}{6}d^3\rho_s$ 为石块的质量，$\lambda = \frac{\pi}{12}d^3\rho$ 为虚质量力，可以得到块石在水体中水平方向的动力平衡方程：

$$C_d \frac{\pi}{4}d^3\rho \frac{(u-v)^2}{2} = -(M'+\lambda)\frac{d(u-v)}{dt} \tag{6-7}$$

化简可得：

$$\frac{d(u-v)}{dt} = -\frac{3C_d}{4\left(\frac{\rho_s}{\rho}+\frac{1}{2}\right)d}(u-v)^2 \tag{6-8}$$

因为块石在水平方向做变加速运动，水流流速沿水深方向为指数分布，所以 C_d 应该沿水深而变化，类比球体在静水中沉降规律的研究。将 $(u-v)$ 看作某种沉速，将块石在水平方向运动受到的阻力与垂直方向运动受到的阻力在性质上等效转化，根据张瑞瑾公式，有效推移阻力系数可表达成 $C_d = \frac{M}{R_e^*} + N$，其中 R_e^* 为有效雷诺系数，$R_e^* = \frac{(u-v)d}{\nu}$，$M$、$N$ 为根据静水沉降资料近似确定的待定系数，分别为 24 及 0.24，可得到：

$$C_d = \frac{M\nu}{(u-v)d} + N \tag{6-9}$$

将 C_d 带入重新积分，得到块石在水平方向的速度及运动轨迹：

$$v = u_{\max}\left(1-\frac{t}{T}\right)^m - \frac{Bu_{\max}}{(B+Cu_{\max})e^{Bt}-Cu_{\max}} \tag{6-10}$$

$$X = \frac{u_{\max}T}{m+1}\left[1-\left(1-\frac{t}{T}\right)^{m+1}\right] + \frac{1}{C}\ln\frac{1-A}{1-Ae^{-Bt}} \tag{6-11}$$

其中，$A = \frac{Cu_{\max}}{B+Cu_{\max}}$，$B = \frac{3M\nu}{4\left(\frac{\rho_s}{\rho}+\frac{1}{2}\right)d^2}$，$C = \frac{3N}{4\left(\frac{\rho_s}{\rho}+\frac{1}{2}\right)d}$。

当 $t=T$ 时，即为块石在水体中的漂移距，m 取值为 1/6，M 取值为 24，N 取值 0.45，块石在水体中的漂移距表达为：

$$X = 0.857u_{\max}T + \frac{1}{C}\ln\frac{1-A}{1-Ae^{-BT}} \tag{6-12}$$

其中 $A = \frac{Cu_{\max}}{B+Cu_{\max}}$，$B = \frac{3M\nu}{4\left(\frac{\rho_s}{\rho}+\frac{1}{2}\right)d^2}$，$C = \frac{3N}{4\left(\frac{\rho_s}{\rho}+\frac{1}{2}\right)d}$，$m=1/6$，$T = \frac{h}{1.044\sqrt{\frac{\gamma_s-\gamma}{\gamma}gd}}$，$M=24$，$N=0.45$，$u_{\max}$ 为表面流速，h 为水深，d 为

粒径。

对于水槽抛石试验,流速为 0.2 m/s,水深为 40 cm,块石粒径为 0.009 0 m、0.012 9 m、0.015 3 m、0.017 2 m,可得 $R_e^* = \frac{(u-v)d}{\nu}$ 的取值范围在 1 800～3 400 之间,此时石子水平运动绕流状态属于紊流,根据球体 C_d-R_e^* 关系曲线,C_d 取值约为 0.45。对于现场抛石施工,水深为 20 m,流速约为 1.5 m/s,石子粒径为 0.113 m、0.278 6 m、0.416 2 m,此时可得 $R_e^* = \frac{(u-v)d}{\nu}$ 的取值范围在 160 000～620 000 之间,此时石子水平运动绕流状态属于紊流,根据球体 C_d-R_e^* 关系曲线,C_d 取值约为 0.45。可见,对于水槽试验及现场阻力系数均可取值为常数。从而可得块石在水体中水平向运动速度及运动轨迹:

$$v = u_{max}\left(1 - \frac{t}{T}\right)^m - \frac{u_{max}}{(u_{max}kt+1)} \quad (6-13)$$

$$X = \frac{u_{max}T}{m+1}\left[1 - \left(1 - \frac{t}{T}\right)^{m+1}\right] - \frac{1}{k}\ln(u_{max}kt+1) \quad (6-14)$$

其中 $m = 1/6$,$T = \dfrac{h}{1.044\sqrt{\dfrac{\gamma_s - \gamma}{\gamma}gd}}$,$k = \dfrac{3}{4}\dfrac{C_d}{\left(\dfrac{\rho_s}{\rho} + \dfrac{1}{2}\right)d}$,$u_{max}$ 为表面流速,h 为水深,d 为粒径。

实测及计算流速过程及位移过程如图 6.1-17 所示。对于流速分布而言,块石下落过程中,块石水平速度短时间内能够迅速增加至水流流速,随后与水流保持相近的流速,直至下落至床面。对于块石位移轨迹而言,由于水流存在随机紊动团,同时块石由于形状不规则,在下沉过程中不断地翻滚,在某一角度情形可能随机垂直下落一段距离,随后继续随着水流前行。总体来说,上述公式与实测数据趋势一致,因此还需要考虑块石形状带来的随机性影响。

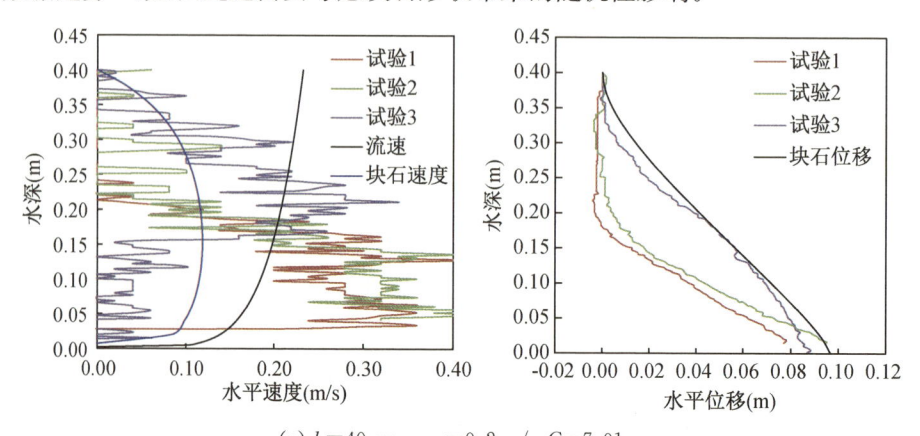

(a) $h = 40$ cm,$u_{max} = 0.2$ m/s,$G = 7.01$ g

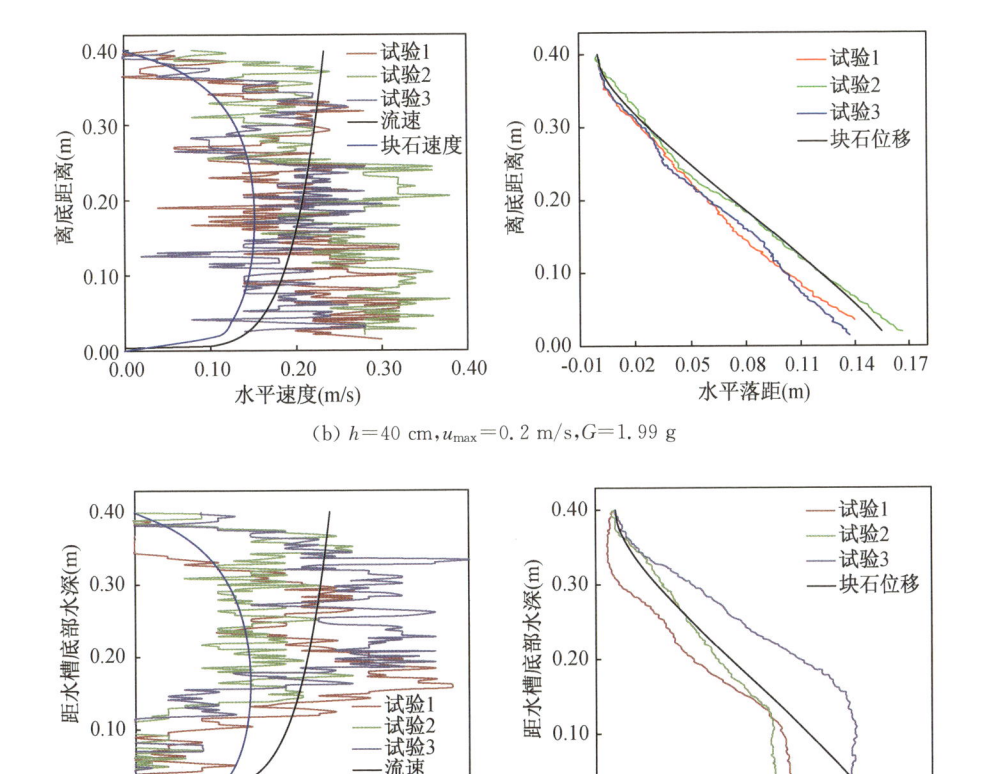

(b) $h=40$ cm, $u_{max}=0.2$ m/s, $G=1.99$ g

(c) $h=40$ cm, $u_{max}=0.2$ m/s, $G=3.44$ g

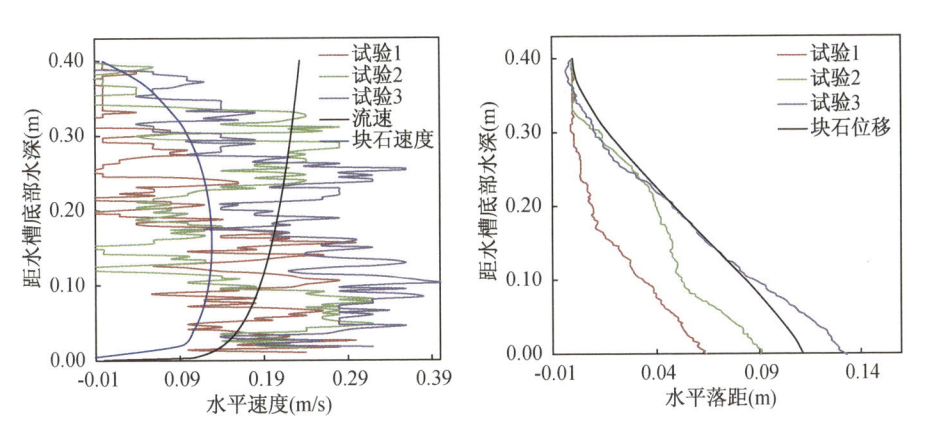

(d) $h=40$ cm, $u_{max}=0.2$ m/s, $G=5.0$ g

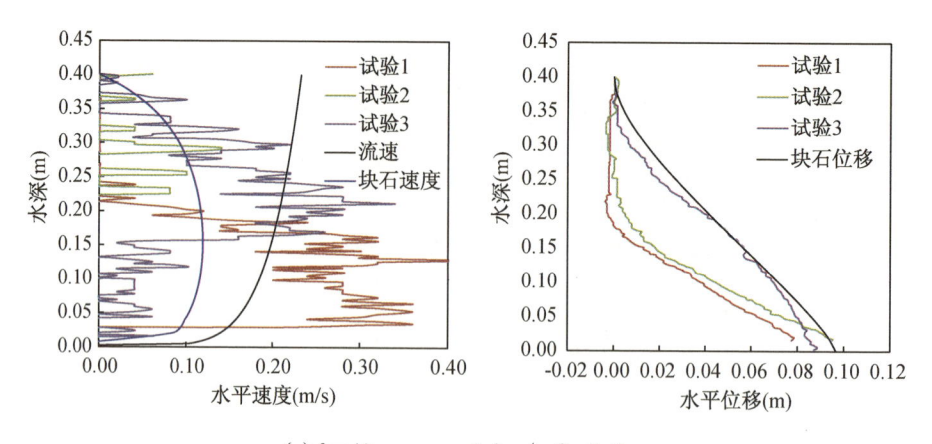

(e) $h=40$ cm, $u_{max}=0.2$ m/s, $G=7.01$ g

图 6.1-17　理论水平速度与试验水平速度及位移对比

(3) 落距经验公式

当 $t=T$ 时，即为块石在水体中的漂移距，m 取值为 $1/6$，T 取张瑞瑾公式，则块石在水体中的漂移距表达为：

$$X = k_1 k_2 \left[\frac{u_{max} T}{m+1} - \frac{1}{k} \ln(u_{max} kT + 1) \right] \quad (6\text{-}15)$$

其中 $m=1/6$，$T = \dfrac{h}{1.044\sqrt{\dfrac{\gamma_s - \gamma}{\gamma} gd}}$，$k = \dfrac{3}{4} \dfrac{C_d}{\left(\dfrac{\rho_s}{\rho} + \dfrac{1}{2}\right)d}$，$C_d = 0.45$，

u_{max} 为表面流速，h 为水深，d 为粒径；k_1 为形状系数，经率定为 0.88；k_2 为涨落潮影响系数，在涨潮时取值为 1.03，落潮时取为 0.92。水槽试验抛距与计算值比较见表 6.1-9，在长江下游口岸直鳗鱼沙河段开展现场试验，现场实测抛距与计算值比较见表 6.1-10，由两表可以看出实测数据均与计算数据较好地吻合。

表 6.1-9　水槽试验落距与计算落距的比较

组次	块石粒径(mm)	水深(m)	流速(m/s)	实测值(m)	计算值(m)	计算值/实测值
1	5.6	0.4	0.3	0.21	0.22	0.98
2	6.7	0.4	0.3	0.18	0.21	0.89
3	7.7	0.4	0.3	0.15	0.19	0.80
4	8.6	0.4	0.3	0.18	0.18	1.00
5	5.6	0.3	0.3	0.18	0.17	1.06
6	6.7	0.3	0.3	0.15	0.16	0.96

(续表)

组次	块石粒径（mm）	水深(m)	流速(m/s)	实测值(m)	计算值(m)	计算值/实测值
7	7.7	0.3	0.3	0.14	0.14	0.96
8	8.6	0.3	0.3	0.12	0.14	0.88
9	5.6	0.4	0.2	0.16	0.15	1.08
10	6.7	0.4	0.2	0.12	0.14	0.89
11	7.7	0.4	0.2	0.13	0.13	1.02
12	8.6	0.4	0.2	0.00	0.12	0.00

表6.1-10 长江下游口岸直河段现场试验落距与计算落距的比较

组次	日期	时间	块石粒径（cm）	水深(m)	平均流速（m/s）	实测值	计算值	计算值/实测值
1	11/21	10:00	27	13.76	0.19	1.50	1.45	0.96
2	11/21	10:20	27	13.83	0.21	2.00	1.61	0.80
3	11/21	10:40	27	13.85	0.23	2.50	1.77	0.71
4	11/21	11:00	27	13.85	0.24	3.00	1.84	0.61
5	11/21	11:20	27	13.86	0.27	4.00	2.08	0.52
6	11/21	12:20	27	13.79	0.38	4.00	2.92	0.73
7	11/21	12:40	27	13.77	0.42	4.20	3.23	0.77
8	11/21	13:00	27	13.74	0.47	4.00	3.61	0.90
9	11/21	14:00	27	13.70	0.54	4.00	4.15	1.04
10	11/21	15:00	27	13.63	0.58	4.00	4.44	1.11
11	11/21	16:00	27	13.54	0.57	4.00	4.32	1.08
12	11/21	17:00	27	13.45	0.54	4.00	4.06	1.02
13	11/21	18:00	27	13.35	0.52	4.00	3.87	0.97
14	11/21	19:00	27	13.30	0.50	4.00	3.70	0.93
15	11/22	13:30	27	13.70	0.40	3.00	3.06	1.02
16	11/22	14:40	27	13.64	0.49	4.00	3.74	0.93
17	11/22	15:00	27	13.62	0.51	4.00	3.89	0.97
18	11/22	16:00	27	13.56	0.53	4.00	4.02	1.01
19	11/22	17:00	27	13.48	0.55	4.00	4.15	1.04

（4）抛投控制指标

群抛石级配不同对群抛落距中心点的影响较小，而对散落形态影响较大。当群体抛投落距小于 6 m 时，可以采用非均匀群体块石抛投成堤；当群体抛投落距大于 6 m 时，散落范围较大，宜采用均匀群体块石抛投精准成堤。由于漂移距大小与抛石粒径、水深及流速有关，考虑群体抛石质量为 10～200 kg，则不同的水深条件下，抛投流速控制指标如图 6.1-18 所示。

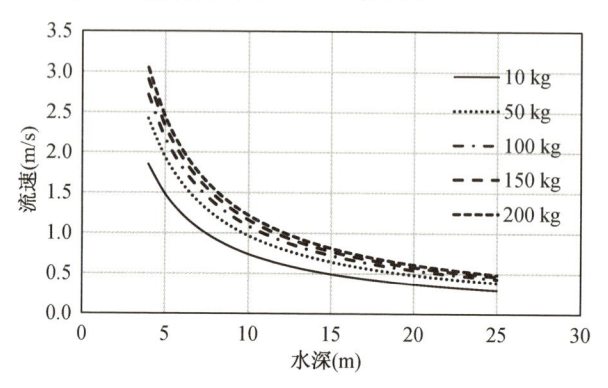

图 6.1-18　抛投作业的流速控制指标

6.1.2　精细化施工作业窗口

6.1.2.1　窗口的原理

（1）扬中河段二维水流数学模型

① 数学模型的基本原理

通过引入边界贴体坐标，采用贴体正交曲线网格系统来克服边界复杂及计算域尺度悬殊所引起的困难。采用 Willemse 导出的正交曲线坐标方程作为转换方程：

$$\begin{cases} \alpha \dfrac{\partial^2 x}{\partial \xi^2} + \gamma \dfrac{\partial^2 x}{\partial \eta^2} + J^2 \left(P \dfrac{\partial x}{\partial \xi} + Q \dfrac{\partial x}{\partial \eta} \right) = 0 \\ \alpha \dfrac{\partial^2 y}{\partial \xi^2} + \gamma \dfrac{\partial^2 y}{\partial \eta^2} + J^2 \left(P \dfrac{\partial y}{\partial \xi} + Q \dfrac{\partial y}{\partial \eta} \right) = 0 \end{cases} \quad (6\text{-}16)$$

这里，$\alpha = x_\eta^2 + y_\eta^2$，$\gamma = x_\xi^2 + y_\xi^2$；$J = x_\xi y_\eta - x_\eta y_\xi$；$P$、$Q$ 为调节因子。假定水域中的水体作有势运动，其流线族与等势线族必然正交，导出了以网格间距变化为调节因子的贴体正交曲线坐标方程。

水流连续方程：

$$\frac{\partial H}{\partial t} + \frac{1}{C_\xi C_\eta}\frac{\partial}{\partial \xi}(huC_\eta) + \frac{1}{C_\xi C_\eta}\frac{\partial}{\partial \eta}(huC_\xi) = 0 \tag{6-17}$$

ξ 方向动量方程：

$$\frac{\partial u}{\partial t} + \frac{1}{C_\xi C_\eta}\left[\frac{\partial}{\partial \xi}(C_\eta u^2) + \frac{\partial}{\partial \eta}(C_\xi vu) + vu\frac{\partial C_\eta}{\partial \eta} - v^2\frac{\partial C_\eta}{\partial \xi}\right] = -g\frac{1}{C_\xi}\frac{\partial H}{\partial \xi}$$

$$- \frac{u\sqrt{u^2+v^2}n^2 g}{h^{4/3}} + \frac{1}{C_\xi C_\eta}\left[\frac{\partial}{\partial \xi}(C_\eta \sigma_{\xi\xi}) + \frac{\partial}{\partial \eta}(C_\xi \sigma_{\xi\eta}) + \sigma_{\xi\eta}\frac{\partial C_\xi}{\partial \eta} - \sigma_{\eta\eta}\frac{\partial C_\eta}{\partial \xi}\right]$$

$$\tag{6-18}$$

η 方向动量方程：

$$\frac{\partial u}{\partial t} + \frac{1}{C_\xi C_\eta}\left[\frac{\partial}{\partial \xi}(C_\eta vu) + \frac{\partial}{\partial \eta}(C_\xi v^2) + uv\frac{\partial C_\eta}{\partial \xi} - u^2\frac{\partial C_\xi}{\partial \eta}\right] = -g\frac{1}{C_\eta}\frac{\partial H}{\partial \eta}$$

$$- \frac{v\sqrt{u^2+v^2}n^2 g}{h^{4/3}} + \frac{1}{C_\xi C_\eta}\left[\frac{\partial}{\partial \xi}(C_\eta \sigma_{\xi\eta}) + \frac{\partial}{\partial \eta}(C_\xi \sigma_{\eta\eta}) + \sigma_{\xi\eta}\frac{\partial C_\eta}{\partial \xi} - \sigma_{\xi\xi}\frac{\partial C_\xi}{\partial \eta}\right]$$

$$\tag{6-19}$$

式中：ξ、η 分别表示正交曲线坐标系中两个正交曲线坐标；u、v 分别表示沿 ξ、η 方向的流速；h 表示水深；H 表示水位；C_ξ、C_η 表示正交曲线坐标系中的拉梅系数：

$$C_\xi = \sqrt{x_\xi^2 + y_\xi^2},\ C_\eta = \sqrt{x_\eta^2 + y_\eta^2};$$

$\sigma_{\xi\xi}$、$\sigma_{\eta\eta}$、$\sigma_{\xi\eta}$、$\sigma_{\eta\xi}$ 表示紊动应力：

$$\sigma_{\xi\xi} = 2v_t\left[\frac{1}{C_\xi}\frac{\partial u}{\partial \xi} + \frac{v}{C_\xi C_\eta}\frac{\partial C_\xi}{\partial \eta}\right] \quad \sigma_{\eta\eta} = 2v_t\left[\frac{1}{C_\eta}\frac{\partial v}{\partial \eta} + \frac{u}{C_\xi C_\eta}\frac{\partial C_\eta}{\partial \xi}\right]$$

$$\sigma_{\xi\eta} = \sigma_{\eta\xi} = v_t\left[\frac{C_\eta}{C_\xi}\frac{\partial}{\partial \xi}\left(\frac{v}{C_\eta}\right) + \frac{C_\xi}{C_\eta}\frac{\partial}{\partial \eta}\left(\frac{u}{C_\xi}\right)\right]$$

式中：v_t 表示紊动黏性系数，$v_t = C_\mu k^2/\varepsilon$，可采用 k-ε 模型计算 v_t；一般情况下，$v_t = \alpha u_* h$，$\alpha = 0.5 - 1.0$，u_*，$\alpha = 0.5 \sim 1.0$，u_* 表示摩阻流速。

② 数学模型的范围及研究内容

计算区域的上边界为五峰山，下边界取在江阴鹅鼻嘴，计算河段长约 86 km。计算区域包括 758×147 个网格点，沿潮流方向布置 758 个网格，与潮流方向基本垂直的方向布置 147 个网格点。经正交曲线计算，形成如图 6.1-19 所示的正交曲线网格。由图可见，除岸边个别点外，网格交角为 89~92°。纵向网格间距（沿水流方向）大部分为 80~150 m 左右，横向网格间距（沿河宽方向）大部分为 20~70 m。

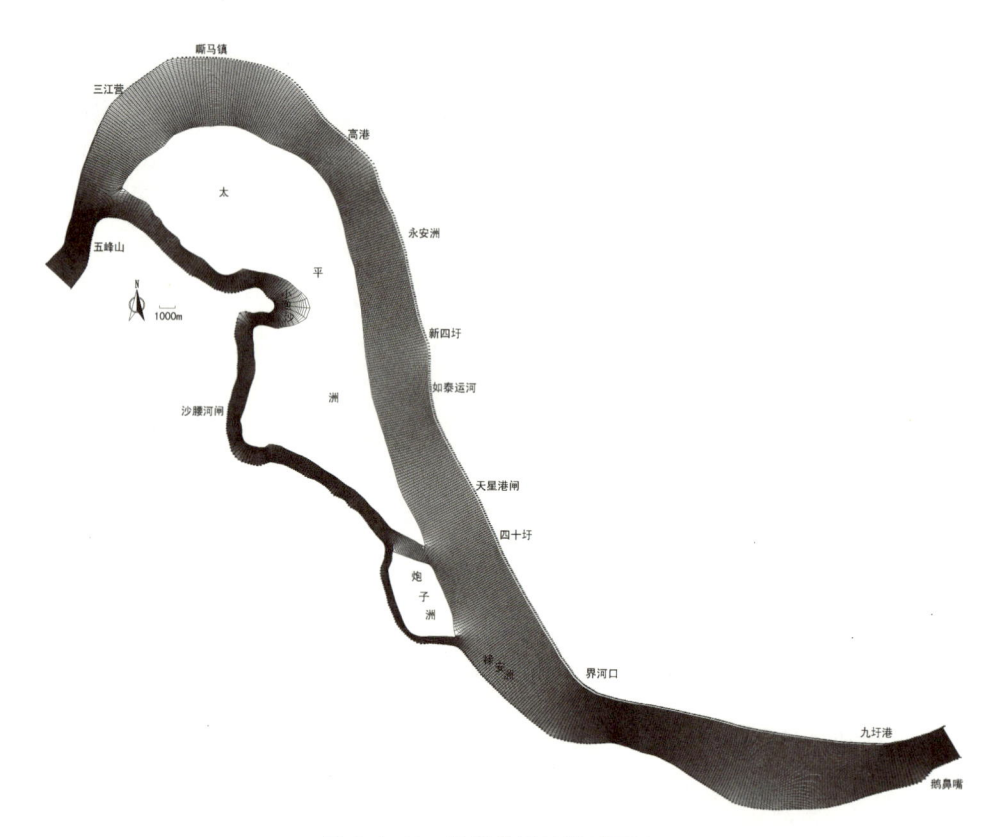

图 6.1-19　数学模型计算域网格图

模型采用 2006 年 3 月、2007 年 8 月、2009 年 5 月及 2012 年水流资料进行验证。测验期间上游来水分别为枯水、中水、洪水。上下边界分别通过五峰山、江阴站水位过程控制,经反复调试,使测验期间主要水尺的水位过程、各垂线的流速流向过程、断面流量及主要汊道分流比与原型基本一致。验证表明,涨潮糙率为 0.022~0.035,落潮糙率为 0.020~0.030,这与以往研究成果中扬中河段涨潮糙率一般大于落潮糙率的规律是一致的。该模型曾应用于泰兴港区总体规划,为规划方案的必选提出了科学依据。

该模型的作用是提供特定边界条件下工程水域特征流速和水深,为预测抛距提供水流特征值。

(2) 大通至长江口一维水流数学模型

① 基本方程

描述河流非恒定运动的圣维南方程有连续性方程和动量方程。

连续性方程:

$$\frac{\partial A}{\partial t} + \frac{\partial Q}{\partial x} = q + Q_j \tag{6-20}$$

动量方程：

$$\frac{\partial}{\partial t}\left(\frac{Q}{A}\right)+\frac{\partial}{\partial x}\left(\frac{\beta Q^2}{2A^2}\right)+g\frac{\partial h}{\partial x}+g(S_f+S_0)=0 \qquad (6-21)$$

式中：t 和 x 分别是时间和空间坐标；A 是过水断面面积；Q 是流量；q 是单位长度河道的旁侧入流；Q_j 是旁侧集中入流；β 是动量修正系数；h 是水深；S_0 是底坡源项；S_f 是摩擦阻力项，为：

$$S_f = \frac{Q|Q|}{K^2}$$

$$K = \frac{1}{n}A^{5/3}P^{-2/3}$$

式中：K 为流量模数；n 为糙率；P 为湿周。

② 初始条件和边界条件

初始时刻给定水位、流量和含沙量初值：

$$z = z(x)|_{t=0}, Q = Q(x)|_{t=0} \text{ 和 } C_{tk} = C_{tk}(x)|_{t=0} \qquad (6-22)$$

边界条件为：

a. 流量边界条件：直接给定结点流量边界条件 $Q = Q(t)|_{x=x_0}$；

b. 含沙量边界条件：直接给定结点含沙量边界条件 $C_{tk} = C_{tk}(t)|_{x=x_0}$；

c. 水位边界条件：将水位变化过程 $z = z(t)|_{x=x_0}$ 代入离散方程计算；

d. 水位流量关系边界条件：将水位流量关系 $z = f(Q)|_{x=x_0}$ 代入离散方程求解。

③ 基本方程的离散

圣维南方程的求解方法很多，根据离散方法的不同，有特征线法、有限差分法、有限元法和有限体积法等，各种离散方法都有着各自的优势。本次模型采用广泛使用的四点偏心隐格式离散求解。该格式具有较好的稳定性，能够满足计算的要求。

$$f = \theta[\psi f_{j+1}^{n+1} + (1-\psi)f_j^{n+1}] + (1-\theta)[\psi f_{j+1}^n + (1-\psi)f_j^n] \qquad (6-23)$$

$$\frac{\partial f}{\partial t} = \psi \frac{f_{j+1}^{n+1} - f_{j+1}^n}{\Delta t} + (1-\psi)\frac{f_j^{n+1} - f_j^n}{\Delta t} \qquad (6-24)$$

$$\frac{\partial f}{\partial x} = \theta \frac{f_{j+1}^{n+1} - f_j^{n+1}}{\Delta x} + (1-\theta)\frac{f_{j+1}^n - f_j^n}{\Delta x} \qquad (6-25)$$

式中：f 为离散变量，如 A，Q 等；θ 为隐式求解系数，ψ 为偏心系数，如图 6.1-20。

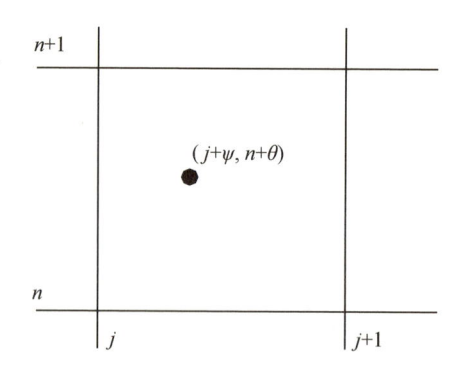

图 6.1-20　四点偏心隐格式离散图

离散格式的稳定性条件为：

$$\frac{\left(\psi-\dfrac{1}{2}\right)}{C_{rj}}+\left(\theta-\dfrac{1}{2}\right)\geqslant 0 \tag{6-26}$$

当 $\psi>1/2$ 和 $\theta>1/2$ 时具有无条件稳定性，则连续性方程和动量方程最终可以离散为：

连续性方程：$a_j\Delta h_j+b_j\Delta Q_j+c_j\Delta h_{j+1}+d_j\Delta Q_{j+1}=p_j$ (6-27)

动量方程：$e_j\Delta h_j+f_j\Delta Q_j+g_j\Delta h_{j+1}+w_j\Delta Q_{j+1}=r_j$ (6-28)

式中，$a_j, b_j, c_j, d_j, p_j, e_j, f_j, j_j, w_j, r_j$ 为离散系数：

$$a_j=\frac{(1-\psi)B_j^*}{\Delta t}$$

$$b_j=\frac{1-\theta}{\Delta x}$$

$$c_j=\frac{\psi B_{j+1}^*}{\Delta t}$$

$$d_j=\frac{\theta}{\Delta x}$$

$$p_j=-\frac{1-\psi}{\Delta t}(A_j^*-A_j^n)-\frac{\psi}{\Delta t}(A_{j+1}^*-A_{j+1}^n)-\frac{\theta}{\Delta x}(Q_j^*-Q_j^{n+1})-\frac{1-\theta}{\Delta x}(Q_j^*-Q_j^n)+\theta[\psi q_{j+1}^{n+1}+(1-\psi)q_j^{n+1}]+(1-\theta)[\psi q_{j+1}^n+(1-\psi)q_j^n]$$

$$e_j = -\frac{1-\psi}{\Delta t}\frac{Q_j^* B_j^*}{(A_j^*)^2} + \frac{\theta}{\Delta x}\frac{\beta_j^*(Q_j^*)^2 B_j^*}{(A_j^*)^3} - \frac{\theta g}{\Delta x} - 2\theta(1-\psi_R)g\frac{S_{f,j}^*}{K_j^*}(\frac{\partial K}{\partial h})_j^*$$

$$f_j = \frac{1-\psi}{\Delta t}\frac{1}{A_j^*} - \frac{\theta}{\Delta x}\frac{\beta_j^* Q_j^*}{(A_j^*)^2} + 2\theta(1-\psi_R)g\frac{|Q_j^*|}{(K_j^*)^2}$$

$$g_j = -\frac{\psi}{\Delta t}\frac{Q_{j+1}^* B_{j+1}^*}{(A_{j+1}^*)^2} - \frac{\theta}{\Delta x}\frac{\beta_{j+1}^*(Q_{j+1}^*)^2 B_{j+1}^*}{(A_{j+1}^*)^3} + \frac{\theta g}{\Delta x} - 2\theta\psi_R g\frac{S_{f,j+1}^*}{K_{j+1}^*}(\frac{\partial K}{\partial h})_{j+1}^*$$

$$w_j = \frac{\psi}{\Delta t}\frac{1}{A_{j+1}^*} + \frac{\theta}{\Delta x}\frac{\beta_{j+1}^* Q_{j+1}^*}{(A_{j+1}^*)^2} + 2\theta\psi_R g\frac{|Q_{j+1}^*|}{(K_{j+1}^*)^2}$$

$$r_j = -\frac{\psi}{\Delta t}\left(\frac{Q_{j+1}^*}{A_{j+1}^*} - \frac{Q_{j+1}^n}{A_{j+1}^n}\right) - \frac{(1-\psi)}{\Delta t}\left(\frac{Q_j^*}{A_j^*} - \frac{Q_j^n}{A_j^n}\right) - \frac{\theta}{\Delta x}\left[\frac{\beta_{j+1}^*}{2}\left(\frac{Q_{j+1}^*}{A_{j+1}^*}\right)^2 - \frac{\beta_j^*}{2}\left(\frac{Q_j^*}{A_j^*}\right)^2\right]$$
$$-\frac{(1-\theta)}{\Delta x}\left[\frac{\beta_{j+1}^n}{2}\left(\frac{Q_{j+1}^n}{A_{j+1}^n}\right)^2 - \frac{\beta_j^n}{2}\left(\frac{Q_j^n}{A_j^n}\right)^2\right] - \frac{\theta g}{\Delta x}(y_{j+1}^* - y_j^*) - \frac{(1-\theta)g}{\Delta x}(y_{j+1}^n - y_j^n)$$
$$-\theta g[\psi_R S_{f,j+1}^* + (1-\psi_R)S_{f,j}^*] - (1-\theta)g[\psi_R S_{f,j+1}^n + (1-\psi_R)S_{f,j}^n]$$

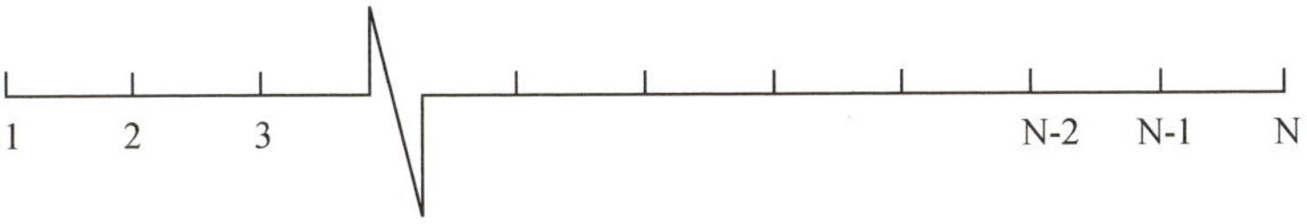

图 6.1-21 一维方程空间离散示意图

由离散方程可以得到如下正向和反向递推关系，
在下游结点 N 有

$$\Delta Q_N = L_N \Delta h_1 + M_N \Delta h_N + N_N \tag{6-29}$$

在上游结点有

$$\Delta Q_1 = X_1 \Delta h_1 + Y_1 \Delta h_N + Z_1 \tag{6-30}$$

式中：L、M、N 为正向递推系数；X、Y、Z 为方向递推系数。

④ 汊点处理

汊点示意图如图 6.1-22，根据质量守恒有

$$\sum Q_k^{up} = \sum Q_j^{down} \tag{6-31}$$

式中：Q_k^{up} 为流出汊点流量；Q_j^{down} 为流入汊点流量。

假定汊点的水位相同

$$\Delta Z_i = \Delta Z_I \quad i = 1, 2, Nc_I \tag{6-32}$$

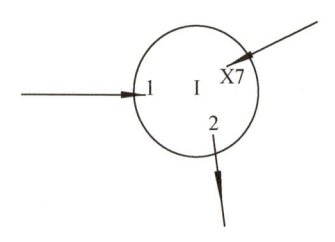

图 6.1-22 汊点示意图

⑤ 河段内求解

通过增补节点流量平衡方程,直接解耦流量和水位,构造三对角追赶矩阵求解。该方法避免迭代计算,守恒性和稳定性较好,尤其适用于有往复流的、受潮汐影响的河段计算,具体过程如下。

根据方程(6-27)和(6-28)可以得到:

$$\Delta Q_j = A_{1,j} + A_{2,j}\Delta h_j + A_{3,j}\Delta h_{j+1} \tag{6-33}$$

$$\Delta Q_{j+1} = B_{1,j} + B_{2,j}\Delta h_j + B_{3,j}\Delta h_{j+1} \tag{6-34}$$

往前递推,可得到:

$$\Delta Q_{j-1} = A_{1,j-1} + A_{2,j-1}\Delta h_{j-1} + A_{3,j-1}\Delta h_j \tag{6-35}$$

$$\Delta Q_j = B_{1,j-1} + B_{2,j-1}\Delta h_{j-1} + B_{3,j-1}\Delta h_j \tag{6-36}$$

在节点 j 处更具质量守恒有:

$$B_{2,j-1}\Delta h_{j-1} + (B_{3,j-1} - A_{2,j})\Delta h_j - A_{3,j}\Delta h_{j+1} = A_{1,j} - B_{1,j-1} \tag{6-37}$$

加入边界条件得到离散方程组为:

$$\begin{bmatrix} (B_{3,1}-A_{2,2}) & -A_{3,2} & & & \\ \cdots & \cdots & \cdots & & \\ & B_{2,j-1} & (B_{3,j-1}-A_{2,j}) & -A_{3,j} & \\ & & \cdots & \cdots & \cdots \\ & & & B_{2,N-2} & (B_{3,N-2}-A_{2,N-1}) \end{bmatrix} \begin{bmatrix} \Delta h_2 \\ \cdots \\ \Delta h_j \\ \cdots \\ \Delta h_{N-1} \end{bmatrix}$$

$$= \begin{bmatrix} (A_{1,2}-B_{1,1})-B_{2,1}\Delta h_1 \\ \cdots \\ A_{1,j}-B_{1,j-1} \\ \cdots \\ (A_{1,N-1}-B_{1,N-2})+A_{3,N-1}\Delta h_N \end{bmatrix} \tag{6-38}$$

⑥ 模型的范围及研究内容

一维水流数学模型计算区域上边界为大通站,下边界为吴淞站,长约 1 300 km,属分汊型河道,有 44 个汊道,汊道间为顺直段。模型范围如图 6.1-23 所示。

图 6.1-23　一维模型范围示意图

一维数学模型的目的是根据长江口潮汐预报,预测三天内扬中河段潮位过程,为二维数学模型提供边界条件。模型的边界条件上游采用大通站流量、下游采用吴淞站潮位控制,吴淞站由潮汐表查得未来三天内潮位。

(3) 施工窗口预报系统的开发

基于 Microsoft Visual Studio 建立施工窗口发布系统,与计算模块链接,根据数值模拟输出的施工窗口预测,实现实时发布和查询等功能。该系统分为三层,即输入层、计算层和输出层。输入层主要是施工期流量、潮位等边界条件和抛石目的地信息;计算层包括三个计算模块,一维水流数学模型计算模块、扬中河段二维水流数学模型计算模块、抛距预测模块,三个模块依次提供边界条件,实现抛投点的预测;最后输出层根据计算模块提供的信息实现界面化显示。系统开发流程如图 6.1-24 所示。

(4) 窗口总体架构

抛投窗口程序包括两个水流数学模型和一个抛距计算程序,通过一个主界面调用各计算程序实现人机交互,如图 6.1-25 所示。

水流数学模型为长江潮流界二维数学模型和工程河段(扬中)二维水流数学模型,抛石施工窗口预报系统逻辑框图如图 6.1-26 所示。长江潮流界数学模型根据输入的大通流量和天生港潮位计算五峰山—江阴流量、潮位信息,提供给工程河段(扬中)二维水流数学模型,再由工程河段局部二维水流数学模型计算工程区流场，为抛距计算提供水流数据。

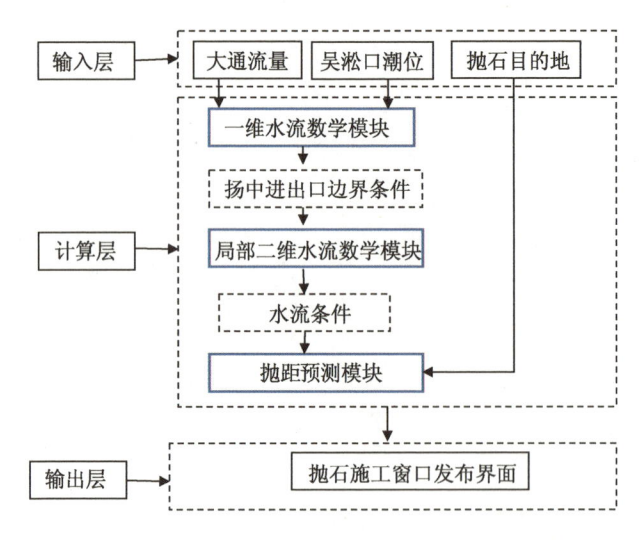

图 6.1-24　抛石施工窗口预报系统流程图

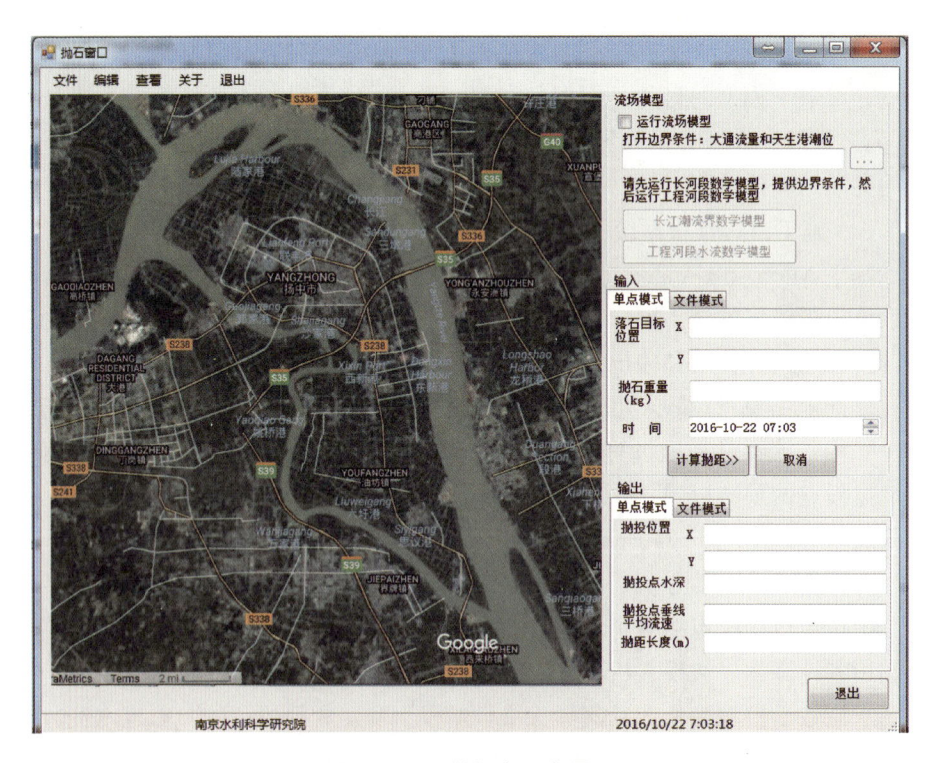

图 6.1-25　抛投窗口主界面

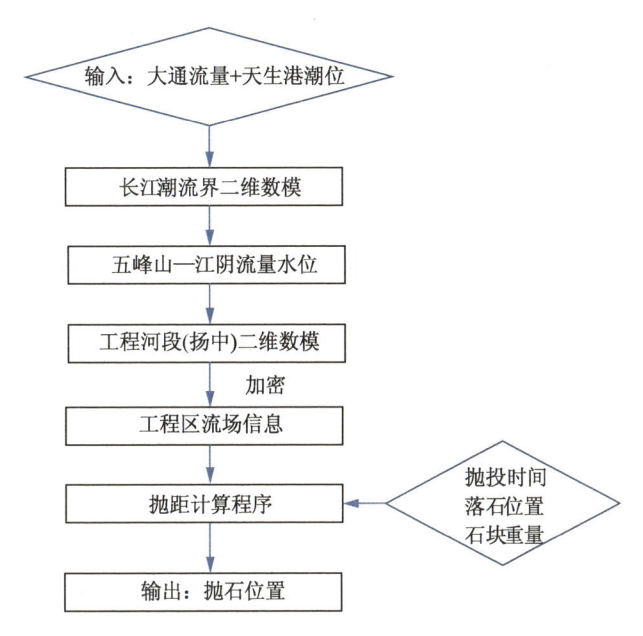

```
输入：大通流量+天生港潮位
         ↓
   长江潮流界二维数模
         ↓
   五峰山—江阴流量水位
         ↓
   工程河段(扬中)二维数模
         ↓ 加密
   工程区流场信息
         ↓
   抛距计算程序  ← 抛投时间/落石位置/石块重量
         ↓
   输出：抛石位置
```

图 6.1-26　抛石施工窗口预报系统逻辑框图

抛距计算程序根据输入的抛石信息，如落石位置、抛投时间、石块重量等，计算抛距，反推抛投位置，输出到界面和文件，供施工人员采用。抛距公式根据水槽试验公式和现场实测数据修正而来。

为简便操作，将原需要操作的水流数学模型进行了封装，只需提供大通流量和天生港潮位，点击"长江潮流界数学模型"即自动运行计算，自动输出工程河段所需的边界条件；然后点击"工程河段水流数学模型"自动运行计算程序，计算结束后输出流场信息，供抛投程序调用。用户需要准备的文件为：大通流量和天生港潮位（根据实时发布的信息获取）、抛石目的位置、时间、重量等，其他操作均为简单的按钮。

开发工具：主界面（图 6.1-25）为 Visual C♯ 编写，长江潮流界数学模型为CJK3D 软件，工程河段数学模型和抛距计算程序为 Fortran 编写。

6.1.2.2　操作指南

（1）水流流场数学模型

在计算抛距之前需要运行水流数学模型获取流场信息。流场信息保存在当前目录/output 里面，以"年—月—日—小时—分钟—HUV.res"为文件名。模型不需要每次都运行，抛距计算时段内运行过一次有相应的流场文件即可。

流场计算较为费时，为防止误操作，默认按钮为灰色，即无法直接点击，需选择"运行流场模型"激活。

图 6.1-27　运行流场模型界面

① 输入文件的准备

在模型运行前需准备大通流量和天生港潮位。

大通流量:实时查询网站 http://www.cjh.com.cn/。

图 6.1-28　大通站流量表

如 2016 年 10 月 22 日实时大通流量为 15 000 m³/s。

天生港潮位:潮汐表查询网站 http://www.chaoxb.com/60/

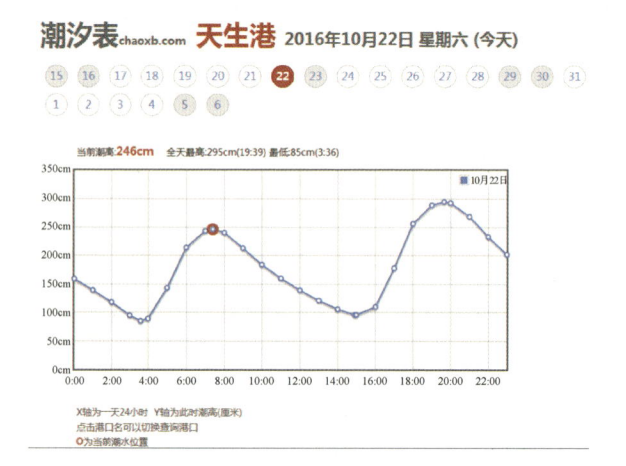

图 6.1-29　天生港潮位表

网站数据单位为厘米,将该数据转换成米,再减 0.225,即程序计算所需的 85 基面。

数据格式:txt 或 dat 文件,日期、大通流量、天生港潮位。

示例文件:QH.txt。

```
日期  大通流量  天生港潮位  最后不要有空行
2016/10/17 0:00  30000  0.49475
2016/10/17 1:00  30000  0.95475
2016/10/17 2:00  30000  2.89475
2016/10/17 3:00  30000  3.26475
2016/10/17 4:00  30000  3.23475
2016/10/17 5:00  30000  2.91475
2016/10/17 6:00  30000  2.36475
2016/10/17 7:00  30000  1.91475
2016/10/17 8:00  30000  1.55475
2016/10/17 9:00  30000  1.30475
2016/10/17 10:00  30000  0.98475
2016/10/17 11:00  30000  0.82475
2016/10/17 12:00  30000  0.63475
2016/10/17 13:00  30000  0.58475
2016/10/17 14:00  30000  2.77475
2016/10/17 15:00  30000  3.30475
2016/10/17 16:00  30000  3.50475
2016/10/17 17:00  30000  3.24475
2016/10/17 18:00  30000  2.66475
2016/10/17 19:00  30000  2.18475
2016/10/17 20:00  30000  1.71475
2016/10/17 21:00  30000  1.44475
2016/10/17 22:00  30000  1.14475
2016/10/17 23:00  30000  0.93475
2016/10/18 0:00  30000  0.82475
2016/10/18 1:00  30000  0.27475
2016/10/18 2:00  30000  1.65475
```

数据长度根据计算需要确定,一般为 1～3 d。鉴于大通流量仅可得到当天数据,因此每天计算比较合适,对流量变幅不大的月份可认为流量几天不变,计算时段可适当放宽。

准备好文件后,点击 ┈ 选择文件,文件框中显示文件名 F:\Yangtze\YZh\rockriprap\interfa ┈ ,并弹出提示框:

提示消息

您已读取文件：F:\Yangtze\YZh\rockriprap\interface\抛石窗口\QH.txt

确定

此时，[长江潮流界数学模型] 按钮已被激活，可运行潮流界数学模型。

② 运行长江潮流界数学模型

完成边界条件文件准备后，点击 [长江潮流界数学模型]，弹出文件选择框：

选择"…/长江潮流界模型/CJK3D-WEM/CJK3D_Tri.exe"，模型自动运行。图 6.1-30 为模型运行界面。

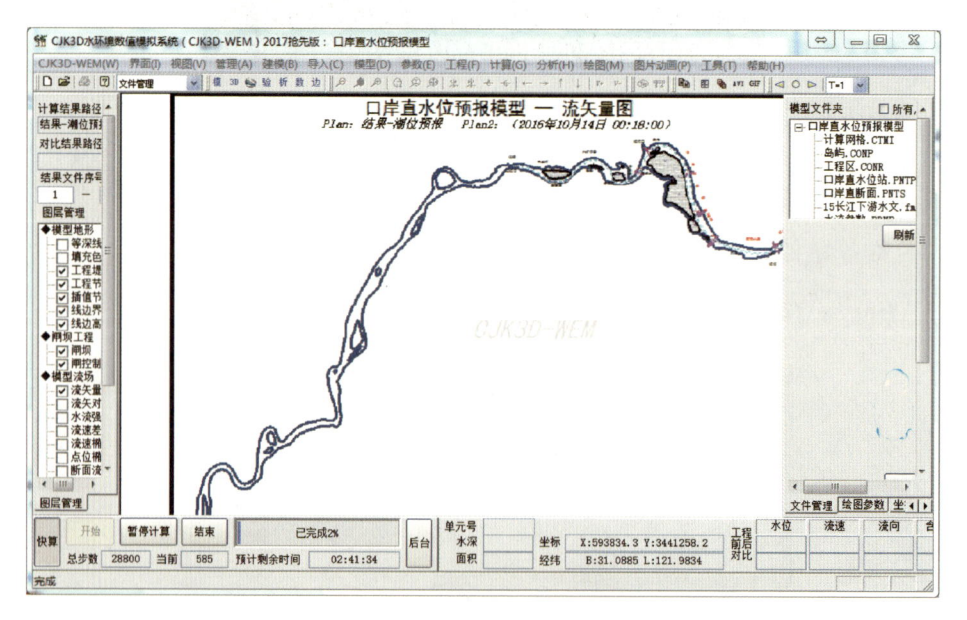

图 6.1-30 长江潮流界数学模型运行界面

在界面左下角提供了运行信息：

模型运行结束后，会有弹窗提示，此时可在界面选择要查看的流场信息。若运行顺利结束，会弹出此对话窗：

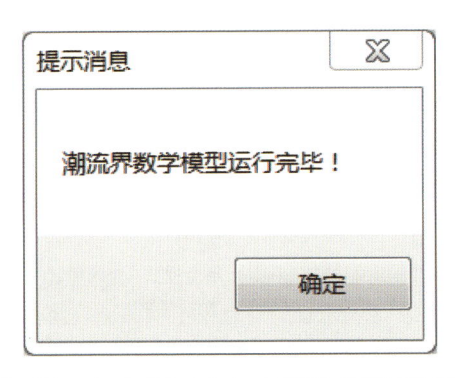

注：模型计算期间抛石界面为不可活动状态，计算结束后需关闭潮流界模型界面再进行抛石界面的操作。关闭界面后，程序自动读入工程河段二维数模所需的边界条件。

③ 运行工程河段二维潮流数学模型

长江潮流界数学模型计算结束后，点击 **工程河段水流数学模型** 按钮，自动运行扬中河段二维水流模型（图6.1-31）。

图6.1-31 工程河段二维潮流数学模型运行信息

运行结束后，弹出对话框提示信息。

结果文件保存在"当前目录/output/"里面，文件名为："年—月—日—小时—分钟—HUV.res"，如"2016—10—17 0—50—HUV.res"。

注：长江潮流界数学模型计算的边界条件自动写入"当前目录/input/提供的边界条件.DAT"，若工程河段数学模型计算异常请检查此文件是否存在。请确保当前目录存在 YZh-Flow2D.exe。

（2）抛投位置预测

计算主要程序为抛距计算程序，rockprogram.exe。抛距公式来自水槽试验。根据计算的流场信息，计算抛距，然后根据落石目的地位置反推抛投位置。

输入信息包括：落石目标位置坐标(北京坐标 x、y)，抛投日期、石块重量(kg)。

提供两种输入方式：单点模型和文件模式。

单点模式在窗口输入信息，如下图，点击"计算抛距"调用抛距计算程序，计算结束后在窗口显示抛投位置信息。同时，在当前目录下"抛投位置结果.dat"文件中也有相应结果信息。

文件模式输入，准备 txt 或 dat 文件，文件格式："编号，年/月/日 时：分：秒 坐标 x 坐标 y 石块重量(kg)"。通过打开文件框选择文件后，点击"计算抛距"调用抛距计算程序，计算结束后在窗口显示结果文件目录。

示例文件：

文件格式：编号，年/月/日 时：分：秒 坐标 x 坐标 y 石块重量(kg)

1 2016/10/17 8:33:36 488445.5 3568763 10

2 2016/10/17 8:33:36 488445.5 3568763 20

文件输入模式可选择多点，推荐使用。

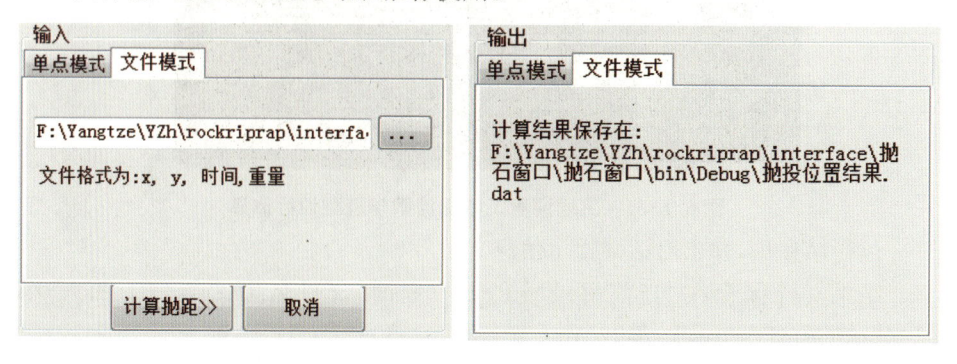

抛距程序计算显示信息如图 6.1-32,计算完成后请按回车键结束返回主菜单。

图 6.1-32　抛距计算程序运行信息

注：输入文件可在任意目录任意文件名(需格式正确),读入后,程序自动复制到当前目录文件"目标点信息.dat",若抛距程序运行异常,请检查该文件。输出文件默认为当前目录"抛投位置结果.dat"。

6.1.2.3　应用效果

使用该模型进行了初步应用。于 2016 年 26 日、27 日在口岸直水道鳗鱼沙护滩堤工程的 9 号护滩带进行现场水动力条件及抛距预测,包括潮位过程、流速过程、水深过程及抛投点漂移距离,如图 6.1-33 及图 6.1-34 所示,结果表明预测的漂移距离与实测值吻合较好,可满足工程需要。

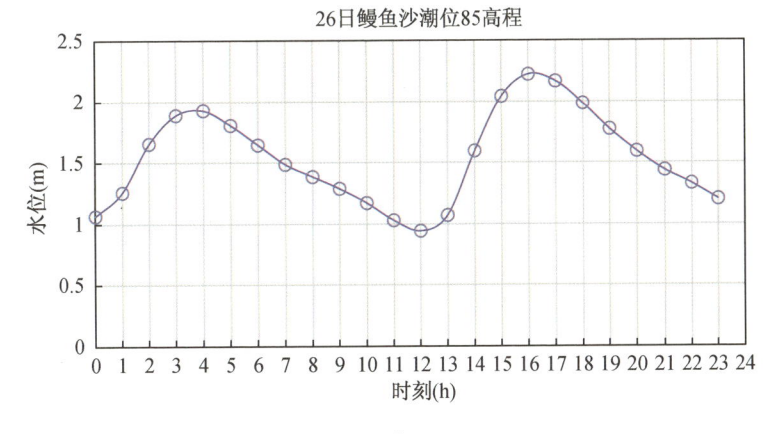

(a) 潮位过程

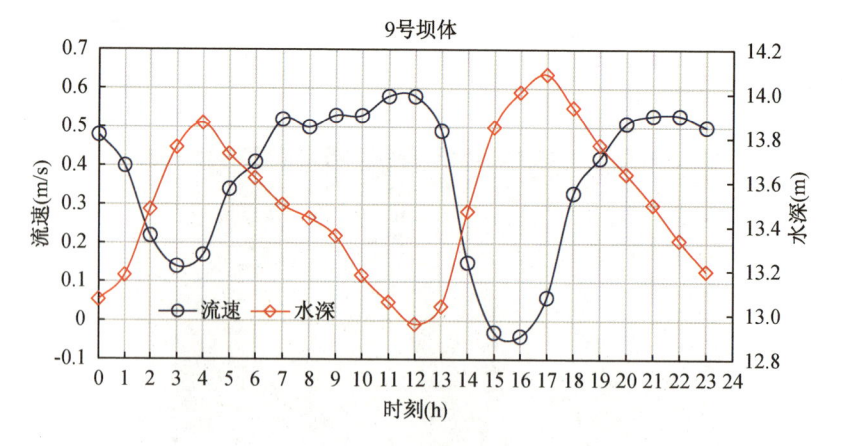

(b) 流速及水深过程

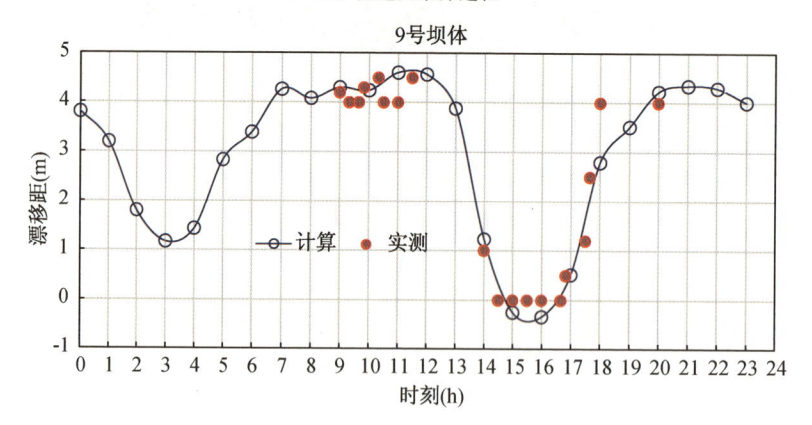

(c) 漂移距过程

图 6.1-33　2016 年 11 月 26 日水流条件及漂移距预报

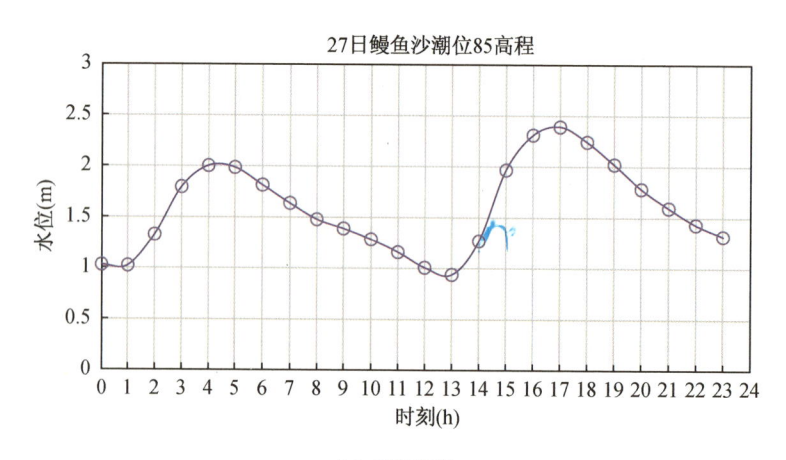

(a) 潮位过程

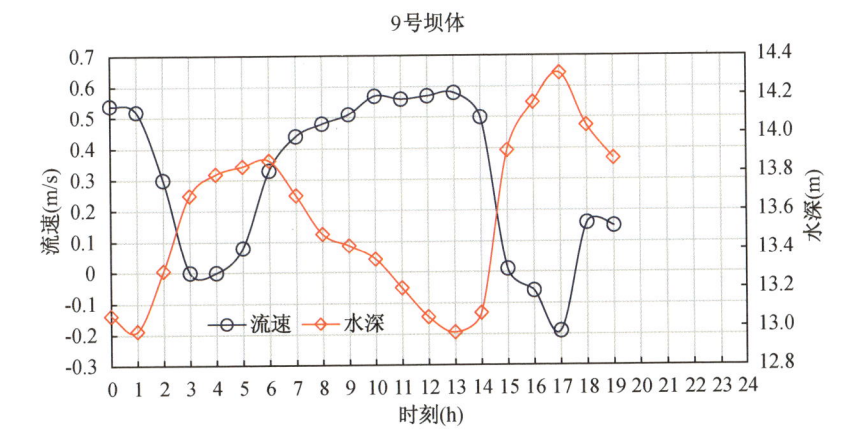

(b) 流速及水深过程

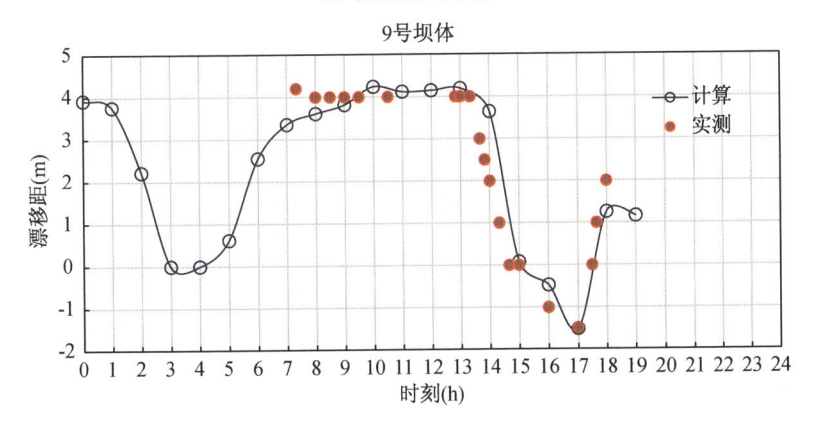

(c) 漂移距过程

图 6.1-34　2016 年 11 月 27 日水流条件及漂移距预报

6.1.3　精准抛石成堤施工技术

6.1.3.1　网格抛投方法

将该系统平台应用于 10#护滩带进行现场群体抛投成堤。根据水深大、潮差大的特点，测绘出铺排完成后的水下地形图，然后沿堤轴线根据水深及船型顺水流方向分层划分 10 m×5 m 的施工网格，控制分层厚度为 0.5～1.0 m，结合设计断面尺寸计算各分层、各网格的工程量。将定位船调整至平行水流，抛石驳船平行挂靠在定位船上，通过测深及测流装置获取试验位置处水深及流速，结合漂移距表达式，计算当前时刻的漂移距离，结合当前抛投网格的位置，确定块石水面抛投位置，调整抓斗至该位置进行块石抛投。抛投过程中，实时监测流速及水深，计算漂移距离，并对抓斗抛投位置进行调整。按照网格工程量完成当前网格抛投后,开始下一网格的抛投,以此完成各分层网格抛投,从而使整个堤身成形。抛投网格示意图见图 6.1-35。按此方法进行全潮过程的施工,在各分层抛投完成后,即时利用旁扫声呐设备对堤身进行扫测,实时监测实际成堤断面与设计断面的相符性。

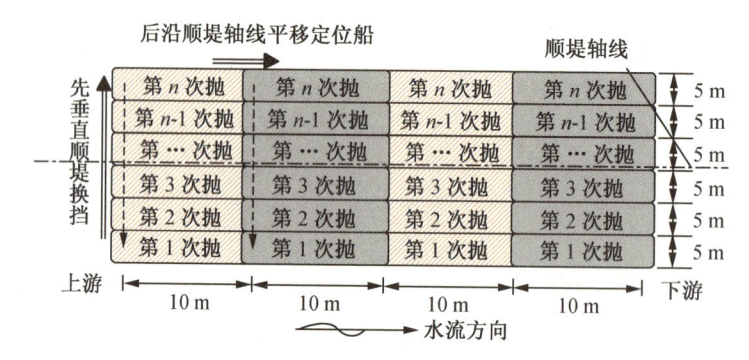

图 6.1-35 施工抛投网格示意图

6.1.3.2 精准成堤效果

2016 年 12 月 1 日开始群抛成堤,每完成一层网格的抛投,对堤身进行扫测一次,两次扫测日期为 12 月 11 日、12 月 19 日,随后对堤身护面块石进行补抛,12 月 31 日对补抛后堤身进行扫测。分层抛投完成后坝体平面如图 6.1-36 所示,堤身对称,整体平面位置定位准确;抛投过程中堤身各断面形态如图 6.1-37 所示,抛石成堤断面与设计断面形状吻合较好,实现精准成堤。

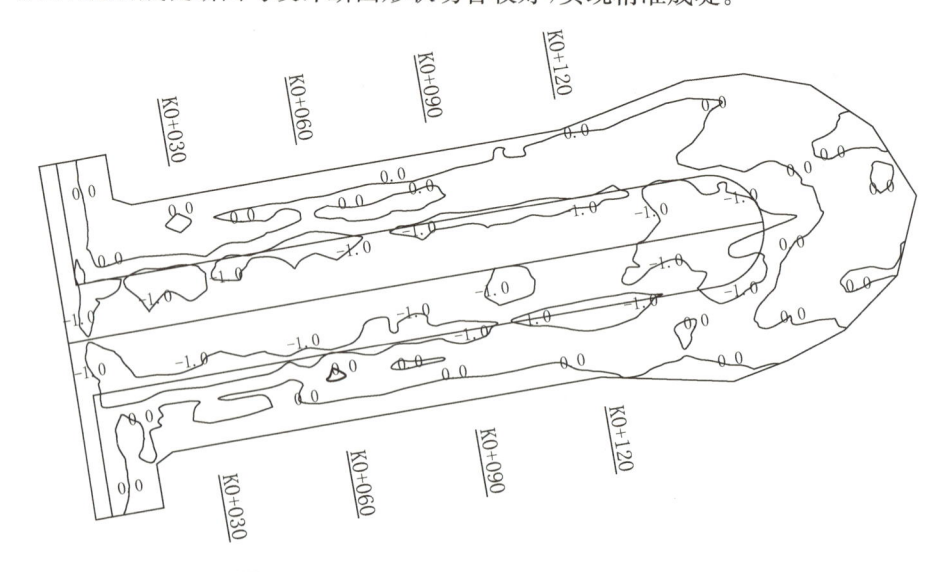

图 6.1-36 潜堤堤身形状及高程(12 月 19 日)

(a) K0+030

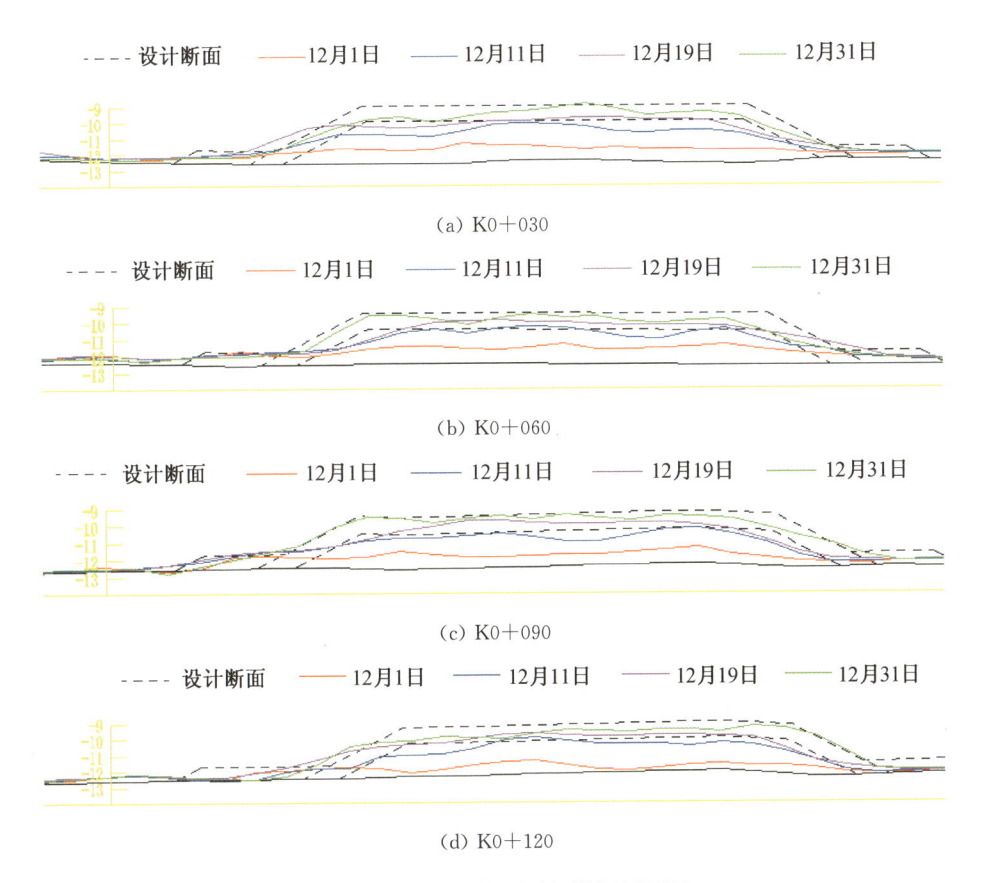

(b) K0+060

(c) K0+090

(d) K0+120

图 6.1-37　不同扫测时间潜堤剖面图

6.2　深水潜堤软基变形监测技术

6.2.1　坝基变形新型监测系统

6.2.1.1　监测技术要求

(1) 深水坝基土体变形监测目的

鳗鱼沙护滩堤工程河段江底土层较为松软,河床整治主要结构为水中潜堤及护滩工程,采用水上软体排铺设和抛石方法施工。为了保证工程质量和施工进度,在施工过程中需要对江底地基变形情况进行实时监测,采集变形监测数据进行计算分析,提供监测结果,确保地层变形控制在合理范围之内,指导工程施工进度。工程结束以后,可以继续对水中潜堤稳定状态进行长期监测。

针对深水坝基土体分层沉降和深层水平位移监测问题,为获得抛石加载期地基土体变形过程，确保施工安全稳定，避免干扰施工，维护仪器设备良好工作，提出了深水坝基土体分层沉降和深层水平位移变形测量的新型成套技术方法。通过现场原型监测试验及成果分析，得到了施工期和运行期深水坝基变形过程规律，为类似工程中水下建筑物软土地基变形测量及监测提供了理论依据和实践参考。

护滩堤工程所在河段江底土层松软，属于河湖相沉积黏土或粉质黏土典型软弱地基，整治建筑物护滩堤采用水上软体排铺设和抛石方法施工。为保证工程质量及结构稳定，施工过程及运行期内需要实时监测和控制水下护滩堤软土地基的土体分层沉降和深层水平位移等变形过程，及时分析测量数据，提供变形监测成果。水下软基变形测量新型成套技术对于类似工程的设计、施工、科研具有理论意义和实践价值。

（2）监测断面位置

根据监测设计要求，主要对水中潜堤地基土层进行全断面、分层沉降监测和地基深层水平位移监测。监测位置设在口岸直Ⅰ标段布置2处，断面位置分布为K1+800和K2+600（图6.2-1）。

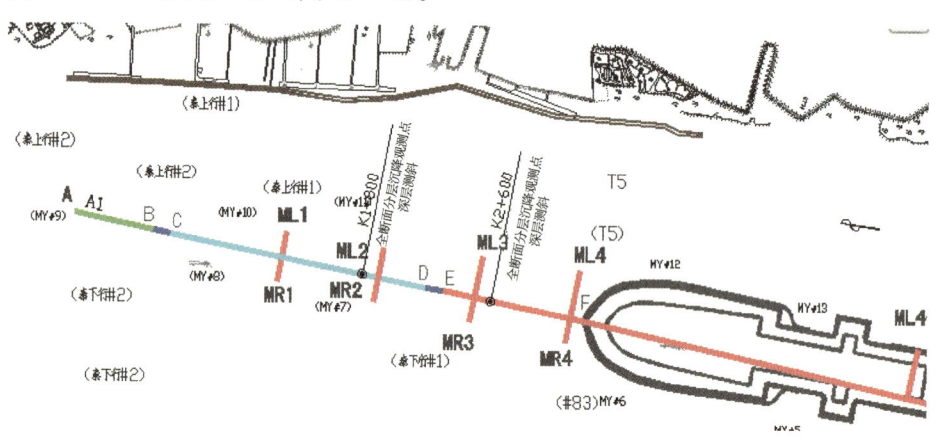

图6.2-1 监测断面位置平面图

（3）分层沉降监测要求

① 监测水中潜堤以下地基土体的分层沉降，设置K1+800、K2+600两个监测断面。

② 监测位置

每个监测断面设置2个观测点，分别在堤轴线和护脚位置埋设沉降管各1组，埋深25 m，每个沉降测点深度间隔2~3 m，分布在不同土层。

③ 埋设时间

整治建筑物施工开始即埋设监测仪器设备。

④ 观测时间(2016年1月1日至2018年12月31日)

整治建筑物在施工期、运行期分别监测。

(4) 水平位移监测要求

① 监测水中潜堤地基土体的深层水平位移,设置K1+800、K2+600两个监测断面。

② 监测位置

每个监测断面设置1个观测点,测斜管埋设在护脚位置。

地基深层测斜点与分层沉降观测点位置、数量相同,位置在断面护脚处,埋设深度至软土层底部,如没有软土层,则埋至15 m,沿深度测点间距1 m。

③ 埋设时间

整治建筑物施工开始即埋设监测仪器设备。

④ 观测时间

整治建筑物在施工期、运行期分别监测。

(5) 监测频率和控制标准

① 根据变形监测设计要求,加载施工期间每3天观测1次,可根据施工进度调整。断面完工后前3个月每周观测1次,3个月后半年内每个月观测1次,再每3个月观测1次,至竣工验收为止(暂定2018年12月31日)。

② 暂定本项目观测期为2016年1月1日至2018年12月31日,监测点处抛石加载施工期按30天计算,则总观测次数为:10次(抛石加载期)+3×4(完工后3个月每周1次)+6×1(3个月后半年内每月观测1次)+10(再后每3个月观测1次,共29个月)=38次。

③ 变形监测堤身安全控制标准为:垂直沉降平均每昼夜不大于10 mm,水平位移平均每昼夜不大于5 mm。当监测结果中有一项超过安全控制标准时,应通知施工单位停止加荷,并报告监理、业主及设计单位,以便采取相应措施。

施工例会上应通报变形监测结果及堤身安全稳定情况。工程完成后,应提供完整的变形监测数据成果。

(6) 变形监测工作特点

① 本成果"深水坝基稳定性保障技术"为水下工程监测,所有监测仪器设备必须具有密封防水功能,能够在水下恶劣环境长期稳定工作;

② 水下监测仪器的安装埋设需要专门工程施工船只在江面上施工作业;

③ 水下监测仪器传感器安装和专用信号电缆、通信电缆、供电电缆铺设方法;

④ 监测仪器的埋设安装工作与航道整治工程施工作业相互交叉,需要合理调配施工场地和工作时间,避免互相干扰;

⑤ 各种监测仪器设备、水上观测平台和江底线缆应加以保护避免在施工中

遭到破坏。

6.2.1.2 监测方案

扬中河段护滩堤施工具有区内通航条件复杂、进出船只众多、水深10 m以上、江水流速大、受涨落潮及风浪条件影响、施工组织难度大且强度高等工程特点。水下软土地基变形监测的原则性方案为:在护脚处打设钢管桩平台,护脚处地基分层沉降及深层水平位移监测采用钻孔埋设沉降-测斜管,再引至平台以上人工测量;堤轴线处地基分层沉降采用钻孔埋设位移传感器组、经江底引线至护脚处并沿平台管桩引至平台以上人工读数。水下软土地基变形监测断面布置如图6.2-2所示。

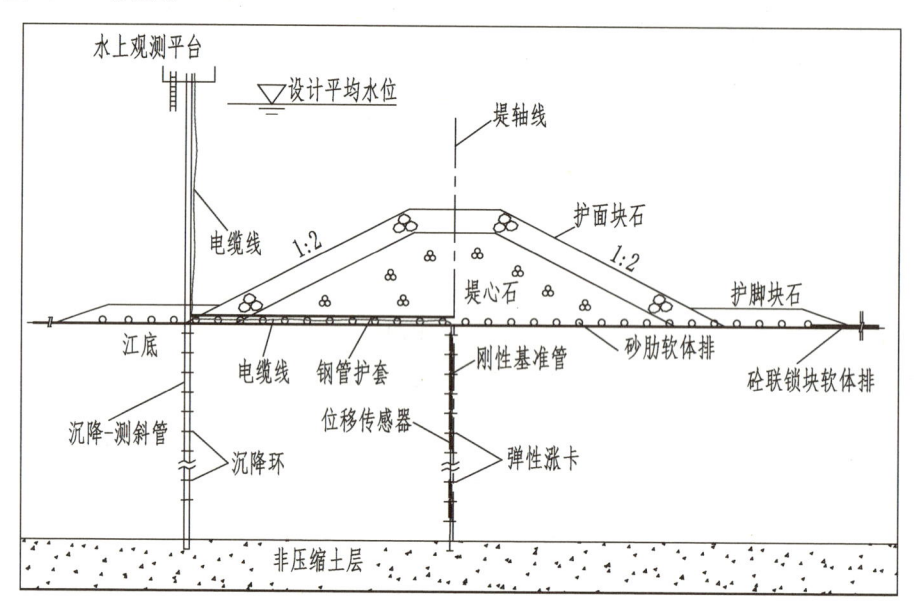

图6.2-2 水下软土地基变形监测断面布置图

(1) 分层沉降监测

水下护滩堤护脚处地基土体分层沉降采用水上钻孔埋设沉降管,引至平台以上人工测量的监测方案,按照分层沉降监测设计的监测位置、监测深度、测点深度及间隔等要求,在施工船上钻孔埋设 ABS 沉降管,沉降管外相应位置固定沉降环,随沉降管安装在地基中。沉降环弹性涨卡松开后嵌入被测土层、随土体压缩沿沉降管滑动,埋设完成后,将沉降管向上引出水上观测平台固定保护,利用电磁式沉降仪人工测量。

堤轴线处地基土体分层沉降采用水上钻孔埋设位移传感器,经江底引线至护脚处,并沿平台管桩引至平台以上人工读数的监测方案。按照设计要求,在施

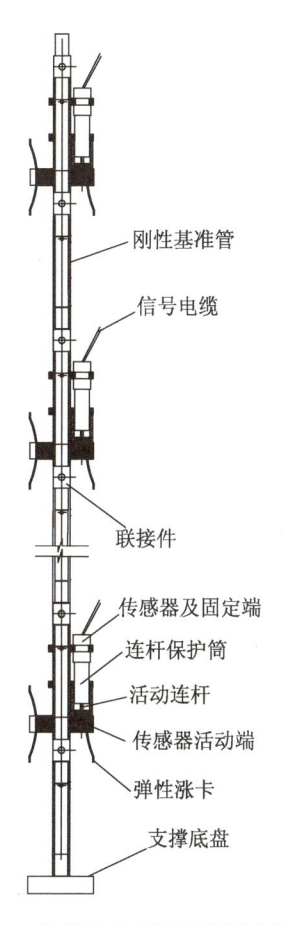

图 6.2-3 轴线处分层沉降监测仪器结构图

工船上钻孔埋设设计数量的位移传感器组及刚性基准管,每个位移计组由位移传感器、固定端、活动连杆、活动端、弹性涨卡及联接件等组成。位移计组的间距按设计间隔由基准管长度调节,土层压缩沉降时,嵌入土层的弹性涨卡随之移动,带动传感器活动端沿基准管滑动,传感器测得活动端相对于固定端的位移量,即该土层的相对压缩量,得到土体分层沉降量。分层沉降监测仪器结构如图6.2-3 所示。

为了实时监测和控制护滩堤软土地基在施工期内的变形过程,护脚处和堤轴线处地基土体分层沉降监测需在抛石施工之前完成安装埋设并开始读数测量,因此水上观测平台需打设在护脚处外侧位置。堤轴线处的监测仪器设备埋设完成后,沿江底铺设保护并引线至观测平台以上固定保护。这种采用位移传感器测量地基分层沉降的新型技术具有以下特点:仪器设备安装埋设后不需要从被测位置上方直接引出,不影响被测位置的正常抛石施工;不需要电磁式沉降仪人工读数,直接用读数仪测量引到护滩堤以外的数据电缆即可获得水下地基的分层沉降量。

根据设计要求,水下护滩堤地基土体分层沉降监测深度为江底土层以下 25 m,每间隔 2~3 m 设置 1 个分层沉降测点,因此在护脚处和堤轴线处 25 m 深地基土体中各设置 10 个测点,即护脚处沉降管需要安装 10 支分层沉降环、堤轴线处装配 10 组位移传感器,要求抛石施工控制分层沉降平均每昼夜不大于 10 mm。

(2) 深层水平位移监测

水下护滩堤护脚处地基深层水平位移采用水上钻孔埋设测斜管,引至平台以上人工测量的监测方案。按照深层水平位移监测设计的观测深度要求,在施工船上钻孔埋设 ABS 测斜管,由于护脚处地基土体深层水平位移监测位置与分层沉降监测位置重合,因此该测斜管可以与护脚处地基分层沉降观测沉降管共用为沉降-测斜管。根据设计要求,水下护滩堤地基土体深层水平位移监测深度为江底土层以下 25 m,要求抛石施工控制深层水平位移平均每昼夜不大于 5 mm。

6.2.1.3 监测原理

1. 分层沉降监测原理

堤轴线处地基土体分层沉降监测采用固定式位移传感器测量分层沉降的方法(图 6.2-4),每个分层测量点安装 1 个沉降环和 1 个位移传感器。沉降环安装在土层中随土体移动,位移传感器一端与沉降环连接,另一端固定在刚性连杆上,土体的沉降通过沉降环传递给位移传感器,从而测量到该点位置土体与固定参考点之间的位移变化。固定参考点通常为固定不变的基准点,如图 6.2-4 所示。

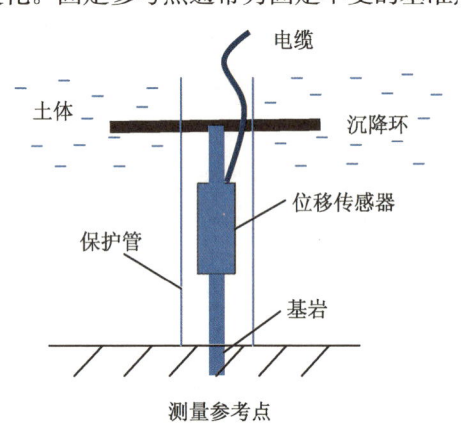

图 6.2-4 堤轴线处分层沉降监测方法示意图

护脚处地基土体分层沉降采用水上钻孔安装 ABS 沉降管,沉降管外按照分层沉降测点设计布置要求在相应位置固定沉降环随沉降管一起安装在地基中,沉降环随土体压缩而沿沉降管滑动,利用沉降仪进行人工测量。采用该方案需要将沉降管引出水上观测平台,并在监测全过程中对沉降管进行保护,以保证正常测量。

（1）沉降管结构和功能(图 6.2-5)

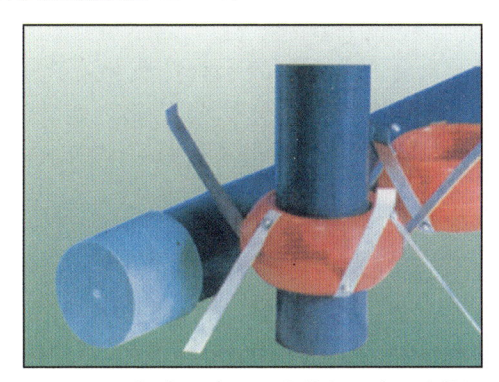

图 6.2-5　堤脚处分层沉降管和沉降环实物图

① 保护沉降管内部沉降位移传感器,避免外部砂石、异物破坏传感器;

② 保证外部沉降环能够顺畅移动,使得位移传感器能够检测到沉降环位置;

③ 沉降管一般是高强度 ABS 或 PVC 材料,单根长度 3～4 m,用专用接头连接。

（2）沉降环结构和功能(图 6.2-5)

① 沉降环由圆环和安装在四周的簧片组成,圆环内径与沉降管外径匹配;

② 带簧片的沉降环适合钻孔埋设,沉降环放置到土体内簧片释放,与土体充分结合,确保沉降环随土层移动;

③ 在沉降管不同深度,每一个测点放置一个沉降环。

（3）位移传感器(图 6.2-6)

位移传感器与沉降环连接用于检测沉降环的位置变化。位移传感器安装在固定点,滑动端与沉降环连接。

图 6.2-6　位移传感器实物图

2. 分层沉降计算方法

堤轴线及护脚处的分层沉降通过沉降位移传感器及沉降环人工读数进行测量,根据各沉降环距基准点距离的变化,求得地基不同土层在上部荷载作用下的沉降量,进而确定地基内各土层之间的相对压缩量,确定地基的分层沉降和工后沉降。

堤轴线分层沉降测量装置埋设完成后,弹性涨卡张开嵌入被测土层,被测土层压缩沉降时,嵌入土层中的弹性涨卡随之向下移动,带动传感器活动端及活动连杆沿基准管向下滑动,通过传感器测得活动端相对于固定端的位移量,即:

$$L_t = K(F_t - F_0)/1\,000 \tag{6-39}$$

式中:L_t 为 t 时刻传感器活动端相对于固定端的位移量(m);K 为传感器系数(mm/mA);F_t 为 t 时刻位移传感器读数(mA);F_0 为位移传感器埋设完成、弹性涨卡张开后的初始读数(mA)。因传感器固定端固定在刚性基准管上,基准管底端坐落在孔底非压缩土(岩)层上,可认为传感器固定端与刚性基准管、基准管底端支撑底盘均为固定不动,传感器活动端相对于其固定端的位移量 L_t 即为该活动端弹性涨卡嵌入土层位置至基准管底端之间的土层的总压缩量。在上覆抛石荷载作用下,t 时刻该土层的厚度为:

$$H_t = H_0 - L_t \tag{6-40}$$

式中:H_t 为 t 时刻传感器活动端弹性涨卡嵌入土层位置至基准管底端之间的土层厚度(m);H_0 为该土层的初始厚度(m),进而可以求出该土层厚度的变化量,即该土层总压缩量(沉降量)S:

$$S = H_t - H_0 \tag{6-41}$$

护脚处分层沉降人工读数测量结果计算公式为:

$$L = R + K \tag{6-42}$$

式中:L 为沉降环所在的深度(mm);R 为传感器读数(mm);K 为初始值,常数(mm)。

根据沉降传感器读数,即可换算出测点的高程,观测点的沉降量 S_t 等于测点初设时的高程 H_0(m)减去 t 时测点的高程 H_t(m),即:

$$S_t = (H_0 - H_t) \times 1\,000 \tag{6-43}$$

从而得到不同深度在不同时期土体的分层压缩量。

3. 水平位移监测原理

护脚处的地基深层水平位移采用活动式测斜仪人工测量的观测方案,根据设计要求,在护肩或护脚处采用水上钻孔的方式安装 ABS 测斜管(可与该处的分层沉降管共用一根管),该方案需要将测斜管引出水面,并在监测全过程中对测斜管进行保护以正常测量。该方法示意图如图 6.2-7 所示。

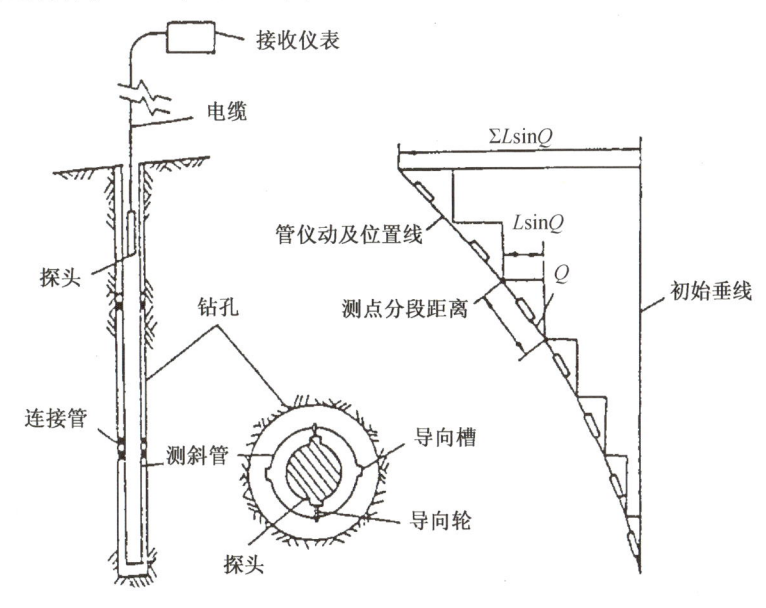

图 6.2-7 地基深层水平位移监测方法示意图

地基深层水平位移的测斜管底端应埋设至土体持力层,作为基准点。当地基土体发生水平移动时带动测斜管发生位移,此时测斜管内传感器测量出倾角(θ)变化,通过计算得到各点水平位移量。采用双向倾角传感器,可以同时测量 X、Y 两个方向的水平位移。地基深层水平位移观测结果所反映的是土体某一部位的倾斜度,采用活动式测斜仪进行测试,在地基中预埋一根特制的有导向槽的管道,通常称之为测斜管。地基深层水平位移测量所需主要部件包括:测斜管、测斜仪以及测斜管接头等连接件。

(1) 测斜管结构和作用(图 6.2-8)

图 6.2-8 测斜管实例图

① 测斜管为活动式测斜仪提供通道,保护活动式测斜仪不受到破坏;
② 测斜管埋在土层底部固定,上部随土体水平移动,具有一定柔性;
③ 测斜管内部带有精确的十字凹型导槽,保证测斜仪在测斜管中的准确位置;
④ 测斜管一般是高强度 ABS 或 PVC 材料,单根长度 2～4 m,用专用接头连接。

(2) 水平位移观测要求

钻孔埋设,钻机成孔至所需标高,埋设测斜管,测斜管连接时导槽要相通,而且管连接处及管端均需封紧,十字槽一轴对准潜在的水平位移主方向。在测斜管稳定并测得初始值后,投入正常观测。每次观测时,用水准仪测出管口高程,测斜仪从测斜管底处自下而上每 1 m 为一个测点,测量不同深度处的土体水平位移量,绘制水平位移随深度变化曲线。该曲线提供了土体内部深层水平位移变化情况,以便控制堆载加荷速率,确保地基稳定。

4. 水平位移计算方法

测斜管能随地基变形,变形后的测斜管在相邻两个测点之间都有一个倾斜度 α_i,倾斜度的变化在相邻两个测点之间的管子两端产生了相应的位移差 δ_i,进而求出整根测斜管两端的土体水平位移差 Δn:

$$\delta_i = L_i \sin\alpha_i \tag{6-44}$$

式中:L_i 为第 i 节管子长度,常取 100 cm。

整根测斜管两端的土体水平位移差 Δn 可表示为:

$$\Delta n = \Sigma L_i \sin\alpha_i \tag{6-45}$$

当测斜管的埋置足够深时,管底可认为是不动的,Δn 即为管顶的水平位移值。把测量结果整理成水平位移变化曲线,反映各土层的水平位移情况。

6.2.2 坝基变形监测系统安装埋放技术

1. 分层沉降监测点设置

(1) 分层沉降测点布置

根据设计方案设置 K1+800 和 K2+600 两个监测断面,每个监测断面的堤轴线位置(A 管)和护脚(B 管)位置各布置一组沉降测量管。分层沉降监测仪器埋设示意图如图 6.2-9 所示。

(2) 分层沉降管结构

堤轴线地基分层沉降测量系统包括位移传感器、沉降环、刚性连杆和仪器电缆。刚性连杆底部埋入江底基础稳定层,所有沉降位移传感器与刚性连杆连接,传感器活动端通过滑块与沉降环连接。土层发生沉降时带动沉降环和位移传感器活动连杆移动,传感器检测出沉降位移变化,如图 6.2-10 所示。

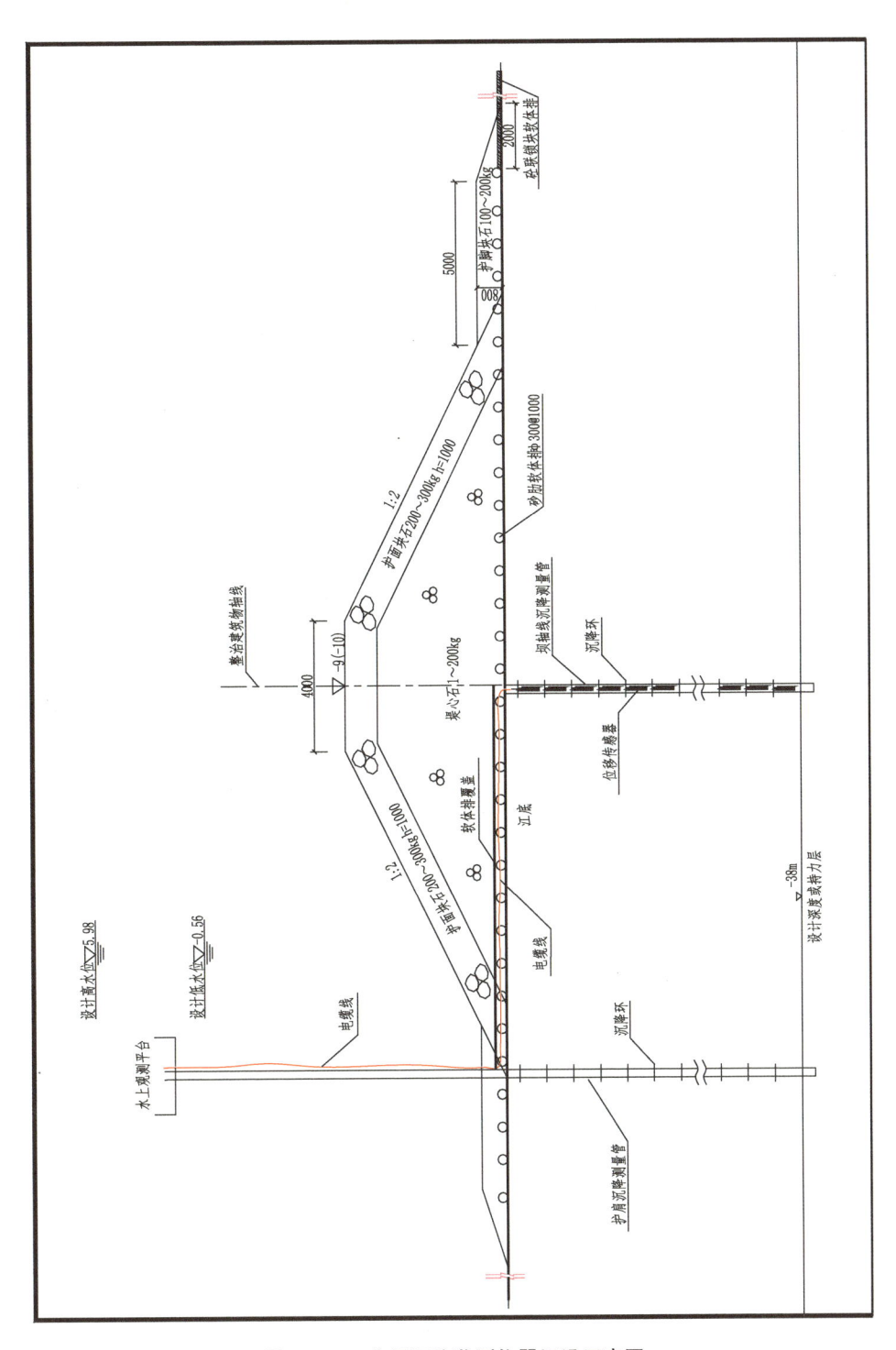

图 6.2-9　分层沉降监测仪器埋设示意图

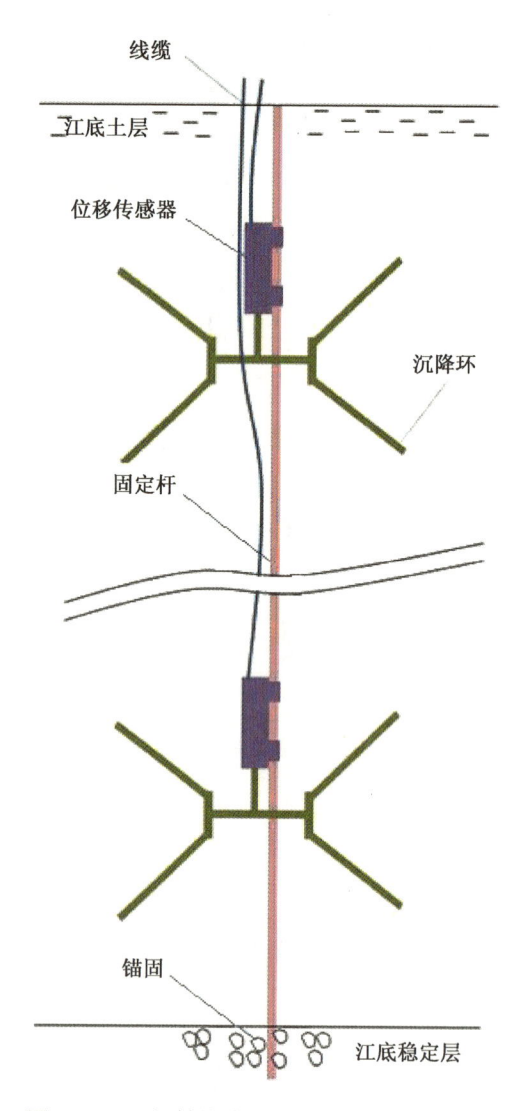

图 6.2-10　堤轴线分层沉降测量管结构示意图

(3) 分层沉降监测管仪器加工装配

堤轴线地基分层沉降测量管应根据沉降环、位移传感器结构和间隔距离设计合适的装配方式,定制专用的刚性连杆和传感器活动连杆,以及各种专用的连接件。沉降环、位移传感器、刚性连杆、传感器活动连杆、电缆保护管在现场装配后直接安装到钻孔内。

表 6.2-1　沉降监测断面仪器布置表

堤轴线监测管(C1A)			护肩监测管(C1B)		
传感器编号	安装高程	土层	沉降环编号	安装高程	土层
C1A1	－38 m	粉质黏土	C2B1	－38 m	粉质黏土
C1A2	－36 m		C2B2	－36 m	
C1A3	－33 m		C2B3	－33 m	
C1A4	－30 m		C2B4	－30 m	
C1A5	－27 m		C2B5	－27 m	
C1A6	－24 m	粉细砂	C2B6	－24 m	粉细砂
C1A7	－21 m		C2B7	－21 m	
C1A8	－18 m		C2B8	－18 m	
C1A9	－15 m		C2B9	－15 m	
C1A10	－13 m		C2B10	－13 m	

注：K1+800 和 K2+600 两个断面仪器布置方式相同。

护脚处的地基分层沉降采用水上钻孔安装常规 ABS 沉降管，沉降管外按照分层沉降测点设计布置要求在相应位置固定沉降环随沉降管一起安装在钻孔内。

（4）传感器仪器电缆保护

堤轴线地基分层沉降测量的位移传感器电缆外部采用保护管保护，电缆转角处采用专用保护装置防止电缆受到剪切和挤压，电缆在潜堤抛石施工之前沿水底引至水上观测平台。

2. 水平位移监测点设置

（1）水平位移测点布置

根据设计要求设置 K1+800 和 K2+600 两个监测断面，每个监测断面护脚处布置 1 组倾斜监测管，如图 6.2-11 所示。根据设计资料，K1+800 和 K2+600 断面从江底－45 m 至－10 m 处，约 35 m 深，资料要求"如没有软土层，则埋至 15 m"间隔 1 m 布置 1 个传感器。

（2）土体深层水平位移监测管结构

护肩或护脚处的土体深层水平位移监测采用水上钻孔安装测斜管的方法。测斜管埋在土层底部固定，上部随土体水平移动，具有一定柔性；测斜管内部带有精确的十字凹型导槽，保证测斜仪在测斜管中的准确位置；测斜管一般为高强度 ABS 或 PVC 材料，单根长度 2～4 m，用专用接头连接。

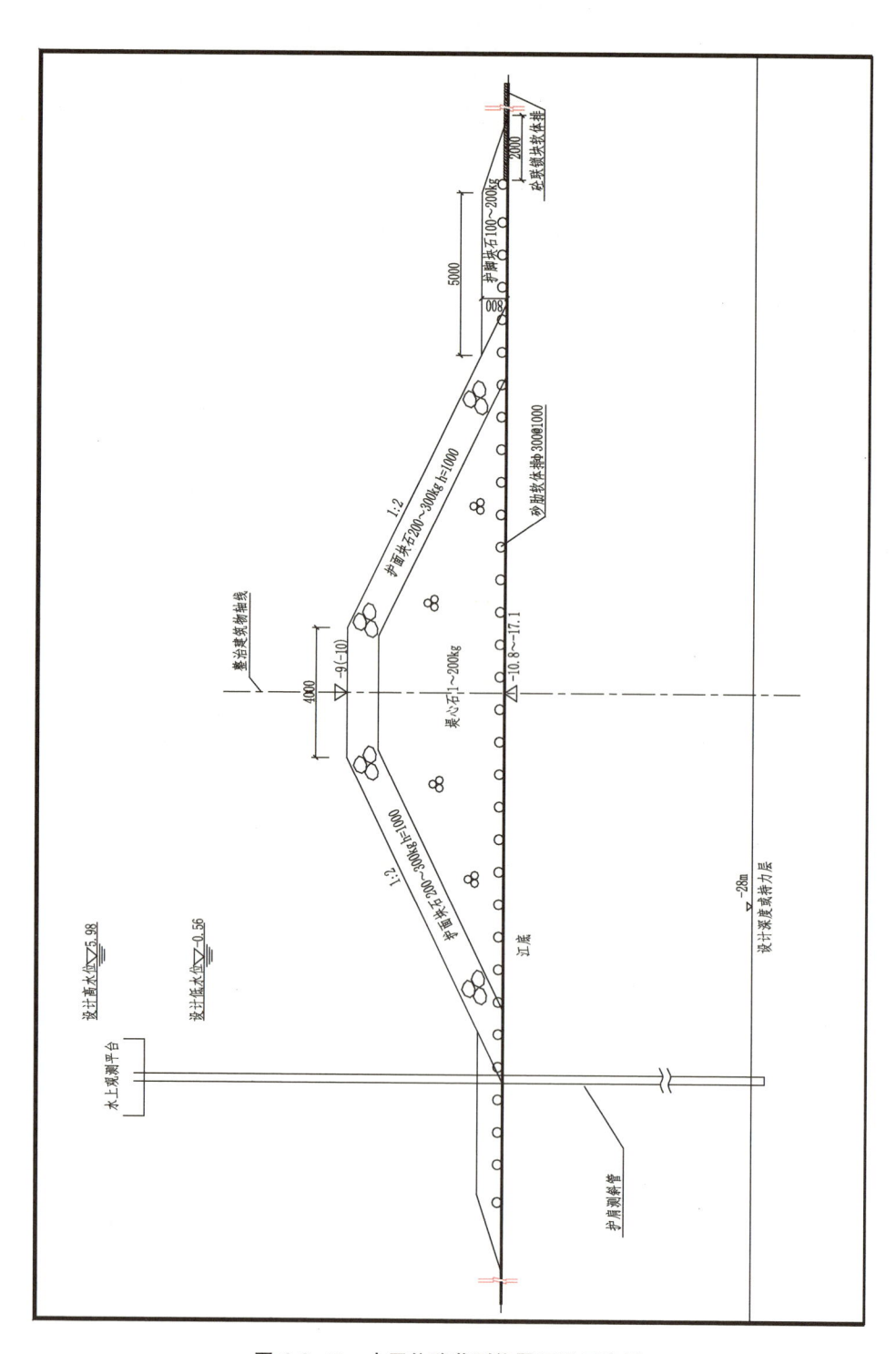

图6.2-11 水平位移监测仪器埋设示意图

3. 监测仪器设备

(1) K1+800 断面仪器设备

该断面共 2 组分层沉降测点(轴线、坡脚各 1 组),每组沉降监测点仪器设备清单如表 6.2-2 所示。

表 6.2-2　K1+800 断面分层沉降监测仪器设备清单

序号	名称	规格	数量	备注
1	位移传感器	量程 500 mm	3 套	
2	位移传感器	量程 400 mm	3 套	
3	位移传感器	量程 300 mm	2 套	
4	位移传感器	量程 200 mm	2 套	
5	沉降环(堤轴线)		10 套	
6	传感器固定杆	长 4 m	6~7 根	镀锌钢管,总长 25 m
7	传感器电缆	水工专用 4 芯屏蔽电缆	280 m	每个位移传感器平均 28 m
8	沉降环(坡脚处)		10 套	
9	分层沉降管	φ70	35 m	
10	电缆保护管	80 mm 镀锌钢管	26 m	
11	沉降管接头	与沉降管配套	16 个	
12	顶/底盖	与沉降管配套	2 个	

该断面有 1 组水平位移测点(坡脚 1 组),测斜管与分层沉降管共用 1 根,在测点设计位置随沉降管一起安装在地基中。

(2) K2+600 断面仪器设备

该断面共 2 组分层沉降测点(轴线、坡脚各 1 组),每组沉降监测点仪器设备清单如表 6.2-3 所示。

表 6.2-3　K2+600 断面分层沉降监测仪器设备清单

序号	名称	规格	数量	备注
1	位移传感器	量程 500 mm	3 套	
2	位移传感器	量程 400 mm	3 套	
3	位移传感器	量程 300 mm	2 套	
4	位移传感器	量程 200 mm	2 套	
5	沉降环(堤轴线)		10 套	
6	传感器固定杆	长 4 m	6~7 根	镀锌钢管,总长 25 m

(续表)

序号	名称	规格	数量	备注
7	传感器电缆	水工专用4芯屏蔽电缆	280 m	每个位移传感器平均28 m
8	沉降环(坡脚处)		10套	
9	分层沉降管	$\phi70$	35 m	
10	电缆保护管	80 mm镀锌钢管	26 m	
11	沉降管接头	与沉降管配套	16个	
12	顶/底盖	与沉降管配套	2个	

该断面有1组水平位移测点(坡脚1组),测斜管与分层沉降管共用1根,在测点设计位置随沉降管一起安装在地基中。

4. 安装埋设

(1) 基本步骤

鳗鱼沙护滩堤工程深水坝基监测采用堤轴线处地基分层沉降安装位移传感器引线至水上平台人工测量、护脚处地基分层沉降及深层水平位移人工测量的总体方案及原则性思路。为保证工程质量和施工进度,在施工过程中需要对水下基础变形情况进行实时监测,并在施工结束后,继续对水中潜堤地基稳定状态进行长期监测。根据监测设计要求和实际施工进度,需要在软体排体施工完成后、水下潜堤抛石施工开始前即设置观测点,安装埋设相关的监测仪器及设备。桩号K1+800和K2+600两个监测断面的仪器设备安装埋设基本步骤及流程如图6.2-12所示。

根据施工方案,仪器设备的埋设顺序及原则为:江底测量定位→打设水上观测平台→钻孔埋设坡脚处分层沉降-测斜管→钻孔埋设堤轴线处分层沉降位移传感器→从堤轴线处钻孔位置引出电缆→铺设水下电缆→电缆覆盖保护→电缆引线至水上观测平台→监测仪器调试正常→抛石施工→分层沉降及水平位移测量监测。

(2) 分层沉降监测仪器埋设技术

分层沉降监测需要分别在K1+800、K2+600两个监测断面的堤轴线和护脚处埋设仪器设备各1组(两个断面共4组),埋深25 m,每个沉降测点深度间隔2~3 m,分布在不同土层,其中堤轴线处地基分层沉降安装位移传感器引线至水上平台人工测量、护脚处地基分层沉降人工测量。

分层沉降监测仪器需要在水中潜堤抛石施工开始前,通过钻孔的方式安装埋设。埋设安装应结合施工进度进行,具体埋设方案及步骤如下:

① 软体排体施工完成后,由专业人员对设计断面的堤轴线和护脚位置测量定位,确定位置后,采用钢管、浮标等制作定位标记;

```
┌─────────────────┐      ┌─────────────────┐
│ 江底扫床清障     │─────▶│ 打设水上观测平台 │
│ 及测量定位       │      │                 │
└─────────┬───────┘      └────────┬────────┘
          │                       │
          │              ┌────────▼────────┐
          └─────────────▶│ 钻孔埋设坡脚处   │
                         │ 分层沉降-测斜管  │
                         └────────┬────────┘
                                  │
                         ┌────────▼────────┐
                         │ 钻孔埋设堤轴线处分│
                         │ 层沉降位移传感器 │
                         └────────┬────────┘
                                  │
                         ┌────────▼────────┐
                         │ 从堤轴线处钻孔位置引│
                         │ 出电缆,并在钻孔位 │
                         │ 置穿入保护管     │
                         └────────┬────────┘
                                  │
                         ┌────────▼────────┐
                         │ 将电缆及保护管从钻孔│
                         │ 位置沿江底引至水上 │
                         │ 观测平台位置     │
                         └────────┬────────┘
                                  │
                         ┌────────▼────────┐
                         │ 将电缆和电缆保护管 │
                         │ 沿平台钢管桩引入水 │
                         │ 上观测平台       │
                         └────────┬────────┘
                                  │
                         ┌────────▼────────┐
                         │ 测试堤轴线处和坡脚处│
                         │ 仪器设备测量正常,安│
                         │ 装完成、抛石施工   │
                         └─────────────────┘
```

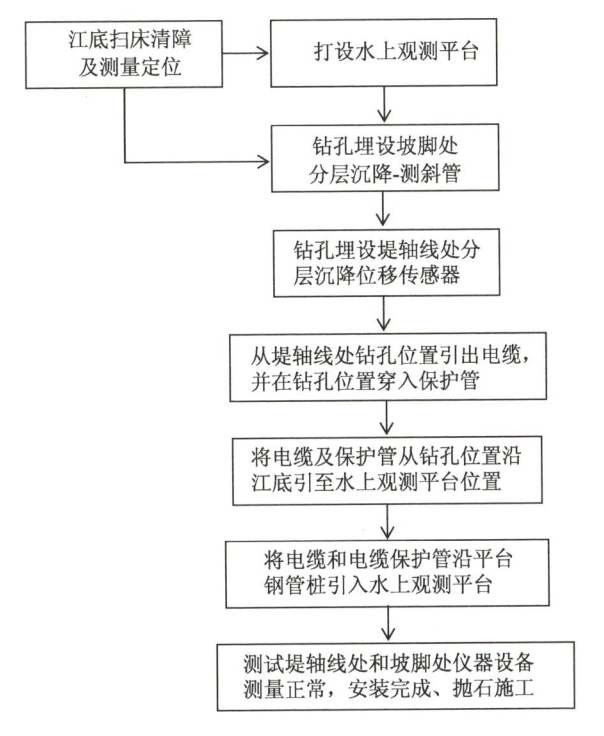

图 6.2-12　监测仪器安装埋设流程图

② 结合施工进度,合理选择时间节点,调配具有在江面上钻孔作业功能的施工船只,钻孔埋设护脚处分层沉降监测仪器;

③ 钻孔至设计深度,并清孔至合适孔径,埋设护脚处分层沉降管和沉降环,分层沉降管引出水面至水上观测平台以上;

④ 待护脚处的分层沉降管和水平位移测斜管埋设完成后,焊接搭设水上观测平台的横撑、斜撑、扶梯及围栏等上部结构部分;

⑤ 施工船只移位至堤轴线处,钻孔埋设该处地基分层沉降监测位移传感器,每个分层沉降测量点配备1个沉降环和1个位移传感器,沉降环、位移传感器、刚性连杆、电缆(电缆保护管)在钻孔施工船只上装配后直接安装到钻孔内;

⑥ 堤轴线处仪器安装完成后,将位移传感器的电缆和电缆保护管在埋设位置从钻孔中引出,位移传感器电缆外部采用镀锌管保护,并在钻孔埋设位置采用袋装砂或其他柔性材料覆盖保护;

⑦ 在江底通过潜水员在软体排表面将电缆及电缆保护管从埋设孔位引至水上观测平台位置,引线完成后采用小型砂袋、砂枕或软体排体覆盖保护电缆及电缆保护管;

⑧ 在水上观测平台位置,将电缆固定,观测平台上需要配备警示牌(灯),调

试分层沉降监测仪器设备,并初步运行;

⑨ 分层沉降监测仪器、电缆及电缆保护管安装及铺设保护完成后,继续抛石施工,铺设施工过程中严格控制施工质量,防止施工船只、设备和抛石等损坏电缆;

⑩ 堤轴线和护脚位置共 2 组分层沉降监测设备埋设及电缆铺设的先后顺序,需与施工单位协商后,统筹合理安排,以实现仪器设备及电缆保护和分层沉降监测的最终目标。

(3) 水平位移监测仪器埋设技术

水平位移监测需要分别在 K1+800、K2+600 两个监测断面护脚位置埋设测斜管各 1 组(两个断面共 2 组),埋深至软土层底部,如果没有软土层,则埋至 15 m,沿深度测点间距 1 m,其中潜堤护脚处的深层水平位移由人工测量。具体埋设方案及步骤如下:

① 配合护脚处分层沉降管钻孔埋设完成并引出水面后,在护脚处钻孔埋设水平位移测斜管;

② 钻孔至软土层底部,如果没有软土层,则钻孔至 15 m 深,并清孔至合适孔径,埋设水平位移测斜管,引出水面至水上观测平台位置;

③ 待护脚处的分层沉降管、水平位移测斜管埋设完成后,测量护脚处的分层沉降和水平位移初值;

④ 安装及铺设保护完成后,继续抛石施工,铺设施工过程中严格控制施工质量,防止施工船只、设备和抛石等损坏电缆。

5. 仪器设备及电缆保护

(1) 保护方案

护脚处水平位移测斜管及分层沉降管安装时,需在观测平台管桩打设完成后钻孔埋设。钻孔埋设结束时预留 1~2 m 长度的钻孔套管在孔中,套管顶端高度伸至水面以上或观测平台高度;套管与平台管桩间通过槽钢或钢管焊接连接固定;套管底端在江底面采用水抛 1~2 m 厚的块石包围固定,从而达到固定套管、保护护脚处水平位移测斜管及分层沉降管的目的。

轴线处分层沉降传感器安装时,将信号电缆从套管中引出,并在施工船上采用 15 m 长的整根 100 mm 直径钢管穿线保护,穿线后由潜水员潜水在轴线钻孔附近安置电缆线,在江底将电缆随同保护钢管从轴线处引电缆及保护管至水上观测平台位置,将信号电缆沿较近的平台管桩引至平台以上。在江底钻孔和平台管桩底端采用袋装砂柔性覆盖,经与施工单位协商、协调后选用合适稳妥的保护措施,以保证施工期内各监测仪器的正常使用。

根据监测设计要求,轴线处地基分层沉降监测仪器埋设完成后,相关传感器的电缆及电缆保护管需要从堤轴线位置引出至水上观测平台上,因此需要对江

底的仪器电缆采用专门的铺设保护措施,其具体方案如下:

① 堤轴线处孔内仪器安装完成后,将电缆和电缆保护管在埋设位置从钻孔中引出,传感器电缆外部采用PE管和镀锌管双重保护,并在钻孔埋设位置采用袋装砂或其他柔性材料覆盖保护;

② 在江底通过潜水员在软体排表面将电缆及电缆保护管从埋设孔位引至水上观测平台位置,引线完成后采用小型砂袋、砂枕或软体排体覆盖保护电缆及电缆保护管;

③ 在水上观测平台位置,将电缆及PE保护管从江底引至水上观测平台,并固定,观测平台上配备警示牌及警示灯,调试分层沉降监测仪器设备并初步运行;

④ 分层沉降监测仪器、电缆及电缆保护管安装及铺设保护完成后,继续抛石施工,铺设施工过程中应严格控制施工质量,防止水上来往船只、施工船只、设备和抛石损坏仪器设备。

(2) 仪器保障措施

① 选用正规厂家的合格产品,从源头保障仪器的整体质量。

② 所有仪器在使用前都要经过检定和率定,保证每只仪器都能满足设计要求。

③ 安装前现场检查:所有仪器在安装前,均需要在现场进行检查(查看仪器外表有无损坏、仪器读数是否正常、电缆线是否有破损等),检查合格后方能进行安装作业。

④ 安装完成后现场检查:仪器安装完成后立即进行读数检查,若发现安装未能成功,立即从钻孔中取出测斜管、分层沉降管及位移传感器,并清孔或重新钻孔、埋设,实现上述仪器全部埋设并引线保护成功的目的,从而保证仪器存活率均为100%。

⑤ 抛石施工期和责任缺陷期内,对上述动态监测仪器采取必要的保护措施,包括将位移传感器信号电缆从江底采用PE管及钢管双重保护、引线至观测平台、护脚处的测斜管和分层沉降管管口固定在观测平台、在观测平台配备警示牌及警示灯,抛石施工过程中严格控制施工质量,防止水上来往船只、施工船只、设备和抛石损坏仪器设备。

由于本次的目的为监测施工过程中江底地层的变形情况和施工结束后水下潜堤的长期稳定状态,因此仪器基本都在潜堤底部,假如潜堤开始施工后仪器发生损坏并无法修复时,该仪器只能进行报废处理。

6. 水上观测平台的构建

护脚处测斜-沉降管和堤轴线处分层沉降的仪器电缆及其保护管需要汇集到江面的水上观测平台上固定,因此需要打设和安装专门的水上观测平台(图

6.2-13),其具体安装方案如下:

① 观测平台应具有一定大小的体积和工作面积,固定在江底,观测平台上需要配备警示牌(灯),防止施工船舶及周边渔船碰撞;

② 相关的仪器电缆及其保护管从江底引至水面,汇集到观测平台上并固定;

③ 观测平台应定期指派专业人员进行维护,及时调试至正常工作;

④ 观测平台采用打设钢管桩支撑固定的方式,施工单位协商后选择科学、合理的固定方式,以避免传感器电缆及电缆保护管因受拉等而发生破坏;

⑤ 水上观测平台采用竖架(杆)引电缆出水方案,根据提供的竖架(杆)的结构图安装实施。

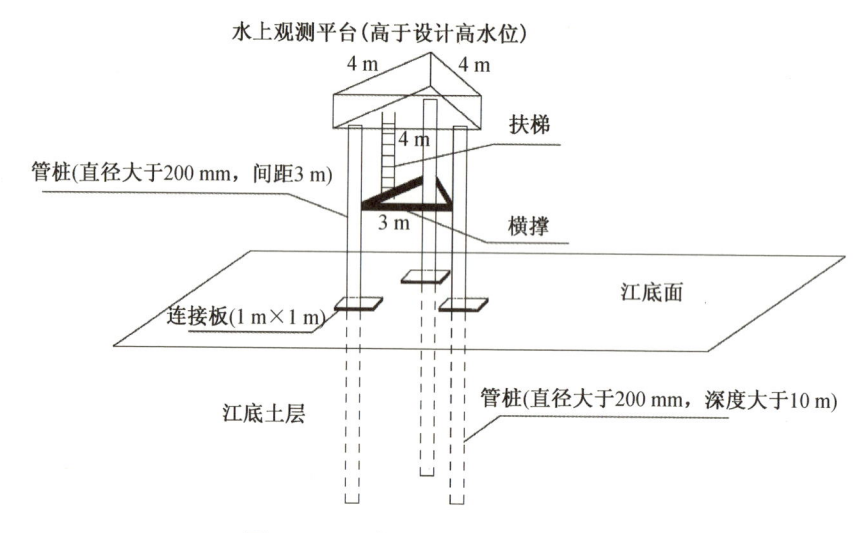

图 6.2-13 水上观测平台结构设计图

6.2.3 坝基施工及运行期变形稳定性分析

在鳗鱼沙护滩堤工程深水坝基施工及运行期变形监测工作中,堤轴线处地基分层沉降监测采用固定式位移传感器测量的方法。每个分层测量点安装 1 个沉降环和 1 个位移传感器,通过测量位移传感器的读数变化,进而得到该点的土体沉降量;护脚处的地基分层沉降,利用沉降仪进行人工测量,通过计算每次测量环与基准环的距离变化量,进而得到测量点的土体沉降量;护脚处的地基深层水平位移采用进口活动式测斜仪进行测量,通过计算公式,计算可得到各个深度上的水平位移量。

根据鳗鱼沙护滩堤工程深水坝基分层沉降监测的工作要求,为避免堤轴线处地基分层沉降监测设备对护滩堤抛石施工产生影响,并确保仪器设备良好、工作稳定,需要改进和填补现有分层沉降管配以沉降磁环、采用电磁式沉降仪读数的测量技术缺陷。因此提出了一种新型的测量水下地基分层沉降的设备及成套技术,其技术特点为:仪器设备安装埋设后不需要从被测位置护滩堤轴线上方直接引出,不影响被测位置护滩堤的正常抛石施工;不需要对分层沉降环采用电磁式沉降仪人工读数的方法,而是直接用传感器信号读数仪测量引到护滩堤以外的数据电缆即可获得水下地基的分层沉降量。

地基分层沉降监测或者深层水平位移监测须在观测初期加密进行,并根据监测数据确定"仪器稳定期"的时限,将"仪器稳定期"后的第一次读数,确定为日后监测的初值。为保证监测数据准确性,采用固定人员读数,固定仪器测量的措施。

6.2.3.1 监测成果

(1) K1+800 断面堤轴线处地基分层沉降

如图 6.2-14 所示,监测历时内(2016-01-16—2016-06-29),最大累积沉降量发生在距江底约 2.62 m 的沉降环处,累积沉降 15 mm,其中:主要沉降发生在施工期内(2016-01-16—2016-03-31),为 12 mm,停工期内(2016-04-01—2016-06-29)沉降为 3 mm。护滩堤施工结束后,堤轴线处基本未发生明显沉降,沉降速率基本为 0 mm/d,小于 10 mm/d 的沉降预警值,说明抛石施工完成后至停工后期,潜堤地基已较为稳定,未发生较明显沉降。

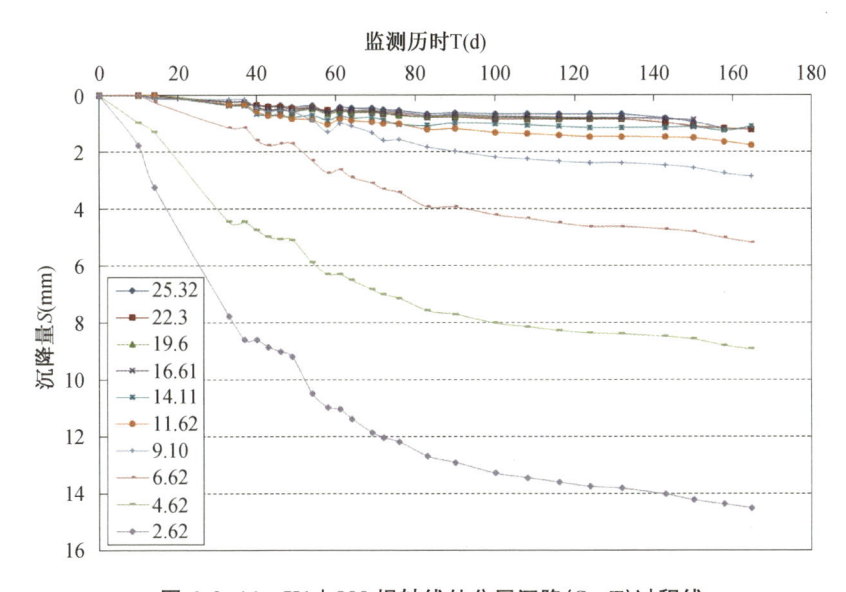

图 6.2-14　K1+800 堤轴线处分层沉降(S—T)过程线

(2) K1+800断面护脚处地基分层沉降

如图6.2-15所示,监测历时内(2016-01-16—2016-05-27),最大累积沉降量发生在距江底约3.21 m(高程－16.21 m)的沉降环处,累积沉降24 mm,其中:主要沉降发生在施工期内(2016-01-16—2016-03-31),为18 mm,停工期内(2016-04-01—2016-05-27)沉降为6 mm。护滩堤施工结束后,护脚处发生几次较小沉降,沉降速率基本为0.11 mm/d,远小于10 mm/d的沉降预警值,说明抛石施工完成后至停工后期,潜堤地基已较为稳定,未发生较明显沉降。

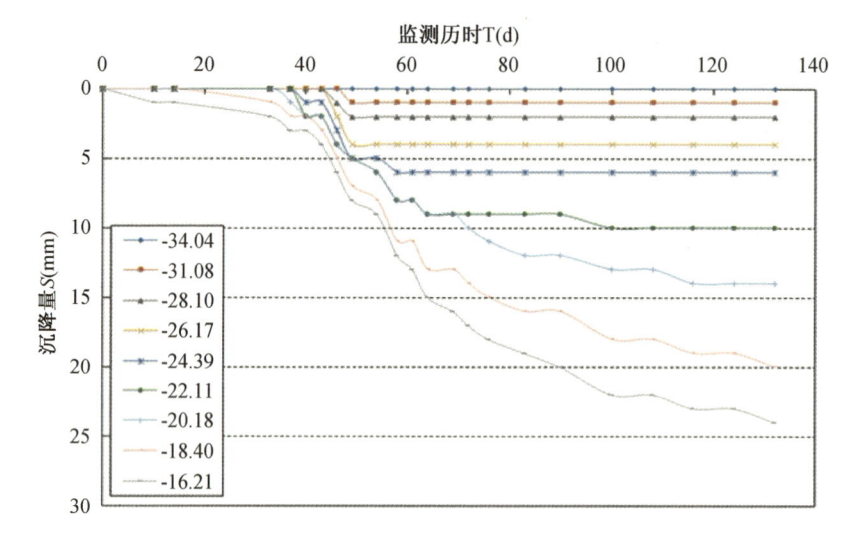

图6.2-15 K1+800堤护脚处分层沉降(S—T)过程线

根据观测数据统计,K1+800断面堤轴线及护脚处地基分层沉降量如表6.2-4所示。

表6.2-4 K1+800断面分层沉降数据统计表

仪器编号	轴线测点 深度(m)	轴线测点 累计沉降(mm)	轴线测点 沉降速率(mm/d)	堤脚测点 深度(m)	堤脚测点 累计沉降(mm)	堤脚测点 沉降速率(mm/d)
1	25.32	1	0.006	23.64	0	0.000
2	22.30	1	0.006	21.03	0	0.000
3	19.60	1	0.006	18.07	1	0.008
4	16.61	1	0.006	15.10	2	0.015
5	14.11	1	0.006	13.17	4	0.030

(续表)

仪器编号	轴线测点			堤脚测点		
	深度(m)	累计沉降(mm)	沉降速率(mm/d)	深度(m)	累计沉降(mm)	沉降速率(mm/d)
6	11.62	2	0.012	11.38	6	0.045
7	9.10	3	0.018	9.10	10	0.076
8	6.62	5	0.030	7.17	14	0.106
9	4.62	9	0.055	5.40	20	0.152
10	2.62	15	0.091	3.21	24	0.182

（3）K1+800断面护脚处深层水平位移

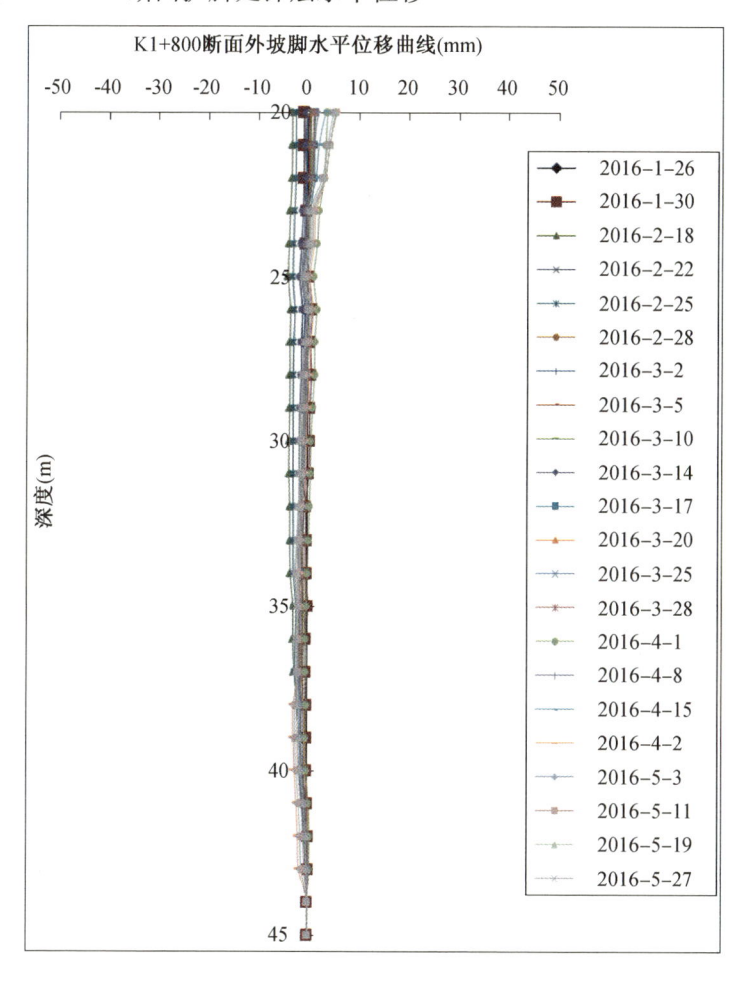

图6.2-16　K1+800堤护脚处水平位移过程线

如图 6.2-16 所示,进入停工期后(2016-04-01—2016-05-27),堤护脚处地基基本未发生明显的水平位移,最大水平位移速率为 0 mm/d,小于 5 mm/d 的沉降预警值,最大水平位移发生在距江底 3.23 m(高程－18.23 m)位置,发生水平位移的范围为从距江底 15.23 m 位置(高程－30.23 m)到江底,说明抛石施工完成后至停工后期,潜堤地基已较为稳定,未发生较明显水平位移。

(4) K2＋600 断面堤轴线处地基分层沉降

如图 6.2-17 所示,监测历时内(2016-01-16—2016-06-29),最大累积沉降量发生在距江底 2.62 m 的沉降环处,累积沉降 48 mm,其中:主要沉降发生在施工期内(2016-01-16—2016-03-31),为 40 mm,停工期内(2016-04-01—2016-06-29)沉降为 8 mm。护滩堤施工结束后,堤轴线处基本未发生明显沉降,沉降速率基本为 0 mm/d,小于 10 mm/d 的沉降预警值,说明抛石施工完成后至停工后期,潜堤地基已较为稳定,未发生较明显沉降。

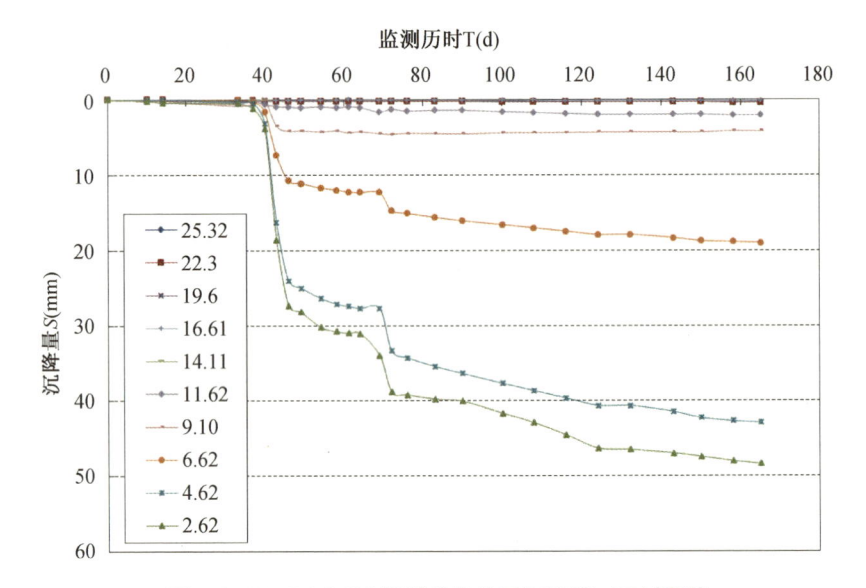

图 6.2-17　K2＋600 堤轴线处分层沉降(S—T)过程线

(5) K2＋600 断面护脚处地基分层沉降

监测历时内(2016-01-16—2016-06-29),最大累积沉降量发生在距江底约 3.60 m(高程－17.59 m)的沉降环处,累积沉降 26 mm,其中:主要沉降发生在施工期内(2016-01-16—2016-03-31),为 21 mm,停工期内(2016-04-01—2016-06-29)沉降为 5 mm。护滩堤施工结束后,护脚处基本未发生沉降,沉降速率基本为 0 mm/d,小于 10 mm/d 的沉降预警值,说明抛石施工完成后至停工后期,潜堤地基已较为稳定,未发生较明显沉降。

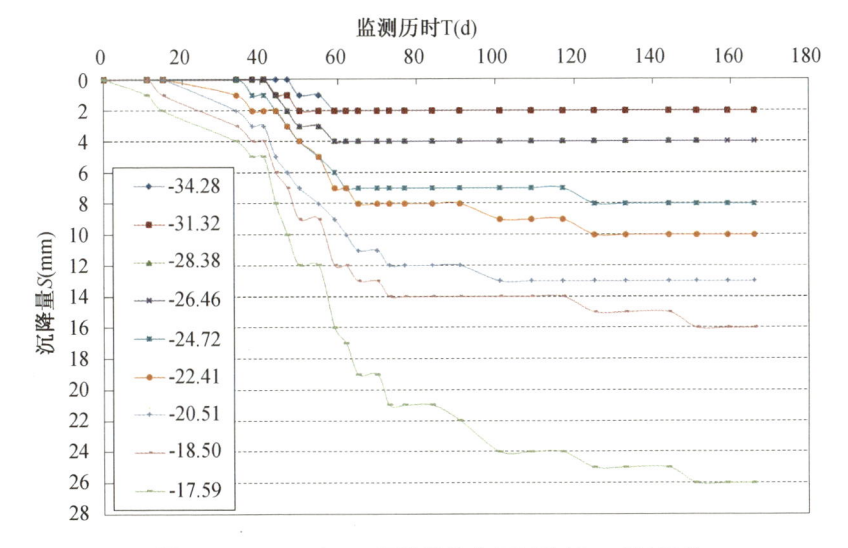

图 6.2-18　K2+600 堤护脚处分层沉降(S—T)过程线

根据观测数据统计，K2+600 断面堤轴线及护脚处地基分层沉降量如表 6.2-5 所示。

表 6.2-5　K2+600 断面分层沉降数据统计表

仪器编号	轴线测点 深度(m)	轴线测点 累计沉降(mm)	轴线测点 沉降速率(mm/d)	堤脚测点 深度(m)	堤脚测点 累计沉降(mm)	堤脚测点 沉降速率(mm/d)
1	25.32	0	0	23.31	0	0
2	22.30	0	0	20.29	2	0.012
3	19.60	0	0	17.32	2	0.012
4	16.61	0	0	14.39	4	0.024
5	14.11	0	0	12.45	4	0.024
6	11.62	1	0.006	10.72	8	0.048
7	9.10	5	0.030	8.45	10	0.061
8	6.62	19	0.115	6.48	13	0.079
9	4.62	43	0.261	4.54	16	0.097
10	2.62	48	0.291	3.60	26	0.158

(6) K2+600 断面护脚处深层水平位移

如图 6.2-19 所示，进入停工期后(2016-04-01—2016-06-29)，堤护脚处地基基本未发生明显的水平位移，最大水平位移速率为 0 mm/d，小于 5 mm/d 的沉降预警值,最大水平位移发生在距江底 3.41 m(高程-15.41 m)位置,发生水平位移的范围为从距江底 19.41 m(高程-31.41 m)到江底,说明抛石施工完成后至停工后期,潜堤地基已较为稳定,未发生较明显水平位移。

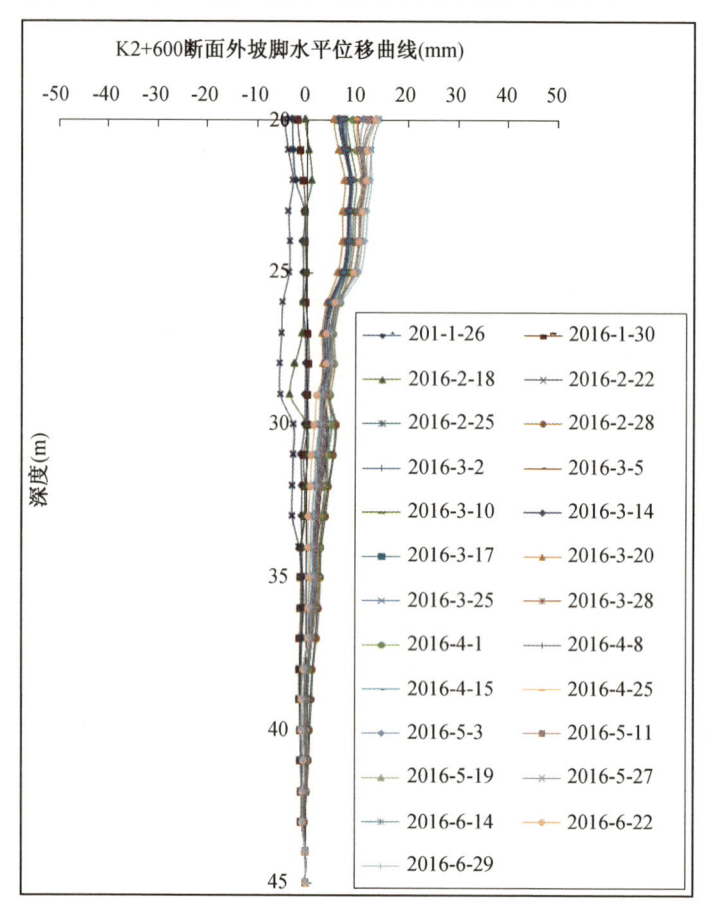

图 6.2-19　K2+600 堤护脚处水平位移过程线

检测总成果如图 6.2-6 所示。

表 6.2-6　深层水平位移数据统计表

测点编号	K1+800 测点		K2+600 测点	
	深度(m)	累计位移(mm)	深度(m)	累计位移(mm)
1	27.23	0	26.41	0
2	26.23	-0.16	25.41	-0.08
3	25.23	-0.40	24.41	-0.66
4	24.23	-0.74	23.41	-0.62

(续表)

测点编号	K1+800 测点 深度(m)	K1+800 测点 累计位移(mm)	K2+600 测点 深度(m)	K2+600 测点 累计位移(mm)
5	23.23	−1.42	22.41	−0.46
6	22.23	−1.76	21.41	−0.72
7	21.23	−1.84	20.41	−0.58
8	20.23	−2.12	19.41	−0.10
9	19.23	−2.34	18.41	0.84
10	18.23	−2.18	17.41	1.02
11	17.23	−2.58	16.41	1.62
12	16.23	−2.22	15.41	1.30
13	15.23	−1.94	14.41	1.54
14	14.23	−1.66	13.41	2.06
15	13.23	−1.72	12.41	2.36
16	12.23	−1.52	11.41	2.80
17	11.23	−1.30	10.41	3.22
18	10.23	−0.82	9.41	5.02
19	9.23	−0.34	8.41	5.02
20	8.23	−1.00	7.41	6.68
21	7.23	0.04	6.41	10.48
22	6.23	0.14	5.41	11.56
23	5.23	2.62	4.41	11.94
24	4.23	3.70	3.41	12.78
25	3.23	4.86	2.41	12.70

6.2.3.2 坝基变形稳定性分析

(1) 堤轴线处地基分层沉降

根据两监测断面堤轴线处地基分层沉降实际观测成果，K1+800 断面堤轴线处地基分层沉降监测历时内(2016-01-16—2016-06-29)距江底 2.62 m 处累积沉降量 15 mm，其中施工期内(2016-01-16—2016-03-31)累积沉降 12 mm、停工期内(2016-04-01—2016-06-29)累积沉降 3 mm；K2+600 断面堤轴线处地基分层沉降监测历时内(2016-01-16—2016-06-29)在距江底 2.62 m 处累积沉降量48 mm,其中施工期内(2016-01-16—2016-03-31)累积沉降38 mm、停工期内(2016-04-01—2016-06-29)累积沉降10 mm。

由此可见,两断面堤轴线处地基分层沉降主要发生在施工期内,施工期内沉降量分别占总观测期内累积沉降量的83%和80%,说明鳗鱼沙护滩堤工程施工期间的抛石加载是水下基础堤轴线处软土地基发生沉降变形的主要原因,随着抛石加载的结束,停工期内软土地基的沉降变形量及沉降速率逐渐减小,软土地基沉降变形趋于稳定。

以两断面最后两次测量之间的堤轴线处沉降量变化值为代表分析(表6.2-7),K1+800断面堤轴线处地基分层沉降测值在2016-06-22至2016-06-29的7 d时间内,沉降量从14.38变化至14.50 mm,变化值为0.12 mm,即停工后期的沉降速率降至0.017 mm/d;K2+600断面堤轴线处地基分层沉降测值在2016-06-22至2016-06-29的7 d时间内,沉降量从47.99 mm变化至48.39 mm,变化值为0.40 mm,即停工后期的沉降速率降至0.056 mm/d。考虑到软土地基的压缩变化过程随着加载结束而逐渐趋缓,沉降速率也势必变化至此平均值以下,软土地基沉降变形亦将逐渐趋于稳定。

表6.2-7 堤轴线处地基沉降实测值分析统计表

断面	监测期内累积沉降量(mm)	施工期 沉降量(mm)	施工期 比例(%)	停工期 沉降量(mm)	停工期 比例(%)	停工后期沉降速率(mm/d)
K1+800	14.50	12.04	83	2.46	17	0.017
K2+600	48.39	38.81	80	9.58	20	0.056

(2) 护脚处地基分层沉降

根据两断面护脚处地基分层沉降实际观测成果,K1+800断面护脚处地基分层沉降监测历时内(2016-01-16—2016-05-27)距江底3.21 m处累积沉降量24 mm,其中施工期内(2016-01-16—2016-03-31)累积沉降18 mm、停工期内(2016-04-01—2016-05-27)累积沉降6 mm;K2+600断面护脚处地基分层沉降监测历时内(2016-01-16—2016-06-29)距江底3.60 m处累积沉降量26 mm,其中施工期内(2016-01-16—2016-03-31)累积沉降21 mm、停工期内(2016-04-01—2016-06-29)累积沉降5 mm。

由此可见,两断面护脚处地基分层沉降主要发生在施工期内,施工期内沉降量分别占总观测期内累积沉降量的75%和81%,说明鳗鱼沙护滩堤工程施工期间的抛石加载也是水下基础护脚处软土地基发生沉降变形的主要原因。随着抛石加载的结束,停工期内软土地基的沉降变形量及沉降速率逐渐减小,软土地基沉降变形趋于稳定。

同理,以两断面观测平台最后几次测量之间的护脚处沉降量变化值为代表分析(图6.2-8),K1+800断面护脚处地基分层沉降测值从2016-05-11至2016-05-27的16 d时间内,沉降量从23变化至24 mm,变化值为1 mm,即停工后期的沉降速率降至0.067 mm/d;K2+600断面护脚处地基分层沉降测值从2016-05-19至2016-06-29的31 d时间内,沉降量从25变化至26 mm,变化值为1 mm,即停工后期的沉降速率降至0.032 mm/d。考虑到软土地基的压缩变化过程随着加载结束而逐渐趋缓,沉降速率也势必变化至此平均值以下,软土地基沉降变形亦将逐渐趋于稳定。

表6.2-8 护脚处地基沉降实测值分析统计表

断面	监测期内累积沉降量(mm)	施工期 沉降量(mm)	施工期 比例(%)	停工期 沉降量(mm)	停工期 比例(%)	停工后期沉降速率(mm/d)
K1+800	24	18	75	6	25	0.067
K2+600	26	21	81	5	19	0.032

(3)护脚处深层水平位移

根据两断面护脚处地基深层水平位移实际观测成果,K1+800断面护脚处地基深层水平位移监测历时内(2016-01-16—2016-05-27)距江底3.23 m处最大水平位移量为4.86 mm,其中施工期内(2016-01-16—2016-03-31)水平位移量3.68 mm、停工期内(2016-04-01—2016-05-27)水平位移量1.18 mm;K2+600断面护脚处地基深层水平位移监测历时内(2016-01-16—2016-06-29)距江底3.41 m处最大水平位移量为12.70 mm,其中施工期内(2016-01-16—2016-03-31)水平位移量9.86 mm、停工期内(2016-4-1—2016-06-29)水平位移量2.84 mm。

由此可见,两断面护脚处地基深层水平位移主要发生在施工期内,施工期内水平位移量分别占总观测期内累积水平位移量的76%和78%,说明鳗鱼沙护滩堤工程施工期间的抛石加载也是深水坝基护脚处软土地基深层水平位移发生的主要原因。随着抛石加载的结束,停工期内软土地基的水平位移量及变形速率逐渐减小,软土地基水平位移变形也逐渐趋于稳定。

6.2.3.3 坝基最终沉降量推算

(1)基于经验方法沉降量推算

根据桩号K1+800、K2+600两监测断面在施工期及停工期内堤轴线和护脚处地基分层沉降、护脚处深层水平位移的实际观测成果,在整个观测期内水下基础的分层沉降和深层水平位移集中发生在施工期,而停工期内水下软基的变形量及变形速率均逐渐减小,软土地基趋于稳定。采用软土地基固结变形理论中有关最终沉降量推算的常用方法,可以推算得到鳗鱼沙护滩堤工程深水坝基的最终沉降量。

① 三点法

三点法即传统的指数曲线法,是假定土体的压缩过程符合指数曲线,可以推算出软土地基最终沉降量 S_∞ 的关系式如式(646)。

$$S_\infty = \frac{S_3(S_2-S_1)-S_2(S_3-S_2)}{(S_2-S_1)-(S_3-S_2)} \tag{6-46}$$

式中:S_1、S_2、S_3 为恒载后的沉降-时间过程线上等时间间隔选取的 3 个沉降值,即 $\Delta t = t_2 - t_1 = t_3 - t_2$,且 Δt 越大,推算结果精度越高。

② Asaoka 法

1978 年 Asaoka 提出了一种利用已有沉降观测资料来预测最终沉降量的新方法——Asaoka 法。Asaoka 法将实测的 S-T 曲线横轴(T)划分成相等的时间间隔 ΔT(ΔT 通常在 10~100 d 之间),读出相应于时间 $T_1,T_2\cdots,T_n$ 时的沉降量 $S_1,S_2\cdots,S_n$,并制成表格。在轴 S_i 和 S_{i+1} 的坐标系中将沉降值 $S_1,S_2\cdots,S_n$ 以点 (S_i,S_{i+1}) 画出,同时作出与横轴成 45°的直线。将点 (S_i,S_{i+1}) 拟合成直线,45°直线与拟合直线的交点对应的数值即为所推求的最终沉降量 S_∞,即:

$$S_\infty = S_t \tag{6-47}$$

利用 Asaoka 法推算沉降需要相对较长的恒载预压期,恒载时间越长,推算精度越高,图解过程如图 6.2-20 所示。

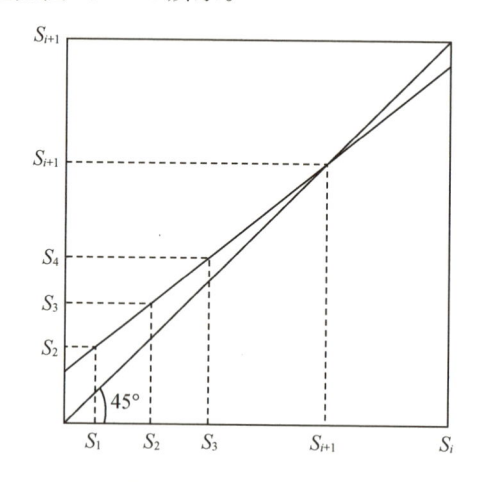

图 6.2-20 Asaoka 法图解示意图

③ 双曲线法

双曲线法是假定恒载后的沉降曲线符合双曲线规律,则式(6-48)成立:

$$t' = a + bt'/S' \tag{6-48}$$

采用双曲线法推算最终沉降可以最大限度地利用观测资料,减小任意性,使计算结果更趋合理。双曲线法图解过程如图 6.2-21 所示。

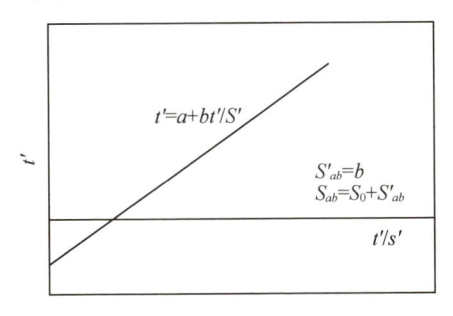

图 6.2-21 双曲线法图解示意图

图中 a、b 为参数,其中 $t'=t-t_0$,$S'=S-S_0$,t_0 及 S_0 为恒载后沉降曲线的起始点。从式(6-48)可知当 $t'=\infty$ 时,$S'_\infty=b$,进而求得最终沉降量 S_∞ 的关系式如下:

$$S_\infty = S_0 + S'_\infty \tag{6-49}$$

④ 推算最终沉降

根据实测沉降过程线,分别采用三点法、Asaoka 法和双曲线法来推算的护滩堤工程 K1+800 和 K2+600 两个断面水下基础堤轴线处(表 6.2-9)和护脚处(表 6.2-10)的最终沉降量。

表 6.2-9 水下软基堤轴线处最终沉降量推算值统计表

推算方法	水下软基最终沉降量推算值(mm)		实测沉降量/推求固结度		
	K1+800 断面	K2+600 断面	K1+800 断面		K2+600 断面	
三点法	15.08	49.59		91.7%		97.6%
Asaoka 法	15.30	51.35	14.50 mm	94.7%	48.39 mm	94.2%
双曲线法	20.09	55.58		72.2%		87.1%

表 6.2-10 水下软基护脚处最终沉降量推算值统计表

推算方法	水下软基最终沉降量推算值(mm)		实测沉降量/推求固结度		
	K1+800 断面	K2+600 断面	K1+800 断面		K2+600 断面	
三点法	25.3	27.1		94.9%		95.9%
Asaoka 法	27.0	26.4	24 mm	88.9%	26 mm	98.5%
双曲线法	27.8	28.3		86.3%		91.9%

根据分别选用三点法、Asaoka 法和双曲线法计算推求所得的护滩堤工程

K1+800 和 K2+600 断面水下基础堤轴线处和护脚处的最终沉降量，可以看出，截止至 2016 年 6 月底最后一次测量，两个断面目前测得的堤轴线处和护脚处累积沉降量已占水下软基最终推算沉降量的绝大部分比例。三种方法测得 K1+800 断面堤轴线处实际测得累积沉降量占推算最终沉降量的 72.2%～91.7%（推求固结度），护脚处实际测得累积沉降量占推算最终沉降量的 86.3%～94.9%（推求固结度）；K2+600 断面堤轴线处实际测得累积沉降量占推算最终沉降量的 87.1%～97.6%（推求固结度），护脚处实际测得累积沉降量占推算最终沉降量的 91.9%～98.5%（推求固结度）。因此可以说明，K1+800 和 K2+600 断面软土地基的沉降变形主要发生在抛石施工期以及停工期初期，停工期后期软土地基的沉降变形量及沉降速率逐渐减小，软土地基沉降变形趋于结束和稳定。

从上述最终沉降量推算值的统计分析中可以看出，三点法和 Asaoka 法的结果基本一致，双曲线法的结果明显大于其他两种方法。沿海地区真空或堆载预压加固软土、吹填淤泥软土地基工程设计中，很多设计人员倾向于采用三点法或 Asaoka 法的推算结果作为最终沉降量。在加固工程设计中，真空预压的停泵标准一般都采用被加固软土地基的平均固结度达到某一设计值为准，采用这一结果就比较容易满足固结度的要求，以达到节约工期、降低工程造价的目的。实际上并非如此，而是由于三点法推求结果偏小，造成地基平均固结度虚高而已，地基加固实际效果可能并未达到预期效果。

大量工程实践经验证明，在真空预压加固吹填淤泥地基中，普遍存在真空度传递比较困难、排水板周围形成淤泥抱团、深层加固效果不太理想等现象。如果继续采用三点法或 Asaoka 法的推算结果作为最终沉降量，表面看来地基的平均固结度已满足设计要求，但实际上可能并没有达到预期的加固效果。采用双曲线法推算结果作为最终沉降量，对软土地基的加固处理效果更为有利，这也符合加固软土地基相关规范要求，因此建议在软土地基加固工程中采用双曲线法推算结果作为最终沉降量。

（2）基于机器学习方法的最终沉降量预测

针对深水护滩堤软土地基沉降的问题，结合鳗鱼沙护滩堤的工程实际，提出了水下软基分层沉降新型监测技术，并获得了块石加载后 165 天内的软土地基分层沉降量。提出建立基于机器学习算法的深水潜堤软土地基沉降预测模型，为鳗鱼沙护滩堤软土地基的稳定性以及护滩堤服役状态预警提供参考。

① 预测模型的建立

在极限学习机预测模型的学习过程中，激活函数的选择对于模型预测精度影响不大，因此本文仅以 Sigmoid 函数为激活函数建立预测模型。结合模型计算原理及软土地基沉降特点，建立了隐含层节点数 n 分别为 5、10 以及 15 的 3

个软土地基沉降预测模型(简称 M5、M10、M15 模型)。原型监测获取了抛石成堤施工期 74 d 的沉降量以及停工期 91 d 内的沉降量,本研究选取 K1+800 监测断面中土层 10 的监测数据作为学习样本。在整个监测历时中,两次监测的测量间隔时间从 4 d 到 24 d 不等,而块石压载下的软土地基沉降是一个有关于时间 t 的非线性函数,此在考虑建立基于数据驱动的沉降预测模型时,块石压载的总天数(T)以及监测的时间间隔(T_Δ)时应予以考虑,同时,上一个监测时间段内的日均沉降量(Z_Δ)对于下一阶段的沉降预测具有重要参考价值,因此,本文选用了块石压载的总天数 T、监测的时间间隔(T_Δ)以及上一个监测时间段内的日均沉降量 Z_Δ 三个变量作为训练集的样本参数,原型监测获取的前 150 d 内的沉降量 Z 作为输出样本集,同时预留第 158 d、165 d 的实测沉降量作为模型预测精度的验证数据,各模型参数如表 6.2-11 所示,具体建模过程如图 6.2-22 所示。

表 6.2-11　各模型参数

模型名称	输入层参数	隐含层节点数	输出层参数	网络结构
M5	T、T_Δ、Z_Δ	5	Z	3×5×1
M10	T、T_Δ、Z_Δ	10	Z	3×10×1
M15	T、T_Δ、Z_Δ	15	Z	3×15×1

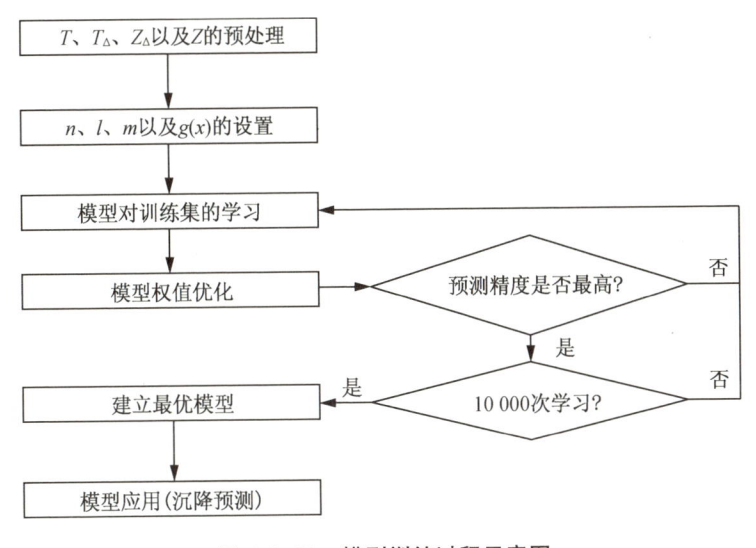

图 6.2-22　模型训练过程示意图

② 软土地基沉降预测结果分析

表 6.2-12 给出了 M5、M10 以及 M15 三个模型对深水潜堤块石加载后 165 d 内的沉降量预测情况。从表中可知,当 M5 模型对 150 d 内的沉降量预测

的最大误差为 3.47%,平均误差为 0.48%;M10 模型预测的最大误差为 0.79%,平均误差为 0.22%;M15 模型对 150 d 内的沉降量预测的最大误差为 0.09%,平均误差为 0.02%。图 6.2-23 给出了各个监测时间点上预测值与实际监测值的误差,可见 M15 模型的误差线基本与零误差线重合,而 M5 的误差线波动范围较大,预测精度最低。据此可以发现,这 3 个模型中,隐含层节点数较少时,模型对前 150 d 的沉降量预测精度相对较差,隐含层节点数越多,模型的预测精度越高。

表 6.2-12 模型预测结果

加载天数(d)	实测值(mm)	M5 预测值(mm)	M5 误差(%)	M10 预测值(mm)	M10 误差(%)	M15 预测值(mm)	M15 误差(%)
33	7.75	7.752	0.063	7.750	0.04	7.746 49	−0.01
37	8.57	8.487	−1.014	8.570	−0.04	8.573 471	0.00
43	8.85	8.782	−0.774	8.850	0.01	8.849 472	−0.01
46	9.02	8.981	−0.457	9.022	0.00	9.022 491	0.00
49	9.20	9.514	3.466	9.196	0.01	9.194 389	−0.01
54	10.47	10.337	−1.262	10.452	−0.16	10.468 64	0.00
58	10.95	11.057	0.968	10.973	0.20	10.950 68	−0.01
64	11.33	11.505	1.535	11.377	0.41	11.329 91	−0.01
69	11.85	11.730	−0.996	11.906	0.49	11.846 17	−0.02
72	12.06	11.933	−1.015	11.984	−0.59	12.055 77	0.01
76	12.19	12.183	−0.085	12.250	0.46	12.189 64	−0.03
83	12.71	12.592	−0.931	12.632	−0.62	12.718 46	0.06
90	12.92	12.939	0.160	12.880	−0.30	12.918 36	0.00
100	13.30	13.277	−0.168	13.243	−0.42	13.291 26	−0.06
124	13.75	13.857	0.770	13.753	0.01	13.750 47	0.00
132	13.82	13.924	0.745	13.930	0.79	13.817 98	−0.02
143	14.03	14.051	0.153	14.088	0.41	14.042 9	0.09
150	14.24	14.110	−0.894	14.161	−0.54	14.227 92	−0.07
158	14.41	14.167	−1.693	14.243	−1.17	14.394 75	−0.11
165	14.52	14.207	−2.122	14.301	−1.48	14.548 22	0.23

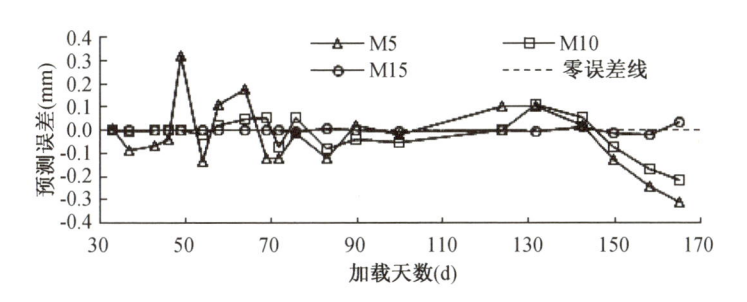

图 6.2-23 模型预测误差统计

同时，模型还给出了三个预测模型对未来 8 d 以及 15 d 的沉降预测值，与现场的实测值相比，M15 模型给出的预测精度最高，平均误差为 0.17%，具体误差值在 0.02 mm 左右，而 M10 及 M5 模型预测精度相对较低，预测误差在 1.3%~1.9%，因而利用 M15 模型对护滩堤深层沉降进行预测的数据可靠性相对较高。整个监测周期内同时包含了施工与停工期，M15 模型对这两个阶段的沉降量均给出了很好的预测准确度。

③ 基于智能算法模型推求最终沉降量

为了进一步分析护滩堤未来的稳定性，基于 M15 模型对未来 800 d 的潜堤深层沉降进行模拟。同时为了研究测量间隔时间对模型模拟精度的影响，根据监测时间间隔的不同，分别建立 M15-D5（间隔 5 d）与 M15-D10（间隔 10 d）两个预测模型。模型的输入参数为块石压载天数、监测时间间隔以及上一个监测时间段内的日均沉降量，当日均沉降量在 0.01 mm/d 时即认为潜堤达到稳定。

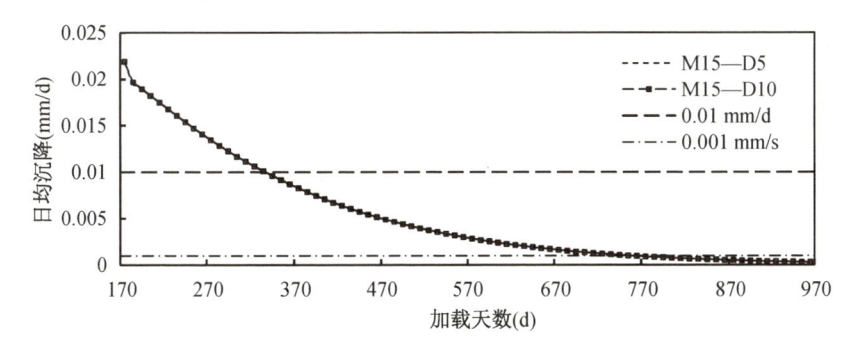

图 6.2-24 预测的沉降量及日均沉降量的变化

表 6.2-24 给出了 M15-D5 与 M15-D10 预测的沉降量及日均沉降量的变化情况，从中可以看到，M15-D5 与 M15-D10 的预测结果基本相同，日均沉降量均随着加载天数的增加呈指数下降。压载 335 d 时，日均沉降量降至 0.01 mm/d，潜堤深层沉降基本达到稳定，此时的沉降为 17.08 mm。由图 6.2-25 可更进一步地发现，日均沉降趋势线在 0.001 mm/d 后逐渐趋于平缓，

此时 M15-D5 与 M15-D10 模型预测的沉降量均为 18.72 mm,压载时间为第 745 d,即土层在初步稳定后接近 1 年的时间又发生了 1.64 mm 的沉降。

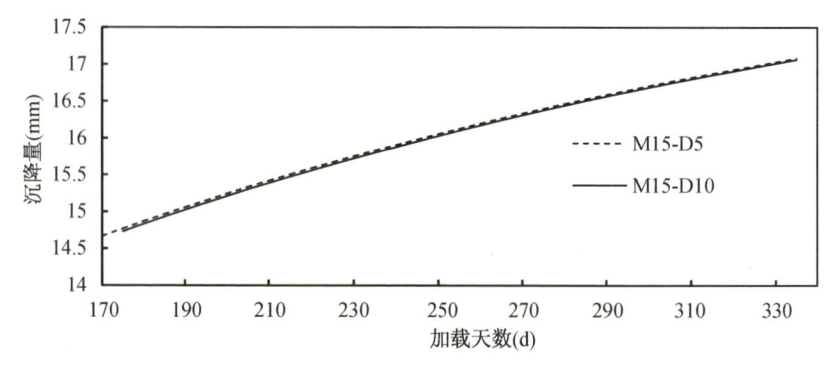

图 6.2-25 沉降量预测

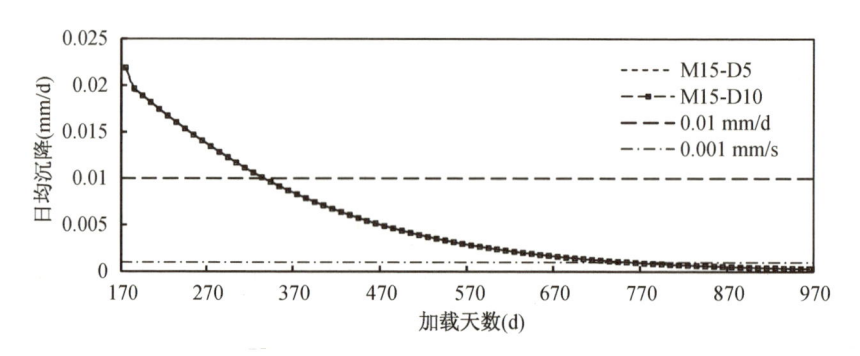

图 6.2-26 日均沉降量预测

  三点法、Asaoka 法以及双曲线法是软土地基固结变形理论中常用的最终降量推算方法。表 6.2-13 给出了基于上述三种方法以及 M15 模型给出的最终沉降量。从表中可知,三点法给出的最终沉降量为 15.08 mm,与 Asaoka 法计算得到的 15.3 mm 沉降量大致相等;双曲线法的计算结果为 20.09 mm,与三点法、Asaoka 法相比,计算结果明显偏大;M15 模型给出了 17.08 mm 的最终沉降量,预测值大小居于几种算法计算值的中间位置。以往研究表明,在真空预压加固吹填淤泥地基中,普遍存在真空度传递比较困难、排水板周围形成淤泥抱团、深层加固效果不理想等现象,利用三点法以及 Asaoka 法推求的最终沉降量结果偏小,地基平均固结度虚高,因此本书提出的极限学习机预测模型(M15)以及双曲线法可供此类地基的沉降量预测参考。

表 6.2-13　不同计算方法下的最终沉降量

计算方法	最终沉降量(mm)
三点法	15.08
Asaoka 法	15.30
双曲线法	20.09
M15	17.08

基于 M15 模型,图 6.2-27 给出了压载不同时刻下的土层固结度,由图可见,施工完成后,土层固结度为 71%,由此可见施工抛石加载是水下软基土体沉降的主要原因,同时监测末期的固结度为 85%,说明土体压缩变形已基本完成,土体压缩过程随着加载结束而趋缓,抛石加载结束后水下软基变形逐渐趋稳。

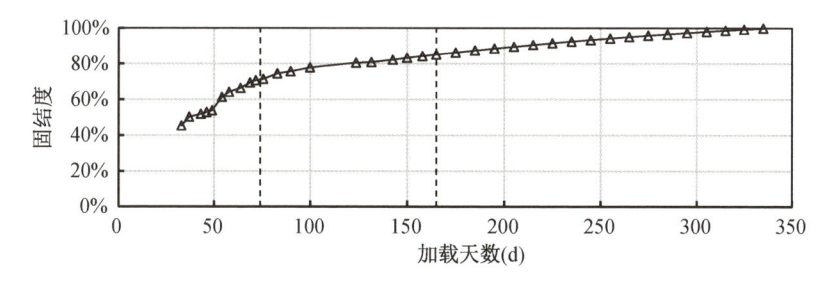

图 6.2-27　深水潜堤软土地基深层固结度变化

本研究结合深水潜堤软土地基沉降的工程实际,基于极限学习机算法利用实测沉降数据建立了 M5、M10 以及 M15 三个沉降预测模型。模拟结果显示 M15 模型具有较高的预测精度,很好地模拟了深水潜堤深层软土地基在施工期以及运营期的沉降量。利用 M15 模型对深水潜堤软土地基深层软土地基的最终沉降量预测进行了应用,模拟结果显示,M15-D5 以及 M15-D10 模型的预测结果基本相同,软土地基最终沉降量为 17.08 mm,沉降稳定的时间在压载后的 745 d,与 3 种传统的最终沉降量推算方法相比,M15 模型的计算偏差不大,可为相关工程实践提供参考。

6.3　深水潜堤稳定性评价

6.3.1　潜堤失稳力学模式

1. 软基变形

地基沉降采用分层总和法进行计算,具体方法如下:

根据建筑物基础的形状,结合地基中土层性状,选择沉降计算点的位置;再按作用在基础上荷载的性质(中心、偏心或倾斜等情况),求出基底压力的大小和分布。

将地基分层,在分层时天然土层的交界面和地下水位应为分层面,同时在同一类土层中,各分层的厚度不宜过大。对水工建筑物地基,每层的厚度可以控制在 $H_i=2m-4m$ 或 $H_i \leqslant 0.4b$(b 为基础宽度)。对每一分层,可认为压力均匀分布。

计算地基自重应力分布,求出计算点垂线上各分层层面处的竖向自重应力 σ_s,并绘制它的分布曲线。

计算地基中竖向附加应力分布,求出计算点垂线上个分层层面处竖向附加应力 σ_z,并绘制它的分布曲线,并以 $\sigma_z=0.1\sigma_s$ 或者 $0.2\sigma_s$ 的标准确定压缩层厚度 H。当基础埋置深度为 d 时,应采取基底净压力 $p_n=p-\gamma d$ 计算附加应力。

按算术平均求各分层平均自重应力 σ_{si} 和平均附加应力 σ_{zi}。

计算第 i 分层的压缩量,根据第 i 分层的平均初始应力 $p_{1i}=\sigma_{si}$ 及初始应力与附加应力之和 $p_{2i}=\sigma_{si}+\sigma_{zi}$,由压缩曲线查出相应的初始空隙比 e_{1i} 和压缩稳定后空隙比 e_{2i},可得第 i 层的分层压缩量,如式(6-50),最后将每层的压缩量累加,既可得地基的总沉降量。

$$S_i = \frac{e_{1i}-e_{2i}}{1+e_{1i}} H_i \qquad (6-50)$$

式中:H_i 为第 i 分层厚度。

2. 软体排翻卷

南京水利科学研究院马爱兴、徐华等系统开展了软体排压载块石的破坏机理试验发现,当水流流速较大时,软体排失稳主要为排边压载块体的侧掀失稳,即块体在水流拖曳力及上举力作用下发生滚动而失稳,进而分析了排边沿滩面 x 方向侧掀,确定了块体水下有效重力、上举力及水流拖曳力的滚动力臂,并推导了失稳的表达式如式(6-51)所示。

$$\mu_\sigma = \sqrt{\frac{2g\alpha_1 \cos\alpha \dfrac{(\gamma_m-\gamma_w)}{\gamma_w} bd}{b\xi C_L \alpha_2 + C_D \alpha_3 \zeta^3 d}} \qquad (6-51)$$

软体排压载块体稳定厚度计算公式中包含四类系数,分别为块体形状系数 α_1、α_2、α_3,上举力系数 C_L,拖曳力系数 C_D,动床与定床的差异系数 ξ、ζ。

块体形状系数可根据软体排压载体实际形状及尺寸确定得到,如压载体体积系数 α_1=块体体积/d^3,垂直于滩面的面积系数 α_2=块体投影至滩面的面积/d^2,平行于流向的面积系数 α_3=块体迎流面面积/d^2。

上举力系数 C_L,块体受力试验表明,位于滩面上的块体的上举力系数 C_L 为

1.24～1.49,平均值1.35。结合软体排临界流速实测资料,本研究中取C_L为1.35。

拖曳力系数,块体拖曳力实测资料表明长方体拖曳力系数C_D为1.06,与通常取值的0.9基本接近,表明本文受力试验具有较好的精度,实测资料表明一期工程压载体拖曳力系数C_D为0.57,即一期工程块体的拖曳力系数小于相同尺寸的长方体,本研究中取C_D为0.57。

动床与定床的差异系数ξ、ζ,结合水槽试验实测临界流速,定床中取ξ、ζ均为1,动床中取上举力差异系数ξ为0.6、排边压载体有效厚度系数ζ为0.5,工程实际应用中分别取ξ、ζ为0.6、0.5,从而可得动床中上举力系数、拖曳力系数分别取0.81、0.29。

取$z=d$处流速作为作用于块体上的底流速u_{fb},得到底流速u_{fb}和垂线平均流速U关系如式(6-52)。

$$u_{fb} = U \frac{\ln D + kB_r}{\ln \frac{h}{e} + kB_r} \quad (6\text{-}52)$$

式中:B_r为形状系数,平均值为8.4。

3. 软体排撕裂

采用对冲刷不利的单向恒定流条件研究整治建筑物附近的冲刷问题,包括丁坝坝头绕堤流、越堤流、坝身越堤流以及导堤堤身沿堤流引起的床面冲刷。研究中考虑了余排宽度、水流条件以及建筑物尺度等因素对冲刷的影响。

建筑物附近的床面冲刷主要由沿堤流、绕堤流以及越堤流等不利流态引起。淹没丁坝附近的冲刷坑按分布位置可分为两类,一类是坝头绕堤流、越堤流引起的局部冲刷坑,另一类是坝身下游越堤流引起的局部冲刷坑。其中坝头附近局部冲刷坑又可分为坝头前沿绕堤流引起的冲刷坑以及坝头越堤流引起坝头向河坡下游的冲刷坑。导堤附近冲刷坑以堤头绕堤流及堤身沿堤流引起的局部冲刷为主。

丁坝坝头无余排护底时,建筑物附近以床面冲刷伴随抛石体坍塌为主要特征。余排护底后,以软体排边缘及坝体下游侧冲刷为主要特点,由于余排的存在,冲刷坑被推离坝体,最大冲刷范围及深度减小。余排宽度加大时,坝头前沿最大冲深减小、最大冲深至排边距离增大、冲刷坑坡度减缓、冲刷坑相对坝脚坡度(最大冲深与冲刷坑至坝脚距离的比值)快速减缓,坝体整体稳定性迅速增强;坝头下游侧最大冲深及冲坑相对坝脚坡度亦随余排宽度的加大而减小。余排宽度增加的过程中,余排附近冲刷由坝头绕堤流、越堤流影响占主导作用逐渐转变为软体排影响占主导。

流速增大时,坝头前沿最大冲刷深度加大、冲刷坑坡度变陡、冲刷坑相对坝脚坡度亦变陡，不利于坝体整体稳定；坝头下游侧最大冲深同样随流速的加大而增加。水深加大时，坝头附近最大冲刷深度及冲刷坑相对坝脚坡度减小，对坝体整体稳定有利。坝高减小时，坝头前沿冲刷及坝头下游侧冲刷深度减小。边坡减小时，坝头下游侧冲刷深度减小，但坝体附近冲刷范围加大；减缓向河坡度有利于减小坝头冲刷。

根据试验实测资料，提出了考虑余排宽度影响的丁坝坝头最大冲刷深度及冲坑相对坝脚坡度的计算公式。对于淹没丁坝，坝头附近冲刷坑深度 h_s 主要与水流条件、坝体尺度、余排宽度 B 以及床沙等因素有关，其中水流条件包括水深 h、坝头前沿流速 U，坝体尺度主要考虑坝高 p，床沙的影响可由起动流速 U_c 反映，基于量纲分析原理，坝头附近冲刷深度 h_s 如下所述。

(1) 护底条件下丁坝坝头前沿绕堤流作用下的局部冲刷计算方法

根据坝头前沿冲刷实测资料，对无量纲参数 h_s/h、h/p、$\dfrac{U-U_c}{\sqrt{gh}}$、B/p 进行回归分析，确定各待定系数 $a_0=54.27$、$a_1=0.1$、$a_2=2.21$、$a_3=-0.45$，得到考虑护底条件下的丁坝坝头前沿冲刷深度的计算公式：

$$\frac{h_s}{h}=54.27\left(\frac{h}{p}\right)^{0.1}\left(\frac{U-U_c}{\sqrt{gh}}\right)^{2.21}\left(1+\frac{B}{p}\right)^{-0.45} \quad (6-53)$$

对无量纲参数 h_s/L_s、h/p、$\dfrac{U-U_c}{\sqrt{gh}}$、$1+B/p$ 进行回归分析，确定待定系数 $b_0=77.66$、$b_1=1.07$、$b_2=2.58$、$b_3=-1.25$，得到考虑护底条件下丁坝坝头前沿最大冲刷坑相对坝脚坡度的计算公式：

$$\frac{h_s}{L_s}=77.66\left(\frac{h}{p}\right)^{1.07}\left(\frac{U-U_c}{\sqrt{gh}}\right)^{2.58}\left(1+\frac{B}{p}\right)^{-1.25} \quad (6-54)$$

(2) 护底条件下丁坝坝头下游侧越堤流作用下的局部冲刷计算方法

根据坝头下游侧冲刷实测资料，对无量纲参数 h_s/h、h/p、$\dfrac{U-U_c}{\sqrt{gh}}$、$1+B/p$ 进行回归分析，确定了各待定系数 $a_0=21.80$、$a_1=0.01$、$a_2=1.45$、$a_3=-0.56$，得到考虑护底条件下的丁坝坝头下游侧冲刷深度的计算公式：

$$\frac{h_s}{h}=21.80\left(\frac{h}{p}\right)^{0.01}\left(\frac{U-U_c}{\sqrt{gh}}\right)^{1.45}\left(1+\frac{B}{p}\right)^{-0.56} \quad (6-55)$$

对无量纲参数 h_s/L_s、h/p、$\dfrac{U-U_c}{\sqrt{gh}}$、$1+B/p$ 进行回归分析，确定了待定系数 $b_0=0.40$、$b_1=0.25$、$b_2=0.01$、$b_3=-0.85$，得到考虑护底条件下的丁坝坝头下游侧最大冲刷坑相对坝脚坡度的计算公式：

$$\frac{h_s}{L_s} = 0.40 \left(\frac{h}{P}\right)^{0.25} \left(\frac{U-U_c}{\sqrt{gh}}\right)^{0.01} \left(1+\frac{B}{p}\right)^{0.85} \tag{6-56}$$

（3）护底条件下丁坝坝身越堤流作用下的局部冲刷计算方法

根据试验实测资料对无量纲参数 hs/p、$\Delta h/h$、$1+B/p$ 进行回归分析，确定了各待定系数，$a=0.42$、$b=-0.63$、$k=0.463$，得到考虑护底条件下的丁坝坝身下游冲刷深度的计算公式：

$$h_s = 0.36 p \left(\frac{h}{d}\right)^{1/3} \left(\frac{\Delta h}{h}\right)^{0.42} \left(1+\frac{B}{p}\right)^{-0.63} \tag{6-57}$$

对无量纲参数 h_s/L_s、$\Delta h/h$、B/p 进行回归分析，确定了待定系数 $b_0=0.06$、$b_1=0.42$、$b_2=-0.95$，得到考虑护底条件下的潜堤越堤流作用下最大冲刷坑相对堤脚坡度的计算公式

$$\frac{h_s}{L_s} = 0.06 \left(\frac{h}{d}\right)^{1/3} \left(\frac{\Delta h}{h}\right)^{0.42} \left(1+\frac{B}{p}\right)^{-0.95} \tag{6-58}$$

其中，泥沙的起动采用唐存本或者窦国仁公式。坝体上游水头差的计算采用李寿千等开展航道整治建筑物对河道行洪影响的试验研究时提出的公式。

4. 抛石起动

丁坝区段流速和跌水（水面比降）是坝面块石失稳的主要原因之一，国内外关于坝面块石失稳流速的研究也很多，在块石稳定性计算方面有以起动流速为变量的计算式，也有以单宽流量为变量的计算式。以起动流速为变量的块石稳定性计算公式可以表示成如下统一的公式：

$$u_{c0} = K \sqrt{\frac{Y_g - Y}{\gamma} gD} \left(\frac{h}{D}\right)^C \tag{6-59}$$

式中：u_{c0} 为块体失稳时的流速；K 为系数，根据具体的公式确定；$(h/D)^C$ 表示为水深与块体粒径比值的函数。C 的取值主要取决于流速分布，天然河流中 C 值的变化在 $1/4.7 \sim 1/12$，研究时大多取为 $1/6$，如荷兰 Gerritsen 公式、伊兹巴什 (Isbash) 公式等。根据沙漠夫公式，总体系数 K 为 1.47，而苏联学者奥尔洛夫认为取 1.56。

6.3.2 深水潜堤失稳概率计算

1. 软基沉降超标

抛石基础通常以每昼夜沉降不超过 2 cm 作为控制界限，假设一条护滩带/护滩堤 10 d 完成抛石，则以 20 cm 位移为控制界限，开展软基沉降超标计算。长江南京以下深水航道鳗鱼沙护滩堤总长度为 10 km，典型断面如图 6.3-1 所

示,堤心石为梯形断面,高度为3.5 m,顶宽度为8 m,斜坡比为1∶2,底宽度为22 m,堤心两侧护角块石宽度为5 m,假设护滩堤长度30 m,宽总长度为400 m,总体而言 l/b 大于5,符合条形基础平面问题下地基附件应力求解范围。将护滩堤分解成两种条形基础估算基地应力,一种为宽度54 m、高度为1 m的条形荷载,另一种为宽度44 m、高度为2.5 m的条形荷载。

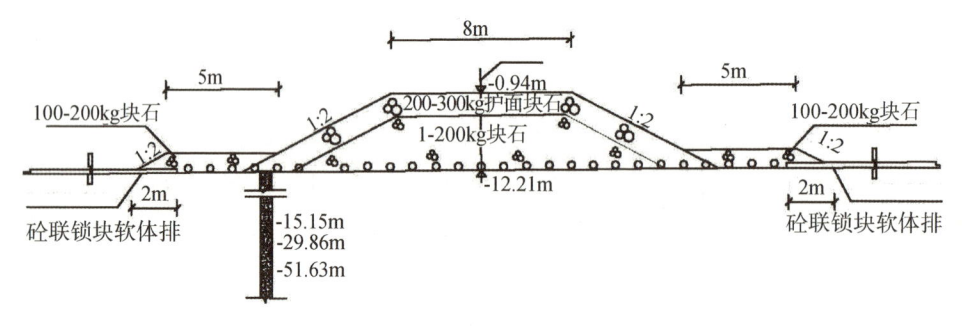

图 6.3-1　典型施工潜堤断面

由于散抛石堤为柔性基础,其基地荷载为均布垂向荷载。考虑其在水下的浮力作用,并考虑其空隙。水工建筑物的抛石工程,要求抛石堤的空隙率不超过35%~40%,抛石在成堤过程中,受到施工多因素影响,空隙率具有一定随机性,假设符合正态分布,期望值为38%,方差为3.8%,其计算样本如图6.3-2所示。水下粉沙淤泥质相对容重在空间及平面上均存在一定的不均匀性,假设符合正态分布,期望值为2.1,方差为0.21,其计算样本如图6.3-3所示。选择堤身中心即沉降量最大部位开展沉降计算。采用Matlab编制失稳概率计算程序,开展沉降超标可能性计算,并统计其概率。结果表明:护滩堤宽度为54 m情形下坝高小于2.5 m时,失稳概率为0,随后随着坝高的增大,失稳概率逐渐增大,至坝高为4.5 m,超标概率为100%;当坝高为5 m时,在护滩带宽度大于10 m情形下,沉降量超过20 cm的概率为100%。

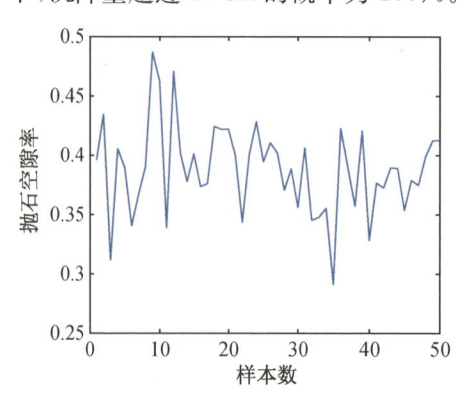

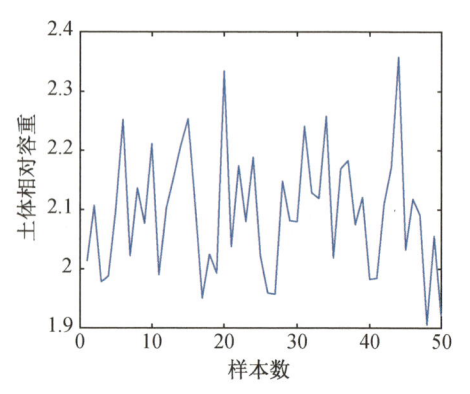

图 6.3-2　抛石孔隙率样本　　**图 6.3-3　土体相对容重样本**

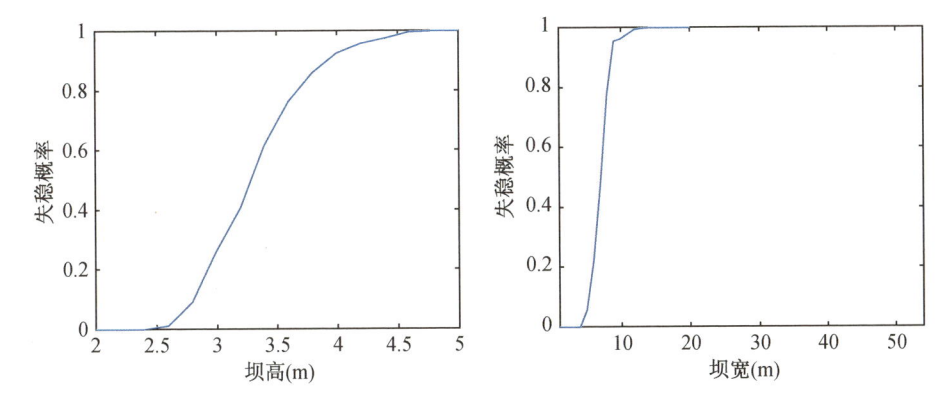

图 6.3-4 堤宽 54 m 时不同坝高失稳概率　　图 6.3-5 坝高 5 m 时不同堤宽失稳概率

2. 软体排翻卷倾覆

长江南京以下深水航道治理一期工程压载块体计算块体的形状系数如表 6.3-1 所示，多采用了面积为 48 cm×48 cm 的块体，其厚度为 12~20 cm 不等。

表 6.3-1　一期工程压载块体形状系数

砼联锁块类型	尺寸(长×宽×厚)(cm)	体积(m^3)	投影至滩面的面积(m^2)	迎流面面积(m^2)	α_1	α_2	α_3
Ⅰ	48×48×12	0.025	0.23	0.054	14.32	16.00	3.78
Ⅱ	48×48×16	0.032	0.23	0.072	7.87	9.00	2.80
Ⅲ	48×48×20	0.039	0.23	0.088	4.90	5.76	2.20
Ⅰ-长方体	48×48×12	0.028	0.23	0.058	16.00	16.00	4.00
Ⅱ-长方体	48×48×16	0.037	0.23	0.077	9.00	9.00	3.00
Ⅲ-长方体	48×48×20	0.046	0.23	0.096	5.76	5.76	2.40

注：水流流向与块体中轴线夹角为 0°。流向 45°时，Ⅰ、Ⅱ、Ⅲ型 α_3 分别为 5.34、3.96、3.11，长方体Ⅰ、Ⅱ、Ⅲ型 α_3 分别为 5.66、4.24、3.39。

对于软体排卷倾覆概率计算，针对水流作用方向、上举力系数、拖曳力系数及形状系数，考虑其随机分布特征。当作用水流方向为 −45°至 45°之间，并假设其呈成正态分布，期望值为 0°，方差为 45°；上举力系数假设呈正态分布，其期望值为 1.35，方差为 0.05；拖曳力系数假设呈正态概率分布，其期望值为 0.57，方差取值为 0.02；对于形状系数，假设其呈现正态概率分布，期望值为 8.4，方差为 1.004 6。则各样本分布图 6.3-6 至图 6.3-9 所示。

图 6.3-6　水流方向样本

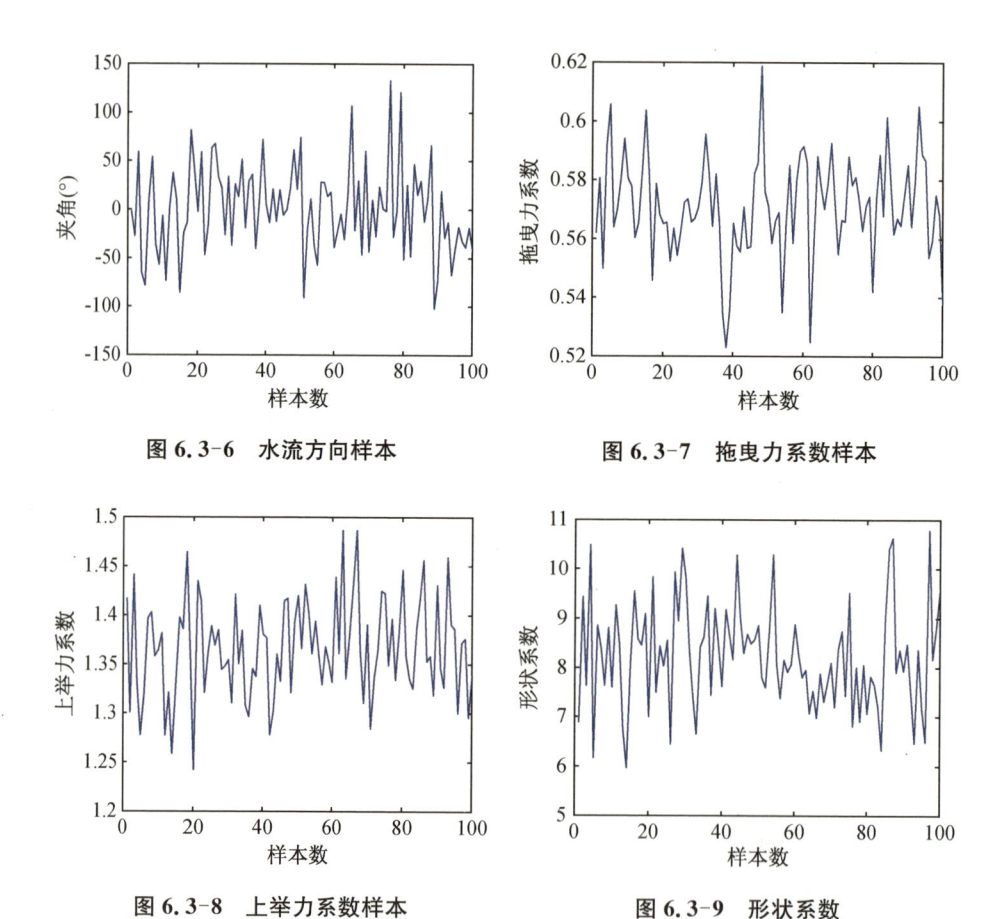

图 6.3-7　拖曳力系数样本

图 6.3-8　上举力系数样本

图 6.3-9　形状系数

针对厚度为 12 cm、长度为 48 cm 的块体开展倾覆概率计算。考虑水深为 10 m，流速大小为 0~3 m/s，采用 Matlab 编制计算程序并进行计算，统计其侧掀概率。图 6.3-10 给出了不同流速下块体倾覆概率与平均流速的关系，结果表明，当流速大于 1.9 m/s 情形下，倾覆概率接近 100%。

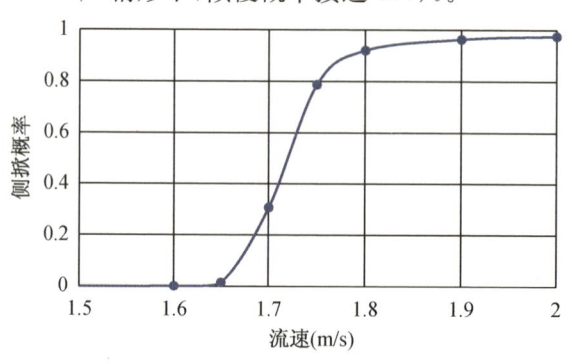

图 6.3-10　倾覆概率随流速的变化

3. 软体排倒挂撕裂

(1) 堤头绕流冲刷坑

选择长江中下游典型的水流、泥沙、软体排设计工况,以冲刷坑向堤头堤身侧坡度 1/3 为损坏界限,开展软体排倒挂撕裂损坏概率计算。中下游某河段泥沙级配组成特征为:$d_{15}=0.104$ mm,$d_{25}=0.115$ mm、$d_{50}=0.152$ mm、$d_{75}=0.197$ mm、$d_{84}=0.213$ mm,现取中值粒径为 0.115 mm 计算。原型沙的起动流速计算常采用沙玉清公式:

$$U_c = h^{0.2} \left[1.1 \frac{(0.7-\varepsilon)^4}{d} + 0.43 d^{3/4} \right]^{0.5} \quad (6-60)$$

式中:ε 为空隙率,一般取值 0.4。流速取值为 3 m/s,考虑水流的脉动作用,呈正态分布,期望值为 3 m/s,方差为 0.3 m/s;最大冲深 h_s/h 系数取值为 52.47,仍呈现正态分布,期望为 52.47,方差为 4。流速样本及拟合系数样本如图 6.3-11 及图 6.3-12 所示。利用 Matlab 编制程序,计算软体排因堤头绕流冲刷坑倒挂引起损坏的概率。

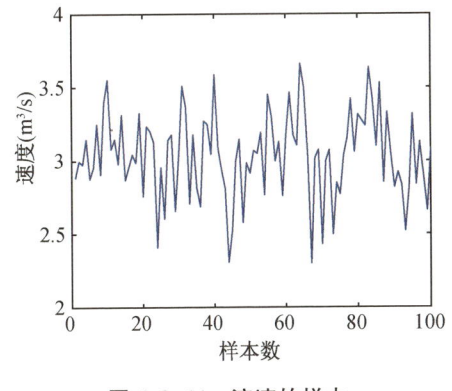

图 6.3-11 流速的样本

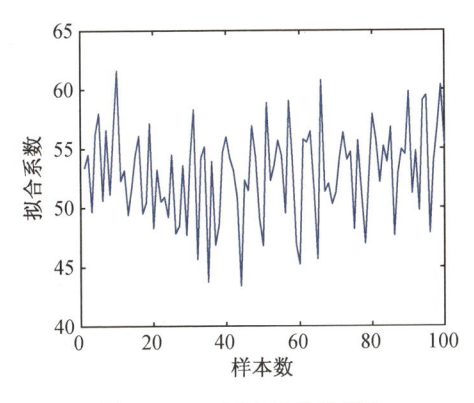

图 6.3-12 拟合系数的样本

计算同一余排宽度不同流速条件下坝头绕流冲刷坑坡度的发展,东流水道设计余排宽度为 30～100 m,黑沙洲水道余排宽度设计为 60～150 m,取两种余排宽度 50 和 100 m,水深取值为 10 m,坝高 2 m,不同流速下坝头冲刷坑排体倒挂撕裂损坏的概率分别如图 6.3-13 所示。可见,在余排宽度为 50 m 情形下,流速小于 2.5 m/s 时,排体倒挂撕裂的概率较小,随着流速的增大,撕裂概率逐渐增大。当流速为 4 m/s 时,排体撕裂概率为 100%;当余排宽度为 100 m、流速小于 3.5 m/s 时,排体撕裂概率较小。当流速为 5 m/s 时,排体撕裂概率增大至 100%。

计算两种固定流速 2.5 m/s 及 3.5 m/s,水深为 10 m,坝高为 2 m 时,不同流速下坝头冲刷坑排体倒挂撕裂损坏的概率,分别如图 6.3-14 所示。结果表明,流速为 2.5 m/s 情形下,余排宽度大于 50 m 时,损坏概率几乎为 0;流速为 3.5 m/s 情形下,当余排宽度大于 100 m 时,损坏概率几乎为 0。

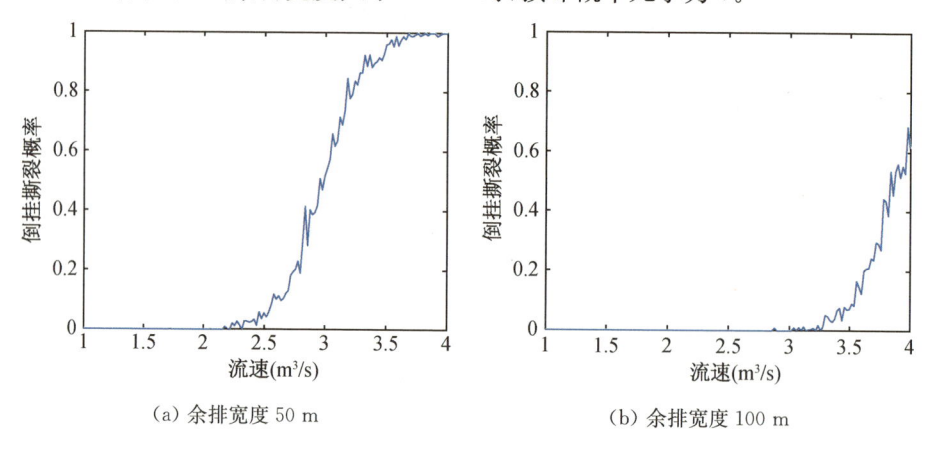

(a) 余排宽度 50 m

(b) 余排宽度 100 m

图 6.3-13 不同流速排体撕裂损坏概率

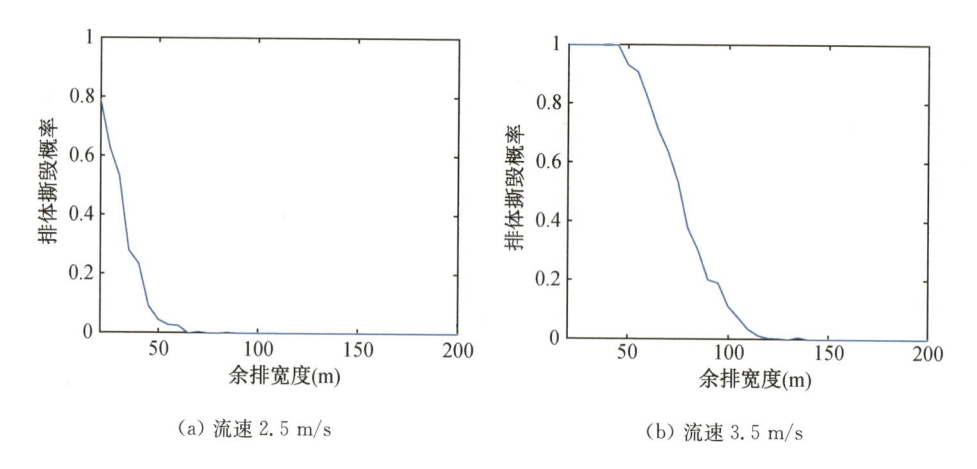

(a) 流速 2.5 m/s

(b) 流速 3.5 m/s

图 6.3-14 不同余排宽度排体撕裂损坏概率

(2) 堤头越堤流冲刷坑

对于堤头越堤流冲刷坑,相对冲深 h_s/h 系数 a_0 由实测数据拟合而得,存在一定范围,假设其符合期望为 21.8,方差为 2 的正态分布;冲刷坑坡度系数 b_0 亦由实测数据拟合而得,存在一定的范围,假设其符合期望为 0.4,方差为 0.04 的正态分布。其样本如图 6.3-15 所示。

计算同一余排宽度不同流速条件下堤头越堤流冲刷坑坡度的发展,取两种余排宽度 50 和 100 m,水深取值为 10 m,坝高 2 m,不同流速下冲刷坑排体倒挂撕裂损坏的概率几乎为 0。可见,在余排宽度为 50 m 及 100 m 情形下,由于冲刷坑的坡度约为 0.04,远小于 0.18,其损坏的可能性非常小。

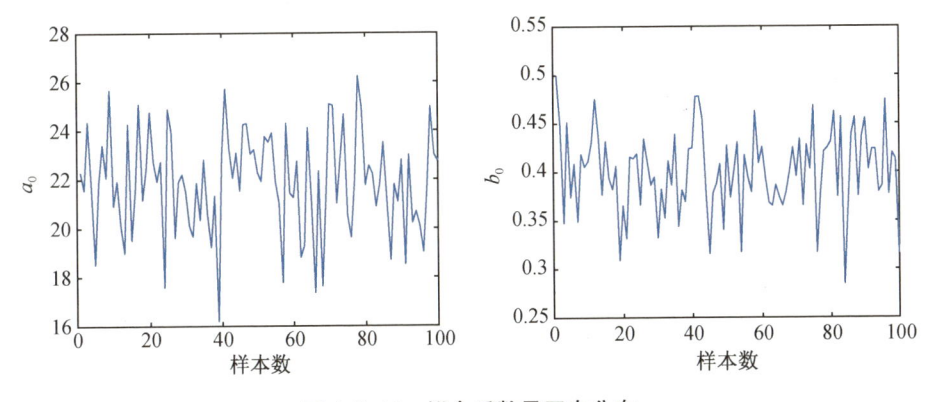

图 6.3-15　拟合系数呈正态分布

计算两种固定流速 2.5 m/s 及 3.5 m/s，水深为 10 m，坝高为 2 m，不同流速下堤头越堤流冲刷坑排体倒挂撕裂损坏的概率，如图 6.3-16 所示，结果表明，流速为 2.5 m/s 及 3.5 m/s 情形下，余排宽度大于 10 m 时，排体撕毁损坏可能性很小。

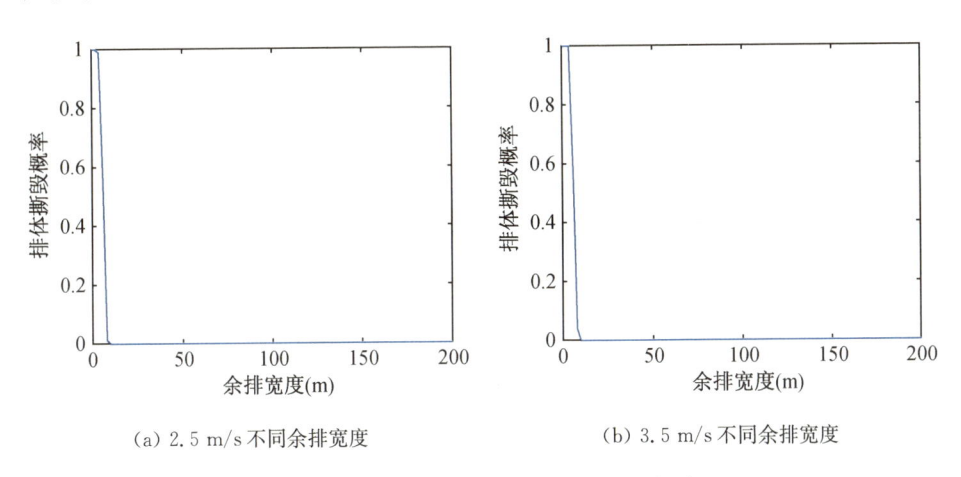

(a) 2.5 m/s 不同余排宽度　　(b) 3.5 m/s 不同余排宽度

图 6.3-16　不同余排宽度下排体撕毁概率

(3) 堤身越堤流冲刷坑

对于堤头越堤流冲刷坑，相对冲深 h_s/h 系数 a_0 由实测数据拟合得，存在一定范围，假设其符合期望为 0.36，方差为 0.036 的正态分布。冲刷坑坡度 h_s/L 亦由实测数据拟合而得，存在一定的范围，假设其符合期望为 0.06，方差为 0.006 的正态分布；其样本如图 6.3-17 所示。

计算同一余排宽度不同流速条件下堤头越堤流冲刷坑坡度的发展，取两种余排宽度 50 和 100 m，水深取值为 10 m，坝高 2 m，不同余排宽度下冲刷坑排体倒挂撕裂损坏的概率几乎为 0。可见，在余排宽度为 50 m 及 100 m 情形下，由于冲刷坑的坡度约为 0.005,远小于 0.18,其损坏的可能性非常小。

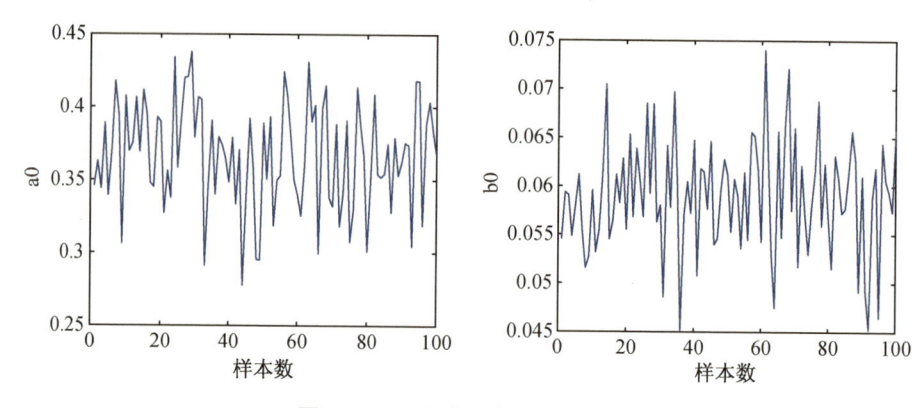

图 6.3-17 拟合系数呈正态分布

计算两种固定流速 2.5 m/s 及 3.5 m/s,水深为 10 m,坝高为 2 m,不同流速下堤头越堤流冲刷坑排体倒挂撕裂损坏的概率,如图 6.3-18 所示。结果表明,流速为 2.5 m/s 及 3.5 m/s 情形下,余排宽度大于 10 m 时,排体撕毁损坏可能性很小。

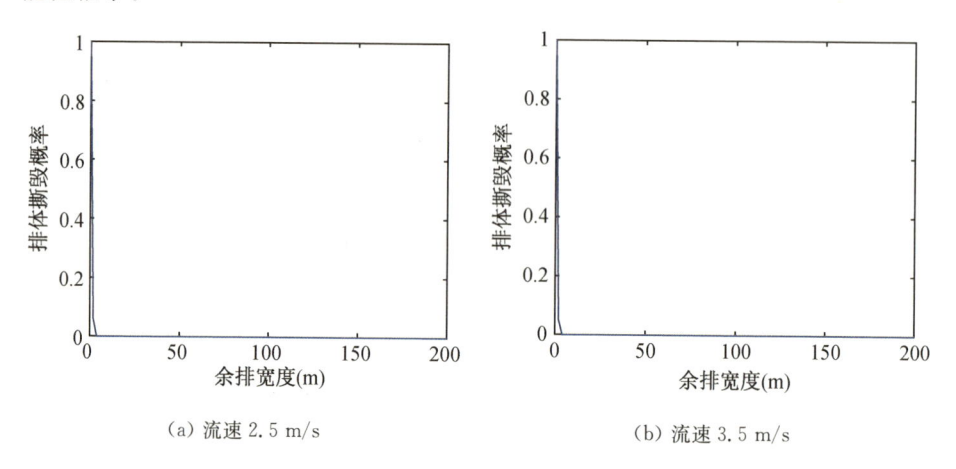

(a) 流速 2.5 m/s (b) 流速 3.5 m/s

图 6.3-18 不同流速下排体撕毁概率

4. 抛石起动失稳

根据抛石起动公式:

$$U_c = 1.5\sqrt{gD}\left(\frac{h}{D}\right)^{1/6} \tag{6-61}$$

根据现场施工,散抛石的质量为 1~200 kg,其粒径为 0.1~0.6 m,水深取值为 10 m。假设流速亦呈正态分布,方差取值为期望值的 10%,流速样本如图 6.3-19。起动公式拟合系数具有一定的范围,假设呈正态分布,期望值为 1.5,

方差为 0.1，其样本见图 6.3-20。

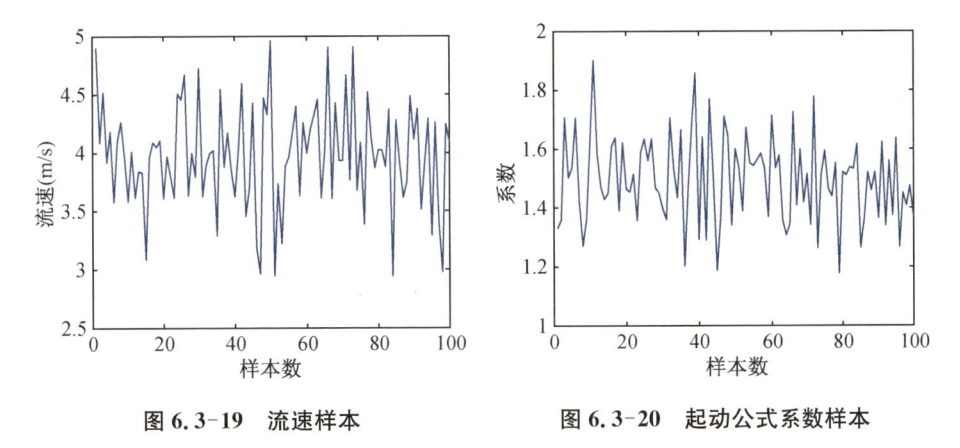

图 6.3-19　流速样本　　　　　　图 6.3-20　起动公式系数样本

考虑粒径为 0.1 m 及 0.6 m 的块石，不同流速的失稳概率如图 6.3-21 所示，粒径为 0.1 m 的块石，流速为 2.5 m/s 以下时失稳概率较小，至流速增加至 4 m/s 时，起动概率增大至 100%。粒径为 0.6 m 的块石，在流速小于 4 m/s 情形下起动概率较小。

（a）粒径为 0.1 m　　　　　　　　（b）粒径为 0.6 m

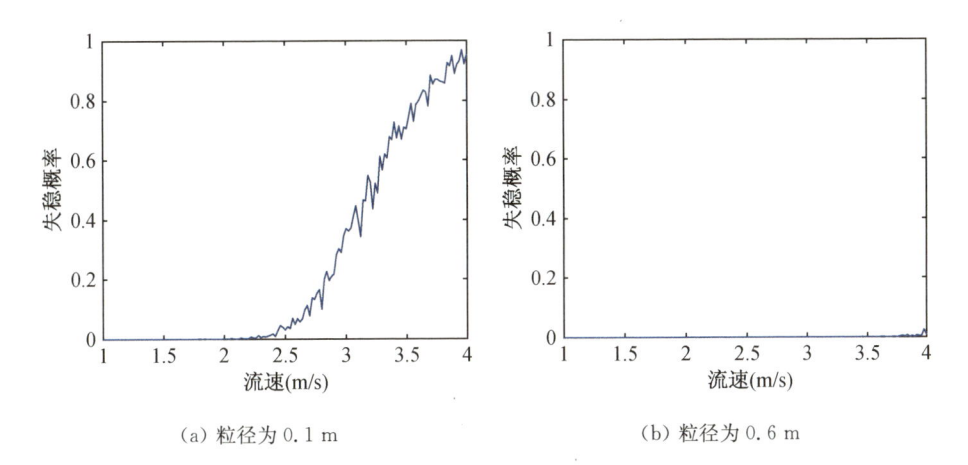

图 6.3-21　不同流速下的块石失稳概率

考虑流速为 2.5 m/s 及 3.5 m/s 情形下，不同粒径的块石失稳概率如图 6.3-22 所示，结果表明在流速 2.5 m/s 情形下，粒径大于 0.1 m 时，起动概率较小，在流速 3.5 m/s 情形下，粒径大于 0.3 m 时，起动概率较小。

(a）流速 2.5 m/s　　　　　　　　(b）流速 3.5 m/s

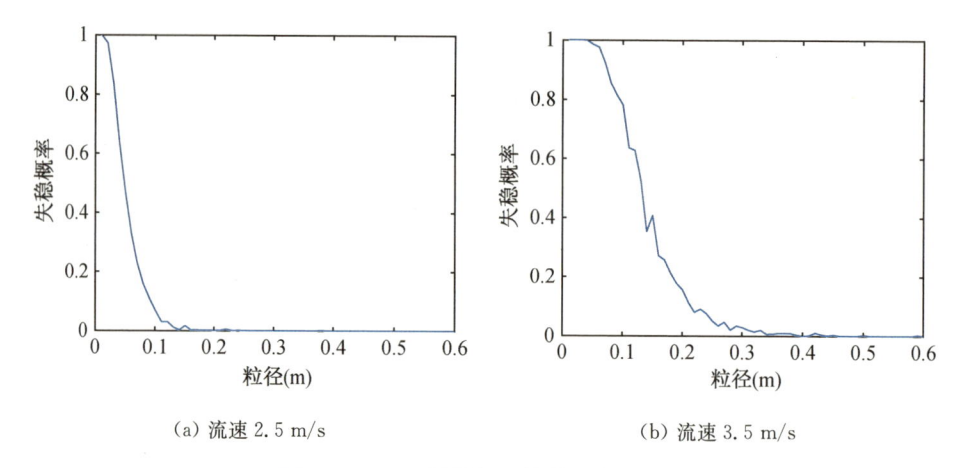

图 6.3-22　不同粒径下的块石失稳概率

6.3.3　稳定性指标体系建立及应用

6.3.3.1　稳定性指标体系建立

基于层次分析法，从软基稳定性、散抛石的稳定性、排体的稳定性、排体的冲刷等方面建立深水潜堤稳定性指标。

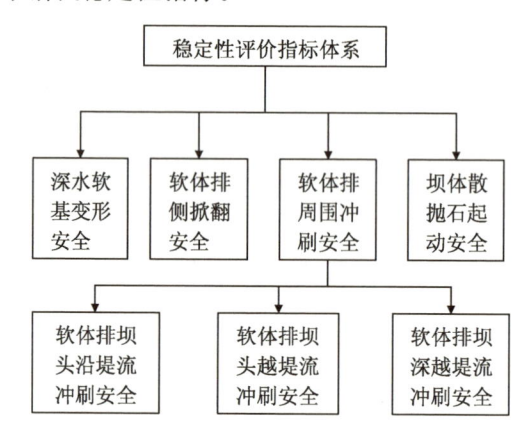

图 6.3-23　稳定性评价指标体系

根据系统科学的关联度分析方法，认为深水软基变形、软体排侧掀、软体排周围冲刷、散抛石起动对建筑物的安全影响均较为重要（如图 6.3-23 所示），各因子的权重相同，均为 0.25。假设深水软基变形安全可靠为 W1，软体排侧掀安全可靠度为 W2，软体排周围冲刷安全可靠度 W3，坝体散抛石起动安全可靠度为 W4，软体排坝头绕堤流冲刷安全可靠度为 W31，软体排坝头越堤流冲刷安全可靠度为 W32，软体排坝身越堤流冲刷安全可靠度为 W33，则：

W＝0.25W1＋0.25W2＋0.25W3＋0.25W4,其中 W3＝MAX(W31,W32,W33)

若安全性：W＞75,稳定性保证率较高,损坏概率较低；75＞W＞50,稳定性一般,存在较大损毁可能；W＜50,稳定性较差,必须要采取措施。

6.3.3.2 鳗鱼沙潜堤稳定性现状监测

(1) 监测概况

从 2017 年 2 月至 2018 年 6 月竣工验收,每月持续进行建筑物稳定性监测。测线布置和工作量：测量断面线垂直堤轴线,按照间距不超过 250 m 布设一个固定断面(如图 6.3-24),堤轴线两侧各 300 m 位置,坝身、坝头超前护底端部内外各 20 m 处,护滩带轴线两侧各布置两条断面线,本次共布置断面线共 114 条,具体测线位置见图 6.3-26。固定断面测量范围为护滩堤 T0－010～T10＋610 及护滩带 ML1～ML11,护滩堤断面共 45 条,设计为 27 000 m,实测 26 725 m,护滩带断面 69 条,设计为 41 400 m,实测 41 098 m。

(2) 监测实施过程

2017 年 1 月 10 日至 2017 年 1 月 12 日：断面 ML9K0＋280 在本次固定断面测量中仍向排内继续冲刷,并且上游也出现冲刷现象,对此断面进行了复测和多波束测量,后期将继续关注,定期复测。在本次固定断面测量中发现断面 K0＋750、K1＋000 右汊有明显冲刷,且有向排内继续冲刷的趋势。

2017 年 2 月 16 日至 2017 年 2 月 18 日：上期固定断面测量中的问题断面 ML9K0＋280、K1＋000 在本次固定断面测量中基本处于稳定状态；后期将继续关注此断面,定期复测。断面 K0＋750 右汊在本次固定断面测量中仍有向排边继续冲刷的趋势。

2017 年 3 月 12 日至 2017 年 3 月 14 日：前几期固定断面测量中冲刷比较严重的断面 ML9K0＋280、K1＋000 在连续三期固定断面测量中处于稳定状态,将暂时停止对上述断面的定期复测。上期固定断面测量中断面 K0＋750 在本次固定断面测量已经趋于稳定；后期将继续关注此断面的地形变化。固定断面测量中断面 MR1K0＋240 上游排边出现冲刷现象；后期将对此断面进行定期复测。

2017 年 4 月 12 日至 2017 年 4 月 13 日：前两期固定断面测量中断面 K0＋750 右汊有冲刷现象,在本次固定断面测量中已经稳定并出现回淤；后期将暂停对此断面的复测。上次固定断面测量中断面 MR1K0＋240 上游排边出现冲刷现象,在本次测量中排边没有出现异常；后期将继续对此断面进行定期复测。在本次固定断面测量中断面 MR6K0＋240、MR7K0＋240 的排边出现冲刷现象,后期将对此断面进行复测和定期复测。

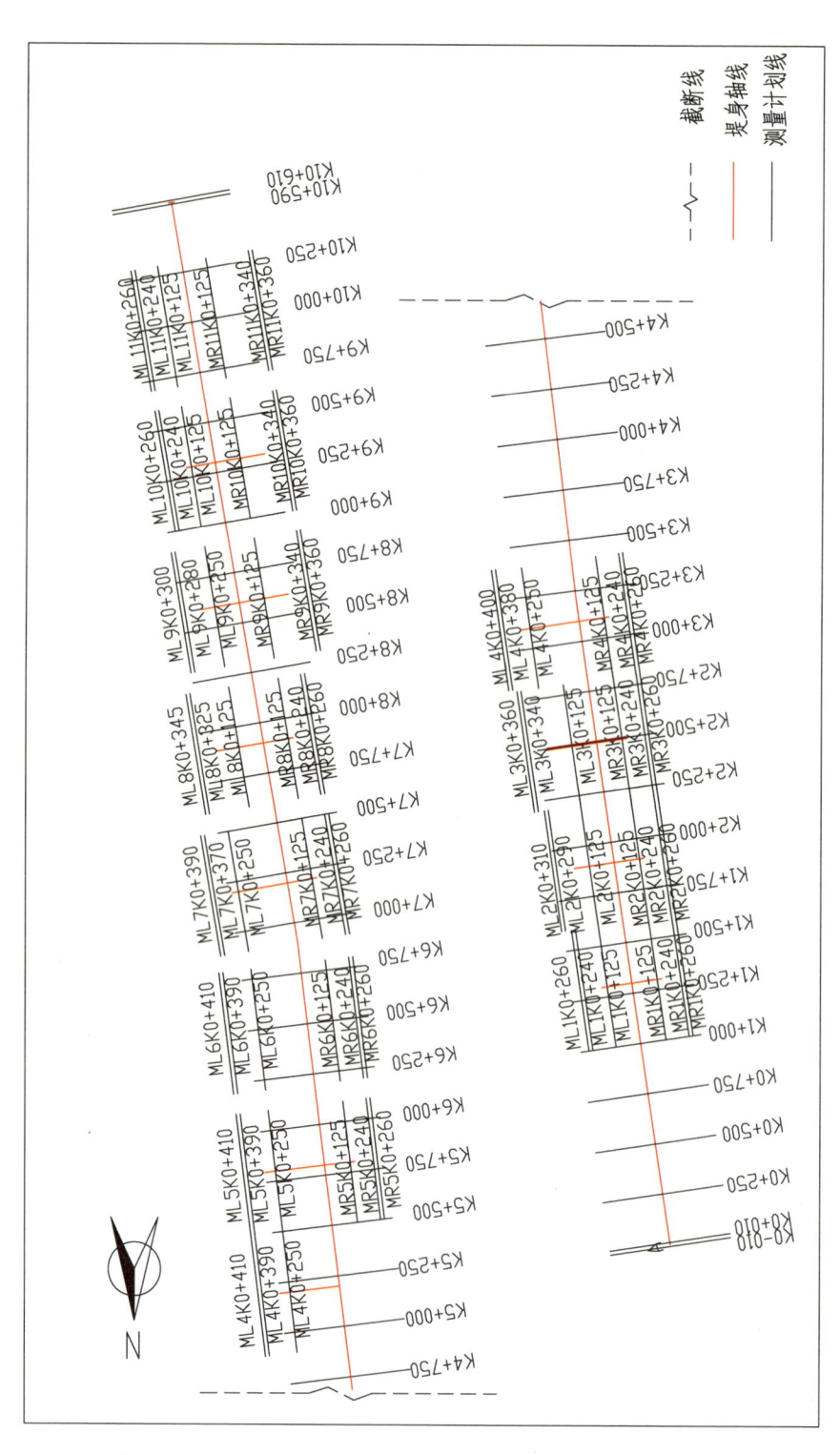

图 6.3-24 固定断面测线布置

2017年5月10日至2017年5月11日：前两期固定断面测量中断面MR1K0+240排内有冲刷现象，在本次固定断面测量中已经稳定并出现回淤现象，但排外仍然有冲刷地形变化；后期将继续对此断面进行定期复测。上次固定断面测量中断面MR6K0+240、MR7K0+240排边出现冲刷现象，在本次测量中MR6K0+240下游排边有继续冲刷的现象；MR7K0+240上游排边有回淤现象，但下游排边也出现了冲刷趋势，后期将对上述断面继续进行定期测量，关注地形变化。在本次固定断面测量中断面K0-010、MR4K0+240的排边出现冲刷现象，后期将对此断面进行复测和定期复测。

2017年6月12日至2017年6月13日：前几期固定断面测量中断面MR1K0+240、MR6K0+240、MR7K0+240都有不同程度冲刷，在本次固定断面测量中断面MR1K0+240排内仍有小幅度的地形变化，断面MR6K0+240下游排边已经停止冲刷，基本处于稳定状态如图6.3-26所示，断面MR7K0+240下游排边还在继续冲刷但未涉及排体；后期将继续对上述断面进行定期复测。在上期固定断面测量中断面K0-010、MR4K0+240的排边出现冲刷现象，在本次固定断面测量中断面K0-010右汊排边有向排内冲刷的趋势，断面MR4K0+240排边已经基本稳定，排内出现小范围地形变化；后期将对上述断面继续进行定期复测。

2017年7月10日至2017年7月12日：整体基本处于稳定状态，部分断面因为汛期出现冲淤变化。在上期固定断面测量中断面K0-010、MR4K0+240的排边出现冲刷现象，在本次固定断面测量中断面K0-010右汊排边有继续冲刷的现象，断面MR4K0+240已经基本稳定，排内出现小范围地形变化；后期将对K0-010断面进行定期复测。在本次固定断面测量中因汛期水流速度变化影响，断面K0+250、K0+500、K1+750、K2+250、ML2K0+125、ML11K0+240等均出现不同程度的冲淤变化，对上述断面进行了复测；后期将针对地形变化较大断面进行定期复测，时刻关注地形变化。

2017年8月4日至2017年8月5日：部分断面因为汛期出现冲淤变化。在上期固定断面测量中断面K1+750、K2+250、ML2K0+125、ML11K0+240的排内出现冲刷现象，在本次固定断面测量中断面K1+750左汊排边出现回淤，右汊继续冲刷；断面K2+250已经出现了稳定的趋势；断面ML2K0+125上游有回稳的趋势下游仍然继续冲刷；断面ML11K0+240上游基本稳定，下游继续冲刷，由于冲刷比较严重对此断面进行了多波束测量；后期将根据情况对上述断面继续进行定期复测，必要时进行多波束测量。在本次固定断面测量中断面K2+500、ML4K0+390出现了冲刷现象，针对具体情况进行复测和多波束测量。

2017年9月6日至2017年9月7日：部分断面因为汛期出现冲淤变化。在前两期固定断面测量中断面K1+750、ML2K0+125、ML11K0+240、K2+500、

ML4K0+390的排内均出现冲刷现象,在本次固定断面测量中断面K1+750已经处于稳定状态;断面ML2K0+125基本稳定并出现回淤趋势;断面ML11K0+240下游排边也有回稳趋势,由于前期冲刷比较严重将对此断面继续进行定期复测;断面K2+500已经处于稳定状态,左右汊排边均出现回淤现象;断面ML4K0+390上游排内已经稳定且排边开始回淤。本次固定段面测量中未见新增异常冲刷断面。

2018年1月2日至2018年1月5日:在上期固定断面测量中断面ML11K0+240(原排内10 m区域)处砂体已塌陷,深度约6 m,且经过长期地缓慢冲刷和枯水期的水流变化,向内形成弧形缺口。在本次固定断面测量中结合定期加密复测断面图和多波束测图分析,目前基本处于稳定状态没有继续冲深。后期将继续对此断面进行定期加密复测,持续关注此断面地形变化。

2018年1月31日至2018年2月1日。在前两期固定断面测量中断面ML11K0+240(原排内10 m区域)处砂体已塌陷,深度约6 m,且经过长期的缓慢冲刷和枯水期的水流变化,向内形成弧形缺口。在本次固定断面测量中结合定期加密复测断面图和多波束测图分析ML11护滩带超前护底区域基本处于稳定状态没有向排内继续冲深;断面ML11K0+240下游排边至排边50 m区域的冲刷坑出现25 cm冲深。后期将继续对此断面进行定期加密复测,持续关注此断面地形变化。

本次固定断面测量的时间区间为2018年3月4日至2018年3月7日。在前期固定断面测量中断面ML11K0+240(原排内10 m区域)处砂体已塌陷,深度约6 m,且经过长期地缓慢冲刷和枯水期的水流变化,向内形成弧形缺口。在本次固定断面测量中结合定期加密复测断面图和多波束测图分析;ML11♯护滩带超前护底区域基本处于稳定状态没有向排内继续冲深。后期我部将继续对此断面进行定期加密复测,持续关注此断面地形变化。

2018年3月29日至2018年3月30日:整体基本处于稳定状态,没有明显异常的冲淤断面。在前期固定断面测量中断面ML11K0+240(原排内10 m区域)处砂体已塌陷,深度约6 m,且经过长期地缓慢冲刷和枯水期的水流变化,向内形成弧形缺口。在本次固定断面测量中结合定期加密复测断面图和多波束测图分析;ML11♯护滩带超前护底区域处于稳定状态没有向排内继续冲深。后期将继续对此断面进行定期加密复测,持续关注此断面地形变化。

2018年4月26日至2018年4月27日:在前期固定断面测量中断面ML11K0+240(原排内10 m区域)处砂体已塌陷,深度约6 m,且经过长期的缓慢冲刷和枯水期的水流变化,向内形成弧形缺口。在本次固定断面测量中结合定期加密复测断面图和多波束测图分析;ML11护滩带超前护底区域处于稳定状态没有向排内继续冲深。后期将继续对此断面进行定期加密复测,持续关注此断面地形变化。

2018年5月29日至2018年5月30日，在前期固定断面测量中断面ML11K0+240(原排内10 m区域)处砂体已塌陷，深度约6 m，且经过长期的缓慢冲刷和枯水期的水流变化，向内形成弧形缺口如图6.3-25所示。在本次固定断面测量中结合定期加密复测断面图和多波束测图分析；ML11号护滩带超前护底区域处于稳定状态没，原冲刷部位有20 cm左右淤积。后期将继续对此断面进行定期加密复测，持续关注此断面地形变化；上期固定断面测量中断面MR4K0+240下游侧略有冲刷，最大冲深3.1 m，在本次断面测量中冲刷部位向排边靠近。在本次固定断面测量中断面MR7K0+240下游排边出现冲刷现象，最大冲深75 cm。

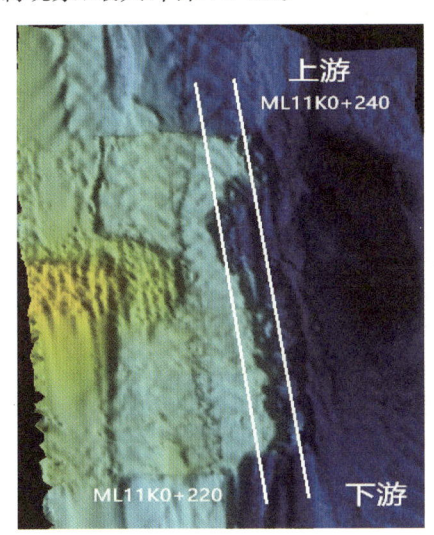

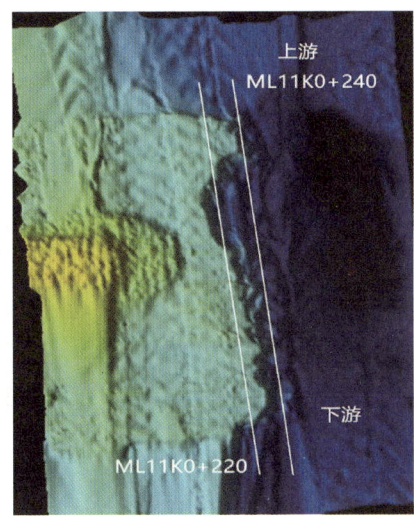

图6.3-25　ML11K0+240(多波束测图)

(3) 监测结果

统计至2018年5月，各护滩带排体断面监测结果如表6.3-2所示。护滩堤及护滩带建设完成后，经历完整洪中枯季节动力作用，其周边冲淤进行了自适应调整过程，1—11号护滩带左侧整体由淤积调整为冲刷，右侧整体由冲刷调整为淤积，其中冲刷最为严重的为ML11号护滩带边缘，左侧排体边缘10 m范围冲刷3 m以上，冲刷坑坡度为0.068，目前已经趋于稳定，不影响排体安全。

表6.3-2　各护滩带排体状态

序号	断面	整体冲淤	左侧排体状态	右侧排体状态
1	K1250	左侧淤积2.54 m，右侧冲刷0.915 m，坡度0.011	左侧排体边缘及外侧均淤积	右侧排体边缘稳定，边缘外侧冲刷

(续表)

序号	断面	整体冲淤	左侧排体状态	右侧排体状态
2	K2000	左侧淤积 2.96 m,右侧平衡	左侧排体边缘及外侧均淤积	右侧排体边缘及外侧均平衡
3	K2500	左侧淤积 2.59 m,右侧平衡	左侧排体边缘及外侧均淤积	右侧排体边缘及外侧均平衡
4	K3000	左侧淤积 3.68 m,右侧平衡	左侧排体边缘及外侧均淤积	右侧排体边缘及外侧均平衡
5	K5750	左侧淤积 3.4 m,右侧排体范围几乎平衡	左侧排体边缘及外侧均淤积	右侧排体边缘处平衡,外侧处冲刷
6	K6500	左侧淤积 6.5 m,右侧排体冲刷 1.2 m,冲坑坡度为 0.011	左侧排体边缘及外侧均淤积	右侧排体边缘 10 m 略有冲刷,外侧冲刷
7	K7250	左侧淤积 3.0 m,右侧冲刷 3.35 m,冲坑坡度 0.053	左侧排体边缘及外侧均淤积	右侧排体边缘 10 m 略有冲刷,外侧冲刷
8	K8000	左侧淤积 1.6 m,右侧冲刷 1.2 m,冲坑坡度 0.024	左侧排体边缘及外侧均淤积	右侧排体边缘 10 m 略有冲刷,外侧冲刷
9	K8500	左侧冲刷 1.97 m,冲坑坡度 0.039,右侧冲淤平衡	左侧排体外缘 10 m 略冲刷,边缘外侧冲刷	右侧排体外缘及外侧冲淤平衡
10	K9250	左侧冲刷 2.82 m 冲坑坡度 0.056,右侧淤积 1.3 m	左侧排体外缘 10 m 略冲刷,外侧冲刷	右侧排体边缘及其外侧淤积
11	K10000	左侧冲刷 3.4 m,冲坑坡度 0.068,右侧淤积 1.3 m	左侧排体边缘 10 m 范围冲刷	右侧排体边缘及其外侧淤积

6.3.3.3　鳗鱼沙潜堤稳定性可靠度分析

(1) 动力条件复演

鳗鱼沙的监测期间为2017年1月至2018年6月,利用建立的长河段一维潮流模型及工程河段二维水沙数学模型计算典型动力条件。2017年大通月平均流量如图 6.3-26 所示,7月份洪峰期,平均流量为 59 120 m^3/s,最大流量是2017年7月6日达 70 200 m^3/s。选择7月份为洪季不利工况,利用已经建立一二维耦合预报模型,开展扬中河段水动力条件的计算。

ML11 处其流速及水深过程如图 6.3-27 所示,其对应的平均水深为 15.63 m,平均流速为 0.912 m/s。

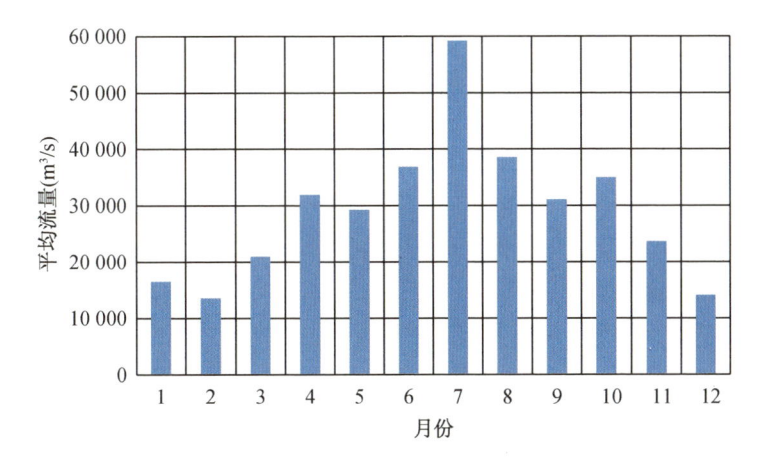

图 6.3-26　2017 年大通站月平均流量

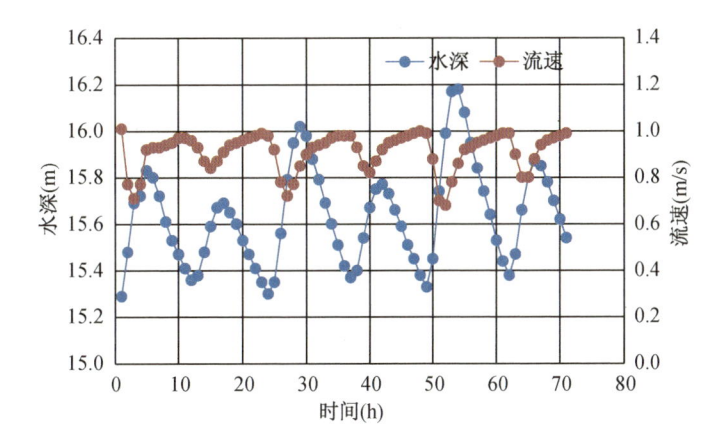

图 6.3-27　ML11 坝体 2017 年 7 月 5 至 7 日水流条件

（2）稳定性指标预测

① 软基变形可靠度计算

针对鳗鱼沙，ML11 坝体，其断面堤坡比取为 1∶2，堤头坡比为 1∶3，堤头前端向河坡坡度为 1∶5，堤心结构均采用 1～200 kg 的块石抛填，堤身高度不大于 2.0 m 的堤段，不设护脚。堤身长度为 200 m，堤头护底长度为 50 m。采用细粉沙层的压缩系数，预测的沉降量平均值为 0.039 1，变形较小，远小于 20 cm，过量变形的概率为 0，其可靠度分别为 100%。

② 块石的起动概率

块石粒径为 1～200 kg，选择 0.08 m 粒径泥沙，由于泥沙起动流速 2 m/s，因此水毁概率均为 0.15%，可靠度为 99.85%。

③ 排体侧掀概率

护底部分一般位置采用混凝土尺寸为 480 mm ×480 mm ×120 mm,考虑到排体边缘受水流影响较大,为防止排体滑移和侧掀影响其护底防渗效果,在排体边缘 5 m 范围内采用尺寸为 480 mm ×480 mm ×200 mm。采用混凝土尺寸为 480 mm ×480 mm ×120 mm 的块体开展侧翻计算。根据 ML11 的水流条件,计算出来的平均起动流速为 1.698 m/s,其侧掀概率为 0,可靠度为 100%。

④ 冲刷水毁概率

坝体高度为 3.2 m,堤身长度为 200 m,堤头护底长度为 50 m。对于排体周边由于堤头绕流引起的冲刷,计算出冲刷坑的坡度为 0.001 8,远小于 0.18;对于堤头越堤流引起的冲刷,冲刷坑坡度为 0.051 6,远小于 0.18,水毁概率为 0;对于堤身越堤流,冲刷坑坡度为 0.007 1,远小于 0.18,冲刷水毁概率为 0。因此冲刷安全可靠度为 100%。

⑤ 护滩带的稳定性

根据上述构建的潜堤稳定性指标体系及评价方法,ML11 的稳定性可靠度为:W = 0.25 ×100% + 0.25 ×99.85% + 0.25 ×100% + 0.25 ×100% = 99.96%,说明 ML11 号护滩带仍有较高的安全可靠度,与现行的监测结果相一致。

6.4 本章小结

(1) 块石在水体中的运动为变加速过程,在下沉过程中,由于存在水流紊动团及形状的不规则,块石会有一个竖直降落的过程。水平向流速及位移过程,与块石水平向的绕流流态密切相关,室内试验尺度条件下,绕流处于层流状态,阻力系数较大,使得块石能短时间内加速至水流流速。综合提出的流速及位移过程表达式可反映上述沉速及位移过程。

群抛落距中心点与中值粒径块石落距接近,且在相同工况下,对比不同级配群抛试验的落距,级配不同的群抛结果非常接近,几乎相同,因此级配不同对群抛落距中心点的影响较小,而对散落形态影响较大。当群体抛投落距小于 6 m 时,可以采用非均匀群体块石抛投成堤;当群体抛投落距大于 6 m 时,散落范围较大,宜采用均匀群体块石抛投精准成堤。

(2) 构建了抛投窗口程序,包括两个水动力数学模型和一个抛距计算程序,通过一个主界面调用各计算程序实现人机交互。水动力数学模型为长江潮流界二维数学模型和工程河段(扬中)二维水动力数学模型。长江潮流界数学模型根据输入的大通流量和天生港潮位计算五峰山—江阴段的流量、潮位信息,提供给工程河段二维水动力数学模型,而工程河段局部二维水动力数学模型计算工程区流场,为抛距计算提供水流数据。抛距计算程序根据输入的抛石信息如目的地位置、时间、石块重量等,计算抛距,反推抛投位置,输出到界面和文件,供施工人员采用。抛距公式根据水槽试验公式和现场实测数据修正而来。抛投窗口选择了9号护滩带的位置进行验证,结果表明预测的抛距过程与实测抛距过程吻合较好,可作为施工窗口的预报。

(3) 按照网格抛投施工方法,结合抛石施工精细化作业窗口,针对10号护滩带进行现场群体抛投成堤。抛石成堤断面与设计断面形状基本吻合,说明建立的群体抛投抛距公式、散抛石抛投施工控制方法、径潮流抛石施工预报窗口均合理可行,可用于径潮流作用下的深水抛石成堤。

(4) 综合分析了深水潜堤稳定性影响因素及其力学失稳模式,包括软基纵向变形超标、软体排侧掀倾覆、软体排冲刷倒挂撕裂、抛石起动水毁等,并建立了各因素水毁破坏概率计算方法,针对长江中下游深水潜堤开展了各影响因素下水毁概率随着潜堤结构尺寸及水动力泥沙条件变化规律的计算。

(5) 构建了深水潜堤稳定性评价指标体系,并认为深水软基纵向变形、软体排侧掀、软体排周围冲刷排体倒挂撕裂、散抛石起动对建筑物的安全影响均较为重要,各因子的权重相同,分别为 0.25、0.25、0.25、0.25,给出稳定性可靠度的计算方法。

(6) 发展了深水软基变形监测方法与技术,研发了深水软基土体分层沉降和深层水平位移变形测量的新型监测系统,获得施工期及结束后水下软基变形过程规律;针对鳗鱼沙护滩堤及护滩带工程,每月持续开展一次水下地形监测,获得潜堤及排体状态过程;利用建立的稳定性评价方法,针对ML11号护滩带开展稳定性可靠度计算,计算结果与现场监测的结果相一致,为鳗鱼沙心滩深水潜堤稳定性保障评价提供有效支撑。

7

主要结论

（1）提出了感潮复杂分汊河段航道关键边滩演变的主要动力过程，并量化了相应的主控因素，研究了边滩淤长－切割－下移－消散的演变机理与动力响应规律。

通过对靖江边滩近20年河床地形的经验正交函数分析，揭示并量化了21世纪靖江边滩演变的主控因素，依权重大小依次为双涧沙守护工程为主的固边界改变（38.32%）、径流周期性波动（17.97%）、潮汐强度的周期性变化（10.70%）、施工疏浚挖槽等人类活动（8.79%）。边滩演变过程中，泥沙主要来源于上游江阴水道边滩；径流与涨潮流交汇处缓流区为边滩充分发育提供了条件；径潮流所致边滩沿横向内外侧累积泥沙输运不同步，是边滩切割及心滩形成的首要条件；径潮流形成的平面环流是滩体迎流面蚀退的主要原因，主动力轴线左摆积极推动了心滩的切割及下移。边滩演变速度与上游来水来沙呈正相关；潮差的增大将缩短边滩的演变周期；潮位上升较小时有利于边滩发育，较大时则会抑制边滩发育；福姜沙左缘丁坝群建设迫使左汊主动力轴线左移，抑制了边滩的展宽发育规模，并加速了滩尾的切割和迁移速度。

（2）探明了感潮复杂分汊河段航道关键边滩的演变规律及成因，提出并量化了边滩演变的主控因素，揭示了边滩的动力响应与演变机理。分析了边滩对深水航道及沿线港口利用的影响，提出了边滩治理思路。

高港边滩形成及演变的主要因素是历史上嘶马弯道的崩岸和近年来落成洲洲头低滩冲刷、右汊发展，随着沿岸护岸工程不断加强以及洲滩治理的力度加大，高港边滩不会出现大幅度淤涨或冲刷消失，现阶段宜采用适当的疏浚工程来维护设计航道尺度。靖江边滩自20世纪60年代以来已发生10次以上切割过程，总体呈现形成、冲刷下移、进入福北水道和如皋中汊、部分归并双涧沙、再形成的周期性演变模式,周期约4～8年。12.5 m深水航道实施后,福姜沙左汊进口河床有所缩窄,靖江边滩淤发育规模将受限,但中下段尚不受控,周期性发育切割过程仍将发生。水下低边滩的治理应结合边滩类型,根据凸岸类、上下深槽过渡类和分汊展宽类边滩的特点,从控制凹岸侧冲刷、稳定主流、缩窄顺直段河槽宽度并集合岸线开发规划等,统筹协调治理。

(3) 研究了潮汐对汊道分流稳定影响的响应机制,分析了航道建设与河势控导的协调性,初步提出了新开沙治理思路和应对措施。

通过对水体输运量中欧拉通量和斯托克斯通量的分解,研究了沿程典型汊道潮汐不均匀系数及影响程度,揭示了潮汐对分流不均匀系数的影响自长江口往上游逐渐减弱,影响程度枯季大于洪季;在枯季,涨潮流为优势流的汊道天生港水道、北支汊道,潮汐对分流分沙的影响值分别为3.7和16.8。深水航道建设与河势控导协调综合治理应采取统筹兼顾、因势利导、节点控导、固滩稳槽、局部岸段守护的原则。顺直型河道需多点守护、固定边滩、守护崩岸段、稳定河势格局,对江中心滩进行低滩守护,确保航槽稳定;微弯型河道需守护凹岸水流顶冲部位,防止凸岸边滩冲刷切割形成分汊河道;分汊河型河道需采取工程措施稳定汊道分流、守护洲滩,适当调整分流比,在保障通航汊道稳定的同时提高碍航浅区水动力以适应防洪等需要。

(4) 提出了复杂动力环境抛石落距公式,研发了抛石施工作业窗口,提出精准抛石成堤技术;提出了水下软基土体分层沉降和深层水平位移变形测量的新型成套技术方法,得到了抛石施工期及其结束后水下软土地基变形过程规律。

开展了群抛石抛投大比尺水槽试验,揭示了块石沉降的物理图式,提出群体抛石落距公式及抛投施工控制条件;集成了水动力数学模型和抛距计算关系式,研发了抛石作业施工作业窗口预报程序;在口岸直水道开展现场群体抛投成堤试验,抛石成堤断面与设计断面形状吻合,实现了径潮流作用下的深水抛石成堤。针对长江深水航道水下护滩堤软土地基变形监测问题,提出了水下软基土体分层沉降和深层水平位移变形测量的新型成套技术方法,通过开展现场原型监测,得到了抛石施工期及其结束后水下软土地基变形过程规律。水下软基抛石施工期内沉降量占总监测期累积沉降量的83%,其中最浅层土体压缩量占土体总压缩量的38.5%,施工期内深层水平位移量占总监测期累积水平位移量的78%,施工抛石加载是水下软基土体分层沉降和深层水平位移发生的主要原因。

(5) 明确了径潮流复杂河段航道回淤影响因子,提出了基于疏浚组织管理的减淤方案。

福姜沙河段航道回淤主要受上游来沙、大流量条件下动力轴线左偏及靖江边滩的沙体活动性较强的影响,研究认为:影响径潮流河段深水航道回淤的主控因子是航道周边活动滩体影响以及航道沿程内在动力大小。在活动滩体自上而下布设一定规模的拦沙坝,可从减少周边活动滩体影响的角度达到减少航道回淤的工程减淤目标。

研究表明航道维护与航道回淤量有明显的差异,且采用不同维护量计算参考水深条件下的维护量预测值和实际更为接近。与采用固定维护量计算参考水深的预测航道维护量相比,采用前者可减少预测维护量约3.9%,进而使航道水深尽可能接近考核水深且避免不必要的维护疏浚。福北水道段航道维护量预测的最佳参考水深在12.7~12.9 m之间,且随着淤强和维护量增加取大值,反之取小值。该方法已成功应用到了12.5 m深水航道南京以下通白航段和福北水道航段,可实现基于施工组织方案减少航道维护量的目的。

(6) 研制了耙吸挖泥船高效疏浚节能装备,开发了疏浚作业优化系统和远程控制系统。

针对长江径潮流河段典型土质,选择应用最广泛的耙吸挖泥船作为研究对象,进行耙齿切削土体机理试验,优化了耙齿外形、高压冲水喷嘴位置及耙头内部结构。研制形成适合长江径潮流河段航道高效节能的疏浚装备,开发了疏浚作业过程自主寻优系统以及耙吸船实时动态监控和远程支撑系统。研制的疏浚装备已在福北水道后续基建疏浚及初通航道维护疏浚工程进行了应用,耙吸挖泥船总体效率提高了9%,综合能耗降低近10%,并在南通吕四港、舟山虾峙岛航道增深工程中推广。

8 参考文献

[1] MOODY J A, MEADE R H. Ontogeny of point bars on a river in a cold semi-arid climate[J]. Geological Society of America Bulletin, 2014, 126(9-10): 1301-1316.

[2] KASVI E, VAAJA M, ALHO P, et al. Morphological changes on meander point bars associated with flow structure at different discharges[J]. Earth Surface Processes and Landforms, 2013, 38(6): 577-590.

[3] WU C L, ULLAH M S, LU J, et al. Formation of point bars through rising and falling flood stages: Evidence from bar morphology, sediment transport and bed shear stress[J]. Sedimentology, 2016, 63(6): 1458-1473.

[4] BRIVIO L, CHINASSIA M, D'ALPAOSA A. Aggradation and lateral migration shaping geometry of a tidal point bar: An example from salt marshes of the Northern Venice Lagoon (Italy)[J]. Sedimentary Geology, 2016(343): 141-155.

[5] DURKIN P R, HUBBARD S M, BOYD R L, et al. Stratigraphic Expression of Intra-Point-Bar Erosion and Rotation[J]. Journal of Sedimentary Research, 2015, 85(10): 1238-1257.

[6] 陈立,冯源,吴娱,等. 武桥水道水动力特性与汉阳边滩演变[J]. 武汉大学学报(工学版),2008(5):1-4+39.

[7] 谢鉴衡. 河床演变及整治[M]. 北京:水利电力出版社,1997.

[8] 刘忠保,曹耀华,张春生,等. 定床变弯度曲流河边滩的水槽模拟实验[J]. 江汉石油学院学报,1994,16(4):34-39.

[9] 周宜林. 滩槽水流流速横向分布的研究[J]. 武汉水利电力大学学报,

1994，27(6)：678-684.

[10] 周宜林,陈立,王明甫.漫滩挟沙水流流速横向分布研究[J].泥沙研究，1996，9(3)：57-64.

[11] 吴岩.弯道水流结构及泥沙输移过程研究[D].天津:天津大学,2014.

[12] 熊小元.汉江秋汛期两江交汇处超常淤积成因及影响分析.水道港口，2015(01)：34-39.

[13] 火苗,范代读,陆琦,等.长江口南汇边滩冲淤变化规律与机制[J].海洋学报(中文版),2010(5):41-51.

[14] 付中敏,郑惊涛,王平义,等.边滩对弯曲分汊河段河床演变影响分析[J].重庆交通大学学报(自然科学版),2010(6):960-964.

[15] 田雨,王协康,赵雪.河道散粒体边滩平面形态演变试验研究[J].中国农村水利水电,2015(1):116-119.

[16] 阮成堂.清水下泄条件下沙质弯曲河段滩槽演变规律分析[J].水道港口，2016(4):399-404.

[17] 张卫军,魏立鹏,渠庚,三峡工程运用后荆江不同河型河道演变分析[J].水利科技与经济,2013,19(11):56-59.

[18] 韩飞.长江中游牯牛沙水道整治后滩槽演变对水沙条件的响应[J].水道港口，2016(4)：392-398.

[19] 陈吉余,徐海根.三峡工程对长江河口的影响[J].长江流域资源与环境.1995(3):242-246.

[20] 冯卫兵,王义刚.三峡工程对长江口岸滩的影响[J].河海大学学报，1995，23(5):14-19.

[21] 刘曙光,郁微微,匡翠萍,等.三峡工程对长江口南汇边滩近期演变影响初步预测[J].同济大学学报(自然科学版),2010(5):679-684.

[22] 黄荣敏,陈立,谢葆玲,等.建桥对河流洲边滩的影响[J].水利水运工程学报,2006(2):51-55.

[23] 牛万芬,陈明栋,黄海津.江河采砂对航道条件的影响及对策.水运工程，2016(08)：106-111.

[24] 刘卡.引江济汉工程对荆江河段浅滩演变的影响[J].农业与技术,2015(14)：52.

[25] 曹民雄,高正荣,胡金义.长江口北支水道水沙特性分析[J].人民长江，2003，34(12):34-37.

[26] 陈沈良,陈吉余,谷国传.长江口北支的涌潮及其对河口的影响[J].华东师范大学学报(自然科学版),2003(2):74-80.

[27] 朱建荣,吴辉,顾玉亮.长江河口北支倒灌盐通量数值分析[J].海洋学

研究,2011,29(3):1-7.

[28] 吴辉,朱建荣. 长江河口北支倒灌盐水输送机制分析[J]. 海洋学报,2007,29(1):17-25.

[29] 李伯昌,余文畴,陈鹏,等. 长江口北支近期水流泥沙输移及含盐度的变化特性[J]. 水资源保护,2011,27(4):31-34.

[30] 茅志昌,沈焕庭,陈景山. 长江口北支进入南支盐通量的观测与计算[J]. 海洋与湖沼,2004, 35(1): 30-34.

[31] FRIEDRICHS C T, AUBREY D G. Tidal propagation in strongly convergent channels[J]. Journal of Geophysical Research. 1994, 99(C2):3321-3336.

[32] JAY D A. Green's law revisited: tidal long-wave propagation in channels with strong topography[J]. Journal of Geophysical Research, 1991, 96(C11): 20585-20598.

[33] SAVENIJE H H G. Salinity and tides in alluvial estuaries[M]. Amsterdam: Elsevier, 2005.

[34] GODIN G, MARTINEZ A. Numerical experiments to investigate the effects of quadratic friction on the propagation of tides in a channel[J]. Contiental Shelf Research, 1994,14(7):723-748.

[35] JAY D A, FLINCHEM E P. Interaction of fluctuating river flow with a barotropic tide: A demonstration of wavelet tidal analysis methods[J]. Journal of Geophysical Research, 1997, 102: 5705-5720.

[36] MAXIMILIANO G S, A J F HOITINK, BENJAMIN DE BRYE, et al. Tidal impact on the division of river discharge over distributary channels in the Mahakam Delta[J]. Ocean Dynamics,2011,61:2211-2228.

[37] 徐元,张华,等. 长江下游福姜沙水道航道治理双涧沙守护工程初步设计[R]. 中交上海航道勘察设计研究院有限公司,2010.

[38] 上海航道勘测设计研究院,等. 长江南京以下12.5 m深水航道二期工程工程可行性研究报告[R]. 2013.

[39] 吴道文,杜德军,等. 长江南京以下12.5 m深水航道二期工程工程可行性研究福姜沙河段工程总平面布置物理模型研究报告[R]. 南京水利科学研究院,2013.

[40] 闻云呈,夏云峰,吴道文,等. 长江南京以下12.5 m深水航道一期工程总平面方案优化[J]. 水运工程,2013(2):1-10.

[41] 毛佩郁,毛昶熙. 抛石护岸防冲的几个问题[J]. 水利水运工程学报,1999(2):146-157.

[42] 詹义正. 球体在动水中的移距公式及其应用[J]. 泥沙研究,1992(4): 85-91.

[43] 张宏千,黄廷杰,陆彦,等. 四面六边透水框架体在水流中的沉速和落距试验研究[J]. 水道港口,2016,37(5):508-513.

[44] 姚仕明,梁兰,刘卫峰,等. 抛石移距规律初探[J]. 武汉水利电力大学学报,1997,30(6):25-28.

[45] 顾克喜. 对拉船施工在围堤水上抛石的应用[J]. 港工技术与管理,2014(1):20-21.

[46] 何源,张增发,刘曙光,等. 抛石护岸稳定粒径不同计算公式的对比分析[J]. 浙江水利科技,2010(4):20-22.

[47] 尹立生. 抛石位移计算的一种新方法[J]. 武汉大学学报(工学版),2004,37(2):13-16.

[48] 姚建忠,朱智兵,胡念凡. 河湖抛石护岸工程的设计与应用浅探[J]. 江苏水利,2015(5):14-15.

[49] 姚仕明,卢金友. 抛石护岸工程试验研究[J]. 长江科学院院报,2006,23(1):16-19.

[50] 李薇,赵根生,白洋,等. 堤防护岸抛石落距计算[C]// 长江地方建设管理及护岸工程. 2006.

[51] 上海河口海岸科学研究中心. 长江口细颗粒泥沙动力过程及航道回淤机理研究航道减淤报告[R]. 2015.

[52] 上海河口海岸科学研究中心. 三维悬沙数学模型在长江口航道维护疏浚中的应用研究[R]. 2016.

[53] AVOINE J, ALLEN G P, NICHOLS M, et al. Suspended sediment transport in the seine estuary, France: Effect of man-made modifications on estuary-shelf sedimentology[J]. Marine Geology, 40(1-2):119-137.

[54] SMITH A B. Southwest Passing-Mississippi River 40-Foot Ship Channel. 10(2).

[55] FERGUSON H A, et al, 1961, Investigation for the Europort Projects. 20th International Navigation Conference, Section 2, pp. 125.

[56] 金缪,虞志英,何青. 关于长江口深水航道维护条件与流域来水来沙关系的初步分析[J]. 水运工程,2009(1):91-96;

[57] 赵捷,何青,虞志英,等. 长江口北槽深水航道回淤泥沙来源分析[J]. 泥沙研究,2014(5):18-24.

[58] 刘杰,程海峰,韩露,等. 长江口12.5m深水航道回淤特征[J]. 水科学进展,2014,25(3):358-365.

[59] 刘杰,赵德招,程海峰. 长江口九段沙近期演变及其对北槽航道回淤的影响[J]. 长江科学院院报,2010,27(7):1-5.

[60] 刘猛,马恒力,胡志锋,等. 长江口北槽南导堤两侧高滩变化及影响分析[J]. 泥沙研究,2014(6):58-62.

[61] 沈淇,顾峰峰,万远扬,等. 长江口洪季北槽深水航道区域悬沙沉降速度估算[J]. 海洋工程,2013,31(2):88-93.

[62] 金镠,谈泽炜,李文正,等. 长江口深水航道的回淤问题[J]. 中国港湾建设,2003(3):5-9.

[63] 刘猛,李为华. 长江口北槽深水航道回淤量变化宏观动力原因分析[J]. 水运工程,2013(3):129-139;

[64] 徐俊杰. 基于底边界层研究的航道回淤机制分析[D]. 上海:华东师范大学,2009.

[65] 上海河口海岸科学研究中心. 长江口12.5米深水航道减淤工程南坝田挡沙堤加高工程三维潮流泥沙数学模型专题研究,2014年7月.

[66] 吴今权,章始红,孙林云,等. 粉沙质海岸港区航道减淤工程措施研究[J]. 海洋工程, 2012, 30(1):98-105.

[67] 马海松,郭素明,钱文博. 疏浚施工中截沙槽的应用[J]. 水运工程,2016(3):10-13.

[68] 林强. 长江下游天生港至浏河口河段疏浚抛泥区选择探讨[J]. 水道港口, 2016, 37(1): 35-38,103.

[69] 张新琴,顾云刚,吴三南,等. 长江口宝山港池的经济疏浚及减淤措施设想[J]. 水运工程,2004(7):43-47.

[70] CAYOCCA F, GARDIN B D. Assessing the impact of sand extraction on the shore stability: project for a methodological framework[J]. Monitoring the impacts of marine aggregate extraction.

[71] NEYSHABOURI S, FARHADZADEH A, AMINI A. Experimental and field study on mining pit migration[J]. International Journal of Sediment Research,2002,17(4):323-331.

[72] 董耀华,李荣辉,何广水. 汉江河口段航道整治工程效果与影响的计算分析[J]. 泥沙研究, 2009, (1):60-66.

[73] 张玮,钱伟,李泽,等. 环抱式港区建设期泥沙回淤数值模拟研究[J]. 中国港湾建设,2013(6):1-5.

[74] BLUMBERG A F, MELLOR G L. A description of a three-dimensional coastal ocean circulation model. Coastal and Estuarine Sciences,1987(4):1-16.

[75] HAMRICK J H. A three-dimensional environmental fluid dynamics computer code: Theoretical and computational aspects[R]. Marine Science and Ocean Engineering, Virginia Institute of Marine Science, Gloucester Point, VA.

[76] JACOBSEN F, RAMUSSEN E B. MIKE3 MT: A 3-dimensional mud transport model. Technical Report DG-12 to the Commission of the European Communities[R]. 1997.

[77] DELFT HYDRAULICS. Delft3D users' manual[Z]. Netherlands: Delft Hydraulics, 1999.

[78] HERVOUET J M, BATES R. The TELEMAC modeling system special issue[J]. Hydrological Processes, 2000, 14(13): 2207-2363

[79] BEINDORFF R, MIEDEMA S A, VAN BAALEN L R. Calculations on forces and velocities of a submarine narrow trench plough in sandy oil[J]. Mechanical maritime & materials engineering, 2012(126): 13-24.

[80] MIEDEMA S A. The Delft Sand, Clay & Rock[M]. Amsterdam: IOS Press, 2014.

[81] CHEN X, MIEDEMA S A, VAN RHEE C. Numerical modeling of excavation process in dredging engineering[J]. Procedia Engineering, 2015 (102): 804-814.

[82] MIEDEMA S A. Dredging Processes I: The Cutting of Sand, Clay & Rock-Theory[M]. Amsterdam: Delft University Press, 2013.

[83] RAVELET F, BAKIR F, KHELLADI S, et al. Experimental study of hydraulic transport of large particles in horizontal pipes[J]. Experimental Thermal and Fluid Science, 2013, 45: 187-197.

[84] ZOUAOUI S, DJEBOURI H, MOHAMMEDI K, et al. Experimental study on the effects of big particles physical characteristics on the hydraulic transport inside a horizontal pipe[J]. Chinese Journal of Chemical Engineering, 2016, 24(2): 317-322.

[85] MIEDEMA S A. Slurry Transport: Fundamentals, A Historical Overview, The Delft Head Loss & Limit Deposit Velocity Framework[M]. Amsterdam: Delft University of Technology, 2016.

[86] MIEDEMA S A, RAMSDELL R C. A Comparision of Different Slurry Transport Models for Sands & Gravels[C]//World Dredging Conference XXI, Miami, 2016.

[87] LI J F, QIN L, MA J C, et al. Analysis and comparison of resist-

ance model of long-distance hydraulic transport of medium sand[C]//World Dredging Conference XXI,Miami,2016.

[88] LIU G X, LIANG X, WANG X W, et al. Experimental studies on pore water pressure changes at structure-soil interface under dynamic soil cutting[C]//Resources, Environment and Engineering Ⅱ, HongKong, 2015.

[89] HONG G J, LIANG X, XIE L Q, et al. Developing characteristics of quick cutting-induced pore water pressure in seabed[C]//Resources, Environment and Engineering Ⅱ, HongKong, 2015.

[90] 刘修成. 耙吸挖泥船耙齿土体切削力学分析和数值仿真[D]. 上海:上海交通大学,2015.

[91] 谢立全,王喜伟,梁鑫,等. 疏浚耙齿松土机制及土体孔压响应试验[J]. 岩土力学,2015,36(A1):481-485.

[92] 孙守胜,肖博,林森,等. 大型耙吸挖泥船系列化耙头研发与应用[J]. 中国港湾建设,2015,35(1):64-67.

[93] 宋跃文,朱小军,唐达生. 垂直提升管道中粗颗粒滑移速度试验研究[J]. 矿冶工程,2016,36(4):5-7.

[94] 赵利安,姜威. 粗颗粒高浓度流体管道流动浓度分布研究. 泥沙研究,2016,36(4):37-41.

[95] 吴磊. 粗颗粒固液两相管流的数值模拟[D]. 杭州:杭州电子科技大学,2011.

[96] 季成. 粗颗粒浆体管内水力坡度的CFD数值模拟研究[D]. 阜新:辽宁工程技术大学,2013.

[97] 叶坚. 粗颗粒在复杂管道输送过程中运动状态及阻力变化规律研究[D]. 北京:中央民族大学,2011.

[98] 赵利安,许振良. 粗砂浆体水平管道流动水力坡度预测研究[J]. 水利水运工程学报,2013(1):71-75.

[99] 赵利安,许振良. 大颗粒浆体管道流动速度分布与滑移速度研究[J]. 洁净煤技术,2013(3):116-119.

[100] 赵利安. 大颗粒浆体管内流动规律研究. 阜新:辽宁工程技术大学,2011.

[101] 许振良. 管道内非均质流速度分布与水力坡度的研究[J]. 煤炭学报,1998,23(1):91-96.

[102] 曹斌. 复杂条件下颗粒物料管道水力输送机理试验研究[D]. 北京:中央民族大学,2013.

[103] 孙东坡,王二平,严军,等. 高浓度泥浆输送管道阻力及输送能力研

究[J].水利学报,2004,35(9):93-99.

[104] 曹斌,夏建新,黑鹏飞,等.管道水力输送的粗颗粒运动状态变化及其临界条件[J].泥沙研究,2012(04):38-45.

[105] 张士林.浆体管道低速段水力坡度的研究[J].水力采煤与管道运输,2011(3):1-3.

[106] 李航.绞吸式挖泥船管道输送试验数据分析方法研究[D].武汉:武汉理工大学,2013.

[107] 周刚.深海采矿矿浆输送浓度变化规律研究[D].长沙:中南大学,2011.

[108] 朱时茂,郭素明.长江南京以下12.5m深水航道一期疏浚施工中的难点与对策.水运工程,2016,(4):7-12.

[109] 吴永斌,李军,赵丽娜.耙吸挖泥船挖掘密实粉土施工工艺探索[C]//中国交通建股份有限公司2014年现场技术交流会.

[110] 洪国军,王健,林风.自航耙吸挖泥船耙头模型试验研究.中国港湾建设[J].2008(4):19-22,86.

[111] 郝宇驰,洪国军,王超.耙吸挖泥船装舱溢流过程中非黏性泥沙沉积与冲刷的模拟[J].水运工程,2012(12):119-125.

[112] 王培胜,俞孟蕻,苏贞.耙吸挖泥船溢流损失估算的一种方法[J].中国港湾建设.2012(3):34-37.

[113] 郭飞燕,李军,谢丽娜,等.装舱溢流施工在航道疏浚工程中的应用[J].水运工程,2015(7):187-189,202.

[114] 闫宏业,蔡德钧,姚建平,等.装配式分层沉降观测装置在路基沉降观测中的应用[J].铁道建筑,2008(6):83-85.

[115] 曹民雄,应翰海,钱明霞.长江南京以下12.5m深水航道建设一期工程的主要技术问题与研究成果[J].水运工程,2012(2):5-13.

[116] 马爱兴,曹民雄,王秀红,等.长江中下游航道整治护滩带损毁机理分析及应对措施[J].水利水运工程学报,2011(2):32-38.

[117] 王美华,王新新.土体分层沉降监测技术的现状与发展趋势[J].建筑施工,2016,38(2):232-234.

[118] 许浩,赵岩,黄泰,等.一种新型自动电测式分层沉降仪的研究[J].港工技术,2015,52(3):73-76.

[119] 凌柏平,龚永康,张建跃.真空预压软基处理分层沉降监测[J].水运工程,2010(12):129-134.

[120] 胡增云.深水区桩基施工水上平台的设计[J].黑龙江交通科技,2010,194(4):78-79.